Stéphane Beaud

80 % au bac... et après ?

Les enfants de la démocratisation scolaire

Postface inédite de l'auteur

La Découverte / Poche
9 *bis*, rue Abel-Hovelacque
75013 Paris

Cet ouvrage a été précédemment publié en 2002 aux Éditions La Découverte dans la collection « Textes à l'appui » / série enquêtes de terrain.

Catalogage Électre-Bibliographie

BEAUD, Stéphane
80 % au bac... et après ? Les enfants de la démocratisation scolaire - Nouv. éd. - Paris : La Découverte, 2003 (La Découverte/Poche ; 155. Sciences humaines et sociales)
ISBN 2-7071-4151-8

RAMEAU :	démocratisation de l'enseignement : France : 1990-...
	baccalauréat : France
	jeunes socialement handicapés : éducation : France : cas, étude de
DEWEY :	370.4 : Éducation. Généralités. Aspects sociaux.
Public concerné :	Niveau universitaire. Public motivé

À Sylvie

Remerciements

Cette enquête n'aurait pas pu avoir lieu sans l'aide constante de Christian et Claude Corouge (qui m'ont hébergé à de nombreuses reprises chez eux) et sans la collaboration active des lycéen(ne)s de Granvelle. Parmi ces derniers, je tiens à remercier tout particulièrement Nassim et Fehrat qui ont joué un rôle central dans le déroulement de l'enquête, notamment lors des deux dernières années. Ils ont toujours accepté de jouer le jeu de l'enquête, même quand ils traversaient des moments difficiles, se montrant toujours disponibles et soucieux de la progression de la recherche. J'espère que l'analyse qui leur est consacrée respecte leur parole et qu'elle a une portée plus générale, qui dépasse de simples cas individuels. Pour protéger strictement l'anonymat des enquêté(e)s qui ont accepté de collaborer à cette recherche, j'ai systématiquement modifié leurs noms et prénoms et, par moments, j'ai changé quelques détails susceptibles de provoquer leur reconnaissance. J'ai aussi, bien sûr, anonymisé les noms de lieux (autres que ceux de Montbéliard) et des établissements scolaires.

Je voudrais dire ma dette à l'égard des institutions qui ont permis cette recherche au long cours : le Laboratoire de sciences sociales de l'École normale supérieure, dirigé par Christian Baudelot, l'université de Nantes et son UFR de sociologie qui m'ont accordé deux ans de délégation de recherche au CNRS et, enfin, mon laboratoire d'accueil au CNRS, le CSU (Cultures et sociétés urbaines) et sa directrice, Susanna Magri, qui m'ont accueilli dans les meilleures conditions.

Je souhaite remercier chaleureusement Pascal Combemale et Olivier Schwartz pour leur lecture attentive et encourageante de la première version de ce texte, Marie-Hélène Lechien et Olivier Masclet pour leur soutien constant dans cette entreprise. Marie Cartier, Hélène Chamboredon, Gérard Noiriel, Charles Soulié ont été tour à tour des lecteurs avisés et exigeants de différents chapitres du livre. J'ai effectué toute cette enquête dans la région de Montbéliard avec Michel Pialoux : je lui suis extrêmement reconnaissant de tout ce qu'il m'a appris du métier de sociologue, tant sur le terrain que dans le travail d'interprétation des matériaux. Florence Weber a été, une nouvelle fois, une lectrice d'une grande générosité, dont les remarques ont été particulièrement constructives, tout comme Hugues Jallon, éditeur du manuscrit.

Enfin, je remercie tout particulièrement Sylvie, professeur dans un lycée de Seine-Saint-Denis depuis seize ans, donc fine connaisseuse du sujet traité ici. Elle a été pour moi, tout au long de ces années, une informatrice hors pair sur l'évolution des lycées de banlieue. La proximité entre « ses » élèves et « mes » enquêté(e)s, qui nous a toujours frappés, fut source de nombreuses discussions communes. Sa lecture du manuscrit m'a été particulièrement précieuse.

Introduction générale

Juin 1991 : Nassim, dix-huit ans, élève de première B (sciences économiques et sociales), fils d'immigrés algériens, un enfant du quartier Granvelle dans la région de Montbéliard (berceau historique des usines Peugeot), commente à l'intention de l'enquêteur son dernier sujet de dissertation de sciences sociales : « Malgré un accroissement de la mobilité sociale la transmission du statut de génération en génération reste relativement rigide »...

> Franchement, il m'a écœuré ce sujet, il m'a pas inspiré du tout... Ça m'a pas intéressé... Chacun fait ce qu'il veut, franchement. Si l'autre veut pas faire comme son père, il a le droit. Moi, je l'ai compris comme ça le sujet : en fin de compte ça veut dire à peu près : « Tel père, tel fils ! » Moi, je me suis dit : « Non ! Pourquoi ça ! Tel père tel fils ! » Dans ma dissert', j'ai fait le pour et le contre et, en conclusion, j'ai dit non. (*Réfléchissant*)... J'ai dit non, grâce à l'école en particulier. J'étais carrément en désaccord avec ce sujet-là, si quelqu'un veut faire quelque chose de différent, il a le droit quand même, il est pas obligé de suivre ce qu'a fait son père, de prendre obligatoirement le même chemin. (*Et comme pour lui-même*)... Non, non... Regardez : moi, mon père il était ouvrier [dans une petite entreprise qui travaille pour l'automobile]... Moi je sais que même si il serait à Peugeot, je n'aimerais pas travailler à Peugeot parce que quand j'y ai travaillé l'an dernier, une semaine, au nettoyage, j'étais écœuré. Ah, mais y a trop de merde ! Y a trop de saleté là-dedans ! Franchement !... Ils nous donnent une spatule, je crois que ça s'appelle comme ça, et on gratte comme des fous, toute la journée... Oh ! là ! là ! [Je lui précise qu'à l'usine on peut

être aussi ajusteur, soudeur, avoir une qualification... il me coupe.] Mais même ! La chaîne, le bruit, la poussière, la saleté, ça m'intéresse pas, franchement. Non, franchement, j'aime pas. C'est l'aspect de l'intérieur qui ne va pas. Le matériel, tout ce qui est matériel ça ne m'intéresse pas. Une machine, un robot... Oh, non ! Moi, il me faut un bon bureau, des papiers, un stylo, c'est mon rêve, ça. Même les copains, ils veulent pas, ils voudraient pas passer encore leur vie à l'usine. Avant on disait qu'il y avait que ça [l'usine], il n'y avait presque que ça. Maintenant, non... Maintenant il y a l'école pour nous aider à être très haut... Cadre... Franchement, c'est pas mieux, ça ! C'est pas mieux de travailler comme vous faites que de travailler à l'usine ? Franchement !... Nous, on peut faire quelque chose avec l'école... On peut travailler comme vous là, comme vous êtes en train de faire. C'est l'école maintenant... l'école c'est le passeport... C'est vrai, moi je vois l'école comme ça, une sorte de passeport. La réussite, la réussite professionnelle, elle dépend beaucoup de l'école pour moi. En tout cas, dans ma dissert', c'est ce que j'ai dit...

Pour comprendre le sens des propos de Nassim, il faut restituer sommairement le contexte socio-historique dans lequel ils ont été énoncés : le début des années 1990, une vieille région industrielle en restructuration, un chômage de masse des jeunes non diplômés, le chantage à l'emploi sur les salariés stables, le sentiment d'une progressive « ghettoïsation » des quartiers HLM de la région et une défiance croissante vis-à-vis des enfants d'immigrés, etc. Les jeunes du quartier se représentent alors leur avenir sous la forme d'une alternative sommaire : faire des études « le plus loin possible » ou « rater l'école » et courir le risque du chômage ou, au mieux, entrer non qualifié à l'usine et devenir, comme ils disent, un « esclave ». Entre les deux, pas de voie médiane, et surtout pas de formation professionnelle initiale (en LEP). Il faut « continuer », rester à tout prix dans ce que les élèves appellent la « voie normale » : celle des études longues qui mènent au baccalauréat général. Il leur faut donc viser « très haut » pour échapper à l'enfermement dans le « bas » de la société.

Ce qui transparaît dans cet extrait d'entretien, c'est le formidable espoir qui est alors mis dans l'école lorsqu'on est, comme Nassim, un « jeune de cité ». Elle est perçue, plus que jamais, comme le seul vecteur possible de l'ascension sociale et le diplôme comme ce précieux passeport pour atteindre d'autres rives. Quel diplôme ? Quelles études ? Nassim ne le sait pas mais, à ce stade de sa scolarité, c'est encore pour lui l'âge des possibles : il réussit assez bien à l'école, même s'il travaille très peu chez lui, s'efforçant d'être attentif en classe et de jouer ses atouts à l'oral (où il est à l'aise), si bien que le monde semble ouvert devant lui. Même s'il a raté l'entrée en première scientifique, antichambre des futures élites du pays, il nourrit des espoirs de devenir cadre, visant dorénavant l'entrée en IUT ou en BTS de commerce international pour devenir un jour cadre commercial.

Dix ans plus tard, 2001, Nassim, vingt-huit ans, est « emploi-jeune ». Bachelier en juin 1992, il a échoué à l'université (en DEUG d'administration économique et sociale). Après une période de chômage et de petits boulots, il a trouvé un poste d'aide-éducateur (emploi-jeune) dans une école primaire de la région. Payé au Smic, il a peu de chances de devenir cadre. Si, grâce à la « démocratisation scolaire », il était, comme le bachelier de Jules Vallès, « monté plus haut dans l'échelle des illusions [1] », il cherche aujourd'hui à atterrir socialement en douceur, si possible en retrouvant un autre emploi de la fonction publique. Ses rêves sociaux d'adolescent sont désormais loin derrière lui : l'école n'a pas tenu toutes ses promesses, elle ne lui a pas permis de « réussir », c'est-à-dire de s'arracher entièrement à sa condition sociale (c'est un « col blanc » mais il ne gagne que le Smic). En même temps, il ne peut pas accuser entièrement le système et être tenu pour totalement irresponsable dans ce qui est pour lui un semi-échec. Il n'a pas su ou pas pu – lui-même ne sait comment le dire – saisir la chance que le système – et toute une conjoncture historique – lui offrait. Il a « calé » au milieu du chemin. Aujourd'hui, lorsqu'il se retourne sur son passé, il ne peut pas s'empêcher de « regretter ».

« Nous, les enfants de la démocratisation... »

Le cas de Nassim n'est pas une exception : il a, au contraire, pour vertu d'illustrer de manière exemplaire le destin des jeunes de sa génération, issus de milieux populaires, qui sont entrés par la petite porte au lycée et ont accédé un peu par effraction au

1. « Je dois avoir l'air vieux que je reprochais à mes amis, j'ai vieilli comme eux, plus qu'eux peut-être, parce que j'étais monté plus haut sur l'échelle des illusions », Jules Vallès, *Le Bachelier*, Flammarion, Paris, 1970, p. 170.

monde des études supérieures, à l'université. Beaucoup d'entre eux, sans héritage culturel ou économique, se sont lancés, parfois « malgré eux », dans cette voie des études longues, portés dans les années 1985-1995 par la vague grossissante de la démocratisation des lycées. D'aucuns concluront que l'école a fabriqué des illusions pour ces enfants qui ne peuvent s'en sortir que par les études, mais d'autres mettront au contraire l'accent sur la possibilité que Nassim a eue, grâce à son niveau bac + 1, de décrocher un emploi-jeune et de ne pas retomber ouvrier comme son père. C'est, en condensé, toute l'ambivalence de la poursuite d'études de cette génération dite des « 80 % au bac » : mirage ou réelle promotion ?

Ces jeunes forment une fraction très particulière de leur génération dont l'étude permet de comprendre aujourd'hui un certain nombre de transformations importantes de la société française. Ils ont bénéficié durant cette période de l'ouverture du lycée et ont connu des expériences sociales semblables : même origine sociale, enfants de la crise et du chômage[2], première génération de lycéens dans la famille, socialisation dans les cités des années 1980-1990, etc. C'est cette communauté de conditions objectives d'existence et de perceptions subjectives qui fait que l'on peut parler, à leur propos, d'une génération, au sens sociologique du terme. Pour qualifier les jeunes du quartier qui, comme lui, ont été des élèves « moyens » au collège et au lycée et qui se sont retrouvés sur les bancs de l'université sans trop savoir pourquoi, un voisin de Nassim, Fehrat, habitant de Granvelle et lui aussi emploi-jeune, utilise l'expression suivante : « Nous, les enfants de la démocratisation », qu'il ponctue d'un long rire gêné. À travers cette expression, employée six ans après son bac, il convoque un effet de génération, comme si sa trajectoire personnelle ne pouvait s'expliquer qu'en référence à une trajectoire collective qui la dépasse et la transcende, comme s'il ne pouvait pas évoquer son histoire individuelle par un simple « je », mais avait, au contraire, besoin d'un « nous », d'un collectif pour remettre cette histoire dans un contexte plus englobant. Le « nous » auquel il fait référence est à multiples facettes : c'est le « nous » des jeunes de

2. Voir L. CHAUVEL, *Le Destin des générations*, PUF, Paris, 1997, et C. BAUDELOT et R. ESTABLET, *Avoir trente ans*, Seuil, Paris, 1999, qui établissent le creusement de l'écart des générations, notamment en termes de salaires, au détriment des générations nées après 1973.

Granvelle (un quartier HLM composé d'une majorité d'enfants d'immigrés, d'OS de l'usine de Sochaux) et, par extension, c'est aussi le « nous » des jeunes de milieux populaires, dépourvus de capital culturel, qui ont été lancés dans le grand bain des études longues.

Si Fehrat, qui a alors vingt-cinq ans, jette à travers cette expression un regard un peu ironique sur son destin social, c'est qu'il cherche, face à moi qui ai suivi depuis le lycée leurs trajectoires, à se disculper. Comme s'il lui fallait trouver à sa destinée actuelle des circonstances atténuantes qui seraient situées du côté de l'Histoire avec un grand H, de la politique. Il y a, outre l'autodérision avec laquelle est formulée l'expression, une forme de lucidité amère qui lui fait bien percevoir que des personnes comme lui, qui ont son histoire, ne peuvent être tenues pour individuellement responsables de leur piétinement professionnel, de l'échec de leurs projets grandioses d'antan et de la déception qu'ils ont objectivement causée à leurs parents. Il suspecte une responsabilité de la société, de la part de tous ceux qui les ont laissé s'engager sur ce chemin escarpé des études supérieures sans les munir d'une boussole et des prérequis nécessaires à cette aventure.

C'est bien dans l'*après-coup*, au fur et à mesure que se sont cristallisés les destins professionnels des uns et des autres, que le bilan de la poursuite d'études a pu se faire parmi les étudiants. C'est au moment où ont commencé à se solder les comptes scolaires qu'a germé dans l'esprit des protagonistes de cette histoire collective l'idée qu'ils ont peut-être été les victimes d'un jeu de dupes et qu'en haut lieu « on » ait pu leur mentir. Les plus lucides d'entre eux se demandent si, finalement, ils n'ont pas été les instruments d'une expérimentation sociale, les cobayes en quelque sorte d'une politique scolaire qui, sous couvert de démocratisation apparente du système éducatif, ne visait qu'à lutter contre le chômage en maintenant plus longtemps dans l'institution scolaire une proportion croissante de jeunes.

En même temps, ce qui atténue leur critique et les empêche d'être véritablement révoltés, ces « enfants de la démocratisation » savent bien qu'ils ont été les premiers bénéficiaires de la politique des « 80 % au bac ». Grâce à la « souplesse » ou à la générosité de l'institution scolaire, il ont d'abord pu échapper au lycée professionnel et ont pu ensuite mener, dans l'enseignement général, des carrières scolaires qui étaient souvent pour eux « inespérées » : passant régulièrement en classe supérieure sans fournir d'efforts particuliers, se contentant de fournir le minimum en matière de travail scolaire, donnant juste assez de gages pour être en règle avec l'école (comme le fait de « viser le 8-9 » lors du dernier trimestre pour espérer le passage ou le « gain de cause » lors de la commission d'appel), parvenant à tenir à distance la culture légitime que la plupart des enseignants cherchent obstinément à leur imposer. Assez lucides pour avoir compris les nouvelles règles du jeu scolaire, ils se sont « débrouillés » dans le système d'enseignement secondaire, profitant notamment des faiblesses de l'institution et continuant vaille que vaille leur bonhomme de chemin scolaire. Sans « gloriole » – qui serait déplacée, ils le savent bien –, mais sans sentiment non plus d'usurpation ou de honte. En somme, ils ont simplement occupé la place qu'on a voulu leur ménager dans le système et ils n'ont pas hésité à se prévaloir de ce titre de lycéen ou du statut d'étudiant qui leur a été attribué...

Tout au long de leurs années d'école, ils ont pu aussi accéder au statut de l'adolescence – âge social autrefois réservé aux seuls enfants de la bourgeoisie – et goûter en partie, malgré leur manque de ressources, à une existence somme toute facile, qui contraste avec la vie de labeur de leurs parents. Cependant, tout au long de ces années, ils n'ont pas été entièrement dupes du rôle qu'ils ont joué, se demandant par moments jusqu'où ils pourraient mener cette façon prolongée d'ajourner les choix et s'ils n'allaient pas devoir, un jour, payer l'addition, se faire rattraper par leur « insouciance » (si les guillemets s'imposent ici, c'est parce qu'ils avaient aussi le pressentiment que cette insouciance était le produit du laisser-faire de l'institution scolaire). Le retour de bâton est venu lentement, mais sûrement : le principe de réalité s'est imposé à eux, sous la forme des verdicts scolaires négatifs (à l'université) ou des échecs aux concours de la fonction publique.

Une démocratisation scolaire ségrégative

Quinze ans après le lancement de ce mot d'ordre politique des « 80 % au bac », il nous paraît utile de revenir, à partir d'une enquête de terrain, sur les effets de cette révolution silencieuse du système d'enseignement où les effectifs scolaires ont explosé (la France se singularise ici encore des autres pays européens). Des bilans sérieux, fondés sur des travaux statistiques, commencent à paraître. L. Chauvel, pour qualifier l'ampleur des transformations qui ont eu lieu depuis 1985, n'hésite pas à parler de « seconde explosion scolaire » (qui suit celle des années 1960) [3]. Elle se caractérise par le gonflement des effectifs dans l'enseignement secondaire, la forte hausse des taux de scolarisation par âge et l'accroissement de l'âge médian de fin d'études (qui passe de 19 à 22 ans entre 1987 et 1997). Cette forte poussée de la scolarisation au cours de ces deux dernières décennie s'accompagne-t-elle pour autant d'une « démocratisation scolaire [4] » ?

Dans la mesure où l'on assiste depuis 1995 à une stabilisation des taux de scolarisation, on va centrer l'analyse sur la période 1985-1995 qui est le moment historique où s'est effectuée en France la massification de l'enseignement secondaire. Au cours de ces dix ans, le taux de bacheliers au sein d'une génération a plus que doublé (passant de 30 % à 63 %) et l'offre de formation s'est largement différenciée. Il y a bien eu un plus large accès des milieux populaires dans les lycées généraux – démocratisation quantitative –, mais, si l'on étudie le recrutement social selon les séries de bac, cette démocratisation est remise en cause. Reprenons ici les conclusions de P. Merle qui, pour établir ce bilan, s'est appuyé sur des données originales (en privilégiant une source qui intègre les origines sociales des élèves) : « Pour le lycée, sur la période 1985-1995, marquée par un allongement massif de la scolarisation en second cycle, la démocratisation est nettement ségrégative [5] en ce sens que l'accroissement des taux de scolarisation par âge est associé à une augmentation des écarts sociaux d'accès dans les différentes filières considérées. Ce qui signifie, concrètement, que, si la part des élèves de catégories populaires est globalement croissante dans chaque filière de l'enseignement secondaire, cette croissance se révèle en fait beaucoup plus forte dans les séries de bac à recrutement populaire [P. Merle parle de la

---

3. L. CHAUVEL, « La seconde explosion scolaire », *La Revue de l'OFCE*, juillet 1998.

4. Cette question appelle des remarques de méthode : quelle période retenir ? Quels indicateurs statistiques utiliser ? Et quels critères de démocratisation choisir ? Autant d'enjeux méthodologiques et conceptuels importants. *Cf.* M. CACOUAULT, F. ŒUVRARD, *Sociologie de l'éducation*, La Découverte, « Repères », Paris, 2001.

5. Dans cette partie, on utilise les nombreux travaux de P. Merle sur cette question de la démocratisation scolaire, notamment son article « Le concept de démocratisation scolaire. Une typologie et sa mise à l'épreuve », *Population*, 55 (1), 200, p. 15-50.

« prolétarisation » du bac G durant ces années-là]. Si bien que les écarts sociaux de recrutement augmentent de manière relative [6]. »

Comment expliquer que cette formidable poussée de la scolarisation des jeunes durant cette période ne se soit pas traduite par une véritable démocratisation scolaire ? Schématiquement, on peut dire que, à tous les niveaux du système d'enseignement secondaire et supérieur, les mêmes processus structurels d'élimination et de relégation ont joué. Seulement le filtre scolaire a opéré de manière décalée, à un stade supérieur de la scolarité : au lycée puis au niveau des études supérieures. Ce faisant, l'élimination scolaire des catégories défavorisées a été moins visible et moins brutale – on dira plus « douce ». C'est ce que, dans un article prémonitoire, F. Œuvrard appelait l'« élimination différée [7] », processus qui s'est décalé dans le temps et qui touche dorénavant l'enseignement secondaire et le premier cycle de l'enseignement universitaire. Au moment même où s'ouvraient largement les accès à l'enseignement long des lycées, la hiérarchisation sociale des filières se creusait fortement. On a assisté, au cours de cette période 1985-1995, au « renforcement d'une définition univoque de l'excellence scolaire centrée sur les disciplines scientifiques [8] », processus qui est allé de pair avec une croissance régulière de la part des élèves d'origine moyenne ou supérieure dans la terminale scientifique.

Il faut insister sur des effets de l'offre scolaire, même si les données statistiques ne sont pas aussi riches et sûres que celles concernant le recrutement social des élèves. Le fossé s'est aussi vivement creusé durant cette période, sous l'effet de l'intensification de la compétition scolaire, entre les lycées de centre-ville et ceux de la périphérie (baptisés « lycées polyvalents »), entre les lycées bourgeois (qui ont souvent tout fait pour maintenir à distance les « nouveaux barbares » qui menaçaient leur paisible existence) et les lycées populaires de banlieue qui ont accueilli principalement des élèves qui auraient été antérieurement orientés dans les filières courtes [9]. D'autre part, à

6. P. Merle, art. cit., p. 45.

7. F. Œuvrard, « Démocratie ou élimination différée », *Actes de la recherche en sciences sociales*, n° 30, 1979.

8. P. Merle, art. cit., p. 44.

9. *Cf.* S. Broccolichi, « Orientations et ségrégations nouvelles dans l'enseignement secondaire », *Sociétés contemporaines*, n° 21, 1995.

l'intérieur des lycées, les mêmes mécanismes d'orientation ont permis de trier le bon grain de l'ivraie : ils ont pu ainsi protéger la voie royale qu'est la filière S (scientifique). La surreprésentation des enfants de cadres supérieurs dans les classes scientifiques menant aux classes préparatoires est donc allée de pair avec la surreprésentation des élèves de milieux populaires dans les sections les moins nobles du lycée (notamment les filières technologiques tertiaires). Au lycée coexistent alors des classes et des sections très hiérarchisées et socialement étanches, avec la cascade du mépris qui accompagne cette ligne hiérarchique : « Y a des clans ici » est une des expressions favorites des lycéens des sections dévalorisées qui ont l'impression d'avoir été mis sur des voies de garage.

Ce processus de hiérarchisation sociale des filières au lycée trouve son prolongement logique dans l'enseignement supérieur qui connaît depuis quinze ans une séparation croissante entre, d'une part, les filières dites « sélectives » – en premier lieu les classes préparatoires aux grandes écoles et, en second lieu, les IUT et certaines sections de BTS – et, d'autre part, les filières dites « ouvertes » du premier cycle universitaire qui accueille une proportion croissante de bacheliers qui, refusés en IUT ou BTS, viennent trouver refuge à l'université. Ces enfants de la démocratisation sont, du fait de leur cursus scolaire, les moins préparés à affronter les exigences propres aux études universitaires, ce qui explique en partie le taux élevé d'échec en premier cycle universitaire. Les très riches enquêtes de l'Observatoire de la vie étudiante montrent que l'accès aux différentes filières de l'enseignement supérieur reste largement déterminé par le parcours scolaire antérieur et par l'origine sociale, culturelle et géographique des familles[10]. Le monde étudiant se caractérise par la diversité et l'hétérogénéité de son recrutement social, si bien que les « héritiers » ne sont plus qu'une minorité.

10. C. Grignon et L. Gruel, *La Vie étudiante*, PUF, Paris, 1999 ; C. Grignon (sous la dir. de), *Les Conditions de vie étudiantes*, PUF, Paris, 2000.

La réinterprétation des « 80 % au bac » par les familles populaires

Cette politique des 80 % de bacheliers se traduit donc par un accès massif aux études longues des enfants de milieux populaires, notamment d'origine ouvrière. On est loin, en cette fin du XXe siècle, de la défiance du mouvement ouvrier français naissant à l'égard de l'éducation bourgeoise véhiculée par le système éducatif et des appels lancés par des militants à une autoéducation ouvrière. Mais pourquoi, dans les années 1980, les familles de milieux populaires ont-elles, dans leur ensemble, cru ou voulu croire dans ce mot d'ordre ? Pourquoi n'ont-elles pas résisté à cette injonction scolaire venue d'en haut ?

D'abord, elles ont été encouragées dans la voie des études longues par les transformations de l'offre du système éducatif qui ont considérablement élargi le champ des possibles. Le mot d'ordre politique des « 80 % au bac » a souvent été pris au pied de la lettre tant par les parents que par les enfants, c'est-à-dire comme ouvrant grand les portes du lycée général. En fait, il y a eu un malentendu persistant autour de ce slogan : le ministère a dit après coup que les 80 % signifiaient « niveau bac » (*dixit* J.-P. Chevènement) et incluaient bien évidemment les bacs professionnels qui venaient d'être créés, alors que les parents, eux, ont entendu et compris « bac général » uniquement. Telle qu'elle a été interprétée, cette nouvelle donne scolaire a contribué à ancrer dans la tête des parents la certitude que leurs enfants avaient aussi « droit » à la poursuite d'études, qu'il s'agissait d'une revendication égalitaire, d'une sorte de conquête sociale (« Le lycée, c'est aussi pour nos enfants [11] »).

Cette réinterprétation du slogan ministériel par les familles populaires doit être située dans le contexte des deux dernières décennies. Ces années-là étaient marquées à l'usine et dans les métiers tertiaires d'exécution par une détérioration des conditions de travail, une stagnation des salaires, un blocage de la mobilité professionnelle, l'affaiblissement de la résistance collective et une forte poussée de l'individualisme et du « chacun pour soi », etc. Autant de processus qui, symbolisant en pratique le rabaissement de la condition ouvrière et des métiers

11. Les enquêtes des années 1960 d'Alain Girard et Paul Clerc comme celles de Pierre Bourdieu et Jean-Claude Passeron recueillaient le point de vue inverse. Résignés, les parents disaient : « Le lycée, ce n'est pas pour nous. »

d'exécution, ont fortement contribué à dévaloriser la voie de l'enseignement professionnel. La conscience d'un monde sans avenir pour ceux qui n'avaient pas de « bagages » a été, dans les classes populaires, le moteur le plus puissant de la poursuite d'études *dans la voie générale*, ce qui explique l'échec récurrent des tentatives de revalorisation de l'enseignement professionnel. Dans les régions industrielles et urbanisées, la dévalorisation des métiers d'exécution et le décrochage des classes populaires dans l'espace social (« nous, les petits », expression que l'on a souvent entendue lors de notre enquête) ont fait apparaître l'enseignement professionnel comme une voie sans avenir et ont, au contraire, alimenté en nombre les flux d'élèves vers l'enseignement général. L'école est apparue dans ces années-là comme le lieu de report de toutes les aspirations déçues des familles ouvrières. Les parents ouvriers, fragilisés et démoralisés, n'ont plus voulu ou osé transmettre l'éducation qu'ils avaient reçue de leurs parents, qui privilégiait l'entrée précoce dans la vie active.

La conversion des familles ouvrières à l'allongement indéfini des études de leurs enfants peut être jugée « irrationnelle » si l'on raisonne uniquement (et idéalement) en termes de taux de rendement éducatif, en comparant les bénéfices escomptés d'un supplément d'études et la somme actualisée des coûts occasionnés par la poursuite d'études (coûts directs de la prise en charge éducative et coût d'opportunité lié à la renonciation à un salaire immédiat). Certes, avec la montée du chômage de masse, le coût d'opportunité de la poursuite d'études a chuté. Cependant, les familles populaires, dans leurs choix, ne procèdent pas seulement à un calcul utilitariste en termes de coûts/avantages. Malgré la baisse prévisible (et anticipable) du taux de rendement éducatif (dans le langage ordinaire, « la fac, usine à chômeurs »), l'investissement scolaire s'est poursuivi car il obéissait, sur le moment où il était entrepris, à d'autres raisons que des seules raisons économiques. Il offrait l'accès à l'égalité des conditions, permettant aux enfants d'être traités temporairement sur un pied d'égalité avec les « enfants de bourgeois ».

En revanche, l'objectif de la poursuite d'études pour les enfants d'ouvriers est rationnel si l'on regarde ce qui se passe alors à l'intérieur de l'usine. Là, les opérateurs paient le prix fort (psychologiquement et physiquement) de leur absence de qualification et se confrontent chaque jour à l'alternative suivante qui valait pour eux et pour leurs enfants : se retrouver

« sans bagages » et risquer à tout moment d'être « exclu », ou se munir de « bagages » pour éviter ce risque. La fuite des études professionnelles des enfants d'ouvriers peut se lire comme un acte de sécession et de rupture avec l'ordre traditionnel, une manière de résister à l'ordre de l'usine et de s'affranchir du mode de succession des générations. À la condition de ne pas oublier que la conversion aux études longues était plus facile à effectuer pour la première génération d'ouvriers « sans attaches » (notamment les immigrés). Elle peut être plus lente chez les ouvriers locaux enracinés qui veulent encore croire à un avenir ouvrier dans la région [12] (ils peuvent se dire « il faudrait simplement plus de qualification ouvrière », un « bon bac pro », etc.).

La prolongation indéfinie ou mal définie des études dans les familles ouvrières se comprend donc à la lumière du processus de vieillissement social et de déclassement des ouvriers. Ce n'est que dans ce « contexte » que l'on peut comprendre l'espèce de surinvestissement scolaire de ces années-là comme une stratégie de compensation par rapport à ce qui a été perçu alors comme un retard de scolarisation, legs historique d'un passé industriel. Tout s'est passé comme si ces parents avaient voulu « armer » leurs enfants pour affronter l'avenir, les protéger des vicissitudes qu'ils ont eux-mêmes connues dans le travail. Au bout du compte, tout au long de ces années de crise, les aspirations scolaires et professionnelles des familles ouvrières se sont progressivement déréglées et ont fini par perdre leur point d'ancrage. Elles ont sauté directement un « cran ». Il ne s'agissait plus seulement d'assurer aux enfants par l'école une promotion professionnelle comme cela était concevable il y a encore peu de temps en devenant ouvrier qualifié, mais d'échapper durablement à la condition ouvrière (elle-même de plus en plus indifférenciée), en acquérant par exemple un BTS et en devenant technicien.

L'allongement des études des enfants d'ouvriers – équivalent de la fuite des filles de paysans au cours des années 1960 – a constitué tout au long de ces années un bon indicateur de l'effondrement de la valeur sociale des ouvriers. La fuite dans les études longues conduit pour eux à rompre avec toute une partie de leur histoire, notamment les familles ouvrières

12. C'est ce que montrent aussi les travaux de G. Moreau dans la région des Pays de la Loire.

enracinées dans la région, à effectuer un travail du deuil – deuil d'un passé ouvrier, d'une continuité familiale, d'une transmission intergénérationnelle de valeurs (fierté du métier ou fierté de la « lutte »). Finalement, unc sorte de « compromis historique » est intervenue, sur fond de malentendus, entre, d'une part, les objectifs du ministère pour lutter à court terme contre le chômage et élever à moyen terme la qualification de la force de travail et, d'autre part, les aspirations de nombreuses familles ouvrières à une poursuite généralisée et indéterminée des études, quels qu'en soient les incertitudes et les coûts, afin d'arracher leurs enfants au monde de l'usine. Selon notre analyse, déjà développée ailleurs[13], une grande partie des tensions sociales liées à l'aggravation du chômage et à la dégradation des conditions de vie des classes populaires s'est trouvée reportée sur l'école par l'intermédiaire de ce mouvement, à la fois subi et choisi, de poursuite d'études des enfants.

Les conséquences des « 80 % au bac » sur le système éducatif

Sitôt lancé le slogan des 80 % au bac et mise en place la politique de démocratisation scolaire, des sociologues ont fait part de leurs inquiétudes sur les effets possibles et non voulus de cette nouvelle politique. Entre autres questions qui ont été alors posées : 80 % au bac, mais *quid* alors des 20 % restants ? N'allaient-ils pas se transformer en exclus scolaires promis à terme à devenir des « inemployables » sur le marché du travail ? Quel avenir réserver au lycée professionnel qui risquait de devenir davantage encore le parent pauvre du système éducatif ? Une réforme d'une telle ampleur peut-elle se faire à moyens pédagogiques et culturels constants ? Dix ans après, l'expérience prouve que toutes ces questions étaient pertinentes et qu'elles n'ont pas toujours reçu les réponses appropriées.

La politique des 80 % au bac a profondément altéré l'équilibre entre la filière générale et la filière professionnelle. L'enseignement professionnel a été la première victime de cette politique puisque, de manière quasi mécanique, les élèves potentiellement intégrables dans cette filière se sont vu soudainement proposer l'accès au lycée général. Dans la mesure où

13. S. Beaud et M. Pialoux, *Retour sur la condition ouvrière*, Fayard, Paris, 1999.

celui-ci était perçu comme un « brevet de citoyenneté » (on reprend là une formule d'un principal de collège qui nous a semblé très juste), notamment dans les collèges en milieu défavorisé, la concurrence après la troisième entre les filières d'enseignement s'est vite révélée déloyale. Les lycées professionnels se sont trouvés privés de leur « vivier » – des élèves moyens sur le plan scolaire et plus attirés par la « pratique » que par la « théorie » (pour reprendre leurs propres expressions) – ; ils ont connu une crise structurelle de recrutement, aggravée aujourd'hui par la concurrence croissante de l'apprentissage. Le « bac professionnel » a certes été un moyen d'éviter la fuite des élèves vers l'enseignement général en permettant là aussi une poursuite d'études. L'enquête ethnographique montre toutefois que le fossé se creuse entre, d'un côté, les exigences scolaires inhérentes au « bac pro » et, de l'autre, les dispositions d'élèves « sous-sélectionnés » qui trouvent avant tout dans cette nouvelle filière un moyen de poursuivre provisoirement leurs études.

Les lycées généraux ont été, eux aussi, fortement déstabilisés par l'impact de l'arrivée massive des « nouveaux lycéens ». D'une part, les conditions d'accueil des élèves de seconde, pendant ces années 1985-1995, se sont nettement dégradées. L'administration des lycées a dû suivre les consignes des rectorats et « faire du chiffre » (multiplication du nombre de classes de seconde, entassement des élèves dans les classes, le maximum de 37 élèves par classe était souvent atteint, etc.) et s'est surtout efforcée de parer au plus pressé. D'autre part, les pesanteurs de l'histoire ont fait que certains lycées n'étaient pas préparés à accueillir cette vague de lycéens : ils ont plus ou moins attendu que la vague retombe, faisant le dos rond et continuant à travailler comme ils le faisaient auparavant. D'autres lycées, sous l'impulsion d'enseignants constitués en équipes pédagogiques ou de proviseurs soucieux de la réussite de cette politique de démocratisation, ont tenté de s'adapter [14]. Au total, les lycées généraux ont dû inventer, en accord avec leur histoire et en fonction des caractéristiques sociales de leurs responsables, un ensemble de mécanismes institutionnels et/ou pédagogiques pour faire face à l'afflux soudain et rapide d'élèves.

---

14. Cette description très schématique mériterait d'être complétée et complexifiée au cas par cas (*cf.* chapitre 2).

Jean-Pierre Terrail, dans sa contribution au livre bilan sur la scolarisation en France, insiste sur les méfaits du volontarisme de ces mesures de démocratisation : « Seule une réforme très profonde des pratiques d'enseignement aurait pu donner sens à la poursuite d'études pour des élèves en difficulté scolaire précoce. Ceux-ci sont massivement issus des milieux populaires : seule une école qui transmettrait par elle-même les ressources nécessaires pour répondre à ces exigences pourrait leur permettre d'accéder normalement aux scolarités les plus longues. Sans cela, à vouloir faire l'école de masse sans rompre avec le dispositif structuré dans le long terme de l'école de classe, on ne peut que différer les constats d'échec [15]. »

Des « boursiers » aux « malgré nous » des études longues

Dans l'état ancien du système scolaire, les enfants d'origine populaire qui réussissaient à l'école étaient une petite minorité, incarnée par la figure historique du « boursier [16] » (*versus* l'héritier). Ces « miraculés scolaires », pour reprendre l'expression de Bourdieu et Passeron, avaient réussi les concours d'entrée en sixième et obtenu le droit de poursuivre des études financées par les (rares) bourses de la République. Pour eux, le « retour » de l'investissement scolaire apparaissait avec évidence sous la forme d'une réussite professionnelle – instituteur, professeur, médecin, avocat, écrivain – qui attestait d'une véritable promotion sociale et marquait l'appartenance nouvelle aux classes moyennes ou supérieures. Aujourd'hui, dans le contexte de poursuite d'études et d'élimination des barrières scolaires, cette figure du boursier a largement disparu du paysage du système d'enseignement. La carrière scolaire des élèves est devenue beaucoup plus linéaire par la conjonction de divers processus : report du palier d'orientation de la classe de cinquième à celle de troisième (c'est actuellement tout le sens de la relance du débat autour du collège unique), fin du BEPC comme diplôme de fin d'études, abaissement sensible de la barrière d'entrée en classe de seconde. Les classements anciens,

15. J.-P. Terrail (sous la dir. de), *La Scolarisation de la France. Critique de l'état des lieux*, La Dispute, Paris, 1997.

16. R. Hoggart en a fait un portrait social célèbre dans le chapitre 8 de *La Culture du pauvre*, Minuit, Paris, 1970 (1re éd. 1958).

qui permettaient de hiérarchiser les groupes, ont perdu de leur force, les coupures ne sont plus fortes et irréversibles, laissant place à un monde du flou. C'est en particulier dans les établissements scolaires fréquentés par les élèves de classes populaires que l'espérance de vie scolaire s'est mécaniquement allongée et que les rites de passage de la carrière scolaire (conseils de classe, entrée en seconde) ont perdu de leur force de consécration. Pour les élèves « moyens » (et qui se définissent comme tels), la voie est libre pour une routinisation de leurs carrières scolaires qui, dorénavant, se déroulent sans accroc et sans événements marquants. Processus qui se rejoue au lycée, une fois levé le petit obstacle de la seconde, comme l'illustre de manière symptomatique la suppression du redoublement en classe de première. C'est ce que les enseignants appellent le « passage automatique » en classe de terminale, qui, de fait, les prive de tout pouvoir de sanction et d'une forme d'incitation au travail scolaire.

Les lycéens au cursus scolaire « moyen » ou « faible » au collège se retrouvent, sauf exception, évincés rapidement de la compétition scolaire au lycée. Ils redoublent la classe de seconde et/ou se trouvent relégués en première dans les sections les moins prestigieuses du lycée, vivant souvent cette expérience comme une forme d'« exclusion de l'intérieur [17] ». Les plus fragiles d'entre eux et/ou les moins soutenus par leurs familles arrêtent leurs études au bout de quelques années, quittant alors le lycée de guerre lasse (*cf.* l'expression « j'ai démissionné » pour justifier l'arrêt des études) ; d'autres, peu convaincus du sens de la poursuite d'études, consacrent une part croissante de leur temps libre à un « travail à côté ». Les plus « largués » scolairement, malheureux au lycée, développent des attitudes qui expriment à des degrés variés un refus de l'école : retards et absences répétés, freinage scolaire, « triche » organisée et systématique aux devoirs, organisation de chahut anomique, ennui ostentatoire, provocation des « profs [18] », chasse aux « fayots » et mise à l'écart de tous ceux

17. P. Bourdieu et P. Champagne, « Les exclus de l'intérieur », *in La Misère du monde*, Seuil, Paris, 1993. Voir aussi, dans ce livre, les entretiens avec des lycéens commentés par S. Broccolichi.

18. On comprend mieux, dans cette configuration scolaire, comment le discours « antiprofs » d'un Claude Allègre a pu porter auprès de ces élèves qui étaient, si l'on peut dire, structurellement préparés à le recevoir et à y adhérer, comme le montre la multiplication de petits accrochages ou d'incidents avec les professeurs. Ce sont, par exemple, des élèves d'un lycée de la banlieue nord de Paris, les plus distancés dans leur

qui peuvent s'apparenter à des bons élèves, etc. Il y a là, au sein même de l'institution, une inversion des valeurs scolaires, la manifestation d'une culture antiécole à l'intérieur des lycées de la périphérie, comme le montrent par exemple l'élection des « perturbateurs » comme délégués de classe ou, dans les filières intermédiaires (littéraires ou sciences économiques et sociales), la disparition des « têtes de classe qui, disent les professeurs, pouvaient tirer les autres », la présence en nombre croissant d'élèves structurellement en difficulté qui peinent à « sauver la face » en classe...

Mais il faut aussi bien voir que ce sentiment de l'exclusion de l'intérieur peut être vécu douloureusement par ces élèves, et ce malgré les apparences de dilettantisme qui exaspèrent nombre de leurs professeurs (des « touristes » disent souvent ceux-ci pour qualifier ces élèves). En effet, l'illégitimité scolaire de ces lycéens et leur désarroi (« je capte rien », en maths, en philo, etc., est une des expressions qui reviennent le plus souvent dans les entretiens) sont des phénomènes potentiellement porteurs d'un malaise ou d'un mal-être social qui est le plus souvent diffus au lycée mais qui éclate par moments. On peut, par exemple, analyser la récurrence des mouvements lycéens en France depuis 1989, portés par ces nouveaux lycéens, comme une des conséquences directes de cette confrontation souvent désarmée aux savoirs scolaires, phénomène qui peut se retourner contre les enseignants dont la situation devient de plus en plus intenable.

Cette question de la violence sociale, inhérente à cette poursuite d'études involontaire ou mal maîtrisée, rejoint un problème posé par l'« école démocratique de masse », selon l'expression de F. Dubet, selon lequel, « avec la massification scolaire, le principe d'injustice s'est déplacé dans l'école bien qu'elle soit objectivement de moins en moins injuste. En effet, plus les conditions de l'égalité scolaire sont remplies, moins il est possible, du point de vue de l'individu, d'attribuer les inégalités scolaires aux injustices sociales [19] ». Ou, pour le dire

---

travail scolaire, qui, se sentant plus forts et légitimés, se mettent à reprocher à leurs enseignants, à telle ou telle occasion, leurs absences ou leurs retards, comme s'ils saisissaient au bond la parole ministérielle pour « se venger » contre leurs profs de leur mal-être en classe et de leur profond sentiment de ne pas être à leur place dans le système scolaire.

19. F. Dubet, « L'égalité et le mérite dans l'école démocratique », *L'Année sociologique*, vol. 50/2000, n° 2, p. 389.

dans un autre vocabulaire, « l'école unique privatise les biographies, en faisant de chacun le responsable de sa destinée : le succès professionnel dépend aujourd'hui du succès scolaire, et celui-ci semble dû exclusivement aux qualités individuelles de l'intéressé [...]. Cette façon de voir s'inscrit massivement dans l'imaginaire contemporain, affaiblissant la perception des rapports de classe [20] ».

Rapport à la culture et rapport au quartier

Il est instructif de comparer le rapport à la culture des élèves de la génération des 80 % à celui des autodidactes. Ces derniers, exclus souvent précocement du système scolaire, n'ont de cesse de rattraper leur retard et de surmonter leur complexe culturel, développant une boulimie culturelle à mesure qu'ils prennent conscience de leur illégitimité scolaire. C. Fossé-Poliak définit l'autodidaxie comme une « appropriation hérétique des savoirs légitimes [21] ». Dans le cas des « nouveaux lycéens », ce qui frappe, c'est le rapport utilitaire ou instrumental que beaucoup d'entre eux ont à leur scolarité [22]. La culture scolaire leur est donnée de manière obligatoire, leur est en quelque sorte imposée. Ceux qui sont les plus démunis de ressources scolaires et les plus éloignés de la culture légitime vont être tentés de se soustraire à cette obligation ou même refuser de s'approprier ces savoirs légitimes.

Parmi ces lycéens ou étudiants, dont l'acculturation scolaire n'a pas réussi à se faire, certains reconnaissent, toujours *a posteriori*, qu'ils auraient voulu travailler plus tôt et regrettent de s'être engagés dans la voie hasardeuse des études longues au cours de laquelle ils ont trop souvent éprouvé l'impression de ne pas être à la hauteur. Sur fond d'amertume, voire d'aigreur liée à leur échec scolaire qui ne se manifeste que progressivement, ceux que l'on peut appeler les « malgré nous » des études longues (en ce sens qu'ils ont été portés, en quelque sorte malgré eux, par le mouvement de démocratisation scolaire) sont conduits à développer insensiblement une certaine forme de « culture antiécole » et d'anti-intellectualisme. Souvent, ce sont

20. J.-P. Terrail (sous la dir. de), *La Scolarisation de la France*, *op. cit.*, p. 36.
21. C. Fossé-Poliak, *La Vocation des autodidactes*, L'Harmattan, Paris, 1992, p. 10.
22. *Cf.* A. Barrere, *Le Travail des lycéens*, PUF, Paris, 1999.

des élèves qui ont eu un « petit bac » (comme ils disent). Refusés en IUT et BTS, inscrits par défaut à l'université, ils y ont suivi une scolarité sans détermination et sans plaisir, par devoir (« il fallait continuer »). Au bout de ce chemin qui n'a mené nulle part (au mieux un « niveau DEUG »), ils paraissent moins déçus et amers que soulagés d'en avoir terminé avec les études : ils n'ont plus à se faire les complices d'une histoire collective qui les obligeait à jouer sans cesse le rôle à contre-emploi de l'étudiant et aspirent à se retrouver, à faire la paix avec eux-mêmes. Pour sauver la face et ne pas tomber dans la trappe (morale) du chômage, ils semblent alors prêts à payer de leur personne pour s'imposer sur le marché du travail et y faire valoir certaines qualités sociales qui ne sont pas prises en compte dans l'univers scolaire : bonne volonté, disponibilité, ardeur au travail, dévouement, « docilité ». Pris dans une logique du rachat, ils acceptent d'une manière résignée leurs nouvelles conditions de travail et cherchent à travers leur comportement exemplaire au travail à « se relancer », à se réhabiliter à leurs propres yeux et aux yeux de leur entourage proche.

On a pris le parti ici d'étudier cette poursuite d'études en milieux populaires d'un point de vue monographique, sur le terrain de Sochaux-Montbéliard. En effet, le mode de scolarisation et de socialisation familiale des enfants d'ouvriers n'est pleinement intelligible que si on l'a au préalable inscrit dans des configurations locales et sociales qu'il convient de décrire avec précision. Dans cette région, le processus de polarisation des formes d'habitat populaire s'est accéléré depuis le début des années 1980. L'expansion des lotissements de maisons individuelles dans les zones rurales et périurbaines a accompagné le processus de dégradation continu du logement social des six grands quartiers HLM de la région. Le « quartier » (le terme dans la suite du texte signifie toujours un quartier HLM) imprime un cadre contraignant à la socialisation familiale. Pour les familles qui n'ont pas pu « faire construire » et qui suivent avec attention la scolarité des enfants [23], leur éducation passe de

23. B. Lahire, dans *Tableaux de famille* (Seuil-Gallimard, Paris, 1995), remet en cause le préjugé, repris par les enseignants de zones d'habitat populaire, selon lequel les familles populaires ne s'intéresseraient pas à la scolarité de leurs enfants : « Le thème de la démission parentale est un mythe. Ce mythe est produit par les enseignants qui, ignorant les logiques des configurations familiales, déduisent à partir des comportements et des performances scolaires des élèves que les parents ne s'occupent pas de

plus en plus par le contrôle des usages sociaux de l'espace et les tentatives de « fixer » leurs enfants au domicile familial. À la relégation des familles populaires dans des lieux stigmatisés s'ajoute la peur d'être privées de leur droit à « éduquer » leurs propres enfants, de se voir déposséder de leurs prérogatives parentales et le soupçon insupportable de ne pas être de « bons » parents capables de produire de « bons » élèves. Aujourd'hui habiter un « quartier défavorisé », c'est savoir qu'on ne peut pas échapper – ou très difficilement – au lieu et à ses affiliations obligées. Pour les enfants, c'est ne pas pouvoir échapper aux écoles et au collège du quartier, aux « copains » de bloc ou d'école, aux « bandes » de copains, à la vie à l'extérieur et, au moment de l'adolescence, à « la rue », etc. Comment trouver des compromis qui permettent d'être acceptés par « les autres » sans entrer entièrement dans leur jeu ? Comment à l'école atténuer les effets de la ségrégation sociale, obtenir des renseignements pour éviter de tomber avec « les autres », dans les mauvaises classes ? Quand et comment « couper » avec les copains du quartier ?

Ce qui caractérise la vie dans ces quartiers HLM, qui sont devenus au fil du temps des zones repoussoirs, c'est la coupure croissante de ses habitants avec l'extérieur, la vie « dehors » des enfants, les bandes de copains ou de copines, la très forte division sexuelle de l'espace et l'asymétrie croissante des rôles masculins et féminins, etc. L'envers de cette forte interconnaissance, c'est la puissance de contrainte du groupe local (*cf.* la domination de la « loi du silence » en cas d'intrusion de représentants de l'extérieur). Cette sorte d'enfermement dans l'espace local fonctionne à la fois comme une ressource qui rassure [24] et comme un piège parce qu'elle coupe des autres et peut constituer objectivement un handicap dans la construction et la gestion de l'identité sociale à l'âge adulte. C'est notamment le cas pour les garçons, repliés entre eux et très démunis et/ou provocateurs lorsqu'ils doivent affronter un extérieur qui leur fait

---

leurs enfants et laissent faire les choses sans intervenir. Notre travail fait clairement apparaître la profonde injustice interprétative qui est commise lorsqu'on évoque une "démission" ou un "laisser-aller" des parents. Presque tous ceux que nous avons interrogés, quelle que soit la situation scolaire de l'enfant, ont le sentiment que l'école est une chose importante et expriment l'espoir de voir leurs enfants "s'en sortir" mieux qu'eux » (p. 271).

24. Oximo Puccino, chanteur rap parisien, se rappelle avec bonheur sa vie intense de quartier dans une cité du XIXe à Paris. Il dit : « C'était uniquement l'école et le quartier… mais c'était bien… une vie très riche » (*Les Inrockuptibles*, avril 2001).

peur. Pour le dire en termes durkheimiens, ces quartiers sont le lieu d'une forte densité de relations sociales, notamment lors de l'enfance et de l'adolescence, si bien que nombre de jeunes issus de ces quartiers éprouvent, à l'âge adulte, beaucoup de difficultés à faire le deuil de cette vie sociale très riche. Par exemple, l'entrée à l'université qui signifie souvent le départ du quartier est rendue plus difficile par l'attachement très fort qui relie au quartier. Ce qui handicape beaucoup de « jeunes de cité » à l'université ou sur le marché du travail, ce ne sont pas uniquement les préventions ou le stigmate dont ils sont victimes, c'est aussi l'impossibilité que beaucoup d'entre eux éprouvent d'affronter des situations sociales hors de leur contexte habituel, hors de la protection qu'offre l'interconnaissance de la « cité ». Cette forme de fragilité est liée à un effet d'isolat qui les empêche de supporter les épreuves qu'ils peuvent vivre au travail ou dans des situations de transplantation sociale et géographique. On verra dans quelle mesure la vie de quartier rend encore plus compliquée la tâche de l'éducation et de la socialisation scolaire des enfants de milieux populaires, qui est d'abord un travail de conversion des structures mentales et cognitives qui sont aussi le produit d'une médiation locale[25].

Le terrain et l'enquête

Cette enquête de terrain, qui a été menée en étroite collaboration avec Michel Pialoux, s'est déroulée au cours de ces dix dernières années (1990-2000), dans différents lieux (usine, lycées, mission locale de l'emploi, quartiers, familles...), mobilisant différentes méthodes (questionnaire, entretiens approfondis, observation ethnographique). La cohérence de cette recherche réside dans la possibilité qui m'a été donnée de pouvoir suivre dans le temps un ensemble d'évolutions globales (dans l'entreprise, sur le marché du travail, dans le champ scolaire local) et d'attitudes individuelles (bifurcation de trajectoires scolaires, rapports à l'école et au quartier d'une même famille différenciés selon la conjoncture de l'emploi, etc.). L'objet du travail auprès de lycéens du quartier où je résidais (Granvelle) était d'analyser, à partir de cas singuliers, comment

25. *Cf.* J.-C. Chamoredon, « La construction sociale des populations », *in* Georges Duby (sous la dir. de), *Histoire de la France urbaine*, t. V, Seuil, Paris, 1985.

se construisaient au jour le jour des carrières scolaires d'enfants d'ouvriers. En interrogeant ces lycéens à partir du quartier, par l'intermédiaire d'un réseau constitué d'abord localement, je voulais me donner les moyens de réfléchir sur le rapport entre, d'une part, leurs trajectoires et attitudes scolaires et, d'autre part, leur forme d'enracinement dans le quartier. Le fait que les entretiens avec des lycéens et lycéennes du quartier aient lieu « chez eux », dans leur environnement familier, favorisait une prise de parole sur l'école qui était indissociablement une prise de parole sur le quartier. En outre, cette définition de la situation d'entretien donnait une plus grande latitude aux enquêtés pour évoquer des aspects de la vie du quartier et pour sortir « légitimement » du seul cadre scolaire, en diminuant l'effet d'imposition du questionnement et en valorisant leurs activités dans le quartier. Ce choix d'enquête excluait du champ de vision les lycéens dont les parents étaient des ouvriers habitant en pavillon (en milieu rural et urbain), plus difficiles d'accès car dispersés, sans regroupement institutionnalisé[26]. L'installation dans un quartier à forte composante de familles immigrées a contribué à la nette surreprésentation d'enfants d'immigrés dans la population des jeunes interrogés Cela ne fait que refléter le poids des enfants d'immigrés dans la catégorie des enfants du groupe ouvrier local (comme dans les banlieues des grandes villes françaises). Les enfants d'immigrés constituent moins un groupe à part qu'une fraction, elle-même différenciée, de la catégorie des enfants des classes populaires. En revanche, la spécificité des familles immigrées de la zone étudiée tient à leur grande taille (beaucoup de familles de plus de cinq enfants) et à la proportion élevée de parents non alphabétisés.

Lors des enquêtes dans le quartier, au lycée professionnel, au lycée Diderot, la « disposition à parler » dont parle G. Mauger (qui définit la situation d'enquête comme la rencontre entre une « offre de parole » et une « disposition à parler[27] ») est presque toujours venue des enfants d'immigrés, ou, pour le dire de manière symétrique, l'« offre de parole » que

26. Pour introduire des éléments comparatifs dans l'analyse des trajectoires scolaires des lycéens « de cité » afin de mieux isoler un effet de « localisation », j'ai mené une partie de l'enquête au sein même du lycée Diderot, auprès des élèves en difficulté (dans un travail avec les CPE) et des élèves fréquentant le foyer socio-éducatif (dans le cadre du club théâtre du lycée) de manière à diversifier les sources et élargir le champ des origines sociale et géographique des enquêtés.

27. G. Mauger, « Enquêter en milieu populaire », *Genèses*, n° 6, décembre 1991, p. 130.

constitue la présence de l'enquêteur a toujours été saisie par eux, qui sont venus à ma rencontre. La recherche du contact avec l'enquêteur ne fait qu'exprimer une position sociale particulière dans le groupe[28]. Les travaux d'ethnologues en milieux « exotiques » ou de sociologues de terrain montrent que, lorsque l'enquête se prolonge, un « informateur » ou un « allié » tire de sa relation avec l'enquêteur un profit symbolique, une source de reconnaissance sociale et de valorisation personnelle. L'un des principaux acquis de la réflexion « méthodologique » sur l'enquête de terrain est le souci de restituer avec précision comment le contact a été établi avec les enquêtés, de manière à tenir compte de la position relative des « alliés » dans le groupe. Les « informateurs » sont le plus souvent des personnes qui se situent à la frontière du groupe, qui vivent des situations d'entre-deux, ou qui ont déjà connu par leur histoire un décentrement par rapport à leur groupe d'origine qui les prédispose à un regard sociologique sur les autres et sur eux-mêmes. Ce souci explique que, dans le compte rendu de mes observations au cours desquelles ma position était comparable à celle d'un ethnologue (immersion dans le milieu enquêté, constitution d'« alliés » sur place, etc.), je m'attarde, parfois longuement, sur la relation enquêteur/enquêtés, de manière à reconstituer le processus de recueil de données, qui, seul, permet au lecteur de vérifier les « sources » utilisées et de contrôler ainsi le « biais » constitutif de toute enquête ethnographique. Cette reconstitution fidèle de la relation d'enquête, qui limite aussi le nombre d'entretiens commentés, permet de « contextualiser » finement les propos des enquêtés. Je procéderai par la présentation de cas commentés d'individus singuliers et par des récits d'observation. L'installation deux mois sur place (septembre-novembre 1992) m'a permis de nouer des relations plus suivies avec des lycéens du quartier et de participer à un certain nombre de leurs activités[29]. C'est à cette occasion, et pour la première fois, qu'il m'a été donné de rentrer dans les appartements des enquêtés du quartier Granvelle et d'y faire des entretiens, de stabiliser la relation d'enquête avec les

28. « De façon générale, on peut définir ceux qui deviennent les informateurs de l'enquêteur comme des spécialistes en façades verbales, porte-parole désignés par le groupe mais le plus souvent autodésignés en raison de leur compétence particulière », G. Maugé, *op. cit.*, p. 135.

29. F. Weber insiste sur l'importance du « faire avec » dans le travail avec les enquêtés (F. Weber, *Le Travail à côté*, Éditions EHESS-INRA, Paris, 1989).

jeunes, grâce à des échanges de services. Seuls l'observation et l'immersion dans le milieu enquêté, les échanges réels, le donnant-donnant m'ont permis de diminuer la distance sociale entre enquêteur et enquêtés et de passer derrière la « façade ».

En même temps, l'enquête avec le groupe de lycéens du quartier devenus étudiants est restée « prise » dans une relation scolaire. J'étais toujours pour eux le « prof », le « chercheur », quelqu'un proche du pôle du savoir, ou le « fonctionnaire », autant d'attributs qui attestent d'une position sociale relativement élevée à leurs yeux. Dans ce type d'interaction, notamment lorsque je me suis lancé dans l'aide à la révision de leurs examens universitaires (avril-mai 1993), seuls sont donnés à voir à l'enquêteur les manques ou les handicaps alors que se dérobe à ses yeux toute une partie de leur vie (la vie entre copains, les discussions du soir, les sorties collectives) où la domination culturelle a moins de chances de s'exercer, où peut s'affirmer ce que Grignon et Passeron appellent l'autonomie symbolique des classes dominées. Le « dominocentrisme » est ici inscrit dans la relation d'enquête. C'est, bien sûr, un biais dont il faut tenir compte dans l'interprétation des données ethnographiques ici rapportées. Par exemple, tous les entretiens avec les garçons du quartier ont eu lieu à l'extérieur de chez eux, dans des endroits semi-publics, parfois au café ou dans un parc, à l'abri des regards. Ce qu'ils me dissimulaient de manière plus ou moins consciente (leurs résultats scolaires, leurs sorties mais aussi leur domicile, les membres de leurs familles) importait autant que ce qu'ils me montraient. L'enquête de terrain entraînant une forte implication du chercheur dans la relation qu'il noue avec les enquêtés, il est nécessaire de rendre d'une manière précise et concrète le type de rapport ou, plus exactement, de relation sociale qui s'établit entre enquêteur et enquêtés. Pour ce faire, il m'est apparu nécessaire de recourir au « je » pour exprimer la position particulière et les agissements de l'enquêteur. Ce n'est pas par souci de mise en avant ou par narcissisme du chercheur que le « nous » de modestie est ici suspendu, mais c'est une façon de souligner les perturbations que produit l'intrusion du chercheur dans le milieu social qu'il enquête.

Présentation du terrain

Granvelle est un quartier d'habitat social construit au début des années 1960 dans la ville de Gercourt [30] (15 000 habitants au début de l'enquête en 1990) située à huit kilomètres de Montbéliard, la grande ville de l'agglomération urbaine. Ce quartier comprenait, jusqu'au milieu des années 1970, une majorité de familles d'ouvriers de Peugeot, mais aussi des familles d'employés, de contremaîtres, et d'enseignants. Les années 1975-1990 ont vu, comme dans beaucoup de quartiers semblables en France, le départ des classes moyennes qui ont accédé à la propriété, achetant des maisons dans les lotissements des villages environnants, et l'arrivée de familles immigrées (ici, en majorité, marocaines) qui s'est accélérée lors du regroupement familial. Granvelle, composé au recensement de 1990 de 70 % de familles dont le chef de ménage est ouvrier, est progressivement devenu un pôle de fixation des familles immigrées de la région. Après le « retour au pays » en 1984-1985, de nombreux « blocs » ont été murés avant d'être détruits ou rénovés. La réhabilitation de Granvelle, programmée depuis le milieu des années 1980, s'est faite lentement et en progressant par cercles concentriques à partir du centre géographique du quartier. Elle a d'abord concerné les immeubles situés autour du centre commercial et habités par des familles ouvrières installées de longue date dans le quartier (familles « françaises » ou de vieille émigration, espagnoles, portugaises), puis s'est étendue au deuxième cercle autour de la place. Les secteurs excentrés du quartier (nord et est), où sont regroupées les familles nombreuses, immigrées, n'ont pas bénéficié de cette rénovation. Ils ont ainsi connu un processus cumulatif de dégradation, se transformant de plus en plus en « habitat dépotoir » : papiers et détritus à l'extérieur, cages d'escaliers non entretenues, bruit permanent, boîtes aux lettres tordues et ouvertes si bien que de plus en plus de familles de ces secteurs ont préféré avoir une « boîte postale » à la poste du quartier. Pour illustrer le poids de ces secteurs dans la vie du quartier, le principal du collège indique qu'un tiers des élèves du collège habitent la (longue) rue Vivaldi. Le secteur ouest du quartier, autrefois très animé, s'est largement dépeuplé : la

30. Les jeunes disent tantôt Granvelle tantôt Gercourt pour désigner leur lieu de résidence, même si face à un « étranger » ils vont plutôt dire « Gercourt »...

moitié des « blocs » a été murée, deux d'entre eux ont été détruits en 1992 afin de dégager la vue sur la campagne environnante, deux longs immeubles ont été arasés et transformés en petits immeubles de deux à trois étages, composés uniquement de studios et de F2 pour loger des jeunes, un petit quartier composé de huit maisons individuelles a été créé en face des blocs murés. Le quartier est donc composé en fait d'un ensemble de « petits » quartiers qui ont eu leur vie propre et qui sont très cloisonnés. Les enfants surtout jouaient dans leur quartier et ignoraient parfois entièrement des secteurs voisins. Il reste qu'aujourd'hui Granvelle a encore des caractères de village qui fonctionne comme un groupe large d'interconnaissance. Par exemple, dans les espaces publics, les jeunes qui se croisent se saluent la main sur le cœur (y compris ceux qui ne sont pas arabes), ou le plus souvent font un détour pour se saluer (les garçons surtout, car le code de salut est très distinct selon garçons et filles), s'appellent par leur prénoms, se connaissent tous plus ou moins (« Ici on se connaît tous »).

Dans un premier temps, nous allons suivre les itinéraires scolaires des lycéen(ne)s de Granvelle – du collège de ZEP au lycée de centre-ville – pour mettre en relief la manière dont ils affrontent cette situation, inédite dans leur famille, de poursuite d'études. En centrant l'étude sur ces lycéen(ne)s de « première génération », orienté(e)s par défaut dans les sections les moins nobles, on se donne les moyens de faire apparaître la face cachée de l'allongement de la scolarité : le désarroi des élèves, le coût psychologique, le « bricolage » au jour le jour des carrières scolaires, ce d'autant plus que les lycées n'étaient pas *a priori* préparés à accueillir cette nouvelle population d'élèves et que la rupture avec le quartier était difficile à accomplir. Dans un deuxième temps, nous suivrons les diverses péripéties de quatre étudiants du quartier lors de leur première année de DEUG à la faculté la plus proche, à vingt kilomètres de Gercourt, de manière à faire apparaître le décalage entre leurs dispositions et la demande de l'institution universitaire, l'impossibilité pour eux de se couper du quartier et de se concentrer à temps plein sur leurs études. Enfin, l'analyse détaillée du parcours de deux de ces étudiants « de cité » (Nassim et Fehrat) mettra au jour les incertitudes de la transition professionnelle des bacheliers de « première génération » et leurs difficultés à s'insérer professionnellement. Le dispositif des emplois-jeunes leur permettra, en fin de compte, d'éviter le déclassement brutal que connaissent les bacheliers de plus en plus nombreux à commencer leur vie professionnelle à l'usine, comme « opérateurs ».

I

Lycéens de « cité »

S'en « sortir » par l'école

Pour les enfants d'OS habitant dans les « blocs » du quartier Granvelle, la conquête du statut de lycéen va de pair avec une mise à distance de l'usine. L'interrogation sur le travail du père suscite malaise et résistance [1] : les lycéens interviewés répondent par des phrases brèves ou des expressions stéréotypées. Les mots employés disent tous une impression de morbidité et de dégoût (« l'usine, j'ai toujours eu ça en horreur », « c'est sale », « dégoûtant »). Le travail du père, et plus largement les conditions de vie de la famille ne semblent pas alors de l'ordre du dicible. Il leur faudrait parler de la fatigue et de l'usure physique du père, évoquer la peur qui a envahi l'usine (celle d'être licencié, de ne plus « tenir » le poste ou d'être muté sur un poste de travail plus « dur », etc.). En lieu et place de cette chronique impossible à tenir, les lycéens enquêtés répondent par des soupirs, des phrases inachevées, des mimiques tant il leur est difficile de parler d'une culture du travail (celle d'ouvriers non qualifiés) qui, à leurs yeux, ne se décline plus que comme une culture du « manque » (manque de temps, manque d'argent, manque d'espoir dans l'avenir). Dans ce silence des enfants sur le travail du père peut se lire, outre la discrétion et la retenue, le souci de ne pas céder à la tentation d'une description misérabiliste de leur famille (« faire du

1. La question de la transmission dans les familles ouvrières était centrale dans l'objet de la recherche menée par Michel Pialoux. Or l'interrogation sur ce sujet est délicate puisqu'elle oblige les enquêtés à thématiser quelque chose – la prise de distance avec le père, la rupture avec l'univers familial – qui est vécu le plus souvent dans le non-dit et la gêne réciproque.

Zola », comme me l'a dit l'un d'entre eux). Le silence est peut-être bien une manière, en situation d'entretien, de dire le refus de l'héritage ouvrier de leurs parents. Il ne fait alors qu'exprimer le « respect » que les enfants doivent à la peine des pères : il leur permet de se protéger eux-mêmes en préservant leur propre avenir, de se donner une marge de manœuvre afin de se rattacher à un autre groupe d'aspiration que le groupe ouvrier pour pouvoir se penser autrement que comme fils d'ouvrier voué par essence à ce seul destin social. Nassim m'explique, à la fin de sa classe de première B (section économique et sociale), son refus du « déterminisme sociologique » qui tend à exclure des enfants d'ouvriers comme lui de toute perspective de promotion sociale :

> Les fils d'ouvriers, statistiquement, c'est vrai qu'ils sont dans les lycées professionnels... Mais moi je n'en fais pas partie, je suis dans l'autre partie. Moi, je suis pas dans la statistique... Mais j'admets que c'est vrai, j'admets les statistiques... Quand même, c'est pas des conneries, mais, personnellement, je dis que ça, c'est bête... (*Réfléchissant.*) Moi, je dis non : je ne fais pas partie de la statistique !... Même si je respecte la statistique ! Parce qu'elle est majoritaire, je la respecte, je dirai pas que c'est pas vrai dans la vie, mais, pour moi, dans ma tête, c'est pas vrai... Vous comprenez la nuance !... Y a plus aucun sens à la vie si on est obligé de suivre ce qu'a fait le père. Si quelqu'un sait que de toute façon il va devenir ouvrier, pourquoi il fait des études ? Ouvrier, on n'a pas besoin de faire des études pour être ouvrier. Pour travailler à la chaîne, franchement, y a pas besoin des études ! Un âne il travaillerait à la chaîne... pour faire les mêmes gestes-là, chaque fois-là. [Je reviens alors sur sa critique des fiches biographiques demandées par les enseignants.] Franchement, on ne leur demande pas aux profs la profession de leur mère, ni de leur père. Eux, ils nous demandent « profession des parents, des frères, des sœurs, leur âge »... Il faut qu'on leur donne quoi, aussi ! Le numéro de Sécurité sociale... le numéro du compte en banque... Là ça va trop loin, franchement, leur âge, mais qu'est-ce que vous vous en foutez de l'âge de nos frangins, franchement, là ça va trop loin, d'ailleurs, ça, je ne le mets pas ! Moi tout ce qui est « frère », je ne le mets pas, profession, pareil, je ne le mets pas... Pourquoi faire ? Il est où l'intérêt ? Moi, s'ils me disent : « Oui, ça m'intéresse pour ci et pour ça »... Si c'est une bonne raison, je les mets, mais si c'est pour n'importe quoi, des conneries, je ne le mets pas ! Je ne marque rien !...

Parler du travail du père à ce moment de leur carrière scolaire, où un certain espoir leur est encore permis, c'est devoir concilier un passé qui meurt et un avenir qui leur tourne le dos, rester fidèle au père affectif tout en étant fortement tenté de renier le père social, respecter l'autorité du père dans la famille et « contester » la soumission du père à l'usine. L'analyse qui va suivre ne prend sens que sur cette toile de fond que constitue la dévalorisation de la condition ouvrière [2].

---

2. Sur ce point, je me permets de renvoyer à S. Beaud et M. Pialoux, *Retour sur la condition ouvrière, op. cit.*

1

Collégiens de ZEP, lycéens de « première génération »

Les élèves du quartier Granvelle qui se lancent dans la voie des études longues ont pour caractéristique d'appartenir à la « première génération » des lycéens dans leur famille. Leurs carrières scolaires se sont construites au jour le jour, avec l'aide de quelques enseignants et le soutien matériel et moral de la famille, mais aussi avec une grande incertitude et indétermination par rapport à l'avenir. Lorsqu'ils entrent au lycée, ils sont portés et soutenus par le sentiment d'y être les ambassadeurs de leur famille ou de leur quartier. Les entretiens ont fait immédiatement apparaître la forte tension qu'ils subissent lorsqu'ils accèdent au niveau du lycée, notamment parce qu'ils ont souvent derrière eux une scolarité en demi-teinte et qu'ils se considèrent comme ayant été des élèves « moyens » au collège. Classé en ZEP, installé au cœur du quartier, cet établissement (appelé ici Boris-Vian) a, depuis le milieu des années 1980, la réputation d'un collège « à problèmes » : récurrence de phénomènes de violence dans l'établissement et surtout à ses abords, forte concentration d'enfants d'immigrés dans les classes (100 % dans certaines classes de quatrième et de troisième), retard scolaire fréquent, etc. Au fil des ans, les familles « françaises » du bourg et des lotissements ont de moins en moins scolarisé leurs enfants dans cet établissement [1]. L'équipe d'enseignants, longtemps stable, s'est brusquement défaite au

1. Les élèves des deux écoles élémentaires du bourg, réputées de meilleur niveau, « montent » au collège situé « en haut », dans le quartier HLM, et considéré comme un fief des enfants de Granvelle.

début des années 1990 ; le *turn-over* des enseignants n'a ensuite cessé de croître si bien que, phénomène classique en ZEP, de jeunes titulaires trouvent là leur premier poste, envoyés au front « en première ligne ». Les familles pavillonnaires « du bas », qui n'ont pas renoncé à scolariser leurs enfants dans l'établissement public de leur secteur, cherchent à éviter les « mauvaises » classes à leurs enfants et choisissent l'allemand en première langue. Ces classes d'allemand, comme on dit, sont les « bonnes classes » du collège, tandis que les classes d'anglais première langue regroupent presque exclusivement les enfants des « blocs », c'est-à-dire des enfants d'immigrés de Granvelle.

Cependant, si l'on se place du point de vue de ces derniers, le collège change de visage : c'est « leur » collège, ils en sont « fiers », s'y identifient comme ils le font pour « leur » quartier. Rien ne les ulcère plus que la présentation unilatéralement négative qui en est faite dans les informations télévisées régionales [2] et qui est perçue par eux comme une attaque contre leur quartier et ses habitants. Face à moi, les lycéen(ne)s interviewé(e)s tentent d'en offrir une autre image. Ils affirment au contraire s'y sentir bien, « chez eux », dans leur quartier (ils y viennent à pied, par petites grappes de trois ou quatre), et insistent sur sa propreté, son bon équipement, notamment sportif, sa situation géographique privilégiée (« dans la verdure »), le bon esprit collectif qui y règne, les activités sportives qui y sont organisées par des profs d'EPS présents, tout cela contribuant à souder le groupe. Même si des clivages existent entre ceux d'« en haut » – les élèves de Granvelle – et ceux d'« en bas » – les élèves du bourg et des lotissements –, les élèves du collège baignent dans le même milieu social (« On est tous des gosses d'ouvriers au collège », dit l'un d'entre eux). Sabrina se rappelle les appels en classe : « Y a une année, la prof a demandé la profession des parents par oral. Elle a commencé par les premiers, alors ça faisait "ouvrier, ouvrier, ouvrier, ouvrier, ouvrier, ouvrier" (*rires*), et puis tout d'un coup il y a eu "facteur", alors là, tout le monde a rigolé ! » C'est justement parce que le collège a un recrutement social homogène qu'il offre aux élèves une certaine sécurité qui leur permet de ne pas s'y sentir jugés socialement. Le collège apparaît comme le prolongement

---

2. Le collège fait souvent l'objet d'un reportage à FR3 au moment de la rentrée scolaire.

direct du quartier. Tout « étranger » qui pénètre dans la cour du collège est immédiatement repéré. S'il est d'apparence « français », comme je le suis, son arrivée dans la cour donne immédiatement lieu à des commentaires, rires ou plaisanteries lancées à haute voix – les filles les plus effrontées m'ont souvent dit gentiment, dans un grand éclat de rire : « Bienvenue au collège Boris-Vian !... »

Une « bonne ambiance », au détriment du travail scolaire...

Il ne s'agit pas, bien sûr, de tordre le bâton dans l'autre sens et de donner une image idyllique de cet établissement. Les résultats au BEPC ne sont pas bons (oscillant autour des 50 %), les résultats aux tests d'évaluation de sixième sont franchement médiocres, plaçant l'établissement dans les derniers rangs de l'académie. Les élèves qui habitent les « blocs », les « petits immigrés » comme disent sans méchanceté les habitants du « bas » de Gercourt, ont pour eux la force du nombre et imposent parfois durement leur loi aux enfants des pavillons, qui habitent au village ou dans les lotissements. Les élèves d'« en bas » – surtout les garçons – subissent une rude épreuve de passage lors de leur arrivée en sixième et il leur faut se battre (moralement et souvent physiquement) pour se faire accepter par les enfants des « blocs »[3]. Nombreuses sont les anecdotes et rumeurs qui circulent autour du collège : les vols fréquents, le parc à vélos désert depuis plusieurs années, car plus personne ne se risque à en laisser un au collège. Malgré les efforts de l'administration et la proximité de la gendarmerie (installée à côté), le collège Boris-Vian n'est pas un établissement calme. Il suffit de circuler dans les couloirs pour entendre dans certaines classes du bruit en permanence (éclats de voix des élèves, de l'enseignant(e), bruits de chaises, etc.). Le conseiller principal d'éducation est constamment sur la brèche, sans cesse sollicité pour régler un « problème ». Le jour des papiers à remplir pour l'obtention des bourses, les bureaux de l'administration

3. Un collégien, habitant un bloc de Granvelle, qui a déménagé à la fin de la classe de sixième et qui réside dorénavant dans une maison du village, est devenu immédiatement un traître aux yeux de certains de ses anciens copains, recevant des petits cailloux sur le trajet qui mène au collège.

sont pris d'assaut par une horde d'enfants qui crient, se bousculent, gesticulent joyeusement. Le principal doit intervenir pour faire cesser cette effervescence. Malgré les « problèmes », le collège est un univers où les élèves semblent « heureux », à l'abri du regard extérieur, « enveloppés » par les professeurs, sans grande crainte de sanction administrative ou scolaire. La force du groupe est telle que les élèves ont une grande capacité de défense et d'autodéfense collective. Les élèves de Granvelle qui entrent par la suite en seconde au lycée du centre-ville (Diderot) éprouvent un sentiment de perte du milieu protecteur que constituait le collège, où le groupe des élèves du quartier occupait une position hégémonique et où les enseignants étaient souvent obligés de composer avec lui. Les années de collège apparaissent ainsi comme une période de bonheur et d'insouciance scolaire : bonheur d'être ensemble, entre soi, à l'abri du regard des autres, et d'éprouver la force du groupe. On pourrait dire que les élèves du collège sont « à part » mais heureux dans cet isolat, extrêmement solidaires[4]. Pour les filles de Granvelle surtout, le collège offre un cadre rassurant, permettant le développement d'une forte sociabilité féminine – les copines de quartier et de collège. Il est aussi le théâtre d'un contrôle social croisé très efficace, analogue à celui existant dans le quartier. Les conduites déviantes – fumer, aller au café, se maquiller – y étaient très minoritaires. D'un point de vue psychologique, les filles n'ont pas à se poser les questions liées à la gestion de leur identité sexuelle, souvent vécues dans la tension et le malaise par les filles des autres collèges, et qui sont pour elles différées dans le temps.

Certaines configurations – telles que des classes au recrutement très homogène, quelques élèves « à problèmes »[5] regroupés ensemble, quelques jeunes enseignants débordés – font que des élèves peuvent imposer leur loi aux enseignants.

4. Le groupe des filles maghrébines est amené à défendre dans la conversation (lors d'un repas du soir) leur copains arabes contre une élève de troisième, qui habite un pavillon dans un lotissement « dans le bas », qui les a accusés d'avoir voulu la violenter au collège. L'histoire a fait alors quelque bruit localement et avait – pour une fois – filtré hors des murs du collège. Soudain, elles font toutes front, proclament l'innocence de leurs copains et condamnent avec une extrême violence la fille, accusée d'être une victime consentante.

5. Les enseignants qui ont de l'ancienneté au collège ont pour habitude de désigner entre eux les élèves qui font le chahut par l'expression « c'est un rue Vivaldi », du nom d'une des longues rues du quartier qui a pour caractéristique de rassembler les familles les plus nombreuses et les plus démunies.

Les « bons » élèves ne nient pas l'existence de problèmes au collège posés par le comportement des élèves trop âgés ou des « perturbateurs » : bruit dans les classes, difficulté de se concentrer et d'écouter en classe, chahuts réguliers dans certains cours, absence de travail scolaire qui en résulte.

> Dans ma classe de quatrième, troisième, j'étais pas la seule à travailler, il y avait beaucoup d'autres élèves qui travaillaient mais il y en a qui ne travaillaient pas du tout… Ils étaient déjà âgés et l'école, ça les intéressait pas. Mais, nous [les élèves sérieux], on s'occupe pas des autres… [Quand il y a trop de bruit] il y a le professeur qui s'énerve… Ou alors, nous, on se plaint ! On peut se plaindre auprès du professeur… du principal même… Ça m'est arrivé une fois, il y avait un professeur qui n'était pas du tout autoritaire, il y avait (*hésitant à dire le mot*)… le bordel dans la classe, on est allés voir le principal… Ça s'est arrangé, il a discuté avec les élèves qui foutaient le bordel… (Naïma, octobre 1992.)

La plupart des lycéens interviewés au cours de cette période 1990-1995 ont été, à l'école primaire comme au collège, des élèves « moyens ». Lorsqu'ils évoquent leur scolarité, les expressions qui reviennent le plus fréquemment sont : « Je me débrouillais tout juste », « C'était pas génial mais ça passait », etc. En classe, ils ne faisaient partie ni des premiers, appelés les « têtes », ni des derniers, baptisés les « nuls ». En fait, ils ont toujours évolué sur le fil du rasoir, travaillant juste assez pour opérer le passage dans la classe supérieure et satisfaire ainsi les attentes de leurs parents. L'essentiel, pour beaucoup d'entre eux, est d'assurer le passage dans la classe supérieure. Aux yeux de leurs parents, immigrés, à qui le système scolaire français reste obscur, le seul critère scolaire pertinent est le passage dans la classe suivante, comme le dit l'un de ces élèves pour résumer le suivi scolaire de ses parents (turcs) : « À la fin de l'année, tout ce qu'on me demandait à la maison, c'était : “Tu passes ou tu passes pas ?” » En fait, dans ces familles immigrées de Granvelle, les pères travaillent « de tournée » à l'usine, sont usés et fatigués par leur vie de labeur tandis que les mères, souvent analphabètes, sont chargées de contrôler un tant soit peu ce qui se passe à l'école. Si bien que, s'il n'y a pas de frères et sœurs aînés, la scolarité de ces élèves est suivie de loin. Ce qui ne signifie pas une indifférence des parents qui, même s'ils ont un rapport « désarmé » à l'école, y mettent un formidable espoir pour leurs enfants. On peut à cet égard évoquer ce père marocain, ouvrier d'usine, qui, furieux des mauvaises notes que son fils lui avait cachées, les a affichées dans le hall de la cage d'escalier pour lui faire honte[6].

Les conditions d'existence des élèves de Granvelle sont déterminantes pour comprendre le rapport qu'ils ont au travail scolaire : beaucoup d'entre eux n'ont pas de chambre à eux, les appartements sont surpeuplés, les cages d'escaliers et les extérieurs bruyants, les sollicitations du quartier constantes, notamment de la part des copains. Ils adaptent donc leur travail scolaire à leurs conditions de vie : par exemple, les élèves plus sérieux prennent pour habitude d'écouter attentivement en classe afin de limiter le plus possible le travail à la maison, comme l'explique ici Gundur, fils d'immigrés turcs.

> Moi, au collège, jusqu'en troisième, je travaillais peu en fait. Ah ! C'était du travail bâclé, vite fait, rien que pour terminer. C'était pas du travail sérieux. Je sais pas… je travaillais peu même si ça m'a réussi quand même [...]. En troisième, là j'ai pris les choses au sérieux ! (*Rires.*) Je me disais : « Il faut faire quelque chose, c'est pas en redoublant qu'on va terminer l'école… Plus tu redoubles, plus tu restes à l'école. (*Rires.*) C'est pas la bonne solution ! » Et puis, je commençais à travailler un peu chez moi, et en restant sérieux à l'école comme d'habitude. Et puis, ça a été mieux. Dans les matières où j'étais vachement nul, les matières scientifiques, physiques et maths, bien sûr, j'ai réussi quand même à frôler la moyenne, entre huit et demi et onze. C'était bien pour moi, quoi ! (*Rires.*) En langue, toujours quinze et en dictée toujours zéro. (*Rires.*) Ça, c'était toute la classe, dictées : zéro. [...] Autrement, grammaire, moyen, et rédaction, bien quand même… rédaction, j'aimais bien, je me débrouillais… L'histoire, je trouvais ça un peu inutile, y avait trop de dates à retenir, des trucs comme ça, j'aimais pas trop. (Octobre 1992.)

Des entretiens recueillis en confiance montrent par ailleurs l'importance qu'a prise la triche dans certaines classes où les élèves soudés par de fortes solidarités de quartier parviennent à faire régner la loi du silence et de la « débrouille ». Les « petits caïds », comme disent les enseignants, peuvent alors imposer la

---

6. C'est une lycéenne, voisine de palier de cette famille, qui m'a raconté cette anecdote qui l'avait choquée. Les garçons de Granvelle m'ont souvent raconté les mille ruses qu'ils utilisent pour dissimuler leurs notes, trafiquer leur bulletin scolaire ou intercepter le courrier. Les parents qui surveillent le plus la scolarité de leurs enfants ouvrent une boîte postale pour s'assurer contre ces « pertes » de courrier.

circulation des informations et subvertir le jeu des épreuves écrites, notamment quand ils sont face à de jeunes professeurs sans « poigne ». Pour les garçons, il est très difficile d'échapper à cette ambiance de triche, comme le raconte ici Fehrat.

Au collège Boris-Vian, les classes elles étaient (*long soupir*)... tout le temps agitées, hein ! C'est toujours comme ça. C'est connu, le collège là-haut... Tout le monde s'en foutait... Les notes c'était, bon, un peu avec la triche et tout ça (*sourire*)... T'arrivais à tricher, t'étais bien ; tu parlais avec un prof, t'étais fayot, c'était comme ça... Moi, j'ai redoublé deux fois au collège, hein (*rires*)... Et le résultat, c'est ça... Je me laissais emporter par le groupe. Je me disais : « Bon, c'est rien, tu t'en fous, tu feras ça demain »... La première fois que j'ai triché, c'était avec un copain, j'étais en cinquième... C'était en allemand. je travaillais vachement l'allemand... Et puis j'étais pas mal, j'avais 14 de moyenne en sixième. Et puis il y avait un copain avec moi, lui il foutait rien, il se tapait des meilleures notes que moi. Je comprenais pas, je disais : « Mais comment il fait ? » Ah ! je faisais : « Il est intelligent, c'est pour ça, il retient tout... » Et puis un jour, j'ai vu, il m'a montré : « Tu fais ça », il avait une feuille de pompe... J'ai vu ça, je me suis dit : « Oh putain ! » Au début je me suis dit « Laisse tomber » et puis une fois j'ai appris ma leçon et puis j'étais pas tellement confiant, je me suis dit : « Ah tiens ! je vais faire comme lui », j'ai fait le colton... Bon, première fois, j'en ai eu besoin pour quelques mots, je l'ai sorti... Deuxième fois, oh c'est même pas la peine que j'apprenne... Troisième fois, pffff ! ! Et puis après, à partir de là, ça a commencé, j'en faisais partout... En cinquième j'étais trop moyen... Et en quatrième c'était la suite, j'ai continué à tricher. Et puis même avec la feuille de pompe je pouvais pas utiliser les trucs parce que je comprenais pas les phrases... Je voyais pas ce que ça voulait dire, ça me servait à rien... J'avais plus les bases... Et ma quatrième, je l'ai redoublée... (Septembre 1993.)

C'est au lycée que les élèves du collège de Granvelle vont prendre conscience que beaucoup de professeurs du collège « surnotent ». L'espèce de mansuétude dont peuvent bénéficier certains élèves de « milieux défavorisés » (élèves souvent « faibles » comme disent les enseignants) apparaît au lycée, au recrutement social plus élevé, comme une sorte de piège qui se referme sur eux, comme le laissent entrevoir ici trois copines de lycée, anciennes élèves du collège Boris-Vian.

Sabrina, *étonnée* : Au collège, les profs, ils notaient large !

Monia, *avec un accent de condamnation* : Très large !

Zahia : La prof de physique, on mettait deux petites phrases par expérience...

Sabrina, *enchaînant* : Et on se payait des 17 ! des 18 ! (*Rires.*) Mais le cours, il était bien... On parlait librement...

Zahia, *surenchérissant* : C'est nous qui le faisions carrément... On criait et tout !...

Sabrina : Non, quand même pas crier (*rires*)... Elle venait dans les rangs quand on faisait des expériences, elles nous faisait tout... On allait au tableau, c'était vivant...

Le « bèpe » ou la seconde ? Ou la pression du groupe des pairs...

Au moment où l'enquête statistique a été réalisée (juin 1992), portant sur les vœux d'orientation après la troisième, les élèves de collèges de ZEP habitant les quartiers HLM souhaitaient massivement un passage en seconde générale et refusaient l'orientation en BEP[7]. En cette première moitié des années 1990, le lycée professionnel (LEP) étant perçu comme l'antichambre du chômage, l'orientation en lycée général procure alors l'assurance provisoire d'échapper à la relégation scolaire et offre à ces élèves, stigmatisés dans leur quartier, un « brevet de citoyenneté ». Au collège de Granvelle, le mot d'ordre qui circule entre élèves est d'éviter à tout prix le LEP et de forcer le passage en seconde, quels que soient les résultats de troisième, quitte à faire appel de la décision du conseil de classe. Cette poursuite d'études en seconde générale a été permise par l'institution scolaire, *via* les directives rectorales demandant l'assouplissement du passage au lycée[8], mais aussi par des enseignants de collège qui ont pu alors être convaincus que la voie de l'enseignement professionnel équivalait à une condamnation sociale de leurs élèves. Une forme de sollicitude des enseignants à l'égard de ces enfants d'immigrés, souvent perçus

7. C'est une enquête par questionnaire sur l'orientation après la troisième, auprès de 1 200 élèves des collèges du district urbain. Le refus des études professionnelles est moins net chez les enfants d'ouvriers qualifiés et les enfants d'ouvriers spécialisés habitant en pavillon (ce qui signifie le plus souvent un travail salarié du conjoint).

8. Philippe Masson établit clairement ce fait dans l'enquête ethnographique fouillée qu'il a menée dans l'établissement où il enseignait. *Cf.* P. Masson, *Les Coulisses d'un lycée ordinaire*, PUF, Paris, 1999.

comme les victimes privilégiées de l'ordre social, a pu se traduire par le refus de leur barrer l'accès du lycée général et le choix de leur laisser tenter leur chance au lycée...

Insistons surtout ici sur l'incertitude et la variabilité des aspirations scolaires de ces élèves. Leurs carrières scolaires se déploient dans un horizon temporel de court terme et se déroulent rarement selon des voies toutes tracées. Elles se construisent plutôt au jour le jour, en fonction des résultats scolaires et de l'environnement économique local, en rapport aussi avec l'évolution des carrières scolaires des membres de la fratrie et de la parentèle. Par exemple, lorsque les collégiens de Granvelle ont découvert l'abaissement de la barrière à l'entrée au lycée, qui leur ouvrait soudainement le champ des possibilités, ils se sont en quelque sorte engouffrés dans la brèche, s'autorisant des espoirs scolaires qui n'étaient alors pas envisagés par les familles. Pour illustrer ce point, on peut évoquer les cas de Fehrat et de Zahia, tous deux anciens élèves du collège Boris-Vian.

Zahia, en classe de cinquième, envisageait de devenir secrétaire. Pour se préparer à ce métier, elle avait commencé un apprentissage intensif du travail de frappe, empruntant une machine à écrire à une copine voisine d'immeuble, qui préparait un BEP de secrétariat. Mais sa bonne scolarité en quatrième et troisième l'encourage à continuer dans la voie des études longues, d'autant plus que tout le monde dans sa classe souhaite aller en seconde. Elle abandonne alors naturellement cette idée de faire un BEP. Devenue lycéenne, elle se rappelle, à la fois gênée et amusée, ce souvenir de collégienne (« secrétaire, c'était un petit rêve ») auquel elle ne veut pas attacher trop d'importance et qui lui rappelle trop sa modestie scolaire d'alors.

> En troisième, j'avais plus envie d'aller en LEP. Je pensais à ma sœur [titulaire d'une licence de droit]. Enfin, pour moi, le droit chemin, c'était aller en seconde, quoi ! Au lycée... Et quand on me disait : il faut aller faire un bèpe, je savais pas ce que c'était, déjà ! Alors je paniquais. Pour moi, la voie, c'était aller au lycée... Et après le lycée, la faculté (*silence*)... Et après, on verra bien (*rires*).

Le vocabulaire employé pour désigner le choix de son orientation après la troisième – le « droit chemin » – indique bien que les études longues constituent, aux yeux de Zahia, à la fois la voie du salut et un impératif moral. La poursuite d'études est un moyen d'échapper au déclassement scolaire et social (que représente l'orientation en BEP), de se démarquer ainsi du groupe des « réprouvés » scolaires et de se tracer un destin plus noble. Depuis la troisième, elle veut faire du droit[9] (« ça me paraît de plus en plus évident », dit-elle). Sa modestie lui interdit de dire qu'elle pense au métier d'avocate (« ma mère veut que je devienne avocate »).

Fehrat, après un redoublement en quatrième et en troisième, a envisagé un moment de préparer une seconde technologique (option électronique) au lycée technique, mais, au dernier moment, s'est ravisé sous la forte pression de ses copains de collège qui l'ont encouragé à tenter sa chance dans la « voie normale » (comme on désigne aujourd'hui les études générales). Dans l'extrait d'entretien suivant, il revient sur ce moment décisif de sa trajectoire scolaire.

> En troisième, j'avais 16 ans, je grandissais, il me fallait un boulot (*silence*)... Et puis, moi, j'ai jamais traîné avec des jeunes qui s'en foutaient de l'école. C'est peut-être pour ça que je me suis accroché. J'étais toujours avec un gars, un copain, qui, lui, faisait un bac pro. Et lui, il voulait absolument avoir le bac, tout ça, pour avoir un boulot plus cool. Et on était tous comme ça, quoi ! On voulait tous s'en sortir !... Mais, moi, en troisième, je voulais faire un bac F2, je voulais me lancer dans l'électronique. C'était un truc qui me plaisait bien... Mais, après, je sais pas, j'ai changé d'avis... De toute façon, j'avais mis : premier vœu « bac au Diderot », deuxième F2 au truc-là... [le lycée technique]... Troisième, j'avais mis redoublement mais j'avais déjà redoublé une fois (*rires*)... En fait, je me suis dit : quand on va au lycée technique, de toute façon, on va obligatoirement finir ouvrier, quoi, un truc comme ça... De toute façon, on va à l'usine. Alors que moi je voulais pas faire ça... Bon, l'usine, déjà ça me tentait pas tant que ça. J'ai réfléchi, je me suis dit : qu'est-ce que je veux je faire ? Fonctionnaire ! Voilà, ça, c'était mon truc... Parce que nous [les collégiens de Granvelle], de toute façon, on en parlait tout le temps de l'usine. Tous les enfants du collège, c'était pratiquement des fils d'ouvriers, quoi... des gosses d'ouvriers... on en parlait tout le temps hein !... Les insultes entre nous, c'était ça : « Tu vas finir à la chaîne » (*rires*)...

9. Zahia est très liée à sa sœur qui a fait des études de droit (licence). Elle participe aux sorties au restaurant avec des amies de sa sœur, sort avec elle de temps en temps à Belfort le samedi, regarde de temps en temps *Le Monde* que sa sœur achète tous les jours au tabac du coin.

– Et ceux qui allaient en BEP ?

– Oh ! en BEP, on savait qu'il y en a qui faisaient le cirque... (*Hésitant.*) De toute façon, le BEP, c'était celui qui avait vraiment (*n'osant pas dire le mot*)... qui n'était vraiment pas bien, qui réussissait pas. Celui qui allait là-bas, c'était ça... Bon, allez, c'est un « bouche-trou ». Le BEP, c'était ça. Même les profs ils nous le disaient, enfin ils nous le disaient pas directement, mais on le comprenait comme ça : le BEP c'est une « poubelle »... Enfin, c'est une poubelle, bon, ils le disaient pas directement comme ça, mais, pour nous, c'était ce que ça voulait dire... En tout cas, on le comprenait comme ça... (Juillet 1993.)

L'orientation en lycée professionnel est vécue par les enfants des « blocs » comme une relégation, comme une sorte de condamnation sociale anticipée, qui voue au mieux au destin d'ouvrier et au pire à celui de chômeur. Elle se traduit aussi, au sein de la classe d'âge, par une coupure progressive avec les autres copains qui continuent dans la voie normale en lycée. Si on reprend les expressions des collégiens et lycéens, cette alternative s'exprime de la manière suivante : soit on « continue », soit on se retrouve en « vie active ». Lorsque je demande à Sabrina, élève de bac pro secrétariat (l'entretien a lieu avec sa sœur cadette, élève en terminale littéraire), de préciser la signification de l'expression « vie active » qu'elle a employée, elle me dit comme une évidence : « On dit “vie active” mais ça veut dire “chômage”. » La répulsion quasi viscérale des élèves du collège vis-à-vis du lycée professionnel ne doit pas pour autant faire oublier que la plupart d'entre eux ont fortement hésité à s'engager dans la voie des études longues, perçues comme incertaines et indéterminées. C'est souvent le groupe des copains qui, en dernière instance, a fait pencher la balance du côté des études longues, notamment en disqualifiant les élèves de BEP, en les renvoyant dans l'indignité sociale. (« Au LEP, ce sont les ânes qui y vont », me dit un ami de Fehrat.) Ce qui se trouve en jeu dans cette question de l'orientation, c'est l'image que les élèves ont d'eux-mêmes. Le groupe des pairs fait bloc pour convaincre les derniers élèves réticents[10]. Il s'agit d'entrer au lycée en nombre, c'est-à-dire en

10. Les collégiens « de cité » sont inscrits de longue date dans des groupes de jeunes du quartier qui fonctionnent comme des groupes d'interconnaissance, et leur apparte-

force, pour ainsi affronter, soudés, l'épreuve de la seconde. Pour vaincre les dernières réticences de ceux qui hésitent à tenter leur chance en seconde générale, on cite les cas de réussite au lycée d'élèves qui n'étaient pas « bons » au collège, on explique les stratégies possibles pour se faire sa place au lycée, notamment celles qui visent à emprunter les espaces protégés de la concurrence scolaire (les « bons » en langues peuvent aller en A2, les « polyvalents » vont en B, les « littéraires » vont en A, etc.).

Ce n'est qu'après coup, c'est-à-dire après avoir été refusés à l'IUT et en classe de BTS et au moment où ils éprouvent de grandes difficultés à suivre la première année de faculté, qu'un certain nombre de ces anciens du collège de Granvelle « réalisent » qu'au fond il n'ont jamais véritablement souhaité s'engager dans cette voie des études longues. S'ils ont poursuivi leur scolarité, ce n'est ni par choix délibéré ni contre leur gré, mais tout simplement en suivant la norme scolaire dominante, sans écouter les mises en garde qui ont pu leur être faites. Il est significatif que, lorsqu'ils évoquent dans les entretiens ce point de bifurcation de leur orientation scolaire, ils ne parlent jamais en leur nom propre, en tant que sujets, maîtres de leurs choix et de leur destinée. Par exemple, ils ne disent jamais « je », comme si les événements s'étaient toujours imposés à eux de l'extérieur. Ce sont toujours les autres – des enseignants, les parents, et surtout des copains de classe – qui parlent, agissent et décident pour eux. Tout s'est passé comme si chacun s'était alors retrouvé pris au piège de l'engrenage scolaire, sans parvenir à maîtriser son destin scolaire. Le passage au lycée de centre-ville (qui a dans son secteur de recrutement le collège de Granvelle) sera en quelque sorte une épreuve de vérité. Ce lycée fait peur à beaucoup de collégiens de Granvelle : les règles y sont strictes, le niveau des élèves y est bien plus élevé (« Il paraît que c'est super-dur et que les élèves ont un super-niveau ») et le contraste très fort avec le collège du quartier, comme nous allons le voir en détail en suivant les premiers mois en seconde d'une lycéenne de Granvelle.

---

nance fréquente à des grandes familles les amène à côtoyer, de manière plus ou moins proche, différentes catégories de jeunes : anciens élèves de LEP (souvent au chômage ou « en stage »), lycéens et autres collégiens du quartier.

Le traumatisme de l'entrée en seconde

Au moment de l'entretien (vacances de Toussaint 1992), Zahia est depuis deux mois élève de seconde au lycée Diderot. Je l'ai rencontrée par l'intermédiaire de sa sœur aînée, animatrice dans le quartier. C'est alors mon premier entretien avec une fille d'immigrés et il a lieu au domicile de ses parents. Sa famille habite à Granvelle un immeuble en voie de rénovation où il ne reste plus que quelques familles maghrébines qui refusent de déménager avant d'avoir obtenu de l'organisme HLM une garantie d'être relogées dans de meilleures conditions. Le salon où je suis invité à passer est caractéristique des familles marocaines du quartier : tapis, canapés et coussins dessinent un rectangle épousant les contours des murs, faisant face à la télévision. Une impression de propreté, de clarté, de netteté. Tout rappelle le « pays », les versets du Coran sous un cadre au mur, les théières sur les étagères, pléthore d'objets artisanaux de « là-bas ». Zahia me présente à sa mère qui me salue respectueusement avant de récupérer ses plus jeunes enfants au salon pour nous laisser faire là l'entretien. La porte est fermée, les enfants qui jouent n'ont pas le droit d'entrer et, tout au long des deux heures et demie que durera l'entretien, sa mère s'efforcera d'interdire l'accès de la pièce aux petits enfants. On s'installe autour de la table ronde du salon-salle à manger, Zahia avec ses affaires de classe, comme pour un entretien de travail.

Zahia, quinze ans, élève de seconde depuis deux mois, avait demandé en fin de troisième un autre établissement que le lycée Diderot. « On m'a refusée parce qu'il y avait trop de demandes et on m'a ramenée au Diderot. » Elle est déçue, profondément affectée, comme s'il s'agissait d'une histoire de vie et de mort (une « réponse totale », dit-elle). Elle aborde cette année avec une grande appréhension : « Au collège, on nous avait traumatisés... enfin ceux de l'année dernière, ceux qui étaient en seconde, ils nous ont traumatisés... Et en ce moment je m'aperçois que c'est pas du tout ça. Ils s'en foutent complètement de l'école, ceux de ma classe ! Ils sont pas du tout intéressés à ce que je vois. » Les deux premiers mois au lycée ont été très difficiles pour elle (le lycée, « c'est l'horreur », me dit-elle lors de notre premier contact). Dans sa classe, la « seconde 18 », option espagnol en troisième langue (des futurs élèves de première A2), elle se trouve isolée, à l'écart (« je suis la seule Marocaine »). Elle s'attendait certes à subir un choc, mais n'imaginait certainement pas un tel dépaysement. L'accès au monde du lycée semble lui avoir été soudain volé, suscitant en elle un sentiment de révolte rentrée. Elle a perdu ses points de repères de collège [11] – les profs, les copines – et se frotte, seule pour la première fois, aux réalités du monde extérieur (le lycée, le bus, les profs du lycée, les élèves d'autres quartiers, la ville). Zahia raconte avec un mélange de rage et de tristesse les mésaventures de son entrée au lycée qu'elle vit comme un déracinement. Le fil conducteur de l'entretien, c'est bien cette déstabilisation sociale, morale, symbolique, car, au lycée, « c'est devenu une vie impossible ». Signe tangible de sa déstabilisation, elle a du mal à se repérer dans l'espace dans ce grand lycée : elle se trompe souvent de salle de cours ou, lors des récréations, reste confinée à l'intérieur de l'établissement, n'ose pas s'aventurer hors du préau. Craignant le regard des autres sur elle, perçu immédiatement comme ironique ou moqueur, elle se réfugie dans les couloirs et reste terrée dans le seul territoire qu'elle a appris à connaître (le bâtiment des secondes). L'expérience du lycée est physiquement traumatisante puisqu'elle ne parvient pas à s'approprier ce lieu. Ses amies l'aident à refaire surface. Au fond, cette « timidité » ne fait qu'exprimer des peurs multiples, la peur du nombre, celle d'être rejetée, d'engager la conversation, celle d'être (mal) jugée. Comme d'autres filles de Granvelle que j'ai interviewées, elle anticipe l'écart qui sépare son collège de ZEP du lycée de centre-ville, redouble d'ardeur, et s'aperçoit que ses craintes ne sont pas toutes fondées.

> Moi quand je suis arrivée au Diderot, j'ai fait la remarque tout de suite ! Je me suis dit : « Mais d'où ils viennent tous ceux-là ! » Je sais pas, je me suis vraiment dit : « Mais d'où ça sort tous ces élèves ? Il y a tout ça qu'étudie, ou quoi ? » Je trouve qu'on est ultra-beaucoup... On est 35 par classe, on est 18 secondes, vous vous rendez compte... 18 ! C'est trop, ça ! Quand on m'a dit ce chiffre-là, je me disais : « Il va y avoir de la concurrence cette année, hein ! » C'est pourquoi je me suis mise sur mes précautions.

11. Sa nostalgie du collège (alors même qu'elle avait vivement souhaité le quitter lorsqu'elle y était) n'est que l'envers de sa condition présente de lycéenne débordée par le travail, inquiète pour son avenir scolaire, en état de stress permanent. Le temps du collège lui apparaît, rétrospectivement, comme celui de l'insouciance, de la joie, de la gaieté et même d'une certaine frivolité. C'était le temps des copines, de la bande des trois amies indéfectibles qui étaient au collège comme chez elles et jouaient aux « grandes » (« on nous appelait les Miss »).

> Et puis j'ai vu en fin de compte les élèves dans ma classe... Au début, quand je les ai vu tous arriver le premier jour, je les voyais chacun avec leurs petites lunettes, moi aussi j'ai des lunettes... C'est pour faire bonne impression. (*Rires.*) Je les voyais comme ça et en fin de compte, quand ils montrent leurs résultats, ils sont nuls ! Ils sont vachement nuls ! Ils apprennent jamais leurs leçons. Le matin, quand on arrive, ils me demandent : « T'as appris ? » Moi, je leur dis : « Ben... » (*Comme si elle était prise en faute.*) Je dis pas, quoi ! Je leur dis un peu pour leur montrer que j'ai révisé et puis je lui dis : « Et puis toi ? – (*imitant leur ton paniqué*) J'ai pas eu le temps, il a fallu que j'aille en ville et tout. » Et puis il y a des redoublants dans la classe, je me demande pourquoi ils ont redoublé ! J'ai des bien meilleures notes qu'eux. (Novembre 1992.)

Dans son travail scolaire, elle met en œuvre des techniques coûteuses en temps. Par exemple, elle prend la plupart de ses cours au brouillon sur un petit calepin Rhodia, au crayon de papier, puis les recopie à la maison, notamment en histoire ou en mathématiques, où le professeur ne dicte jamais. « Quand je suis chez moi je remets tout au propre, comme ça je comprends et je fais moins de fautes en réécrivant, ça m'aide à comprendre. » Elle fait aussi de manière systématique des fiches à partir de ses cours qu'elle classe, sous plastique, dans un grand classeur impeccablement rangé. Elle m'explique, son classeur en main, les différentes fiches qu'elle a faites : « Là, je mets l'essentiel de tous mes cours, par exemple en maths j'ai commencé par faire des sortes de petites fiches, les nombres relatifs... Ça, c'est moi, personnel. C'est des choses que j'ai faites l'année dernière... les fractions, la trigonométrie... En physique, j'ai commencé et puis en histoire. En SES, j'avais commencé et je me suis un petit peu relâchée, va falloir que je me reprenne. »

Ce type de comportement constitue un cas limite qui décrit bien la tension scolaire que vivent ces élèves lorsqu'ils entrent en seconde. En même temps, cette débauche de travail peut aussi constituer une manière de rechercher l'assentiment des professeurs, de faire valoir son sérieux. Ce comportement, que l'on pourrait appeler « hyperscolaire » par analogie, par exemple, avec le phénomène d'hypercorrection linguistique, exprime à sa manière une très grande insécurité scolaire et un manque de confiance en soi, sur fond d'illégitimité culturelle. Dans la saturation du temps, aussi bien les jours de classe que le week-end, il y a comme un étourdissement dans le travail, dans une série d'épreuves qu'elle s'impose pour conjurer l'angoisse ressentie face à l'école. L'investissement dans l'institution scolaire va de pair avec le désinvestissement dans d'autres institutions, sportives, et avec le retrait des lieux de l'espace public. La vie de Zahia se résume alors en un aller-retour entre le domicile familial et l'école, dans le cadre duquel se joue une sorte de course permanente contre la montre.

Pour faire face à cette urgence scolaire, elle se prive de tout ce qui constituait auparavant ses distractions – le sport, les copines, la vie dans le quartier –, la seule sortie qu'elle s'autorise est celle des courses avec sa sœur aînée. Elle se lève tous les jours d'école à 6 heures, prend son bus à « 7 h 28 » pour se rendre en classe, revient à midi chez elle pour le déjeuner (elle n'a qu'une demi-heure pour manger), puis reprend le bus pour les cours à 14 heures. Lorsqu'elle revient du lycée, vers 18 heures, elle aide d'abord sa mère à la maison puis, de 18 h 30 à 19 heures, s'accorde un peu de temps pour voir ses copines dehors. Une fois rentrée, elle mange rapidement puis se remet directement au travail jusqu'à 11 heures du soir, moment où elle vole un peu de temps pour elle (« à 11 heures je me consacre un peu à ma lecture, je bouquine »). Le temps de travail scolaire « mord » sur son temps de sommeil (en ce début d'année, elle s'est habituée à dormir six heures par nuit) et elle vit de manière quasi obsessionnelle l'emprise du temps scolaire.

> J'ai arrêté cette année de faire du sport. Et puis j'aime pas... je suis déprimée. Je sais pas, je me sens mal dans ma peau. J'ai fait du handball depuis sept ans, j'ai fait des compétitions, j'ai arrêté cette année. J'avais entraînement mardi soir, le mercredi, le vendredi et les samedis j'avais des matches. J'ai arrêté à cause de la seconde ! (*Avec fatalisme.*) On m'a dit que c'était super-dur, et puis que j'allais jamais avoir le temps. Et puis il y a trop de pièges, beaucoup de choses qui entrent en jeu. Mais je suis déçue d'avoir arrêté, mais si je recommence, je pense que je ne suivrai pas le rythme, ça va faire trop. [Je lui fais la remarque que si elle refaisait du sport, elle travaillerait peut-être mieux.] Je sais, en plus c'est vrai... (*Silence.*) Je sais pas... Ma mère, elle m'a dit d'y aller. Ma sœur aussi, elle a dit : « C'est à toi de voir, si tu te sens à l'aise. » Mais là, en ce moment, je crois pas, avec tout ce que j'ai ! C'est à peine le début de l'année, j'ai déjà plein d'interros. Et je suis déjà fatiguée... Et puis je suis stressée tous les matins. En déjeunant, je pense déjà à ma journée, je me dis : « Bon, je rentre à 8 heures, je vais avoir ce cours-là et après ce cours-là... » Je déjeune en ayant

la pensée ailleurs. À midi, je vais devoir courir pour prendre le bus. Je vais devoir rentrer à midi et demi, je vais même pas avoir une demi-heure pour manger, préparer mes affaires et puis repartir. Et c'est le soir qu'on dit « ouf » ! Et encore ! Après, il y a les devoirs qui nous attendent, et puis c'est reparti pour une autre journée. C'est comme ça... Et toute l'année, ça va être comme ça...

De même, elle ne regarde presque plus la télévision qui était jusqu'alors une de ses distractions préférées ou, sinon, c'est comme par effraction.

Cette année je regarde même pas la télé... Ça c'est trop ! La télé, je suis jamais devant, hein ! C'est atroce ! À part juste pour regarder les informations de temps en temps, je viens guetter un petit coup. Autrement, je suis jamais devant la télé, je sais même pas ce qui se passe dans le monde. Heureusement qu'il y a la radio le matin... autrement [...]. L'année dernière, j'étais tout le temps devant la télé. Comme je savais que j'avais pratiquement jamais de devoirs, je restais devant la télé jusqu'à 6 heures, et après 6 heures je travaillais. Maintenant je suis jamais devant la télé (ton triste). À part quand je sors à 3 heures et demie, je reste une demi-heure devant la télé à regarder des... (*hésitant*) des bêtises.

Zahia regrette moins le temps libre, le temps « vide » passé devant la télévision à « regarder des bêtises » que la perte d'une manière d'être ensemble. La télévision est un moment de rassemblement familial, une sorte d'autel domestique où viennent communier par intermittences dans la journée les enfants et les parents, le groupe domestique réuni. En « perdant » la télévision, elle participe moins à la « bonne ambiance » familiale. Le coût social de l'entrée dans la vie lycéenne correspond à cette forme de désaffiliation partielle d'avec le groupe familial : Zahia fait l'apprentissage de l'individualisation et d'une certaine solitude au sein même de la famille, éprouvant pour la première fois le sentiment d'être à l'écart, de s'exclure des activités et des valeurs qui fondent le groupe. Dans les familles ouvrières, le suivi anxieux de la scolarité des enfants et l'attention bienveillante des parents vont de pair avec un isolement des lycéens au sein même de la famille, une vie « à côté ». Pour Zahia, comme pour les autres lycéens du quartier, évoquer sa propre scolarité et, par extension, celle de ses frères et sœurs, c'est immédiatement donner une prise au jugement social sur sa famille, engager dans une certaine mesure la réputation de celle-ci. C'est par exemple prendre le risque de révéler, à travers la diversité des parcours scolaires et des avenirs possibles des membres de la fratrie, la fragilité sociale du groupe domestique. Le cas de Zahia est aussi assez remarquable dans la manière dont elle occulte dans l'entretien les aspects qu'elle juge défavorables à la réputation de sa famille. C'est seulement après une heure d'entretien que, entraînée par sa parole, elle évoque son frère qui, à dix-huit ans, redouble la seconde dans son lycée [12]. Cet « oubli » est significatif : la situation de (relatif) échec scolaire du frère risque de « casser » l'image de la famille exemplaire qu'elle a construite jusqu'alors [13]. D'où son absence dans la mise en scène officielle de la famille qui se fait dans l'entretien. Le surgissement imprévu de la figure de son frère conduit Zahia à en parler plus longuement et a pour vertu de la « libérer ». Une fois « à découvert », si l'on peut dire, elle parle sur un autre ton – celui de la révolte sourde, de l'indignation et presque de la dénonciation –, finalement pas mécontente de pouvoir régler par procuration ses comptes avec son frère.

Dans le mouvement même de l'entretien, elle « découvre » que sa situation est encore plus injuste qu'elle ne le pensait. D'ailleurs, quand elle parle de son frère, elle roule de grands yeux ébahis, mime une impression d'incrédulité, laissant échapper soupirs et exclamations, pour mieux montrer « quelle chance il a ». La parole qui se libère fait apparaître à sa conscience le gouffre qui la sépare de son frère et l'écart de leurs conditions. Zahia reste rivée à la maison, exerçant presque un double métier (lycéenne à temps plein et aide-ménagère à temps partiel), se trouve toujours débordée, courant sans cesse après le temps, vivant une jeunesse sabotée par la pression scolaire et par la hantise de l'avenir. Son frère lui apparaît par contraste incroyablement libre et insouciant : libre de son temps, se permettant même de le « gaspiller » (comme elle dit),

12. Zahia le mentionne au moment où elle cherche à évoquer le suivi scolaire de sa mère, et notamment son impuissance scolaire. Celle-ci ne peut que « crier de temps en temps » contre son frère lorsque celui-ci rapporte à la maison des résultats insuffisants. Il est assez vite assimilé à tous ceux de Gercourt qui ont redoublé (« J'aimerais bien faire un pourcentage »), ceux qui incarnent la menace du redoublement à l'entrée en seconde et de l'échec ; elle s'en démarque assez vite : « Il a rien foutu aussi », comme pour se donner des raisons d'espérer.

13. Le père est un immigré lettré qui lit le français, la mère participe à une association locale et n'est pas « enfermée » à la maison, la fille aînée a un « bon » métier et vit chez ses parents, la troisième, Zahia, est « sérieuse », etc.

rêvassant à sa table de travail, le Walkman sur les oreilles, travaillant avec, à ses yeux, une nonchalance désarmante – autant de « privilèges » dont elle est privée.

En fait, en parlant de son frère, c'est de sa condition qu'elle parle. La comparaison qu'elle ne peut pas manquer de faire avive la conscience de l'injustice qu'elle subit. Le rapport de forces scolaire, qui lui est favorable, ne suffit pas à modifier la division sexuelle du travail domestique. Son sérieux à l'école lui donne un droit moral de contester la prééminence et l'autorité statutaire du frère aîné. À travers lui, elle entrevoit des possibilités sociales qu'elle ne peut pas vivre en tant que fille : moins, d'ailleurs, la « liberté » qu'une forme d'insouciance et de décontraction qui constitue à ses yeux le vrai privilège de la « jeunesse » (celle qu'ont aussi les « Françaises »). C'est finalement un moment de vérité qui surgit ainsi à la fin de l'entretien : une fille, rivée à son travail et à la maison, qui verbalise face à moi l'arbitraire culturel et sexuel à travers la conduite frivole de son frère.

Mon frère, il m'a dit que la seconde c'était dur. La preuve, il a redoublé... (*Se reprenant.*) Enfin, d'un côté, parce qu'il a rien foutu aussi, avec tous ceux qu'ont redoublé de Gercourt... Pff ! Là, on est, je sais pas, j'aimerais bien faire un pourcentage pour voir un petit peu, parce que j'en connais plein de Gercourt qui ont redoublé... Plein ! Plein ! Mon frère, il est avec moi en espagnol... (*Rires.*) Et en plus de ça, je travaille mieux que lui en espagnol. Alors ma mère, elle crie : « Ouais, ta sœur, elle fait le ménage et en plus elle travaille et, toi, tu fais rien et t'es pas capable de travailler. » Mon frère, c'est lui qui a voulu redoubler... comme il voulait faire une première S et qu'il avait pas, je crois, sa moyenne en maths... Ma sœur, elle a voulu le faire redoubler... (*Long silence.*) Non, mais il est trop distrait, mon frère, je comprends pas ce qu'il fait de son temps... Oh ! là ! là ! Comme là, en ce moment [mercredi après-midi], je sais pas ce qu'il fait. C'est vrai, lui, il a un temps incroyable, hein (*ton incrédule*) ! Il sait même pas ce que c'est le temps pour lui (*soupir*) !

– Tu as l'impression qu'il gaspille un peu son temps...

– Ouais ! Et puis des fois moi je gueule dessus, même s'il est plus grand que moi, hein ! C'est vrai, je lui gueule dessus... En plus, lui, il a un bureau et tout... Il rentre, il est dans son bureau, il a son Walkman à côté, il met ses écouteurs. Et il tripote ses machins, il regarde dans le vide, il attend... Il est distrait, hein ! [...] Ma mère, elle le laisse pas trop sortir... elle ne lui donne pas trop de liberté. Déjà qu'il est en club de foot, ça suffit déjà largement ! Il est souvent chez moi, mais, quand il y est, c'est soit devant la télé, soit il joue avec mes petits frères. Et quand il est devant ses devoirs, il fait ça en vitesse et hop là ! Et puis il referme tout et il va dormir. À part manger. il fait pas le ménage… Rien ! Franchement je sais pas ce qu'il fait ! Moi j'aurais son temps, je serais (*elle cherche un mot « incroyable »*)… docteur ! (*Rires.*) Oh-là ! là ! Je sais pas ce qu'il fait de son temps ! [On parle ensuite du travail ménager à la maison et des négociations sur ce sujet avec sa mère.] Là, à midi, je ne fais plus rien ! Je rentre, je mange, je fais mon sac, je sors. À midi, je fais pas de ménage, non, je laisse tout à ma mère. Et le soir, des fois, comme elle est au centre social, elle travaille, elle a fait de la couture, elle revient à 4 h 30, quand elle a pas le temps de faire quelque chose, elle me le laisse et puis je reviens à 4 h 40, je fais le ménage encore… et puis le linge à repasser, et tout… C'est vrai que je travaille beaucoup, hein ! C'est vrai, quand je parle avec les copines, comme Sandrine surtout. Elle, chez elle, elle fait rien et tout est nickel chez elle… La chance qu'elle a, sa mère elle est lettrée, son père ne dit rien. Elle a pas de frère, elle fait jamais le ménage, rien du tout ! Alors que, moi (*soupir*), ça me fait des sacrées journées ! À croire que je me prépare pour avoir une ribambelle de mômes *(rires)*…

À travers cet exemple, on comprend comment les classements scolaires redistribuent les cartes au sein des familles et bousculent les hiérarchies symboliques dans la fratrie. Le rapport de Zahia à son frère, les accusations voilées, l'envie, la jalousie, la disqualification de son attitude illustrent bien les conflits qui traversent la famille. La frontière invisible qui sépare la sœur et le frère n'est pas du tout celle qui sépare ceux qui sont nés au Maroc et ceux qui sont nés en France, mais ceux qui réussissent et ceux qui échouent à l'école. La réussite scolaire devient le critère qui tend à fonder l'excellence des enfants, tandis que le retard et surtout la mauvaise volonté scolaire disqualifient le frère à ses yeux et aux yeux de ses parents. La fille cadette prend d'une certaine manière la place du frère aîné qui, même s'il a conservé les privilèges du garçon en étant exonéré des tâches ménagères, voit ses sorties de plus en plus contrôlées par ses parents.

Même si la condition des filles d'immigrés du quartier est « dure », il faut bien voir aussi qu'il existe un avantage paradoxal à cette situation de relatif enfermement au domicile. Les lycéennes du quartier sont, de fait, plus studieuses, valorisent l'école, s'y investissent beaucoup, lisent nettement plus, fréquentent les bibliothèques. Bref, elles sont plus proches d'un ascétisme scolaire qui est, on le sait, une des clés de la réussite dans les études secondaires et supérieures. Celles qui appartiennent aux familles les plus ouvertes vont se lancer dans le travail d'animation dans des centres de vacances et dans des colonies. Cet ascétisme volontaire se fait au prix de nombreux sacrifices et frustrations et, en même temps, participe de la construction locale de la réputation de la famille (« sérieuse », où les enfants « réussissent »). Les filles des familles immigrées semblent être investies de la mission de porter haut le nom de la lignée et sont conduites, à travers la compétition scolaire, à élever le rang de la famille dans le quartier. Les études longues assurent aussi aux filles de Granvelle un espace de négociation de leur statut à la maison, leur garantissant une sorte de droit moral de faire moins de tâches ménagères (« pour les excuses, tout ça, les études ça joue », dit l'une d'elles). Cependant, ces exemptions du travail domestique sont limitées : le soir et le week-end, l'organisation traditionnelle du travail reprend son cours, au grand dam de Sabriba, une copine de Zahia, qui confie sur le mode de la déploration : « Le week-end, il faut tout se taper... non, c'est vrai. »

Une carrière scolaire par raccroc ou le salut provisoire par les langues

Pour mieux saisir l'ambivalence du rapport à la culture des lycéens de Granvelle, le parcours de Gundur, un lycéen du quartier, titulaire d'un bac A2, avec lequel j'ai réalisé en octobre 1992 un long entretien, me paraît, à bien des égards, exemplaire. Né en Turquie en 1973, il est le deuxième d'une famille de cinq enfants. Son père, originaire d'une famille paysanne d'Anatolie, est venu en 1971 travailler en France comme OS. Quatre ans plus tard, sa femme et ses deux fils – Gundur avait alors quatre ans – l'ont rejoint. La famille s'est ensuite agrandie avec la naissance de trois enfants [14]. Après avoir habité près de dix ans dans une tour, la famille a été relogée dans le secteur

14. Les parents, qui ont fait construire deux maisons près d'Istanbul, reviennent chaque été en Turquie, mais Gundur, depuis l'âge de quinze ans, n'a plus envie d'y retourner. Son frère aîné (deux ans de plus que lui) – titulaire d'un BEP d'électrotechnique et alors au chômage – s'est marié en Turquie l'année précédente avec une fille du village.

dégradé du quartier. Je le rencontre à la mi-octobre1992, peu après qu'il a décroché « du premier coup » son bac littéraire (option langues, A2). Inscrit en première année de DEUG de LEA dans la faculté délocalisée, proche de quatre kilomètres, il attend avec impatience la rentrée car désormais les journées lui semblent longues.

Cheveux bruns bouclés, de taille moyenne, il est (et « fait ») sportif : habillé en survêtement et chaussures de sport, toujours prêt à faire une partie de foot ou un match de tennis avec les copains du quartier. L'entretien a lieu en fin d'après-midi sur un banc du parc proche du centre commercial. Au début, Gundur, un peu tendu, cherche ses mots : il craint de faire des erreurs de français mais, pris progressivement par la situation d'entretien, il se met à parler avec davantage de sérénité, osant même aborder des questions qui le « travaillent » (ses parents, son avenir). À la fin de l'entretien, je lui demande si cela n'a pas été « trop dur », il me répond, content : « Non, j'ai réussi à me libérer. » On a surtout parlé de l'école – de sa scolarité, de l'école primaire au lycée, des matières, des profs –, mais aussi du quartier, de sa famille, et à mots couverts des relations tendues qu'il a avec ses parents, de l'incompréhension qui sépare le père et le fils. Lors de l'entretien, il parle comme à son habitude, sans chercher à faire de « belles » phrases ni à jouer un autre personnage que lui-même, un « jeune de Granvelle ». Il n'est pas habitué à parler aussi longuement, face à un magnétophone, à un « adulte ». Très rapidement, et comme par réflexe, il me tutoie comme si c'était pour lui la seule façon d'établir un dialogue et de rétablir une égalité dans la communication verbale.

Au moment où je le rencontre, il est encore auréolé de son succès au baccalauréat. Le récit de scolarité que je lui impose le prend à contre-pied en l'obligeant à revenir sur sa scolarité qui fut moyenne en primaire et difficile au collège. En effet, il n'a jamais été ce qu'on appelle un « bon » élève, mais il s'est toujours « débrouillé » à l'école, ouvrant dans sa famille la voie des études longues. L'école primaire lui a laissé un bon souvenir : il n'a pas redoublé et, surtout, c'était le temps des parties de foot acharnées, au bas de la tour, entre équipes des différents secteurs du quartier. Au collège, les choses se corsent et il redouble sa sixième.

Ah, moi, c'est le collège qui m'a été fatal ! Je sais pas, au collège, ça a changé. L'ambiance, les profs... On a sept profs au lieu d'un seul. Au collège, on a été un peu plus vieux. Je commençais... (*Réfléchissant.*) Ah, j'étais pas sérieux, quoi ! En sixième, j'ai pas travaillé, j'étais pas sérieux, ça a fait un changement. Et puis, comme j'avais pas redoublé, j'étais très jeune là-bas, à onze ans, je crois. Alors que tous les autres ils devaient avoir treize, quatorze ans. J'étais à onze ans là-bas, alors je comprenais pas trop, et puis j'ai coulé la première année.

Après une bonne cinquième, il rechute en quatrième ; là, il cesse de travailler, « sèche » des cours au troisième trimestre et se retrouve alors à deux doigts d'être entraîné dans un processus de déscolarisation que connaissent déjà certains de ses camarades de classe : « C'était l'époque marginale, c'était l'année marre de tout ! Marre des profs, marre de l'école ! Envie de rien foutre ! » Durant cette année de quatrième, il entre violemment en conflit avec des professeurs. Lors de sa seconde quatrième, il se reprend miraculeusement, se discipline comme s'il avait pris subitement conscience du danger. Ce sursaut assure sa survie scolaire. Il se concentre davantage sur son travail, commence à se passionner pour les langues étrangères, notamment l'anglais, qui deviennent ses matières fortes. En troisième, il poursuit son effort, travaille un peu plus chez lui. En fin d'année, compte tenu de ses redoublements et de ses deux ans de retard, il envisage de préparer un BEP (« Le BEP, je sais pas, tu ressors vite avec un travail, c'est ce que je voulais, moi »). L'exemple de son frère aîné, alors élève en BEP d'électrotechnique, ne le rebute pas et il est prêt à accepter les horaires de cours plus contraignants (32 heures par semaine). Ce projet d'études courtes sera contrarié à la fois par ses professeurs de langues qui l'encouragent à continuer en seconde (« Ils m'ont dit : "Non, vas-y, t'es bon en langues, débrouille-toi !" ») et par la pression de ses copains de classe qui contribue à vaincre la réticence aux études longues. Au moment de l'entretien, il ne sait toujours pas, avec le recul, s'il a bien fait de choisir la seconde générale. Il mesure bien qu'il s'est laissé porter par les événements sans avoir eu de prise directe sur son destin scolaire et professionnel (« Finalement, je sais pas, je suis allé comme ça, sans être sûr »).

En classe de seconde, il s'adapte assez facilement, apprend de nouvelles techniques de travail, s'astreint à un minimum de discipline et coupe partiellement avec ses copains du quartier. Il travaille davantage et surtout régulièrement (« Mon objectif, c'était au moins une heure par jour... En seconde, si tu suis en classe, pas de problème, j'étais attentif, ça allait, je faisais pas le bordel »). Il se spécialise encore plus en langues (espagnol en troisième langue) et mise tôt sur une admission en première littéraire option langues (A2), délaissant délibérément les matières scientifiques et « se débrouillant » pour échapper aux notes catastrophiques (« En seconde, en maths-physique, je comprenais rien, j'avais même pas le niveau de sixième... Je laissais tomber. On venait pas en cours, des fois, pour les interros, des fois on trichait pendant les cours... »). On voit donc qu'il a construit sa carrière scolaire jusqu'au bac en cultivant ses points forts (les langues), en « assurant » dans les matières moyennes (français) et en cessant tout travail dans ses matières faibles. Cette forme extrême de spécialisation se révèle rentable puisqu'il réussit le bac du premier coup (« avec 11,19 de moyenne »). Gundur est fier de ses résultats en français – « carrément les meilleurs de Granvelle », dit-il.

> J'ai eu neuf à l'écrit, quinze à l'oral. Ça m'a fait sept points d'avance. À Granvelle, ils ont tous eu dix points de retard, des trucs comme ça, bon, moi j'ai eu sept points d'avance. Et depuis ils croient [il dit « croivent »] tous que j'ai, que je suis une vraie huile, ils me demandent de faire les rédactions, les dissertes, tout ça. Moi je rigole. Alors que je dis que je suis nul. Je sais pas pourquoi ils me demandent ça. Ils ont vu mes notes et ils croient que je suis doué dans ces matières-là... mais non ! (*Rires.*) [...] Ouais, ils croient tous que je suis bon (*rires*), ça me fait une réputation d'intello en français... Ça me fait rire parce que je suis pas très bon, quoi !

Son professeur de lettres de première lui a fait aimer la poésie : « À cette époque-là, j'adorais les poètes, tout ça, Baudelaire, Verlaine, les sonnets. » Le caractère mystérieux et énigmatique de l'écriture l'intrigue, il cherche à comprendre comment la pensée se fait verbe et se déploie dans les mots, comment les auteurs jouent avec la langue et s'approprient cet outil symbolique. Ce n'est pas une œuvre en particulier qui retient son attention mais un auteur (« Baudelaire, j'aimais bien »). Confronté à l'épreuve du « commentaire », il se prend au jeu, cherche à pénétrer le sens de ces poèmes.

C'était à cette époque-là, en première, toujours avec mon prof de français, j'adorais les poètes, tout ça ! Baudelaire, les recherches du XVIIIe siècle, j'adorais ça aussi... Les poèmes, moi j'aime bien... J'aime bien la façon dont ils écrivent tout ça, je sais pas... (*Réfléchissant.*) Je sais pas comment ils font... Ils sont intelligents, les gars ! Quand il se dit : « Baudelaire, il a mis ça, il a pas mis ça... Et pourquoi il a pas mis cette phrase ? Pourquoi il a pas mis ce mot-là ici ? » Et puis, avec les sonnets, il fallait faire des recherches sur chaque mot. Ça m'intéressait de trouver un peu comment il avait fait... Ses secrets, quoi ! J'aimais bien ça...

Ce qui l'intéresse au premier chef, au-delà de la rime et de la forme, c'est la technique de l'écrivain, le travail de l'artisan, les trucs du métier, cette alchimie singulière qui fait l'espèce d'émerveillement devant le travail de la création. À ses yeux, pour apprécier un texte, inutile de s'encombrer de l'histoire littéraire, d'établir des filiations intellectuelles ou de faire référence à un canon littéraire. Sa révérence devant la culture est partielle, elle se limite à l'acte créateur et évacue la tradition lettrée de l'exégèse et de la contextualisation. On ne sent pas non plus de processus d'identification à l'auteur comme celui qu'il décrit pour ses véritables « héros culturels » (héros de films ou de télévision). Peut-être parce que ces auteurs classiques sont trop éloignés de son expérience pour qu'il s'y identifie. Cependant, il est frappant de voir qu'il parle de ces auteurs à l'imparfait comme si la rencontre avec les classiques de la littérature ou de la poésie n'avait été qu'une parenthèse dans sa vie, un moment heureux où un professeur exigeant, sous l'empire de la nécessité scolaire, l'avait fait temporairement accéder à la « haute culture ». Par la suite, faute d'une inculcation continue, de sollicitations extérieures et de projet intellectuel, son goût pour un certain type de littérature est retombé.

L'entretien avec Gundur est aussi intéressant en ce qu'il donne à voir les voies originales par lesquelles des lycéens de milieux populaires peuvent accéder à certaines formes de la culture scolaire. C'est le cas en langues étrangères qui, on l'a vu, constituent son domaine d'excellence (il a d'ailleurs obtenu au bac les meilleures notes de sa classe : 13 et 15 en anglais et 14 en allemand). Le caractère de son investissement linguistique est toutefois assez particulier. Il n'a jamais séjourné en Angleterre, encore moins aux États-Unis, mais cette absence d'immersion dans le pays de la langue ne l'a pas empêché de parler couramment l'anglais ou plutôt l'américain. Il a approfondi son anglais chez lui, en autodidacte, en se familiarisant avec l'américain parlé, à l'aide de moyens audiovisuels (TV et magnétoscope). Il écoute des interviews de stars américaines, regarde à la télévision les films exclusivement en VO (grâce au satellite), se procure les cassettes vidéo de films de ses « héros », notamment ceux de Schwarzenegger ; il écoute aussi des disques de groupes rap américains. Dès la classe de troisième, il se lance dans des « recherches personnelles » sur le langage parlé – ce qu'il appelle le « vrai américain parlé », c'est-à-dire le langage des ghettos noirs américains. À la recherche de références qui lui permettraient d'avancer dans son travail, il déniche à la bibliothèque municipale un dictionnaire d'argot américain et recopie sur un cahier des expressions argotiques qui lui paraissent typiquement américaines. Il se constitue progressivement un savoir d'« indigène » sur la culture noire américaine et ce qu'il appelle le « langage du dehors », qui ne s'apprend pas à l'école et que, parfois, son professeur de terminale ne connaît pas...

Ce qui l'a attiré vers les États-Unis, c'est, comme pour beaucoup d'enfants de cité, une certaine fascination pour la culture noire américaine. Même s'il n'est pas prêt à tenir un discours entièrement contestataire, on sent bien qu'une affinité secrète relie cette musique de la désespérance et de la révolte à l'univers quotidien de son quartier. La culture noire fonctionne pour lui comme une ressource culturelle mobilisable, comme un exutoire des frustrations qu'il ressent à vivre dans son quartier. Cependant, il est symptomatique que cette passion s'exprime sous la forme d'un discours infrapolitique, comme une façon de s'approprier une autre identité sociale. Rap et culturisme sont certainement une manière de dire une révolte qu'il n'ose pas vraiment exposer, faute d'un langage unifié, d'une catégorie de perception. À travers le culte de « Schwarzy », qui est à mettre en relation avec sa propre pratique de culturisme, la force physique opère comme substitut de la force sociale qu'il n'a pas et d'une force scolaire qui ne se suffit pas à elle-même. L'école n'est pas un endroit où il arrive à construire une personnalité sociale forte, ni une image entièrement positive de lui-même.

– Au collège, tu es déjà allé en Angleterre ?

– Non, jamais touché à l'Angleterre !... D'ailleurs, cette année en terminale, la prof, elle a cru [à cause de son bon accent] que j'avais déjà été en Amérique ! (*Rires.*) Moi je me rendais pas compte que j'avais un bon accent... Je parlais comme mes héros de télé. C'est ça, j'aimais bien l'anglais, enfin l'américain plutôt, justement, je m'intéressais plutôt à l'américain. Et puis elle croyait que j'avais fait des séjours en Amérique ; j'ai dit non, elle m'a pas cru. Elle dit : « Comment ça se fait ? » Ben, j'écoute les chansons rap, les chansons rap américain et puis j'ai les paroles en plus, alors ça m'aide beaucoup je crois. Et j'ai aussi des interviews, j'enregistre les interviews d'Arnold Schwarzenegger, qui est mon idole. Et puis comme lui, il parle... bon, c'est un Autrichien, il a un peu de mal à parler anglais, il parle doucement, je comprends tout ce qu'il dit... et j'essaie de parler comme lui, quoi ! J'aime bien les interviews des stars, tout ça, je les enregistre et puis je les écoute et puis c'est à force d'écouter, je pense... C'est pour ça, je crois, que dans la classe ils ont tous cru que je suis allé en Amérique. (*Rires.*) Ça m'a fait rire, ça. ! Et ça m'a flatté. [...] C'était en troisième, seconde que je commençais à plus travailler la langue personnellement. J'ai fait des recherches sur le langage parlé, je m'intéressais pas au langage qu'ils enseignaient à l'école : ils enseignent (*hésitant*), c'est pas des phrases utilisées, quoi ! Je m'intéressais pas à ça, je préférais voir les films en VO et là je trouvais que c'était le vrai américain... le vrai américain parlé. Et là, je m'intéresse plus à ça, c'est peut-être pour ça que... je parlais même un peu argot, tout ça... même dire des gros mots anglais, des trucs comme ça.

– Et le rap aussi, ça t'intéressait ?

– Y'a le rap aussi, oui, Public Enemy, c'est le plus gros rap américain. J'aimais bien (*rires*), parce que, eux, ils étaient méchants, plutôt violents, ils disent pas mal de gros mots, en américain, il faut savoir... c'est de l'américain parlé, bien, le langage du dehors. Et ça, ça m'intéressait. Des fois, même dans les copies, je parlais un peu, je disais quelques mots américains que même la prof comprenait pas... elle connaissait même pas. Quelques gros mots, tu vois... [Par exemple ?] J'avais « *motherfucker* » (*rires*). Je l'ai utilisé une fois dans une copie, bon, c'était bien, mais dans une rédac' : justement des Américains qui sont dehors, entre potes, et ils parlent, tout ça, et ils ont des emmerdes. Et là, j'ai pris du langage américain du dehors, des jeunes. J'avais mis « *motherfucker* » et la prof, elle avait pas compris. Elle avait mis entre guillemets, pour savoir ce que ça voulait dire, tout ça. Ça m'a fait rire que même la prof, elle connaisse pas ça. De toute façon, moi j'adore l'Amérique (*avec enthousiasme*)... Oui, et puis le rêve américain, je sais pas, c'est génial, j'aime bien... Je regarde les films, au cinéma... J'ai été voir les derniers Schwarzenegger, bien sûr (*rires*). Et en plus, j'essaie aussi d'avoir des extraits du même film en anglais, en américain parlé sous-titré, j'aimais bien ça, surtout à Canal Plus, ils passent les films en VO ; comme en ce moment, ils passent *Total Recall* en VO. Ça, ça m'intéressait, je voulais l'enregistrer, mais j'ai pas Canal Plus. Je l'avais déjà vu en français mais ça m'intéresse beaucoup plus de le voir en version originale... (Juillet 1992.)

Le cas de Gundur fait assez bien comprendre en quoi la demi-acculturation scolaire de ces lycéens de cité ne suffit pas à leur donner confiance et à les armer culturellement, comme en témoigne le rapport qu'il a au métier d'enseignant. À la différence de deux de ses copains de lycée, bacheliers comme lui, qui s'inscrivent à la faculté de lettres pour préparer l'IUFM et l'invitent à le suivre, Gundur se refuse à envisager un avenir professionnel d'enseignant. Non pas que ce métier soit sans intérêt, en particulier matériel, mais l'idée même de devenir « prof » lui paraît inconcevable. Il ne s'estime pas assez armé pour affronter l'épreuve de faire classe (« de toute façon, je me sens pas capable de faire ça ») et surtout cette position professionnelle lui apparaît comme la négation de ce qu'il est socialement. En devenant prof, il passerait d'une certaine manière de l'« autre côté » et se retrouverait brutalement du côté des institutions et des personnes qui ont du pouvoir. Quelque chose en lui, qu'il a d'ailleurs du mal à formuler explicitement, résiste à cette idée, comme si transmettre un savoir, parler comme un prof revenait à endosser un habit qui n'est pas fait pour lui.

En quatrième, troisième, quand le conseiller d'orientation nous demandait, je lui balançais ça comme ça, comme tout le monde, quoi (*rire jaune*) : « Prof d'anglais », je lui disais, pour m'en débarrasser un peu parce que j'ai jamais fait de plans à l'avance. Alors je sais pas, je crois pas, hein ! Mais je sais pas (*soupir*). Non, je me sens pas capable en fait d'enseigner. (*Baissant la voix*) je connais l'anglais, tout ça, au feeling, enfin, par moi-même, mais j'arriverai pas à expliquer aux autres... (*Rires.*) [Je lui explique que la confiance s'acquiert progressivement.] Mes copains m'ont déjà dit ça, mais... Ils m'ont tous dit : « Prof, c'est bien propre, tout ça. T'as les mêmes vacances que les élèves (*rires*). T'as un emploi du temps bien... Tu te lèves pas à quatre heures du mat'. Et puis, en plus, t'as des gamins, tu leur enseignes un peu l'anglais... » Mais moi je me sens pas capable d'enseigner, alors j'ai dit non... J'arriverai pas à enseigner, donner des devoirs, ça, ah non ! (*Rire jaune.*) Je m'en sens pas capable... je me sens vraiment pas capable de faire ça...

D'une certaine manière le système d'attitudes de Gundur est plus proche de celui de jeunes ouvriers des générations précédentes que de celui des lycéens qui aspirent à des études supérieures de longueur indéterminée. À vingt ans, la perspective d'être, au moins pour les quatre années à venir (jusqu'à la maîtrise), encore « étudiant », toujours au domicile de ses parents et toujours démuni, lui pèse considérablement et assombrit fortement la vision qu'il a de l'avenir. Faute d'avoir été accepté en BTS (de commerce international), il aspire vaguement à des études supérieures qui sont désormais les seules susceptibles de le protéger contre le chômage. D'un côté, il sait à quoi il veut échapper – la condition ouvrière (« Je voudrais pas être ouvrier, simple ouvrier ») –, mais, de l'autre, il ne veut pas non plus sacrifier sa jeunesse à des études supérieures qu'il sait aléatoires. Il est un peu face à un dilemme : il est déjà allé trop loin dans les études pour renoncer aux espoirs liés à la certification scolaire, mais il n'est pas assez assuré scolairement pour écarter définitivement la perspective d'une rechute dans la condition ouvrière. Vers la fin de l'entretien, après avoir évoqué la seule expérience de travail qu'il ait eue (un stage dans un garage), je lui fais remarquer qu'il n'a pas fait « tout ça » pour être ouvrier d'usine, il répond avec détermination : « Non… Ah ! Non ! » Et après un instant d'hésitation : « Mais j'ai peur de retomber là-dedans… (*Rire gêné.*) Même si j'en ai marre de l'école. Ça devient trop lent… trop long… (*Sur un ton désabusé.*) Encore quatre ans et puis après je suis pas sûr de ressortir et puis travailler, tout ça… »

L'entretien avec Gundur est aussi l'occasion de revenir sur la question des ressources matérielles qui est au principe de son rapport aux études et à l'avenir. Il déclare ne manquer de rien mais, en fait, il se prive sur tout, ne dépense rien, s'interdit toute activité onéreuse. Il reçoit une bourse d'études trimestrielle qui, depuis qu'il est majeur et possède un compte en banque à son nom, lui est versée directement. Mais il n'en a pas un libre usage, comme il l'explique : « J'y touche pas trop à cet argent-là. Non, non, j'y touche pas. Mon père, à part ça, il me donne de l'argent de poche, mais ça [la bourse], ça va à la banque direct, pour plus tard. Je sais pas, il [son père] dit : “Ah ! quand tu vas te marier, quand tu vas au service militaire”, des choses comme ça. Mais pour le moment, pour l'instant, j'y touche pas à ça. Je sais même pas ce que j'ai, j'ai même pas compté... »

On comprend à demi-mot que son père considère qu'il est le gardien de cet argent, que ce petit capital est réservé à des usages qui sont directement liés au retour au pays (le mariage, le service militaire en Turquie). À travers le non-dit, on sent bien que le placement et l'utilisation de cet argent ont été l'objet de négociations tendues avec son père. Faute de vouloir l'affronter, il a fait le dos rond. Ne disposant pas librement d'un minimum d'argent de poche, comme beaucoup de ses camarades qui piochent à l'occasion dans la bourse, la vie de lycéen qu'il a menée, comme celle d'étudiant qui l'attend, est une vie de « pauvre ». Il ne part jamais en vacances, achète le minimum en matière de vêtements, ne va jamais au café, sort très peu le soir, n'a pas de voiture, aimerait bien cette année s'inscrire dans un club de culturisme mais ne le peut faute d'oser toucher à son compte en banque, etc. C'est bien sûr avec cette vie qu'il aimerait rompre, cesser de compter sou par sou, ne pas être cloué sur place faute d'argent :

> « Comme je travaille pas, j'ai pas d'argent (*rire gêné*). Je peux pas bouger (*rire*), j'ai le permis, mais j'ai pas de voiture, alors... (*Silence.*) Je bouge pas, je gaspille pas beaucoup d'argent en fait... (*Résigné.*) Seulement quelques magazines de cinéma ou de body-building, c'est tout. »

Conclusion

À la lumière des conditions de leur scolarité collégienne, on comprend que ces élèves « moyens » arrivent au lycée sinon avec le sentiment d'une grande illégitimité, du moins avec la crainte diffuse de ne pas être à la hauteur de la situation. Car ils se savent pas entièrement prêts, insuffisamment armés scolairement et culturellement. Peu de garçons de Granvelle ont l'habitude d'un travail scolaire régulier, beaucoup éprouvent des difficultés à l'écrit (problèmes de style, de syntaxe, sans compter l'orthographe), seuls quelques-uns ont développé un goût pour la lecture. Il faut ici rappeler les conditions matérielles d'existence qui peuvent expliquer leur rapport à la culture et la faible efficacité des incitations culturelles des enseignants. Pour les garçons, la vie de quartier constitue un obstacle objectif à l'acquisition d'une culture scolaire, notamment parce qu'ils ne vivent jamais seuls et n'ont pas intériorisé l'ascétisme scolaire. Pour cette catégorie de lycéens embarqués un peu malgré eux dans la voie des études longues, le rapport qu'ils ont à la culture est un bon révélateur de leur expérience lycéenne ou étudiante (les deux statuts, on le verra, sont peu différents). En effet, à la différence d'autres élèves d'origine populaire, ces lycéens « de cité » – surtout les garçons – tendent à résister aux différentes entreprises d'acculturation scolaire dont ils sont l'objet. Par exemple, ils refusent souvent de se soumettre entièrement à l'imposition d'un mode de lecture cultivée en vigueur au lycée [15] et n'hésitent pas à affirmer leur « quant à soi » culturel. La culture qu'ils ont envie de défendre, c'est celle qu'ils connaissent, celle de leur quartier et de leur famille, véhiculée notamment par les médias, la télévision, le cinéma américain, etc. Leurs « héros culturels » sont principalement des acteurs américains ou des chanteurs de rap ou de raï ; leurs « émissions cultes », des séries de télévision américaines, etc. : autant de choix qui inversent l'échelle des valeurs de la culture scolaire. Contre la lecture désintéressée et érudite, ils revendiquent un rapport à la lecture « utilitaire ». Dans un premier temps, ils tendent à déclarer que la lecture ne les intéresse pas, mais, si l'on creuse avec eux ce thème, on s'aperçoit que les lectures du collège ont pu leur plaire (des auteurs comme Barjavel, Maupassant, Uhlmann). Face à moi, ce qu'ils rejettent, c'est moins la pratique de la lecture en elle-même que le rapport au monde qu'elle implique : activité purement individuelle et « intellectuelle » détachée de toute contingence matérielle, une attitude de retrait du monde un peu contemplative et égocentrique. La question sur la lecture met en jeu la définition de soi comme un « jeune de Granvelle ». Face à l'enquêteur, ils n'entendent pas poser à l'intellectuel ou au lycéen épris de littérature et de culture ; ils saisissent plutôt cette occasion pour s'opposer aux enseignants et contester la culture dont ceux-ci sont porteurs. Ils ne veulent pas renoncer à ce qui fait leur personnalité sociale (le goût de l'activité et les loisirs collectifs, en famille ou avec les copains). S'ils ont tendance dans les entretiens à faire apparaître la lecture comme une pratique sociale qui leur est étrangère, l'observation sur la

15. C'est ce qu'a bien montré l'enquête collective, de type statistique longitudinale, dirigée par C. BAUDELOT, *Et pourtant ils lisent*, Seuil, Paris, 1998.

longue durée de l'enquête montre que ce sont surtout les conditions sociales à la pratique de la lecture individualisée qui font défaut : une chambre à soi dans l'appartement (la plupart partagent leur chambre avec l'un de leurs frères), le silence (l'espace domestique est souvent surpeuplé), l'isolement, rendu très difficile du fait des sollicitations à la fois fortes et fréquentes qui viennent de l'« extérieur », comme les appels des copains. Il y a donc chez ces lycéens « faibles lecteurs » une ambivalence très forte par rapport à la culture scolaire : d'un côté, ils ont fréquenté assez longtemps l'école pour en reconnaître la légitimité mais, de l'autre, ils ne peuvent s'empêcher par moments de la contester, voire de la défier ouvertement, en revendiquant le droit d'échapper à son emprise. Dans les entretiens, la violence de certaines réactions aux questions sur la lecture ne fait qu'exprimer le malaise du lycéen qui se destine à des « études longues » tout en devant reconnaître qu'il ne lit pas ou « n'aime pas lire » – au sens de lectures légitimes – et qui sait bien se mettre en opposition avec la définition sociale de l'étudiant apprenti intellectuel.

2

Deux lycées face à la démocratisation scolaire

C'est par souci de présentation que l'on a décomposé l'analyse et choisi d'isoler l'étude des trajectoires de lycéen(ne)s de celle des conditions institutionnelles dans lesquelles elles prennent sens. Les recherches sur le système scolaire français ont montré l'apport d'une perspective socio-historique pour comprendre l'évolution du système d'enseignement français, en révélant notamment l'importance des changements dans l'offre d'enseignement[1]. L'analyse institutionnaliste du fonctionnement des établissements scolaires locaux dans un contexte de démocratisation scolaire[2] a pour intérêt d'observer, à l'intérieur des établissements, la face cachée de l'institution scolaire : les pratiques de recrutement et de sélection, la production locale de l'offre scolaire, les arrangements entre lycées, les luttes pour attirer ou garder une « clientèle » d'élèves. En effet, l'afflux des élèves en seconde générale après 1985 a accru la concurrence entre les cinq lycées du district urbain et entraîné un intense travail de redéfinition des modes de recrutement, de leurs objectifs et de leurs méthodes de travail. Ces établissements se sont adaptés, en fonction de leur histoire, à cette nouvelle donne scolaire.

1. Voir, pour des périodes différentes, J.-P. Briand et J.-M. Chapoulie, *Les Collèges du peuple. L'enseignement primaire et supérieur et le développement de la scolarisation prolongée sous la IIIe République*, CNRS-INRP, Paris, 1992 ; « L'institution scolaire et la scolarisation : une perspective d'ensemble », *Revue française de sociologie*, vol. 34, n° 3, 1993, p. 3-42 ; A. Prost, *Le Système d'enseignement s'est-il démocratisé ?*, PUF, Paris, 1986.

2. C'est ce qu'a bien montré la recherche par observation participante menée pendant quatre ans par P. Masson, *Les Coulisses d'un lycée ordinaire*, *op. cit.*, 1999.

Sans prétendre offrir ici à une analyse exhaustive du jeu local qui s'est développé autour de cet enjeu des 80 % au bac, on cherchera, en comparant deux lycées, à montrer le rôle propre joué par l'institution scolaire dans le déroulement des carrières scolaires de ces « nouveaux lycéens [3] » en quête d'une transition douce du collège de ZEP au lycée de centre-ville. On mettra aussi l'accent sur leurs attentes vis-à-vis des enseignants, qui sont fortes (à la fois une demande de soutien et de respect), et sur l'influence de la composition de la classe sur les trajectoires scolaires au lycée.

Un lycée « bourgeois » en crise de croissance

Jusqu'au début des années 1980, « aller au Diderot » était, pour les enfants d'ouvriers qui y accédaient, source de fierté, signe d'élection scolaire, le symbole d'une promotion [4]. Dix ans plus tard, avec l'accès croissant d'élèves de milieux populaires au lycée, ce n'est plus le cas. La taille de l'établissement a presque doublé dans l'intervalle (ses effectifs passent de 1 300 à 2 450 élèves entre 1983 et 1993). C'est donc devenu alors un « gros » établissement : dix-neuf classes de seconde (en 1993-1994), un proviseur et deux proviseurs adjoints, un corps professoral nombreux. L'organisation administrative du lycée repose sur une forte division du travail et une spécialisation étroite des tâches entre les différents agents de l'institution. Le proviseur, très présent, dirige d'une main ferme son établissement, sans beaucoup déléguer. Les conseillers d'éducation exercent surtout une fonction de contrôle et de surveillance, en conformité avec le modèle antérieur du « surgé », sans possibilité matérielle de développer des activités culturelles. Le corps professoral se caractérise par un âge moyen assez élevé (quarante-cinq ans) et une hétérogénéité sociale [5] et syndicale (deux élus SNES, deux élus SNALC et deux non-syndiqués).

3. Titre d'un chapitre du livre de F. Dubet, *Les Lycéens*, Paris, Seuil, 1991.

4. Pour beaucoup de parents ouvriers de la région, il continue d'ailleurs de garder cette réputation, comme l'indique ce propos d'une mère d'élève d'un quartier HLM : « Il serait pas plus snob, ce lycée [Diderot] aussi… Il y a des snobards là-dedans, ça sûrement ! Il est un peu plus huppé quand même. »

5. Des professeurs du lycée ont pour époux des cadres de l'usine. Lorsqu'elles arrivent au lycée, on les reconnaît à leur voiture, dite de « six mois », aux sièges recouverts de plastique (ce sont des voitures achetées avec la réduction réservée aux membres du personnel et revendues au bout de six mois sur le marché de l'occasion).

La présence d'une liste SNALC, dirigée par un agrégé de lettres classiques, représente le courant des professeurs conservateurs, qui s'est renforcé au cours de ces dix dernières années [6]. La plupart des professeurs de mathématiques et de sciences physiques protestent rituellement contre l'affaiblissement de la section scientifique (« Il n'y a plus de bons élèves de S ») et déplorent la moindre sélectivité de l'accès à la terminale C [7]. Les enseignants ayant de l'ancienneté ont l'habitude d'être bien traités par l'administration qui privilégie leur emploi du temps par rapport à celui des élèves et affecte les salles en fonction de l'ancienneté si bien que, par exemple, celles du rez-de-chaussée leur sont réservées. Ces professeurs, lors de la grande vague de démocratisation (1987-1994), vont devoir recevoir une nouvelle clientèle qui, carte scolaire oblige, est majoritairement originaire des quartiers HLM et des collèges de ZEP des zones environnantes. La coexistence est délicate et parfois conflictuelle entre des élèves aux caractéristiques sociales opposées : en schématisant, des enfants de milieux favorisés (dont des cadres de l'usine), sûrs d'eux et parfois méprisants, et des enfants d'ouvriers de l'usine, habitant les quartiers stigmatisés de la périphérie de la ville. La réputation du lycée bourgeois de la ville souffre à la fois de la baisse rapide des taux de réussite au bac et de l'arrivée des enfants d'immigrés.

Le lycée comporte un système très rigide de règles et d'interdictions. Il est strictement interdit aux élèves de pénétrer dans la partie du rez-de-chaussée réservée aux bureaux de l'administration et à la salle des professeurs. Lorsqu'un élève s'y trouve, il y a presque toujours un membre de l'administration qui lui demande « ce qu'il fait là ». La taille du lycée accroît les exigences de sécurité et rend nécessaire un travail important de prévention dont sont chargés les conseillers principaux d'éducation (CPE), qui ont pour tâche essentielle d'assurer de bonnes rentrées et sorties d'élèves, de gérer les absences et retards [8]. La

6. Le SNALC a gagné un élu, le SGEN n'en a plus depuis l'année scolaire 1991-1992 : autant de signes d'un raidissement des enseignants depuis la « démocratisation ».

7. Un professeur de maths, militant au SNES, ancien membre de l'IREM (organisme d'une pédagogie ouverte en mathématiques), reconnaît dans un entretien que ses collègues sont « très stricts » : « Vous savez, ici, la note c'est toujours sacré. »

8. La définition des tâches du CPE est l'objet d'un conflit (larvé) entre l'« ancien », CPE depuis près de vingt ans, auparavant enseignant en lettres modernes, qui privilégie, malgré lui, la bonne exécution des tâches de contrôle et de sanction pour des nécessités

rentrée des classes, le matin, marque l'importance attachée par la direction de l'établissement à l'ordre et au respect des horaires. Dix minutes avant la rentrée effective des élèves en classe, le proviseur, flanqué d'un de ses adjoints et d'un CPE, est posté à l'entrée du bâtiment des premières et terminales, en position de surveillance et s'assurant des bonnes conditions de la rentrée. Après la sonnerie de 8 heures, le CPE et des surveillants sillonnent les couloirs pour faire rentrer en cours les élèves qui flânent et repérer les classes où les professeurs sont absents. Les élèves qui ont un retard de plus de cinq minutes doivent, selon le règlement intérieur du lycée, être envoyés en permanence. Pour le proviseur, « en matière de maintien de l'ordre, nous, au lycée Diderot, on en est encore à la discipline ». Les rapports entre les élèves et l'administration sont formels et institutionnalisés. Les délégués de classe ont pour fonction principale d'être les médiateurs entre l'administration et la classe : en cas d'absence de professeur, seul le délégué doit prévenir le CPE pendant que le reste de la classe attend sagement dans la salle de cours. Les délégués sont chargés de diffuser les informations administratives à l'ensemble de la classe. Les élèves reprochent un manque de concertation au sein de l'établissement : l'année précédant l'enquête, les délégués élus au conseil d'administration ont même démissionné de leur mandat pour protester contre le manque d'attention que l'on prêtait aux demandes des élèves.

Les parents d'élèves ne semblent pas toujours mieux traités. Des parents ouvriers, membres de la FCPE, protestent contre le peu d'attention qu'on leur prête dans les réunions et contre la manière dont ils sont traités en conseil de classe. Les règles de fonctionnement quotidien n'ont pas changé au cours du temps et apparaissent relativement rigides, alors même que les caractéristiques sociales des élèves et que leurs attitudes vis-à-vis de l'école ont profondément changé. Par exemple, les retards et les absences sont devenus de plus en plus fréquents et nombreux au fil des années 1980. La règle du renvoi en étude pour cinq minutes de retard en cours est devenue de plus en plus difficile à appliquer. Les CPE tentent de contourner la règle en imposant que les professeurs acceptent les élèves un peu en retard (« on essaie au maximum de les faire monter en cours, on les pousse,

---

de service, et la jeune CPE tentée par d'autres tâches plus valorisantes comme le « contact » avec les élèves qu'elle estime constitutives de l'identité du métier.

parce que rater deux heures de maths pour cinq minutes de retard, c'est un peu exagéré »), et les surveillants, dont la plupart sont très proches des élèves [9] – les tutoyant et se laissant tutoyer –, deviennent souvent leurs alliés en leur délivrant un billet d'entrée.

Un lycée figé face à la « démocratisation »

En 1983, lorsque le proviseur a été nommé dans ce lycée, il n'imaginait certainement pas, être confronté, deux à trois ans plus tard, à la vague de démocratisation des lycées. Ce qui a signifié concrètement accueillir sur une période de trois ou quatre ans un flux croissant d'élèves d'origine populaire scolarisés dans des collèges de ZEP voisins. Or le lycée, peu préparé à cette nouvelle situation, a fait face en s'adaptant sur un plan purement quantitatif : croissance des effectifs d'élèves et d'enseignants, ouverture de nouvelles classes dans les filières permettant l'écoulement du flux grossissant des élèves (notamment la filière B). Les capacités d'accueil du lycée ont été exploitées de manière maximale (plus de 37 élèves par classe en seconde lors du pic de 1989-1990), une réorganisation administrative a divisé le lycée en deux sections : les classes de seconde sont installées dans les locaux du collège situés dans une même aile de bâtiment et les classes de première et terminale ont été regroupées au « lycée ». Les règles de fonctionnement n'ont pas été transformées, l'établissement a continué d'être géré comme un lycée « classique ». L'organisation pédagogique est restée très « traditionnelle ». Nombre d'enseignants ont conservé les mêmes habitudes de travail (horaires, salles, type de pédagogie, etc.). Comment noter ces nouveaux lycéens qui les déroutent par leur comportement (« moi, mes secondes, je fais cinq minutes de relaxation en début de chaque cours », me dit une professeur de français, animatrice du club théâtre) ? Le problème n'est pas simple, on a l'impression que chacun « se débrouille ». Certains professeurs ont comme principe de ne pas modifier leur barème de notes en fonction du niveau de la classe. Le proviseur a appris à composer avec les enseignants et

9. Les surveillants que j'ai rencontrés sont tous des étudiants d'origine populaire, originaires de la région, parfois anciens élèves du lycée, et souvent attardés dans leurs études universitaires.

s'est résigné à un *modus vivendi*. Il me parle avec ironie, à propos des passages en première, de l'« inertie professorale » à laquelle il s'est résigné. Face aux transformations morphologiques du lycée, les professeurs (qui appartiennent à l'élite locale des enseignants) ont, semble-t-il, davantage réagi par la déploration et par une sorte de crispation contre la « baisse du niveau » que par de véritables propositions pour favoriser une autre manière de travailler. Ce conservatisme est particulièrement visible en matière de redoublement, comme le déplore le proviseur.

> Dans ce lycée, il est excessivement difficile de sortir d'un conseil d'orientation de troisième trimestre sans avoir son contingent de redoublements, quel que soit le niveau de la classe. Moi, il ne m'a jamais été possible de faire passer toute une classe parce que les collègues ne le conçoivent pas. Le redoublement est quelque chose qui va de soi pour eux et il s'impose dans toutes les classes, quel qu'en soit le niveau. C'est certain, il semble qu'on ne se sépare pas sans avoir son stock de redoublants, il semble que cela soit plus confortable.

Au fur et à mesure de l'élargissement du recrutement social des élèves, leurs conditions de travail tout comme les conditions d'enseignement des professeurs (notamment avec l'augmentation du nombre d'élèves par classe) se sont dégradées [10]. L'hétérogénéité croissante des élèves, en termes de niveau scolaire ou d'origine sociale, pose notamment avec acuité le problème du mode de constitution des classes de seconde qui n'est pas, jusqu'en 1992-1993, véritablement débattu. L'uniformité apparente de la classe de seconde dissimule mal un univers très différencié et hiérarchisé de classes. La présélection des élèves se fait dès la classe de seconde en fonction des options choisies à la fin de la troisième. Les élèves ainsi regroupés selon leurs options, c'est-à-dire en fonction des bacs envisagés par les élèves et leurs familles, se retrouvent dans des classes de seconde relativement homogènes du point de vue du niveau scolaire et de l'origine sociale et géographique. Les secondes à option informatique ou TSA sont les « bonnes secondes » qui

10. Lors de la réunion avec les parents d'élèves du lycée, à la rentrée scolaire 1992-1993, le proviseur se félicite de la diminution des effectifs moyens par classe (33,55 en seconde contre 38 les deux dernières années, 30,2 en première et 30,3 en terminale).

font l'objet d'une sélection implicite sur dossier (70 élèves pris sur 150 demandes pour l'option informatique en 1992) et qui recrutent des élèves destinés aux classes scientifiques ; en revanche, les classes options « sport », « bureautique » ou « langues » recrutent davantage d'élèves issus de collèges de ZEP dont le choix d'orientation après la seconde est limité par l'option et qui, pour la plupart, seront de futurs élèves d'A2, de B ou de G. Les agents de l'institution comme les CPE ou les surveillants désignent les classes de seconde moins par leur numéro (« il y en a dix-huit ») que par leurs options : les options nobles (on dit la classe de « latinistes » ou d'« informatique ») définissent les « bonnes classes » constituées de futurs « première S » et les options « ignobles » (gestion, troisième langue, sport) suffisent à qualifier les « mauvaises classes ».

Cependant, les élèves des « quartiers » ignorent pour la plupart (ou veulent ignorer) les mécanismes de différenciation et de hiérarchisation des classes de seconde. En entretien, ils disent être dans telle ou telle seconde, définie par son numéro (qui ne permet pas à lui seul de hiérarchiser les secondes). Le proviseur reconnaît les difficultés rencontrées en seconde.

> De toute façon, aujourd'hui, ce ne sont pas des secondes de détermination. C'est terminé. C'est peut-être vrai dans des petits établissements, mais pas dans un gros établissement. Ce sont des secondes qui sont déjà déterminées ! Et elles sont déterminées par les options. C'est ainsi... Le système peut être perverti, il l'a été, et il l'est toujours. Donc les options permettent effectivement de pervertir le système, mais plus dans les grands établissements que dans les petits.

Les problèmes de la seconde ne relèveraient pas en tant que tels d'une adaptation au niveau pédagogique mais de « problèmes de comportement ».

> En seconde, on a manifestement l'impression que les élèves, pour un certain nombre, ne savent pas rester 55 minutes assis à une table sans se retourner, sans éventuellement se lever, sans discuter, ils ne sont pas scolarisés. Et ce n'est pas que sur un mois, c'est une sur toute une année. On constate que les mêmes élèves revenant un an plus tard sont scolarisés, ne posent plus ce genre de problème. C'est une resocialisation. Le second cycle est essentiellement un domaine de liberté. On n'a plus les contraintes, on n'est plus surveillé comme on doit l'être dans les collèges. Par conséquent, le fait

de ne plus se sentir surveillé doit donner des ailes pour un certain nombre, mais je ne sais pas si c'est la seule explication, je ne sais pas si on n'a pas non plus baissé les bras devant ce qui était pendant longtemps des exigences de l'école élémentaire du premier cycle, à savoir que les gamins se tiennent tranquilles, soient attentifs, ne se lèvent pas, et je ne sais pas s'ils ont bien compris ou si on leur a bien appris tout ça (*sur un ton ironique*).

Enfin, les résultats au bac se sont dégradés, notamment dans les séries qui ont connu la plus forte poussée d'effectifs. En 1992, le taux de réussite au bac B a atteint son niveau plancher (51,5 %). Le proviseur, lors de sa réunion de rentrée avec les parents d'élèves régulièrement chroniquée dans la presse locale, explique ce phénomène par deux facteurs : d'une part, un effectif très important (37 à 38) par classe et, d'autre part « l'afflux important d'élèves habituellement orientés vers le LEP » (selon ses propos rapportés par la presse). Particulièrement préoccupant lui semble l'échec des redoublants, qu'il attribue à leur manque de travail et aux satisfactions données trop facilement en commission d'appel. À une question des parents qui s'étonnent de l'écart entre les notes de l'écrit et de l'oral en français au bac, le proviseur répond, comme sur le ton de la prophétie ironique : « On a eu les revendications des élèves sur les conditions matérielles, demain elles pourraient se déplacer vers les méthodes et contenus de l'enseignement et pourquoi pas jusqu'à l'attribution du droit au diplôme... »

Malgré l'importance des transformations morphologiques et sociales de la population scolaire du lycée Diderot, celui-ci a continué, finalement, d'être géré « à l'ancienne » : tout s'est passé comme si le but principal avait été de préserver tant bien que mal la voie royale de la filière « scientifique » (C) des turbulences qui bouleversaient le fonctionnement des autres filières. Loin de cette politique de laisser-faire organisationnel et pédagogique, le lycée de la ZUP a, sur plusieurs années, mis en place une politique de développement fondée sur l'accueil des élèves des classes populaires.

Le lycée de la ZUP ou le choix de l'accueil des « nouveaux lycéens »

Le lycée de la ZUP, ouvert en 1973, avait au départ pour vocation d'être un lycée « technique tertiaire », préparant les différents bacs G (la section B aux faibles effectifs étant résiduelle). Ce lycée, dont le recrutement a toujours été populaire, se caractérise depuis son origine par une surreprésentation de filles et d'élèves en retard scolaire. Jusqu'à la fin des années 1970, la plupart des lycéens titulaires du bac G s'arrêtaient après la terminale pour entrer sur le marché du travail, dans les métiers du secrétariat ou de la comptabilité. Au début des années 1980, les bacheliers tertiaires rencontrent des difficultés croissantes à s'insérer sur le marché du travail si bien que le lycée, grâce à l'ouverture de classes de BTS (« force de vente » et « secrétariat »), offre sur place un débouché à « ses » élèves de G. Mais le lycée continue toujours de souffrir au niveau local d'une mauvaise réputation, liée au faible taux de réussite au baccalauréat. En 1986, un nouveau proviseur est nommé : une femme d'une quarantaine d'années qui n'est pas originaire de la région, ancienne professeur d'histoire-géographie, qui met rapidement en place une politique volontariste de développement de l'établissement fondée sur deux principes : d'une part, le contournement de la carte scolaire implicite que constituait le système différencié d'options par lycée par l'ouverture progressive de nouvelles sections (par ordre chronologique A, D et C) et la création de nouvelle options susceptibles d'attirer de « bons » élèves (une option latin en seconde pour attirer les « latinistes », futurs élèves de classes scientifiques) ; d'autre part, le maintien et l'approfondissement de ce qu'elle appelle la « tradition d'accueil » des enfants d'origine populaire, par la mobilisation d'un corps enseignant composé d'une partie de « volontaires » pour cette mission. L'objectif que se donne alors le proviseur est de construire un lycée populaire qui soit de « bon niveau » sans être « élitiste » tout en gardant « un esprit qui sort du tertiaire ». L'administration et les équipes pédagogiques du lycée mettent en place une réflexion sur la lutte contre l'échec en seconde, conçoivent et font passer des enquêtes par questionnaire auprès des élèves, réalisent des suivis de cohorte, tentent d'associer les parents à leurs initiatives [11], etc.

11. Les relations entre l'administration et les parents semblent bonnes dans l'ensemble. La majorité des parents appartiennent aux classes populaires et sont distants

À la différence du lycée Diderot, l'entrée massive des élèves en seconde lors de la seconde moitié des années 1980 ne prend pas au dépourvu l'établissement qui bénéficie, au contraire, de structures institutionnelles et pédagogiques adaptées aux élèves des sections G dont les caractéristiques scolaires sont proches de celles des « nouveaux lycéens ». Il existe un noyau stable de professeurs depuis la création du lycée et beaucoup d'entre eux ont l'habitude de travailler avec des élèves « en difficulté ». L'administration a mis l'accent sur l'information auprès des élèves pour lutter dès la seconde contre les préjugés relatifs à la hiérarchie des sections et des bacs et tenter des orientations « positives » et non par défaut.

Un effort particulier est effectué pour accueillir les nouveaux venus dans l'établissement. Le jour de la rentrée scolaire est spécialement préparé pour accueillir les nouveaux venus : deux jours avant, les listes des classes et des élèves sont affichées sous le préau ; une séance d'accueil a lieu peu après la rentrée dans l'auditorium du lycée qui réunit alors toutes les classes de seconde le matin et toutes les classes de première et de terminale l'après-midi. Les professeurs et les membres de l'administration leur sont présentés. Le proviseur tient là un discours volontariste et optimiste sur l'établissement et précise aussi l'espèce de contrat qui lie élèves et administration, notamment les principales règles de fonctionnement et de vie commune au lycée, le système de sanctions en cas de contravention à ces règles. Il existe aussi une tradition d'aide personnalisée aux élèves qui ont des difficultés. Un mémento d'aide méthodologique, un guide sur l'orientation, un autre sur l'autoévaluation, pour la seconde, sont distribués aux élèves, en début d'année surtout [12]. Un livret d'accueil présente aussi, dans le détail, le fonctionnement du lycée. D'autre part, la relation avec les familles constitue une préoccupation centrale de l'administration, le proviseur se déclarant entièrement disponible pour recevoir les parents.

---

vis-à-vis de l'école mais sans agressivité, sans volonté, dit le proviseur, d'en remontrer aux profs comme certains parents de classes supérieures.

12. « On a réanalysé en seconde les difficultés, de l'ordre de la méthode de travail. Toutes les semaines, les secondes faisaient une heure d'aide méthodologique qui était faite par un professeur de la classe, c'était volontaire. Prof de maths, d'histoire-géo. C'était pas une discipline et puis on a commencé à travailler sur l'orientation ; cette année, avec les modules, ça fait un peu tache d'huile ; ils se sont réparti entre quatre profs de disciplines, à l'amiable, les tâches méthodologiques pendant cinq semaines, le temps qu'on fasse les évaluations de seconde. »

Le taux de réussite au bac a progressivement augmenté vers la fin des années 1980[13], alors que, parallèlement, il diminuait au lycée Diderot. L'entreprise volontariste de diversification du lycée par la création d'autres filières, plus nobles, se veut une tentative pour « mixer » une population d'élèves trop homogène scolairement, attirer par l'ouverture d'une section C les bons élèves des collèges auparavant détournés vers les autres établissements, pour en quelque sorte fixer une petite « élite » au sein du lycée. En même temps, le proviseur déclare refuser catégoriquement l'idée d'une hiérarchie entre les sections. L'idéologie de l'établissement, fruit de son histoire et constitutive de son identité – ce qu'elle appelle l'« esprit maison » –, est de conserver au lycée son caractère « populaire », comme l'atteste son recrutement social (plus de deux tiers d'élèves de « catégories III » (« milieux défavorisés »). « Ici, toutes les formations sont égales en dignité », déclare le proviseur adjoint pour résumer la philosophie du chef d'établissement à laquelle adhèrent beaucoup d'enseignants pour travailler dans ce sens.

Nous, quand on reçoit les élèves à la rentrée, on dit : chez nous, il n'y a pas des super-bacs et des super-rien. Il y a des bacs différents, qui ont des exigences différentes et qui font appel à des aptitudes différentes, qui sont tous respectables. On ne souhaite pas que nos élèves soient orientés. L'intérêt, c'est que, quand les élèves font gestion en seconde, on a quand même l'idée, même si la gestion reste ce qu'elle est, très modeste, on peut quand même se rendre compte des aptitudes pour ce travail ou non. Quand un élève a des bonnes notes partout et qu'il a un 6 en gestion, les profs lui disent non. Cette année, ce qui est spectaculaire, on a eu un cas où on a refusé une entrée en première G pour proposer une entrée en première S, c'est quand même extraordinaire. [...] Justement, du fait qu'on est devenu polyvalent, on a des secondes-latin, des secondes TSA maintenant, et on va peut-être avoir des secondes européennes, donc on a tous les critères pour faire des classes d'élite et d'avoir 100 % au bac C, mais notre souci, c'est justement de garder cet esprit qui sort du tertiaire, qui est un esprit tout à fait différent d'un lycée classique et de faire que les élèves se sentent bien, qu'ils soient en B ou en C.

13. Le taux de réussite global du lycée se retrouve au niveau de la moyenne nationale alors qu'avant il se situait en dessous, et celui des « bacs tertiaires » (G) est plus élevé que la moyenne nationale. La diversification des filières (ouverture des bacs C et D) fait remonter la part d'élèves « à l'heure » (de 23 % en seconde à 39-40 % quatre ans plus tard).

Progressivement s'est constituée une sorte de fierté d'appartenir au lycée de la ZUP, qui s'est exprimée, par exemple, dans le refus de lui changer son nom comme le proposait la région.

À un moment donné, la région a voulu qu'on change de nom, on nous a envoyé une liste de noms, je ne vous dis pas, pour un lycée comme le nôtre, ils proposaient un nom genre « de Hautecloque », vraiment, ça jurait ! Je ne voyais pas le lycée porter des noms pareils. Alors on a fait un sondage dans la population. Majoritairement les élèves et les profs se sont opposés à un changement de nom. Ils ont dit : premièrement, il n'y en a pas beaucoup en France qui s'appellent comme nous [un nom d'une rue de la ZUP]. Et nous, on n'a pas envie de s'appeler Jean-Jacques-Rousseau ou autre chose. On a un nom à part, on veut le garder. Eh oui, il y a des choses qui sont ressorties du genre : « Ben non, non, on se plaît ici, si on parle du lycée avec un autre nom, ça sera plus notre lycée. » Donc, je crois qu'il y a une identification à ce lycée, pas au quartier. Peut-être qu'on se trompe, mais, nous, on a l'impression qu'il y a une espèce d'identité qui se fait autour du lycée...

Un établissement attractif pour les filles de Granvelle

Au bout du compte, grâce à la diversification de ses filières, le lycée autrefois stigmatisé comme lycée « populaire » rencontre un succès croissant auprès d'enfants d'ouvriers de la région, notamment des filles qui retrouvent là des conditions d'accueil proches de celles du collège de ZEP, comme l'évoque l'extrait suivant du journal de terrain.

Lors du carrefour des métiers et formations qui se déroule chaque année dans la grande salle polyvalente (ici en mars 1994) et qui accueille toutes les classes de troisième des collèges du district, chaque lycée de la région participe à cette grande opération d'information sur l'orientation scolaire. Un proviseur ou un proviseur adjoint tient « son » stand et répond aimablement aux questions des collégiens. Je m'installe quelque temps au stand du lycée de la ZUP, à côté du proviseur adjoint. Face aux demandes des élèves qui visent toutes plus ou moins à classer les établissements, il cherche plutôt à montrer que tous les lycées de la région se valent, que les bruits qui circulent autour de la réputation de tel ou tel lycée ne sont que des rumeurs. Il leur conseille surtout de ne pas écouter les « ragots » qui discréditent le lycée Diderot. Un peu plus tard, une « scène » vient en quelque sorte confirmer les éléments d'information obtenus en entretien auprès des élèves du quartier : deux filles d'origine maghrébine, habitant la cité HLM la plus proche de Granvelle, élèves d'un petit collège proche du lycée Diderot, s'installent face à nous. La plus courageuse pose « sa » question en se tordant les doigts et en baissant la tête, d'une voix presque inaudible : « Est-ce que c'est vrai que si on veut aller au lycée de la ZUP il faut faire un bac SMS ? » Le proviseur adjoint lui demande en souriant qui lui a dit ça. « Des copines », répond-elle timidement. Il choisit de leur expliquer longuement le processus d'affectation des élèves en lycée dans la zone pour mieux les convaincre du caractère erroné de leurs informations (des « rumeurs », dit-il) et réaffirmer l'importance du critère géographique : « En seconde il y a beaucoup de travail », si bien que le temps de transport ne doit pas être trop important. Et, pour conclure son argumentation : « De toute façon, vous serez aussi bien à Diderot qu'au lycée de la ZUP. » Il ne veut pas dire ouvertement que le choix d'une option SMS pour passer par la suite le bac SMS (préparé uniquement au lycée de la ZUP) permet d'obtenir directement l'inscription au lycée de la ZUP. Il ne le lui dira que plus tard lorsqu'elle lui déclarera vouloir devenir infirmière. À cette occasion, il me rappelle le principe (écrit et non écrit) qui régit l'affectation des élèves dans les différents lycées de la région. Il n'y a pas de carte scolaire en tant que telle, une commission locale examine en mai-juin et centralise toutes les demandes des élèves de troisième et ensuite fait la sélection. L'an dernier, la demande d'élèves pour le lycée de la ZUP était excédentaire (une centaine d'élèves ont été refusés) tandis qu'il restait des places au lycée Diderot. Ceux qui sont refusés au lycée de la ZUP sont ceux qui habitent dans des zones du secteur du lycée Diderot et n'ont pas demandé une option médico-sociale. Le proviseur adjoint me raconte même qu'une des « stratégies » (mot qu'il emploie) des bonnes élèves est de s'inscrire en option SMS pour ensuite passer en première scientifique (Journal de terrain, mars 1994).

À travers le choix du lycée de la ZUP par les collégiennes de Granvelle, c'est une transition en douceur vers le lycée qui est recherchée. À deux jours de distance, j'ai réalisé deux entretiens avec deux filles du quartier, toutes deux filles d'immigrés marocains, nouvelles élèves de seconde ayant toutes deux demandé le lycée de la ZUP. Seule Naïma a été acceptée tandis que Zahia, refusée, a dû à son grand dam s'inscrire au lycée Diderot. Naïma, quinze ans, d'origine marocaine [14], était une

14. Son père est OS de chaîne à l'usine et fut un moment délégué CFDT ; sa mère est représentante de parents FCPE, tous deux ayant effectué des études secondaires au

très bonne élève au collège, excellente en maths (« j'ai toujours aimé ça ») à la différence de beaucoup d'élèves du quartier. Pour assurer son passage au lycée de la ZUP, elle a demandé à la fin de la troisième dans sa liste de vœux l'option « sciences médico-sociales », offerte uniquement dans cet établissement [15].

Ça ne me plaisait pas d'aller au Diderot... Des copines m'avaient dit qu'il y avait des profs qui s'occupent pas très bien des élèves et qu'à la ZUP ils étaient plus sérieux, il y avait plus d'activités... [Plus sérieux ?] Oui les profs, et les élèves aussi... des gens de Diderot qui avaient regretté d'y aller et des gens de la ZUP qui s'y plaisaient. Et, SMS, il y avait que ça qui m'intéressait. [...] J'ai une copine qui habite dans le même bloc que moi, elle a passé quatre ans au lycée de la ZUP, elle a redoublé sa terminale F8, eh bien, elle s'y plaît quand même. Avant d'y aller, je connaissais par mes copines, par mes voisines... (*Long silence.*) On m'a dit aussi que c'était un bon proviseur. Elle fait partie d'une association contre la délinquance. Et puis, nous, on l'a trouvée sympathique quand elle nous a parlé à l'auditorium, moi je l'ai trouvée sympathique.

Depuis la rentrée, elle s'est vite adaptée au lieu, se félicitant de son choix lorsqu'elle compare avec ceux qui ont dû aller au lycée Diderot. Le lycée lui paraît de taille humaine, (« l'écart n'est pas très grand, par rapport au collège c'est pratiquement la même taille »), neuf, propre et avenant, à l'opposé du lycée Diderot, gigantesque et vieillot, avec ses longues façades grisâtres et décrépites. Elle garde un bon souvenir du jour de rentrée (« On nous présente toutes les personnes qui vont s'occuper de nous : l'administration, les infirmières, l'assistante sociale, et puis certains professeurs »). Les cours ont commencé par des révisions qui durent près de trois semaines, les premières interrogations écrites portent sur les révisions, ses résultats de seconde ne diffèrent guère de ceux de troisième. Tous ses

---

Maroc. Naïma est depuis le début de sa scolarité une excellente élève. Elle est fière de n'avoir que quinze ans en seconde et d'être ainsi la plus jeune de la classe (« Il y en a dans ma classe qui sont nés en 1974 »). C'est une élève sérieuse, travailleuse, qui révise ses leçons pendant la demi-heure de transport de bus. Elle espère devenir plus tard ingénieur ou médecin. Ses parents ont acheté aux enfants un ordinateur sur lequel elle travaille dans sa chambre à ses moments libres, en faisant des exercices de maths et de physique.

15. Pour ensuite repasser en classe de première S (son objectif professionnel étant de faire médecine).

professeurs ont pour habitude de dicter d'abord leurs cours (« On discute du cours et ensuite c'est le prof qui nous dicte ») et d'apprendre ensuite progressivement aux élèves à prendre des notes. En seconde, le démarrage de l'année est lent, la manière d'enseigner des professeurs, très progressive et didactique, diffère peu de celle du collège.

> Au début des cours on teste nos connaissances, on nous pose des questions, on fait la leçon et puis après le prof nous dicte le cours. En littérature, la prof nous dicte pratiquement. En fait, c'est comme si je continuais le collège [...]. En français on apprend à parler devant toute la classe. Il y a la prof de français qui nous donne un sujet à chaque groupe, il y a un groupe de quatre. Bon il y a eu le sujet « micro-ondes », les « poulets de batterie » et le « sèche-linge » et le « panda ». Moi j'ai eu les « poulets de batterie », il fallait que je cherche toutes les idées que j'avais sur les poulets de batterie et il fallait que j'expose devant toute la classe. Il fallait que je raconte ce que je savais, et après elle nous disait les points positifs et les points négatifs, ce qu'il fallait faire : il fallait pas regarder seulement le prof, il fallait regarder toute la classe, il fallait pas être intimidé. Et on n'a pas le droit de lire nos feuilles.

Le lycée est en outre ouvert sur l'extérieur. La proviseur est mobilisée dans la lutte contre le sida et participe aussi à une commission locale de prévention contre la délinquance, l'enseignement des professeurs comporte une ouverture sur l'environnement du lycée. On y trouve de nombreuses activités culturelles (clubs actifs et divers : astronomie, gastronomie, photo, théâtre, sport à l'UNSS comme handball, football ; certains élèves vont voir en groupe des matches à Sochaux) et un foyer socio-éducatif accueillant. Enfin, en choisissant ce lycée, Naïma non seulement évite les « perturbateurs » qui sévissaient dans des classes du collège, mais se retrouve avec des élèves qui partagent avec elle la même bonne volonté scolaire, si bien qu'elle en retire l'impression d'avoir été sélectionnée [16].

> Ils nous ont dit que les élèves qu'ils ont choisis pour notre classe, c'était seulement des élèves sérieux, ils ont pris les meilleurs dossiers, ils ont pas pris des « perturbateurs », il y en a pas dans notre

16. À la différence du lycée Diderot, qui offre toutes les sections et les options, ce qui serait la preuve d'une certaine forme de laxisme (« ils prennent n'importe qui au Diderot »), le lycée de la ZUP sélectionne (« là, c'est le dossier... c'est vraiment sur dossier »).

classe. Je me suis fait beaucoup de copines, pas spécialement de Gercourt, il y en avait beaucoup d'autres. Pas seulement de notre classe. En sport, en espagnol, en groupe, on est avec d'autres classes.

Les différences objectives qui existent entre le lycée de la ZUP et le lycée Diderot et leurs modes d'accueil des nouveaux venus expliquent, pour une grande part, la tendance d'une fraction croissante de collégiens de Granvelle à choisir le premier. Ils préfèrent ainsi évoluer dans un univers scolaire et social plus homogène où ils se retrouvent « entre eux », entre enfants de milieux populaires et de même niveau scolaire (« Ici on est tous du même niveau », me dit une élève de première G pour justifier au fond le choix de ce lycée), évitant à la fois le risque de chute de leurs résultats scolaires et les petites humiliations sociales qu'ils vivent en tant qu'enfants de cité « sans le sou ». Choisir cet établissement, c'est finalement différer la confrontation directe avec d'autres milieux sociaux et se socialiser sans heurts à la vie lycéenne. Ce sont les élèves eux-mêmes qui sont les principaux maîtres d'œuvre de ces stratégies, avalisées après coup par leurs parents, qui n'ont rien à voir avec les stratégies de placement scolaire des familles bourgeoises pour lesquelles la plus-value symbolique constituée par la renommée et la situation géographique du lycée est un critère important de choix. Les faveurs dont jouit le lycée de la ZUP n'ont pas pour principe la quête d'un prestige social, mais plutôt la recherche d'une minimisation du coût psychologique (le stress, la peur, le sentiment d'isolement et de perte) et symbolique (l'intimidation provoquée par la confrontation avec les enfants de « bourges ») de l'accès au lycée. C'est bien parce que la « barrière à l'entrée » au lycée est plus haute pour les filles du quartier Granvelle qu'elles sont davantage enclines à se protéger de la concurrence scolaire et sociale en se dirigeant vers un lycée plus homogène socialement.

Le « bon prof » et le « mauvais prof »

La tension, voire la contradiction, qui existe entre les exigences scolaires du lycée et les dispositions culturelles des élèves se reflète dans le rapport que les lycéens de Granvelle ont avec leurs professeurs. La manière vive et revendicative dont ils en parlent, mêlant souvent respect et crispation, montre que, sur ce point précis du « questionnaire », ils ont spécialement envie d'être entendus. Au lycée, la barrière entre professeurs et élèves semble s'élever puisque les enseignants sont en moyenne plus âgés, plus certifiés scolairement (une plus forte proportion d'agrégés au lycée Diderot) et plus pénétrés de culture légitime qu'au collège [17]. En même temps, la parole lycéenne sur les enseignants témoigne d'une double attente, à la fois en termes de compétence professionnelle et de compétence relationnelle : les enseignants sont les seuls à pouvoir véritablement apporter une aide [18] qui peut se révéler décisive pour leur scolarité. Ils sont donc assignés par ces élèves à effectuer une mission salvatrice qui consiste à se transformer en intermédiaires culturels, en « passeurs » efficaces, pour leur permettre de décrocher le bac. S'ils font souvent l'objet d'un investissement affectif important [19], ils sont évalués et appréciés autant à partir de leurs connaissances particulières ou de leur charisme d'intellectuels qu'à travers la relation personnalisée, voire la complicité qu'ils nouent dans la classe (et parfois à l'extérieur) avec leurs élèves.

Le « bon prof » est d'abord celui qui exerce bien son métier, c'est-à-dire fait des « bons » cours (structurés, au contenu solide, dans un langage accessible), sait faire travailler ses élèves et donc accroît leurs chances de réussite [20]. Idéalement, il doit transmettre de manière claire un savoir, utiliser un langage aisément compréhensible de tous, faire un cours qui ne soit pas trop magistral, accepter les questions des élèves, faire participer l'ensemble de la classe en donnant la parole aux élèves. Le cours doit donc être vivant et pas trop cérémoniel. Le « bon

---

17. À ces titres divers, ils sont très différents des enseignants du collège du quartier Granvelle qui sont de plus en plus de jeunes enseignants « envoyés au charbon » pour leur premier poste.

18. Il existe bien des associations d'aide scolaire dans le quartier, plus ou moins concurrentes entre elles (certaines sous influence municipale, d'autres contrôlées par des associations d'immigrés), travaillant peu en concertation avec le collège car beaucoup d'enseignants et de parents d'élèves s'en défient. La question de l'aide scolaire dans ces quartiers HLM aurait été un objet d'études en soi.

19. Le « prof » constitue une figure de référence, on cherche à savoir des choses sur lui, sa compagnie est recherchée par les bon(ne)s élèves, certains continuent de les voir après le collège ou le lycée. Ils suscitent de nombreux commentaires relatifs à leur attitude en cours, leur système de notation, le mode de relation qu'ils nouent avec les élèves, le respect qu'ils imposent ou non...

20. Un étudiant du quartier me dira une fois, alors que je lui faisais réviser ses cours de fac (*cf.* partie II) : « J'aime bien les profs comme vous qui speedent », c'est-à-dire qui donnent du travail et suivent leurs élèves.

prof » sait établir dans sa classe un climat propice à l'apprentissage et détendu, avec des moments de « rigolade ». Bref, il ne doit pas être « trop prof », c'est-à-dire qu'il ne doit pas être un professeur Tournesol perdu dans son univers intellectuel, ni non plus souverain et « hautain », inattentif aux singularités de ses élèves. Mais il doit aussi être (et faire) « assez prof » : faire preuve d'autorité, ne pas être chahuté, ne pas jouer au démagogue en étant trop proche de ses élèves. La figure idéale du prof est au croisement géométrique de deux systèmes d'attente des élèves, oscillant entre la demande d'une proximité affective et la nécessité de la distance professorale. Le « bon prof » est surtout celui qui ne marque pas une trop grande distance avec ses élèves, celui qu'on peut « approcher » et qui sait de temps en temps « rigoler », bref celui qui, en plus, est « sympa ». C'est un mot (tout comme le verbe « sympathiser »), qui revient assez souvent dans la parole des lycéens d'origine populaire (davantage chez les filles que les garçons). Le « bon prof » doit sortir par moments de son rôle étroit de dispensateur de connaissances pour réduire la distance avec son auditoire, personnaliser la relation avec les élèves. Il s'agit dans la relation avec le professeur d'« être quelqu'un », reconnu comme quelqu'un de singulier, d'irréductible à tous les autres, comme une individualité propre.

À l'opposé, parmi les « mauvais profs », deux catégories peuvent être distinguées : d'une part, les profs « à l'ancienne » qui se drapent dans les habits anciens du savoir magistralement dispensé, maintenant à distance les élèves par leur verbe et leur posture, se protégeant derrière l'aura sacrée du magistère professoral ; d'autre part, les profs qui se moquent des élèves, qui « font des remarques », selon une expression qui revient aussi fréquemment dans les propos de ces lycéens. Les élèves « moyens » ou « faibles », pour reprendre des catégories enseignantes indigènes, sont trop éloignés socialement et culturellement pour qu'ils puissent participer à la communication pédagogique. Le prof devient souvent celui qui ne fait pas d'effort pour « expliquer ». Comme le dit Zahia (en seconde) : « Le prof de physique, on peut même pas poser des questions. On comprend pas ! on comprend pas ! c'est atroce ! »

À travers ces deux images opposées du « bon » et du « mauvais » prof, se dessine une relation pédagogique idéale. Les enseignants seraient en quelque sorte chargés de les familiariser au moindre coût (psychologique) à la culture scolaire qui est le plus souvent perçue comme opposée à la « culture » du quartier. Chez les garçons, toute une part d'eux-mêmes résiste à l'entreprise d'imposition : entrer profondément dans le monde de l'école, c'est toujours courir le risque d'apparaître aux autres comme un « intello ». Or le groupe élargi des copains du quartier, qui regroupe des élèves de LEP et des « chômeurs » ou « stagiaires », ne cesse d'effectuer des rappels à l'ordre pour faire respecter ses principes (notamment en matière d'attitudes viriles[21]).

Cependant, on ne peut pas comprendre le rapport aux enseignants des élèves de Granvelle, notamment ceux qui habitent les immeubles les plus dégradés, si l'on oublie la rareté des contacts qu'ils ont avec l'extérieur du quartier, lieu quasi exclusif de la plupart de leurs expériences sociales. Le prof, de même que l'animateur du quartier, est le plus souvent une des rares fenêtres sur d'autres univers sociaux. Il incarne, en tant que personne réelle, un autre horizon social, offrant en outre une vision pacifiée et somme toute enviable de l'existence (le beau langage, les aspects cultivés du personnage, le bon salaire de fonctionnaire) qui contraste avec la vie d'usine et en HLM. Il peut à ce titre constituer, dans cette période de leur vie où s'exercent les influences, un modèle possible d'identification sociale. Évidemment, ce rapport aux professeurs, qui est tout particulièrement celui de la fraction constituée par les filles d'immigrés habitant Granvelle, révèle un fort investissement dans l'institution scolaire. Ces lycéennes ne peuvent pas se constituer d'autres ressources ailleurs que dans la vie scolaire ou parascolaire (associations de quartier d'aide aux devoirs, associations de loisirs populaires). Les garçons ont souvent un rapport plus détaché à leurs enseignants. L'image qu'ils veulent donner d'eux-mêmes se construit sur d'autres scènes sociales (les lieux publics, le café, le sport, la « drague », etc.). On ressent constamment chez eux le souhait de ne pas être traités « de haut » mais sur un pied d'égalité, sans subir ici aussi des discriminations. Le rapport souvent passionné aux enseignants exprime d'une autre manière la demande (implicite) d'égalité que portent en eux les élèves. L'attente collective vis-à-vis des

21. Gundur raconte, au cours de l'entretien, qu'au collège il était passionné par la vie des oiseaux, qu'il faisait des nichoirs, en forêt, puis chez lui, sur le balcon de l'appartement. Au lycée, il a abandonné ; il était le seul de sa bande de copains à s'intéresser à ça, et les autres ne cessaient de se moquer de lui à ce sujet.

enseignants est de nature à la fois éthique et morale : elle exige des interlocuteurs « neutres », en fait préoccupés du salut social des élèves, faisant figure de « sauveurs ».

Les lycéens originaires du quartier Granvelle sont tous très attentifs à la manière dont les professeurs traitent les élèves. Ils ne supportent pas l'« injustice » et désirent tous plus ou moins que les professeurs les « comprennent ». Qu'est-ce que « comprendre » dans ce sens ? C'est, semble-t-il, à la fois tenir compte des « problèmes » (terme employé de manière générique et vague) qu'ils peuvent avoir, c'est-à-dire leurs manques, leur mal-être, celui d'être socialement des « petits », des enfants d'immigrés, situés au plus bas de la hiérarchie sociale. C'est donc par exemple reconnaître qu'ils pourraient avoir besoin d'une démarche curative (« Avec cette prof, on avait l'impression d'avoir devant nous un psychiatre », dit par exemple Zahia en parlant de manière laudative de sa prof de français de troisième). Le professeur idéal, dans le cas des filles d'immigrés, paraît bien ressembler à un thérapeute qui prend le temps d'être à l'écoute et de faire accoucher d'une parole libératrice. Dans la relation pédagogique idéale, une forme de convivialité doit neutraliser les aspects les plus scolaires du personnage social qu'est le professeur. On a l'impression qu'un enseignant ne peut pas entièrement les attirer ou les séduire s'il ne sait, par moments, passer au-delà de leur mauvaise orthographe, au-delà de leur « casier scolaire [22] ». Les profs « sympas » leur donnent l'impression que le monde scolaire ou le monde du savoir ne leur est pas si inaccessible. Mais ce passage, même timide et progressif, du côté de la culture légitime ne doit pas signifier pour autant l'enfermement dans le seul monde des livres, ni une remise en cause de ce qu'ils sont socialement, ni la disqualification de tout autre type d'expérience. Il y a là la trace d'un processus d'apprivoisement, peut-être réciproque, où la culture se pare d'autres atours que de ceux du verbe majestueux et des « grands mots », et se fait plus proche et accessible, comme quelque chose qu'on peut s'approprier. Les profs jouent à cet égard le rôle de parents de substitution, des parents symboliques qui compensent leur manque d'assurance scolaire. La classe idéale ressemble pour ces lycéens à une sorte d'agora permanente qui permettrait de se mettre en avant, de se montrer

22. Expression qu'utilise O. Henry dans sa thèse sur les consultants (thèse de sociologie, EHESS, 1994).

sous son meilleur jour. Il y a chez beaucoup d'entre eux un besoin irrépressible et inextinguible de prise de parole, d'une parole qui les libère et les fasse paraître, une parole individualisante et singulière, qui les affirme comme des individus, pour démontrer qu'ils sont autre chose que l'étiquette qu'on leur a collée. La demande de parole et d'écoute de la part des profs est en fait une revendication de dignité sociale. La proximité avec les profs (comme avec le sociologue, puisque, par exemple, Zahia fait explicitement le rapprochement entre les deux) est un moyen de se faire reconnaître comme des égaux.

Pour comprendre la méfiance vis-à-vis des profs ou l'espèce de défiance instinctive que l'on ressent chez certains élèves qui l'expriment à travers des mimiques et remarques ironiques, il faut avoir mesuré le pouvoir des enseignants sur le destin scolaire, donc social, de ces élèves. Ils ont sinon le pouvoir d'interrompre leurs études au lycée, du moins celui de les reléguer dans les mauvaises sections[23]. Les notes sont moins vécues comme des faits objectifs que comme des « marqueurs » puissants de l'identité scolaire. Elles n'ont jamais, aux yeux des élèves, un caractère objectif quand elles sont mauvaises et sont toujours interprétées comme un signe de défiance, voire de malveillance du professeur. Il y a toujours un soupçon qui pèse sur le professeur – ne serait-ce déjà que du fait qu'il leur apparaît socialement comme un « privilégié » par rapport aux ouvriers et aux petits employés – de ne pas les « comprendre », c'est-à-dire de ne pas tenir compte de leur situation sociale particulière, des handicaps (au niveau social et culturel) qui sont liés à cette situation. Face à leurs profs, certains adoptent une attitude significative qui consiste à jouer franc jeu, à revendiquer le stigmate, à se déprécier en affichant ses handicaps de départ comme pour adoucir le verdict qu'ils poseront sur eux. Il y a chez les jeunes de ces quartiers un besoin vital de se protéger contre le jugement d'autrui en cherchant à mettre en avant, en quelque sorte préventivement, des circonstances atténuantes.

Si les attitudes des élèves sont particulièrement réactives dès que l'on aborde la relation qu'ils ont avec leurs enseignants, c'est que celle-ci engage la construction de l'image qu'ils ont

23. On sait que le pouvoir des professeurs au lycée a été singulièrement écorné dans le domaine des « passages ». Le conseil de classe depuis 1990 n'est plus souverain, les familles peuvent faire appel ; par exemple, en classe de première, la seule opposition des parents à l'avis de redoublement « proposé » par le conseil de classe permet le passage de l'élève en terminale.

d'eux-mêmes, le « respect » qu'on leur accorde, les chances sociales qu'on leur laisse espérer, et pose d'une manière indirecte la question proprement « politique » de l'égalité des chances. Les jugements des professeurs mesurent toujours d'une certaine manière l'estime sociale qu'ils accordent aux élèves. Or, compte tenu de leur histoire, de leur « origine » (mot qui désigne de manière euphémisée la totalité de leur identité sociale : leur origine sociale, nationale, résidentielle, l'illettrisme et l'inculture de leurs parents), les lycéens du quartier Granvelle sont extrêmement attentifs et sensibles aux plus petites marques de mépris social, aux signes infimes qui les font apparaître comme « inférieurs », « différents » ; ce sont des écorchés vifs sociaux, à la sensibilité toujours à fleur de peau. Les professeurs doivent leur donner la possibilité de s'exprimer en tant qu'individus singuliers par-delà leurs différentes appartenances sociales et, en quelque sorte, de se racheter symboliquement.

Les récits de scolarité des lycéens de Granvelle comprennent toujours des anecdotes sur tel ou tel professeur qui les a marqués, positivement ou négativement. Les récits les plus passionnés sont ceux où ils ont été victimes d'une injustice qu'ils se rappellent très précisément, sous le coup d'une émotion qui reste intacte, même quelques années plus tard : l'accusation (publique) du professeur, la honte qu'a alors éprouvée l'élève qui s'est senti profondément blessé et humilié. Si les élèves « en difficulté » accusent rituellement les professeurs d'avoir été la cause de leur échec, les « bons » élèves ou les élèves « travailleurs » se trouvent parfois victimes d'un mauvais traitement de la part de certains profs et cherchent à faire réapparaître leur « vraie » personnalité face à l'enquêteur. C'est le cas notamment de Sofiane. Lorsque je le rencontre, il est en terminale B, y obtient de très bons résultats après avoir éprouvé jusqu'à la première des difficultés scolaires (redoublement en sixième et seconde option sport). Il s'est soudain « révélé » en première B et mène de front ses études et une carrière sportive de niveau régional (demi-fond et cross) qui lui impose beaucoup de contraintes. L'objet de l'entretien est cette réhabilitation scolaire, la découverte de la culture (le plaisir de lire, le bonheur de travailler et d'approfondir ses connaissances). Mais au moment où je cherche à expliquer les écarts entre ses notes d'écrit et d'oral en français, il se met à raconter l'incident très vif qui l'a opposé à son professeur de français lors de sa deuxième année de seconde. Il revit littéralement la scène, rejoue son rôle d'alors se levant comme il l'avait fait, sortant son portefeuille pour me montrer ce qu'il avait écrit juste après l'incident.

> Cette prof, elle s'appelait Mme H., elle m'a dégoûté aussi. J'avais toujours des problèmes en français, quand on faisait des « discussions ». Ma première « discussion », j'avais eu 7, après je suis remonté à 9, 9-10. Elle m'avait dit : « C'est bon, tu vas remonter au deuxième trimestre. » Au deuxième trimestre, on a eu un sujet où j'avais eu des problèmes, je me suis payé 6. Alors elle m'a dit que je foutais rien !... Vraiment, elle me dit comme ça : « Tu fous rien ! T'es un touriste ! » J'avais rien dit là, pendant toute l'année je m'étais tu, j'avais pas parlé, jamais je contredisais la prof. Bon, et vers la fin de l'année, en avril-mai, elle m'a dit « Bouali, pour qui tu te prends ! » Elle m'a appelé par mon nom. « Jamais je ne te laisserai passer en première. » Et moi j'avais rien dit pendant toute l'année, jamais j'ai contredit un prof, parce que, je veux dire, je respecte les profs, et les profs, comme ils disent, ils ont toujours raison, même si c'est pas toujours vrai, mais je l'avais pas contredite, rien ! Alors à la fin de l'année, elle m'a dit : « Tu crois que je vais te laisser passer en première, tu peux rêver ! » Je crois qu'elle m'avait même insulté. Alors, à ce moment-là, moi, j'ai enlevé mes lunettes, je me suis levé, je lui ai parlé très poliment, hein ! vous pouvez demander à Marco, et je lui ai dit : « Pour qui vous vous prenez ! Si je suis pas bon en français, c'est pas de ma faute, j'essaie de... », enfin, je me forçais à travailler, mais quand on a des problèmes on n'y peut rien. Elle m'a dit : « Sois poli », je lui ai dit : « J'ai été poli, j'ai haussé le ton, simplement. » Mais toute la fin de l'année elle m'a laissé tranquille. Mais vraiment cette prof, elle m'a marqué, elle m'a dégoûté ! D'ailleurs, regardez (*il sort son portefeuille de son manteau et me montre sur le dos une inscription gravée au cutter*), je sais pas si vous voyez ce qu'il y a de marqué (*je déchiffre*) : « Un jour, la prof regrettera. » C'est pour cette prof que j'ai mis ça. Ce jour-là, j'étais dégoûté ! Surtout quand elle m'a dit : « Je vais pas te laisser passer en première B. » [...] Et c'est vrai que je lui ai parlé très poliment, hein ! sans insulte, sans rien ! Un moment, la vérité, j'ai cru que je lui aurais mis une claque... Bon, je me suis retenu...

La classe comme médiation de l'acculturation scolaire

L'acculturation scolaire au lycée prend des formes très différentes selon le type de classes fréquentées : en seconde, selon qu'il s'agit d'une « bonne » ou d'une « mauvaise » classe, en première et terminale, selon la section et les options choisies. Les caractéristiques objectives de la classe [24] sont ici une médiation déterminante pour comprendre les évolutions différenciées des carrières scolaires des lycéens C'est en travaillant auprès d'une population homogène socialement et scolairement, en comparant par le détail leurs récits de scolarité lycéenne, que cette médiation m'a paru exercer des effets importants, ce d'autant plus que les élèves sont peu assurés scolairement à leur sortie du collège. Le fait de se retrouver dans une « bonne » classe, en seconde surtout, tend à influer positivement sur le devenir scolaire d'un élève par une série d'enchaînements vertueux : meilleures conditions de travail scolaire, effet d'entraînement par la « tête de classe », attention accrue en cours, processus de réhabilitation de soi *via* le sentiment d'appartenance à une « bonne » classe, désir de s'accrocher par réaction d'orgueil, et aussi nécessité d'une coupure au moins partielle vis-à-vis du groupe des copains du quartier. À l'inverse, l'affectation dans une « mauvaise » classe a des effets pénalisants à court terme et cumulatifs à moyen terme, par une série d'enchaînements négatifs : absence d'ambiance de travail, éloge de la paresse scolaire, attitude ironique par rapport au savoir, valorisation d'attitudes antiscolaires, laisser-aller progressif, faiblesse de l'incitation au travail personnel, installation dans la situation d'élève qui vise chaque année « sa petite moyenne », c'est-à-dire en fait des notes qui tournent autour de 8-9 qui se révèlent *in fine* suffisantes pour passer, etc.

L'affectation dans une « bonne » classe au lycée, notamment au niveau de la seconde, constitue donc, pour des lycéens de Granvelle [25], une expérience scolaire nouvelle. Ils sont alors soumis à une compétition scolaire accrue et à des formes d'intimidation symbolique (par la confrontation avec les pratiques légitimes de comportement en classe, de travail scolaire et de

24. Bien sûr de la section aussi, mais compte tenu de la politique d'ouverture des sections scientifiques, de moindre sélection des élèves, la section S par exemple comporte au lycée Diderot une population devenue très hétérogène, si bien que les options vont distinguer les « bonnes » premières S des « mauvaises ». Ce qui justifie de porter une très grande attention aux différenciations par classe.

25. Les enfants d'ouvriers scolarisés dans des collèges du centre-ville ou de quartier résidentiel ont déjà connu ce type d'expérience au niveau du collège. Ce qui peut exercer deux effets diamétralement opposés : la relégation scolaire et la consolidation de l'image de soi comme « mauvais élève » ou, au contraire, un effet d'aspiration et de prise de confiance.

sociabilité). En même temps c'est aussi pour eux une chance d'acculturation accélérée à l'ordre scolaire : un apprentissage des codes culturels rentables pour les études (des manières de s'exprimer et de rédiger, des habitudes de travail), une relative familiarisation avec l'univers mental des classes moyennes et supérieures qui se fait souvent *via* de nouveaux amis. Cette forme d'acculturation se traduit, sur le plan psychologique, par une sorte de déblocage, de « déclic » (mot qu'emploient certains de ces élèves) qui prend souvent la forme, à l'épreuve du contact culturel, d'une plus grande confiance en soi.

À l'inverse, l'affectation dans une « mauvaise » classe au lycée adoucit considérablement la période de transition du collège vers le lycée (la classe de seconde est vécue comme un simple prolongement de la troisième). Elle se traduit le plus souvent par un abaissement de la norme du travail scolaire, par l'adaptation à des normes de comportement ascolaires et par l'absence d'identification à la « tête de classe », diminuant d'autant les chances de ces élèves de bénéficier d'une véritable acculturation scolaire. D'un autre côté, la relative homogénéité sociale des « mauvaises » classes (élèves de milieux populaires) leur assure une forme de protection contre le milieu des « vrais » lycéens, des lycéens « légitimes » des sections scientifiques qui ne sont perçus par eux que de l'extérieur, à travers leurs comportements dans la cour, à la cantine, dans les lieux publics du lycée. Ainsi, les élèves des sections les moins valorisées du lycée Diderot évoluent dans des univers très cloisonnés. Outre les liens constitués antérieurement au lycée, l'appartenance à la classe définit souvent le cadre des contacts entre lycéens. Ceux qui sont du quartier Granvelle se retrouvent côte à côte dans la classe, reforment un groupe local à la récréation et restent centrés sur leurs groupes constitués au collège et dans le lieu de résidence. Rares sont ceux qui se font des « amis » à l'extérieur de ce groupe. Les autres classes leur apparaissent étrangères, surtout en première et terminale, lorsque le processus de sélection scolaire a consacré une hiérarchie des sections interne au lycée. En schématisant, les élèves originaires du quartier Granvelle qui communiquent avec les autres le font essentiellement sur la base d'un bon niveau scolaire, comme si la condition pour franchir le mur de la différence sociale et les préjugés sociaux était justement une forte reconnaissance de sa valeur scolaire : ce qui autorise une prise de parole plus fréquente en cours et facilite l'inscription dans un travail collectif.

En revanche, les élèves les plus démunis ou fragiles scolairement sont les plus « enfermés » dans leur classe et dans le cercle des relations locales. Ils ont donc moins l'occasion de se confronter directement aux normes de conduite dominante (langage, *hexis* corporelle, rapport à la culture, etc.).

On peut prendre comme exemple l'opposition entre Mylène et Christine, élèves du lycée Diderot, toutes deux filles d'ouvriers de Gercourt et voisines de pavillon[26]. Après une scolarité au collège Boris-Vian de Granvelle, elles se retrouvent au lycée dans deux classes de seconde aux caractéristiques opposées – respectivement une classe de latinistes et une classe « option gestion », future classe de G – et vont connaître des destins scolaires très différents. La classe de seconde a considérablement amplifié des différences entre elles qui existaient déjà au collège : les résultats scolaires de Mylène étaient meilleurs et elle bénéficiait d'une socialisation anticipée à la culture scolaire par ses frères aînés (si Mylène « adore lire », Christine déclare comme un reproche qu'elle se fait à elle-même : « La lecture, c'est pas tellement mon fort »). Mais l'expérience indissociablement scolaire et sociale de la classe de seconde a, chez la première, affermi sa vocation de « littéraire » et, chez la seconde, figé son destin scolaire d'élève. Plus précisément, en se retrouvant dans ce qu'elle appelle, avec un mélange de fierté et d'agacement, une « classe d'intellos », Mylène a mesuré la distance culturelle qui la sépare des meilleurs élèves de sa classe, mais elle a aussi bénéficié de l'effet d'entraînement. La concurrence dans la classe l'a obligée à un travail scolaire continu, lui a fait rejeter la mauvaise compagnie des « élèves moyennes » (selon ses propres termes) et choisir une amie « bonne élève » avec laquelle elle travaille régulièrement. Année difficile, mais fructueuse puisqu'elle s'est pliée à un rythme de travail qu'elle garde et qui l'a fait déboucher sur une première A où elle se sent cette fois très à l'aise. À l'inverse, Christine s'est retrouvée dans une classe de seconde assez homogène socialement et scolairement, si bien qu'elle n'a éprouvé aucun sentiment de distance culturelle. Sa

26. Les familles sont très amies, les enfants se voient régulièrement. Mylène a trois frères aînés, tous bacheliers (l'aîné, après une khâgne à Besançon, est « monté » à Paris préparer l'agrégation de philosophie, le deuxième est en licence de lettres à l'université régionale et le troisième, après un bac technologique, est entré dans une école supérieure des métiers du bois). Christine a un seul frère, ancien élève du lycée Diderot, qui est en première année de droit après avoir obtenu un bac B, avec lequel elle ne s'entend pas.

classe était comme le prolongement de sa classe de troisième du collège Boris-Vian. L'ambiance était plus à la « rigolade » qu'au travail, le chahut n'était pas rare en cours, si bien qu'elle s'est laissé porter par l'espèce de résignation collective d'élèves voués à leur destin de « G ».

Dès que l'on regarde un peu plus en détail la manière dont les 80 % au bac a été appliquée dans les établissements scolaires, on fait apparaître la marge de manœuvre, certes relative, qu'ont pu avoir les acteurs scolaires locaux. Dans un premier temps, cette nouvelle politique scolaire, décidée brutalement d'« en haut », a provoqué une onde de choc pour les responsables de lycées et les équipes pédagogiques qui, « en bas » ont dû en urgence, avec les moyens du bord, gérer les flux de population scolaire, accueillir en masse les élèves en seconde, adapter des dispositifs pour suivre les consignes ministérielles. En même temps, on a vu que les conditions d'acculturation scolaire des lycéen(ne)s de Granvelle dépendent aussi de variables qu'on pourrait dire institutionnelles. L'attrait du lycée de la ZUP s'est renforcé aux yeux des collégiennes de Granvelle au fur et à mesure que le coût psychologique et moral de l'entrée en seconde y est apparu moins élevé qu'au lycée Diderot. Le passage du collège de ZEP au lycée de centre-ville aurait dû, pour être réussi, impliquer la mise en place d'un programme préparatif, d'un dispositif d'accueil, d'un travail pédagogique spécifique nécessitant une plus grande concertation entre enseignants et/ou une mobilisation de ceux-ci, qui se sont trouvés largement « subir » le processus de massification de leur établissement.

3

Le quartier, entre attachement et rejet

L'étude ethnographique du passage du collège au lycée permet de saisir simultanément, dans la trajectoire des lycéens, une série de changements importants : scolaire (de la troisième à la seconde), statutaire (du collégien au lycéen), géographique (de la cité HLM périphérique enclavée au centre-ville) et social (les années de lycée constituant souvent une période d'affiliations nouvelles et de désaffiliations par rapport au groupe des amis du collège). Ce passage permet alors de saisir sur le vif le « choc » culturel que constitue, pour les lycéens de Granvelle, la rencontre de cultures de classe opposées. Leurs récits de scolarité invitent aussi à analyser ensemble leur trajectoire et leur rapport au quartier. Pour le dire vite, on s'aperçoit que les « bons » élèves, c'est-à-dire ceux qui se sont approprié la culture scolaire, s'adaptent mieux au lycée. « Pris » dans une logique d'acculturation scolaire et de réaffiliation sociale, ils sont tentés par des formes plus ou moins brutales de rupture avec le quartier. Tout se passe comme si le processus d'ascension scolaire devait se payer d'une prise de distance vis-à-vis de ce qui fonctionne comme un lieu de relégation spatiale et sociale. À l'opposé, ceux qui sont restés éloignés de la culture scolaire, qui ne se sentent pas à leur place au lycée et qui sont secrètement tenaillés par un sentiment d'illégitimité, sont davantage enclins à entretenir un lien étroit avec le quartier. Celui-ci continue à jouer pour eux le rôle de « matrice protectrice ». En effet, si l'on prend un point de vue trop extérieur sur ce lieu, on tend à oublier que le quartier, au sens de groupe d'interconnaissance, peut offrir des ressources symboliques compensatoires pour les lycéens de Granvelle en situation de sursis scolaire : ils peuvent s'y construire une (petite) réputation locale et y trouver un (relatif) bien-être social et moral. Le quartier fonctionne alors comme un refuge et comme un entre-soi qui leur permet de se tenir à distance de la culture scolaire qu'ils laissent aux « autres ».

Habiter un lieu stigmatisé...

La ségrégation sociale et spatiale qui s'est aggravée dans la région de Gercourt produit chez les jeunes du quartier un effet de cécité sur tout ce qui existe à l'extérieur de leurs frontières géographiques. Les classements sociaux qu'opèrent naturellement les lycéens du quartier sont révélateurs : les élèves « français » qui résident ailleurs que dans les HLM de Granvelle sont tous plus ou moins désignés sous le nom de « bourges » – terme qui tend à fonctionner comme une catégorie générique désignant moins une réalité sociale objective qu'une altérité géographico-sociale – alors même que la plupart de leurs parents sont ouvriers, employés, ou appartiennent aux petites classes moyennes. La perception des autres qu'ont les enfants de la cité est ainsi déformée et écrasée par l'effet de concentration et d'enfermement dans le quartier et la vision qu'ils ont de la société est strictement bornée par les frontières de leur territoire. Les classements sociaux « indigènes » font apparaître une gradation des oppositions qui s'emboîtent selon la zone géographique de référence : si l'on se place dans le quartier HLM, l'opposition pertinente entre habitants est celle entre « immigrés » et « Français » (qui ont commencé à être appelés « Blancs » par les enfants d'immigrés au début des années 1990) ; dans la ville, celle entre habitants du quartier Granvelle (ceux d'« en haut ») et pavillonnaires (ceux d'« en bas », « bourges »), enfin, au niveau du district urbain, celle entre Gercourt et les habitants des autres communes. Cette vision bipolaire du monde social est le fruit de la socialisation des jeunes de la cité qui s'est très largement effectuée à l'intérieur des frontières du quartier (notamment pour les filles). L'entrée au lycée est donc l'occasion, pour beaucoup, d'une première confrontation, « en chair et en os », avec l'altérité sociale. C'est la première fois qu'ils sont amenés à côtoyer durablement des jeunes du même âge venus d'autres horizons sociaux.

Habiter Granvelle, c'est habiter un lieu de relégation, stigmatisé de multiples manières – un quartier d'immigrés, de familles nombreuses, de familles pauvres, etc. Ce n'est pas un hasard si le problème principal que je rencontrais dans l'enquête était la recherche de lieux pour réaliser les entretiens : aucun lycéen ne m'a proposé de le faire chez lui (il en était hors de question) et la plupart se sont arrangés pour éviter que je repère leur adresse [1]. Dans le cas des lycéennes, les entretiens ont eu lieu à leur domicile. Leur gêne était parfois perceptible, non pas de me faire entrer chez elles, mais dans la cage d'escalier mal tenue (par exemple, l'une des lycéennes interviewées me précède et ramasse discrètement les papiers qui traînent dans les escaliers). Le contraste était saisissant entre le caractère non entretenu des communs et la propreté éclatante des intérieurs. Même si les jeunes expriment une forme d'attachement à leur quartier, ceux qui habitent les « blocs » les plus dégradés, notamment ceux de la rue Vivaldi ou de la rue Schubert, ne peuvent pas ne pas éprouver, à un moment ou à un autre, un sentiment de honte de vivre dans cette « crasse », de voir leurs parents traités de cette manière. On peut suivre là le récit d'un élève de terminale du lycée Diderot, Hocine, qui habite la rue Vivaldi (les immeubles de cette rue, qui comprennent beaucoup de F5 et de familles nombreuses, sont promis depuis des années à réhabilitation).

> Moi j'ai honte d'habiter là... Au collège, ceux de ma classe, ils me disaient : « Où t'habites ? » Et moi je leur disais : « J'habite dans un pavillon, j'ai jamais habité dans un bloc. » Maintenant, au lycée, ils ne me le demandent pas et j'en parle moins. De toute façon, ceux de Gercourt, ils le savent parce qu'on rentre tous ensemble en bus, on est tous conscients de notre cas. Mais avant, du temps du collège, je disais que j'habitais « rue d'Anjou... pavillon numéro 7 ». (*Rire.*) Je disais que j'habitais pas à Gercourt, parce que c'était la honte d'habiter là... C'était trop nul, c'était trop pourri, c'était trop crado, c'était dégueulasse. Il y avait une fille qui ne me croyait pas, elle m'a suivi, et, sur le coup, j'étais dégoûté, je me disais : « Mais qu'est-ce qu'elle fait là ! Elle va voir que

1. De mon côté, soucieux de ne pas leur causer d'embarras en leur demandant de me rendre chez eux, j'effectuais les entretiens au-dehors, dans un grand parc, sous les arbres, si possible à l'abri des regards (c'était le plus souvent au printemps ou en début d'automne), ou au café.

j'habite pas... Je vais être trahi. » Et puis finalement elle l'a remarqué et elle me l'a dit (*imitant son ton méchant*) : « T'habites pas rue d'Anjou ! Je t'ai vu ! » Elle m'avait vu au balcon un jour. Depuis là j'étais dans le rouge. C'est à partir de ce moment-là que j'avouais (*silence*)... que je suis pas riche et que c'est pas la peine de s'inventer des histoires...

Mais il y a aussi chez les jeunes du quartier une fierté de revendiquer son appartenance au quartier et une tendance à reporter le stigmate sur les autres quartiers HLM de la région, comme c'était déjà le cas des jeunes des cités de transit de la banlieue parisienne des années 1970 : « Le caractère insupportable du stigmate est tel qu'il faut sans cesse le déplacer et le reporter sur l'autre : permanence du thème de la pourriture et de la merde qui n'est, au fond, que l'application à soi-même du jugement des autres (extérieurs à la cité), la tentative généralisée pour éloigner, ne serait-ce qu'un instant, l'étiquette infamante en la collant sur d'autres. Chacun collabore à la stigmatisation de l'autre et à l'enfermement dans une définition avilissante[2]. » C'est ce que suggère aussi le récit suivant de Monia, lycéenne de Granvelle, à propos des autres quartiers de la région.

Y a pire que nous ! Y a vraiment pire... la ZUP, c'est pire ! les Hauts de Court, c'est pire ! Parce que la ZUP, c'est les rappers et tout ça... C'est là où il y a les taux de voyous les plus élevés. Mais on le dirait pas quand on passe à la ZUP, c'est calme, y a pas un chat, tout !... Quand on pense qu'il y a tous ces petits voyous qui habitent là-dedans, on dirait pas. Tandis qu'à Gercourt, on passe là, on voit tous ces jeunes qui passent, qui marchent. Mais quand on passe à la ZUP, moi je sais pas, faut que je cherche pour trouver quelqu'un (*Sabrina commente*). Ouais c'est là-bas qu'il y a le plus de voyous, de délinquants... Parce qu'il y a beaucoup, beaucoup, beaucoup, beaucoup... (*Finalement ne dit pas le mot.*) Y a de toutes les origines... Y a des Africains. À la ZUP, y a un mec, il est marié avec deux femmes. Il a un appartement en haut et un appartement en bas. (*Rire général.*) Y a des petits Chinois, tout est mélangé, des Arabes, des Français...

2. M. Pialoux, « Jeunes sans avenir et travail intérimaire », *Actes de la recherche en sciences sociales*, n° 26-27, septembre 1979.

« S'adapter » au lycée, apprendre les « bonnes manières »...

En entrant au lycée Diderot, les jeunes de Granvelle quittent temporairement le quartier, empruntent les transports en commun (achètent la carte de bus des lycéens) et découvrent la ville proche. Les premiers jours au lycée restent gravés dans leur mémoire comme un moment où ils se sont sentis brutalement rabaissés et blessés par le regard des « autres » : celui des « enfants de bourgeois » comme celui de certains professeurs et membres de l'administration. Ils se souviennent en particulier des regards insistants et des mimiques sans équivoque de leurs interlocuteurs lorsqu'ils ont dû dévoiler leur origine géographique. Dès les premiers cours et les premières rencontres avec l'administration, ils se sont trouvés étiquetés comme provenant « de Gercourt ». À la seule énonciation de leur collège (Boris-Vian), certains professeurs prennent un air entendu ou émettent des murmures [3]. Parfois, des remarques ironiques se font entendre, des regards insistants des autres élèves se tournent vers eux. Les filles en particulier ont alors le sentiment confus d'être « découvertes » et, comme le dit l'une d'elles, « mises dans une case ». Elles s'aperçoivent alors qu'il leur est, à ce moment-là, très difficile d'échapper individuellement au stigmate collectif. Le plus déstabilisant pour elles, c'est de voir des professeurs, qui étaient leurs alliés naturels au collège, devenir soudain froids et distants à leur égard. Pis, certains même leur apparaissent comme cherchant à les « enfoncer ».

Monia : L'année dernière, nous, y avait une prof de physique qui passait voir nos fiches pour voir un petit coup, elle disait : « Ah ! Gercourt ! (*Imitant son ton ironique.*) Ah ! Gercourt aussi... » Bon d'accord ! On avait compris...

---

3. Une des enseignantes du lycée est devenue au fil du temps la bête noire des élèves de Granvelle, celle qu'il ne faut surtout pas avoir (de son surnom « la Louise »). Professeur en fin de carrière, elle semble faire régner la terreur dans ses classes et se laisse parfois aller, dit-on, à des remarques déplacées (« On n'est plus au ghetto ici » est une des phrases qui ont le plus choqué Sabrina). Lors du premier cours, elle fait subir un rituel de présentation de soi qui est ressenti comme particulièrement dégradant par les élèves de Granvelle puisqu'elle demande à tous les élèves de se présenter oralement en annonçant dans l'ordre leur année de naissance et la profession de leur père. Entreprise qui, aux yeux de ces élèves, semble faite pour humilier socialement les enfants de pauvres et d'immigrés.

Sabrina : Et moi, le jour où je suis arrivée en retard, je suis allée chez le proviseur adjoint. Il m'a demandé où j'étais l'année dernière et j'ai dit : « Boris-Vian. » Il m'a regardée et il m'a dit : « Ah ! (*Mimant son air entendu.*) Ah d'accord ! » Il a baissé la tête et il a écrit « Boris-Vian, Gercourt » et il a souligné. On est tout de suite vus, là.

Monia : Les seuls profs qui sont contents de nous avoir, c'est les profs de sport. Parce que Gercourt, c'est les meilleurs en sport... L'année dernière, ils [les autres élèves] m'appelaient toujours « la zone » parce que j'habitais à Granvelle. Mais, moi, je leur disais : « Tu devrais venir faire un tour et tu verras comment elle t'accueillera la zone. » Ils me disaient : « Ouais, tu vas à Gercourt avec une montre et tu reviens plus qu'avec les trotteuses ! » Moi, ça me faisait rire, je lui ai dit : « Eh bien ! Faut que tu viennes. » Parce que, eux, ils croient qu'on va à Gercourt et qu'on va se faire massacrer un petit coup...

L'entrée au lycée signifie donc pour les lycéen(ne)s de Granvelle une expérience douloureuse de dépaysement social. C'est, pour beaucoup d'entre eux, la première fois qu'ils ont un contact prolongé avec des enfants de cadres ou de techniciens (habitant le centre-ville ou des quartiers résidentiels). Les premiers mois au lycée sont donc un moment d'acculturation sociale accélérée où se modifient les conduites et les manières d'être (comme le montre, par exemple, la diffusion rapide de lunettes qui font « intello »). Les filles qui ne veulent pas être distancées dans la course à la respectabilité en viennent à changer leur langage, leur apparence, pour peu à peu se défaire, si l'on peut dire, de leur vieille peau de « Gercourtoise ». C'est particulièrement visible dans le rapport au langage, comme l'explique Sabrina.

– Au collège, elles [les filles « françaises »] sont un peu comme nous, quoi ! On vit tous dans le même petit patelin, là. On est un peu pareilles. Tandis que celles-ci [les filles de sa classe], elles sont différentes, elles ont des manières différentes et, nous, on doit faire attention nous aussi avec nos manières. Pas dire de gros mots et tout ça... (*Rires.*) Surveiller notre langage, avoir un bon langage comme elles et tout ça. Ouais, elles parlent mieux et elles ont de meilleures (*se reprenant*), de bonnes manières et tout.

– Et quand tu dis meilleur langage, tu veux dire qu'elles utilisent des mots recherchés ?

– Voilà, des mots recherchés ! Nous, au début, on les regarde comme ça (*ouvrant grand les yeux*) et puis après on s'y fait. Après, on a l'habitude, on parle comme elles. Et là, quand je parle avec des filles du collège, elles me disent que j'ai changé ma façon de parler... Parce qu'ici la façon de parler (*sourire*)... On se laisse un peu aller. Mais, moi, je fais des efforts quand même, hein ! On a changé notre manière de parler. [Sa copine Monia approuve, complice.] On a évité les mots familiers, les mots vulgaires, et tout ça... Bon, pas quand on est entre nous, qui venons du collège de Gercourt, non. Mais quand on rencontre quelqu'un d'autre du lycée Diderot c'est pas pareil. C'est une sorte de... je sais pas comment dire... Si on veut avoir des relations avec eux, parler avec eux, il faut qu'on soit comme eux. Parce que, quand on sort du collège, on a notre façon de parler avec des mots... Des mots qu'on peut comprendre tout seuls. Et si on leur disait ces mots, elles nous regarderaient de travers, elles les comprendraient... [Monia ajoute : « Mais c'est vulgaire. »] Et ces filles, elles ne parlent pas comme ça. Parce qu'elles sont d'origines diverses, sont de villes différentes, avec les parents et tout ça. Mais quand on vient de Gercourt... [Sabrina évoque l'aide que lui a apportée Monia pour améliorer son langage.] Elle, elle avait un an d'avance, elle avait l'habitude ! (*Rires.*) Donc elle savait et, à chaque fois que je sortais un mot [vulgaire], ben coup de coude. (*Rires.*) Parce qu'on est côte à côte en classe, tout le temps.

– Autrement dit, toi Monia, tu as initié Sabrina.

– Je l'ai initiée quand elle était encore en troisième. Je lui disais déjà ce qui se passait au lycée Diderot... À ce moment-là, moi j'étais surprise... Moi, je pense que c'est un avantage, hein ! [Sabrina conteste.] Si, c'en est un... déjà pour pouvoir parler correctement...

Monia, qui redouble sa classe de seconde, explique le rôle de mentor qu'elle a joué pour habituer sa copine Sabrina, dans sa classe, à endosser ce nouveau rôle de lycéenne. Les filles du quartier, elles, sont plus influençables, compte tenu de leur histoire, de leur virginité sociale ou de leur angélisme, et donc plus fragilisées. La rencontre avec les « bourges » disqualifie leurs anciennes manières et fait porter la concurrence sur les signes statutaires de l'identité féminine (les habits, la parure, etc.) où elles sont largement désarmées. Monia redouble sa classe de seconde et, à ce titre, fait figure d'« ancienne » auprès de ses amies. Elle a connu les mêmes difficultés d'adaptation et les mêmes déboires que ses copines – le choc de la rencontre entre les deux mondes du quartier-collège et du lycée – mais, avec le recul, elle se fait spontanément l'avocate du mélange entre les jeunes d'origine différente, et plus exactement de l'« assimilation » (mot qu'elle emploie) des jeunes du quartier à la culture lycéenne. Contre la crispation identitaire des deux amies, nouvelles venues en seconde, elle prône les vertus du contact culturel et de la confrontation avec les autres milieux sociaux. La fréquentation du lycée Diderot, les zones de contact et les frictions sociales qu'il favorise exercent une fonction de dépaysement culturel et social qu'elle estime salutaire. Plus profondément, pour elle, il s'agit en fait d'une opération brutale de déculturation qui est certes psychologiquement difficile à vivre mais qui, à ses yeux, est un moyen efficace d'éliminer progressivement les traces de la culture de quartier. Elle plaide à sa manière pour un apprentissage de la différence sociale, pour des classes socialement mixtes car l'observation des « manières » des autres offre l'occasion d'apprendre à mieux parler, à mieux se tenir, à faire oublier son origine locale, à se faire connaître et reconnaître. Si bien qu'elle conteste, par exemple, le choix du lycée de la ZUP qui maintient les jeunes de Granvelle dans le même univers social.

L'isolement des filles, la force collective des garçons...

Les lycéennes de Granvelle se retrouvent isolées dans leur nouvelle classe, sans l'appui des copines du collège (ou même des copains) pour imposer une force du groupe contre le regard des autres, obligées de « ravaler » seules leur « honte ». La stigmatisation est plus fortement ressentie par les filles qui sont, du fait de leur socialisation quasi exclusive dans le quartier, mal armées pour affronter cette épreuve. Elles ont vécu entre elles au sein de leur quartier : leurs seules échappées hors de Granvelle se font dans un cadre institutionnel (club de jeunes, centres aérés) ou en groupe. Par exemple, peu d'entre elles sont allées en colonie de vacances ou se sont frottées dans le cadre d'activités collectives à des jeunes de leur âge d'autres horizons sociaux. En entrant en seconde, les filles du quartier passent d'un milieu de forte densité sociale, aux multiples contrôles croisés, à un milieu de très faible interconnaissance. Elles perdent en quelque sorte la protection qu'offrait le collège ou le quartier. De groupe dominant au collège, les filles d'origine maghrébine se retrouvent minoritaires au lycée, privées de leurs points d'appuis anciens. Les garde-fous et manières d'être qu'elles avaient construits tout au long de leurs années de collège ne « passent » plus au lycée.

Au lycée, plus rien ne les protège : ni l'administration perçue comme lointaine et bureaucratique (sauf certains CPE), ni des professeurs compréhensifs, ni les amies. Elles sont souvent dispersées dans les dix-huit classes de seconde existantes (l'administration prend bien garde de ne pas les regrouper ensemble) et affrontent seules la concurrence scolaire et sociale. Dès le premier jour, elles se mettent en classe à l'écart, « de côté » ou « au fond », acceptant d'autant plus facilement ces places qu'elles se sentent des élèves faibles. Des membres de l'administration qui ont intériorisé l'idée que les problèmes de l'établissement viennent de Gercourt font de l'intimidation symbolique en les remettant à leur place, voire en les humiliant. (Comme le dit Zahia, « le proviseur adjoint, pas question d'être ami avec lui », comme s'il était d'avance impossible de l'amadouer.) Au collège de Granvelle, il existait une sorte de complicité entre elles et l'administration. La CPE jouait un rôle essentiel à cet égard, par le contact direct et chaleureux qu'elle parvenait à établir avec les élèves, en les traitant d'égal à égal (« On sympathisait avec elle dans la cour, elle rigolait avec nous, elle nous appelait les Miss »). Chez les filles du quartier, on sent pointer la nostalgie d'une reconnaissance individuelle, d'une différenciation entre les filles du collège et du quartier là où le lycée tend à les classer de manière homogène comme un tout indifférencié, comme si au lycée elles étaient reléguées au statut de « minorité du pire ».

Zahia : Au Diderot, je connais encore personne, j'ai jamais vu le directeur, j'ai jamais vu les CPE et l'administration. Et il y a une copine à moi qui y a été et elle m'a dit : « Il vaut mieux pas les voir » parce que ils sont, ohh !! surtout le sous-directeur, je sais pas comment il s'appelle, elle m'a dit qu'il l'avait tuée. Elle voulait changer son option et il lui a dit : « C'est quoi ça ? » Il l'a engueulée ! Et elle s'est un peu appuyée contre le mur de la pièce comme ça. Il lui a dit (*imitant le mépris de la voix*) : « Ôte-toi de mon mur, tu vas le salir ! » Quand elle m'a dit ça, j'ai dit : « C'est pas vrai. » Elle m'a dit qu'il était super-sévère et puis pas question d'être ami avec lui. [Je m'étonne de l'expression.] Ouais, on peut pas... Personnellement, je l'ai pas encore vu et je ne tiens pas à le voir [...]. Alors qu'avec la CPE du collège, c'était le contraire, c'est elle qui engageait la conversation, en posant des questions et tout (*silence*) et après on sympathisait avec elle... Quand on était avec elle dans son bureau, c'était plutôt professionnel mais autrement, dans la cour, elle rigolait avec nous et tout, elle nous appelait les « miss »… ultra-sympa… ou les « anciennes »…

Le lycée n'est plus ce monde d'égaux comme au collège où elles avaient l'impression de participer à la même entreprise de promotion collective des enfants du quartier. Naît alors chez certaines d'entre elles le soupçon que les enfants d'ouvriers comme elles, venant de « cité », sont juste tolérés par le lycée et que les élèves de Granvelle sont à leur manière des « gêneurs », des fauteurs de trouble réels ou potentiels et que, finalement, « on s'en passerait bien ». La plupart des filles sont d'autant plus blessées par le jugement négatif des autres qu'elles n'ont pas eu l'habitude de se « défendre » socialement. L'épreuve que constitue la confrontation avec des mondes et des usages différents dans la classe de seconde est, à sa manière, la rançon de la clôture antérieure du groupe des collégiens de Granvelle sur lui-même.

À l'opposé des filles, les garçons de Granvelle n'ont pas (ou moins) vécu leur arrivée au lycée comme un « traumatisme ». D'abord, parce que le titre de lycéen « au Diderot » est, pour eux, valorisant et constitue une ressource sociale qui leur permet de lutter contre le racisme ambiant (qui est très fortement sexué). Ensuite, parce qu'ils ont tendance à entretenir, dans une logique d'autopersuasion collective, un discours de supériorité (« On est les meilleurs à Gercourt », « On est les plus sportifs », etc.) qui est une sorte de contre-mythe à usage externe, contre la mauvaise réputation du quartier. Enfin, parce qu'ils ont tendance à faire front collectivement, à afficher par esprit de bravade leur identité de quartier. En cas d'insultes ou d'histoires, ils peuvent s'appuyer sur leur force, physique et collective : ils peuvent faire peur et jouent de cette menace pour imposer le respect aux autres [4] ou mettre en avant une manière d'être virile qui caractérise les garçons de Granvelle les moins assurés scolairement. Par ailleurs, ceux qui sont les plus ancrés dans le quartier, qui partagent le plus la « culture de cité », se font fort au lycée de ne pas passer sous les fourches caudines de la respectabilité scolaire et/ou « bourgeoise ». Ils ne vont pas changer leurs manières d'être, assumant le fait de venir habillés

4. La démocratisation du lycée Diderot s'est accompagnée de bagarres récurrentes entre bandes, notamment entre ceux de Gercourt et bandes de *skinheads*.

sans « marques » (beaucoup sont en survêtement-chaussures de sport ou en vêtements de ville achetés au supermarché), ne cherchant pas à rivaliser en ce domaine avec les « bourgeois ». En revanche, ce qui les blesse au plus profond, c'est la découverte, au lycée, de l'ampleur de l'écart entre conditions sociales : ils se rendent compte *de visu* que les « bourgeois » ont un train de vie qu'ils n'imaginaient pas et qu'ils sont portés à jalouser en tant que « gosses d'ouvriers ». Cependant, cette « découverte » de l'inégalité sociale peut susciter une réaffirmation de la morale de classe et de la virilité des garçons de Granvelle comme l'exprime ici Nassim.

> Ces gars-là [les « bourgeois »], ils ont pas de vie ! Pour moi, ils ont pas de vie, ils savent pas ce que c'est, ils n'ont pas d'objectif... Eux, leur truc, c'est de nous faire sentir : « Nous, on a de l'argent... » Ça, c'est montré... Oh ! là, là ! Mais au lycée, ça se voit les bourgeois : ils marchent entre eux. Ils vont dépenser cent francs en dix minutes... Faut voir leur façon de s'habiller, tout le temps des nouveaux habits, tous les mois ils changent d'habits ! Tous les mois ! Je peux pas, moi, me permettre de changer tous les mois de tenue vestimentaire... Je peux pas ! Mais eux, si ! Eux, toutes les semaines ils achètent un truc. S'ils ont les moyens tant mieux ! Moi, j'aurais bien voulu avoir les moyens, franchement. C'est bien pour eux, moi, je les critique pas, mais ce que j'aime pas, c'est que ça se voit... que ça se voit trop... Dès qu'ils ont dix-huit ans, ils ont une 205 GTI. Moi, je connais un copain, une semaine après le permis, il a une 205, neuve. Mais c'est le rêve. Ses parents lui ont acheté neuve. [Plus loin dans l'entretien.] Mais les bourgeois, quand vous regardez bien, ils s'en foutent de nous. Quand on leur parle, ils ne nous regardent pas... Si, y en a, des coups, ils nous disent bonjour, il font un petit geste comme ça. En vrai, ça se voit d'entrée, quand ils viennent vers toi pour te dire bonjour... Ils sont obligés de te dire bonjour, enfin ils sont pas obligés, mais ils sont un petit peu forcés parce qu'ils sont dans ta classe, ils vont se dire : « Ouais, celui-là, si je lui dis pas ça, il va croire que je suis raciste, après ça va se propager, tout ça. » Donc ils sont un petit peu obligés de nous dire bonjour, mais eux ils font ça comme par obligation, pour pas être mal vus... (*Cherchant la bonne expression.*) En vrai, ils jouent comme ça, ils essaient de [mentir]... Ils ont une double face. Ah, mais ça, c'est des personnes qui marchent seulement avec des personnes comme elles. C'est comme une fille bourgeoise, je sais qu'elle sera inaccessible pour moi [...]. Quand on regarde bien toutes les relations, je sais pas, moi, si y a des statistiques, mais on voit mal une « grosse bourgeoise » se marier avec un fils d'ouvrier.

C'est rare... Donc c'est à peu près comme ça, elles ont la même mentalité...

Pour montrer combien le rapport au quartier, et plus précisément les rapports à différents emblèmes du quartier (le café, le marché, l'espace public ou les associations), varie en fonction de la trajectoire scolaire (qui elle-même cristallise un certain nombre de propriétés sociales des familles), je procéderai à une comparaison détaillée de trois lycéens de Granvelle qui ont des caractéristiques sociales proches (habitant des rues voisines dans le sous-quartier repoussoir de Granvelle, nés en France de parents algériens, ayant obtenu la même année le bac B). L'enquête, par la durée, permet de comprendre que le rapport au quartier est éminemment ambivalent et que, selon les étapes et la pente de la trajectoire scolaire des lycéens, il oscille entre attachement et prise de distance (qui se fait toujours douloureusement).

Sofiane : réussir au lycée et fuir le quartier

Sofiane, fils d'immigrés algériens, habite un des blocs les plus dégradés de la rue Vivaldi. Au lycée, il se « révèle » après son redoublement en seconde et son passage en première B : il acquiert des bonnes bases, devient un des meilleurs de sa classe, et se met à travailler régulièrement en bibliothèque. Il découvre le plaisir d'« apprendre » et de travailler collectivement avec trois copains (enfants d'immigrés qui habitent dans d'autres quartiers HLM de la région). Il fuit le plus souvent possible son immeuble particulièrement sale et bruyant, soit en travaillant à la bibliothèque municipale, soit en s'entraînant chaque jour longuement (coureur de fond de niveau régional). Il se distingue par son apparence physique des autres jeunes du quartier (lunettes d'intellectuel, un air d'élève sérieux). Lors de l'entretien, qui durera plus de deux heures et demie (au café), quelques petites questions suffisent de temps en temps à le relancer. On sent bien qu'une tension intérieure le « travaille » et que le fait de parler librement de lui-même à un « étranger » l'apaise momentanément.

Par sa position objective de relégation dans le quartier et de promotion scolaire au lycée, par les forces contradictoires que cette situation d'entre-deux exerce sur lui, Sofiane est un observateur bien placé pour saisir les transformations du groupe des jeunes de son quartier et son propre changement. Il reconnaît que le lycée l'a profondément changé, même s'il ne s'était jamais fait explicitement cette réflexion. Ce qu'il montre bien, notamment à travers son attitude lors de l'entretien – l'émotion qui parfois le submerge et l'empêche de trouver les mots justes pour parler de son environnement, les mimiques d'indignation –, c'est à quel point le quartier le « tient », à quel point il est difficile d'y échapper ou de s'en défaire physiquement et moralement. On a parfois l'impression qu'il voudrait sauver ce qui peut l'être encore, donner l'envie aux autres de s'en sortir, par son seul exemple, en étant à la fois bon élève et bon sportif[5]. Il sent bien que l'écart ne fait que se creuser au fil du temps avec ses anciens compagnons de jeu, ses proches voisins, et même avec ses propres frères, et que cet écart le met en porte-à-faux vis-à-vis d'eux. Il est le « lycéen » qui a trouvé sa voie, qui travaille assidûment pour atteindre l'objectif qu'il s'est fixé (devenir professeur d'éducation physique), mais il reste aussi le « copain de bloc » de ceux qui sont déjà sur le bord de la route, qui passent leur journée à « traîner » au bas des immeubles. Il voudrait bien aider ces derniers, les encourager, ne pas apparaître à leurs yeux comme un traître, comme un « moraliste » (selon l'expression qu'ils ont employée pour se moquer de ses encouragements moralisants) et, pire, comme un « Français », un « Blanc ».

La distance entre eux est devenue telle qu'il ne peut plus la réduire, mais il voudrait pouvoir rester fidèle à cette histoire commune. Son récit témoigne aussi de ce que la rupture avec le quartier est ici à la fois nécessaire et douloureuse : nécessaire pour permettre l'espèce d'immersion dans le monde de la lecture et du savoir (la bibliothèque publique étant devenue un de ses lieux de prédilection, où il se sent bien, en quelque sorte à l'abri du monde), et douloureuse parce que c'est aussi avec une part de lui-même qu'il rompt, avec une partie de sa famille aussi, puisqu'un de ses frères a été « orienté » en LEP. La pratique intensive du sport est comme un baume qu'il met sur son histoire, une forme d'oubli de soi, comme pour fuir son sentiment de culpabilité. Au cours de l'entretien, il me dira :

5. La presse locale rend régulièrement compte de ses performances sportives. Il se déclare d'ailleurs très fier de porter les couleurs de Gercourt et de gagner pour sa ville.

« L'athlétisme, pour moi, c'est une délivrance », heureux sur le moment d'avoir eu cette trouvaille.

À travers le prisme du lycée, il entrevoit un autre monde, pas nécessairement riche ou bourgeois, mais un monde où l'on peut vivre des relations sociales pacifiées, bienveillantes, « paisibles », « agréables » ; à l'opposé de cette violence qui affleure quotidiennement dans son quartier et surtout dans son secteur : violence des mots, des attitudes, qui est aussi une violence désespérée, retournée contre soi, qui enferme tout le monde dans le même cercle vicieux de la violence-répulsion-dévalorisation. Dans cet entretien, il adopte presque spontanément un regard sociologique, comme pour observer avec le recul la mue qui s'est opérée lentement et inconsciemment en lui, et se regarder dans la nouvelle peau qu'il a endossée malgré lui. Sa souffrance personnelle vient de ce qu'il doit se résoudre à ce que sa promotion individuelle s'accompagne de la chute collective d'un certain nombre de ses anciens copains. Face à ces derniers, il ne peut que maladroitement vanter les mérites de l'ascétisme, brocarder ceux qui dévient (qui « fument », qui « boivent »), se transformer en un croisé des valeurs morales rigoristes (qui sont la caractéristique de la petite bourgeoisie en ascension). On entend donc là une parole fervente de converti, d'un « transfuge » social qui n'a pas encore entièrement quitté le monde où il a grandi mais qui s'en est déjà beaucoup éloigné et le regarde, impuissant, « s'enfoncer » inexorablement.

– Je trouve que travailler à plusieurs ça aide beaucoup… Surtout si on a des amis comme Hocine qui fait du théâtre, qui fait beaucoup de trucs, il arrive bien à gérer son temps, il fait de la radio. Travailler avec lui ça me motive, ça me motive vraiment. Contrairement aux… (*Hésitant.*) Aux gens de mon bloc… Dans le bâtiment où j'habite, il y en a beaucoup qui ont arrêté l'école et quand tu sors dehors, la plupart du temps on les voit assis à rien faire. Quand je leur parle d'essayer de retrouver un travail ou bien de s'insérer, de faire des stages, eh bien ils me rient au nez et ça me dégoûte quand j'entends ça. Enfin, je le ressens comme ça… (*Silence.*) Bien qu'ils me rient au nez, je réessaie toujours. Et puis je suis certain qu'ils aimeraient être à ma place. Il y en a beaucoup qui m'ont dit qu'ils regrettaient d'avoir arrêté l'école… [Il parle ensuite de son immeuble, rue Vivaldi.] Quand vous voyez un bloc comme ça, vous êtes dégoûté ! vous voyez les gens, comment ils réagissent ! Ils font tout pour le rénover et ils cassent tout ! Ça, c'est la mentalité de Gercourt. Ils ont une mentalité de casseurs, de voleurs, je sais pas moi combien de fois ils ont essayé de rénover le bloc, de mettre des portes, ils cassent. Les gars de l'entretien, ils remplacent une porte. Le matin, je vais en cours, ils réparent, ils changent des portes, je reviens à midi, c'est déjà cassé, ça me dégoûte... J'en parle avec eux, j'essaie différentes façons de parler, gentiment... méchamment... Des fois, je vois des petits, je leurs dis (*avec colère*) : « Tire-toi de la cage ! »... Mais (*soupir*) je sais pas comment ils le perçoivent... Vous regardez dans l'immeuble, c'est bête, mais il y a deux cages, vous avez une cage, elle est super-clean, propre, enfin j'aimerais bien habiter dedans, la cage d'escalier est toujours propre, clean quoi ! Et puis vous regardez dans la cage où je suis, c'est... (*Hésitant.*) C'est vraiment un taudis ! C'est la merde ! (*Silence.*)

– En allant au lycée tu as changé un peu la perception que tu as de Gercourt ?

– Ah oui, ça a changé... Le quartier, je ne le vois pas de la même façon. Il y en a même qui me le disent (*hésitant, ému*)... ils me qualifient de « moraliste », c'est vrai, ils me qualifient de « moraliste »... Beaucoup ! Beaucoup... (*Silence.*) Et pas seulement ceux dans mon bloc, ceux qui habitent aux alentours aussi... (*Réfléchisssant.*) « Moraliste », mais [...]. Avant, quand j'étais à Gercourt, j'étais renfermé, j'étais surtout dans Gercourt et après quand j'ai été au lycée, on voit d'autres personnes, on voit comment ils réagissent... Ils sont polis, et quand je vais à Gercourt, vous voyez la différence qu'il y a quand on parle à une personne gentiment. Dans le contact qui s'établit entre moi et une personne qui n'habite pas Gercourt, je veux dire, j'ai bien réussi à m'incruster dans... je sais pas comment vous dire ça. Quand je parle avec une personne qui n'habite pas Gercourt... En fait, j'ai beaucoup d'amis français, voilà, c'est ça. Et quand on va à Gercourt, et ça, ça m'avait dégoûté un jour, les gosses de mon bloc, ils disent que je deviens, comment... [Je suggère « Français ».] Voilà, Français... J'étais devenu français... Alors que, eux,. ils n'essaient pas de s'insérer dans la société et c'est vrai, ça, ça m'a choqué... (*Silence.*) C'est vrai que j'ai beaucoup d'amis français, je parle bien avec eux, je m'entends bien avec eux, je veux dire, j'ai des amis de toute les races, mais à Gercourt, ils croient que, je sais pas comment vous dire ça... (*Hésitant.*) À partir du moment où vous avez des amis français... J'ai l'impression qu'ils veulent pas s'intégrer. Ils vous disent : « Tu deviens... t'as des manières de Blanc, tout ça », c'est comme ça qu'ils vous parlent.

– Ils te voient, toi, au lycée avec des perspectives, et eux... Ça t'a fait réfléchir...

– Oui ça m'a fait réfléchir, oui... Mais j'essaie de les aider mais... (*Silence.*) Mais jamais j'ai été vers un gars lui dire : « Putain, mais t'es un sale con, jamais tu vas t'en sortir ! » Au contraire, j'essaie de les aider… mais des fois ça me démoralise (*avec rage*), ça me tue ! […] Moi, avant, moi je traînais beaucoup. Et c'est vrai que j'ai beaucoup changé depuis que je suis au lycée, j'ai changé ma mentalité, je vois plus les choses de la même manière… Je veux dire, j'ai envie de m'en sortir dans la vie, j'ai pas envie de rester… quand je vois qu'ils ont rien à faire, qu'ils fument, qu'ils se mettent à la drogue, au shit, tout ça, non j'ai pas envie… (*Silence.*) Moi je trouve qu'au lycée je me suis bien agrégé, c'est vrai j'ai énormément d'amis là-bas, au lycée, c'est vrai, je dis pas ça pour me vanter… Je juge pas les gens, je suis sympa avec les gens, je suis poli avec les gens… [Il vante alors la bonne éducation que lui a donnée son père, comme les claques lorsqu'il employait des gros mots, etc.] Par exemple, il y en a beaucoup de mon âge qui vont en boîte, mais ça, c'est pas mon truc ! Moi c'est « lycée, sport ». « Boîte, café », non, jamais ! Jamais ! Jamais j'aurais l'idée d'aller dans des endroits comme ça. Je préfère aller dans des endroits comme la bibliothèque, la piscine aussi. Je fais beaucoup de sport… Il faut éviter [les mauvais endroits]. Ouais, éviter. Parce que après on se laisse petit à petit entraîner. De temps en temps, quand même, je fais des soirées. mais sur un mois, sur un mois, par exemple, je fais peut-être une soirée sur deux mois… Je vais pas en boîte, je fais pas des trucs comme ça, les booms… Je préfère aller à la patinoire, des trucs comme ça ! Avec des copains. Il y a aussi beaucoup d'amis, les autres copains, ceux qui fréquentent surtout l'athlé…

Nassim : « vivoter » au lycée et se replier sur le quartier

Nassim, benjamin d'une famille algérienne de onze enfants, a toujours habité Granvelle (« Moi je suis un enfant de Granvelle » dit-il souvent pour se définir). Il y vit alors avec sa mère (son père, ouvrier non qualifié dans une PME, est décédé lorsqu'il avait quatre ans, en 1977), ses deux frères et sa sœur, dans un appartement d'un HLM situé à la frontière entre le quartier respectable de Granvelle (le quartier rénové qui entoure le centre commercial) et la « zone » (pour reprendre l'expression de certains jeunes), secteur géographique composé quasi exclusivement de familles immigrées, nombreuses et pauvres. Je le connais bien pour avoir effectué avec lui plus de dix entretiens depuis une dizaine d'années. Dans l'enquête, il a joué un rôle d'informateur et de « rabatteur », contactant pour moi des camarades de lycée (« Je te ramène qui tu veux », me dit-il une fois pour me prouver sa disponibilité pour l'enquête). Il est aussi celui des lycéens interviewés qui a le plus l'accent et l'allure des « jeunes de Granvelle », expression souvent employée par les étrangers au quartier pour désigner les jeunes de la cité : l'habillement (survêtement et chaussures de sport tout au long de l'année), le goût de la parole (la « tchatche »), le sens de la répartie, une mise en scène permanente de l'appartenance au groupe des jeunes Arabes (le mélange dans ses propos de français et de mots arabes usuels, le salut la main sur la cœur).

À l'école, Nassim a redoublé son CM1 puis a effectué un parcours scolaire sans accrocs. Au collège, il reconnaît travailler très peu à la maison mais, pour compenser, il s'efforce de suivre attentivement en cours et de participer à l'oral pour se faire remarquer par les enseignants. Car, au collège comme au lycée, sa vraie vie est ailleurs : dehors, avec les copains du quartier, sur les terrains de foot où se livrent (jusque tard le soir) des parties acharnées entre les équipes des différents sous-quartiers, dans les échappées hors de Granvelle, dans les bois aux alentours ou en « maraude ». Il est le premier de sa famille à avoir accès au lycée général [6], ce qui est déjà, à ses yeux et à ceux de ses proches, une réussite qui autorise aussi de grands espoirs (en seconde, il rêve d'effectuer des études commerciales, « peut-être une grande école », me dit-il alors). Son entrée au lycée ne lui fait pas pour autant modifier ses habitudes du collège. En seconde, son manque de travail personnel et ses lacunes dans les matières scientifiques lui barrent l'accès à la première S. Il se rabat sur la première B, revoit à la baisse ses ambitions, visant dorénavant une admission en BTS de commerce international. En première, son année se passe assez mal, il est isolé, ils ne sont que deux « Arabes » (comme il dit) dans la classe ; il doit surtout s'adapter à une classe composée d'une majorité de filles. Habitué à évoluer dans une société de garçons, il n'apprécie guère cette situation et a du mal à s'y faire, comme il le raconte, avec une certaine forme de violence dans la voix.

> Cette année, en première, j'étais dans une mauvaise classe, franchement. En plus, j'étais avec personne de Granvelle. C'est pour ça j'ai dit, moi, que l'année prochaine, si je tombe dans une classe

6. Sa mère, analphabète, ne peut guère l'aider et aucun de ses frères et sœur n'a poursuivi des études générales.

comme ça, je vais voir le proviseur, j'amène les parents, tout le bordel, mais je change, parce que j'ai jamais vu une classe comme ça... Ah, j'étais pas dans le bain ! Dès le début j'étais pas dans le bain, j'avais qu'un copain avec moi, on n'était pas nombreux, c'est pas que je marchais qu'avec des Arabes, mais la plupart de mes copains c'est des Arabes... Et puis ils réagissaient mal dans cette classe... Ah, c'était une mauvaise classe, franchement. Ils étaient pas solidaires, voilà, surtout ça, ils étaient pas solidaires. À l'époque de mes frères, c'était le bon temps, ils me racontaient, on s'aidait plus avant. Mais cette année, non. Vous savez, comme j'ai dit, une bourgeoise ne marcherait pas avec un fils d'ouvrier. C'est même pas la peine de parler avec elle. Je vous dis, ces filles-là, elles sont inaccessibles. Mais moi je le sais, je ne tomberai pas amoureux d'elles, même si je la trouvais jolie, non, c'est pas la peine de chercher à parler avec elle, parce que ces filles-là, elle sont inaccessibles. Je me dirais ça, d'entrée... Si, c'est vrai... Elles ont trop de manières, ces filles. Puis ça, c'est vérifié ça, moi, dans ma classe, je les ai vues cette année, comment elles étaient. Elles étaient affreuses. Bon, y avait des bourgeoises qui étaient cool, mais c'est rare. Une sur quinze cette année... Y avait une majorité de filles dans ma classe. Il fallait être bien avec les filles mais c'est vrai que c'était... Ah, mais je suis tombé dans une mauvaise classe, j'étais dégoûté cette année, à la fin j'étais content, j'ai dit : « Ouf ! c'est fini... t'as passé, tu passes en terminale, donc c'est bon », c'était un tremplin en quelque sorte cette première. Je me suis dit : « Je vais craquer dans cette ambiance. » (Juillet 1991.)

En terminale, Nassim se sent mieux dans sa classe car il a retrouvé des copains « de cité » (qui ne sont pas tous de Granvelle). L'entente se fait facilement entre eux, sur fond de flânerie scolaire et de contestation du modèle du bon élève, sérieux et travailleur. Nassim peut importer dans la classe, avec ses autres copains de Granvelle, un sens de la solidarité et de l'entraide et des valeurs morales qui trouvent leur origine dans son enracinement dans le quartier[7]. Le niveau moyen de sa classe est le plus faible de la section B si bien qu'à la fin de l'année un tiers des élèves redoublera (Nassim, lui, aura son bac à l'oral). Tout au long de ses années de lycée, Nassim a toujours

7. Ce type de classe se caractérise par la pénétration des valeurs du quartier contre les valeurs purement scolaires. Tout se passe comme si la culture antiécole, autrefois limitée au niveau du collège (dans les classes de transition ou en cinquième, en tout cas avant l'orientation en CET ou en LEP), était remontée d'un cran et se logeait dans certains secteurs du lycée, constituant un mode d'adaptation « secondaire » à l'ordre scolaire.

recherché la compagnie des garçons de Gercourt ou, à défaut, celle d'autres enfants d'immigrés issus d'autres quartiers de l'agglomération. En général, il ne se mêle pas aux autres, évite les contacts mixtes (c'est-à-dire les non-Arabes), comme s'il cherchait à se protéger de leurs regards ou de ce qui lui apparaît comme de la morgue. « Moi, au lycée, je marche pas beaucoup avec des gars des autres villes, je marche avec ceux avec qui je vis et que je vois tous les jours... Tous ceux de Granvelle et seulement eux. Une personne que je vois rien qu'à l'école, je m'intéresse pas beaucoup à elle. » Le fait est qu'il reste le moins possible au lycée, ne mange jamais à la cantine, ne participe à aucune activité qui y est proposée (comme l'UNSS, les clubs photo, théâtre, informatique, etc.), comme s'il n'était pas là entièrement à son aise, cherchant toujours à minimiser le temps à y passer pour rejoindre au plus vite son quartier.

Il continue donc au lycée d'avoir son quartier comme camp de base. Il reste très peu chez lui, l'appartement est petit (un F4), il y a du bruit du fait de la présence d'enfants en bas âge (les filles de sa sœur), il partage sa chambre avec son frère, etc. Il est donc le plus souvent dehors, revenant au domicile de sa mère au moment des repas. Depuis qu'il est au lycée, il a diversifié ses activités sportives (il joue désormais au tennis sur le terrain municipal de Gercourt avec ses copains lycéens du quartier) et élargi son horizon géographique (il descend souvent en bus au centre-ville), mais sans pour autant avoir l'impression d'avoir « découvert » la ville ou pris plaisir à le faire. À Montbéliard, il « fait » de temps en temps la rue piétonne et passe lire des revues à la bibliothèque. Le plus souvent, il évolue dans le quartier, dans les divers lieux de l'espace public : café, bas des blocs, place commerciale, abords du supermarché, terrains de foot sauvages du quartier (les pelouses devant les immeubles). Il est toujours partant pour des petites échappées en voiture avec des copains. Dans un entretien réalisé en compagnie de son copain Dragan (d'origine yougoslave, élève de première G, voisin de Nassim), tous deux, élèves de première au lycée Diderot, se mettent à raconter la manière dont se passe une journée ordinaire à Granvelle, un mercredi.

> C'est comme aujourd'hui, qu'est-ce qu'on a fait aujourd'hui ? On s'est retrouvés dans le bloc... Bon, ce matin je suis venu te voir, je t'ai demandé : « Alors qu'est-ce qu'on fait ct'ap' ? – Bon repasse vers une heure et demie, on verra ce que font les autres copains. »

Bon, les autres… À une heure et demie, les autres, ils ont pas la carte de bus et nous on l'avait, les deux, on l'a fait faire ce mois-ci, et nous, on a fait un petit tour en ville… Un petit tour, bon, qu'est-ce qu'on a fait ? On n'a même pas marché dans la rue piétonne… Bon, on a fait le tour simplement pour aller à la bibliothèque, « aller-retour »… À la bibliothèque, on y va souvent presque toujours… On est à l'abri, on lit… On lit des journaux, comme *L'Équipe, Le Monde, L'Est*, tout ce qui fait l'actualité… Puis on prend des bouquins, comme on a une carte…

Nassim est ce qu'on appelle une « figure » du quartier, où il est connu de tous par son surnom (« Nounours »). Durant ses années de lycée, on le voit souvent aux alentours de la place commerciale et surtout au café de la place – c'est « son fief » comme le dit malicieusement Sabri, son meilleur ami (qui habite le même bloc que lui, rue Schubert). Il salue tout le monde la main sur le cœur, appelle tous ses interlocuteurs par leur prénom, les interpelle souvent de loin. Son réseau de relations, presque exclusivement masculin, ne se limite pas à ses voisins d'immeuble ou à ses amis de lycée mais comprend aussi des personnes plus âgées, notamment celles avec qui il joue aux cartes ou au tiercé au café. Il est celui que l'on recherche souvent sur la place (« Où il est Nounours ? », ne cesse-t-on d'entendre à la terrasse du café), celui aussi qui n'hésite jamais à rendre service, notamment depuis qu'il a le permis de conduire (« Dix jours après mes dix-huit ans », me dit-il fièrement), toujours disponible pour dépanner quiconque a besoin d'être véhiculé. Nassim est un intermédiaire entre les différentes catégories de jeunes dans le quartier, entre jeunes et vieux, entre garçons et filles. C'est une belle définition de lui que donne son ami Sabri lorsqu'il dit sur un ton gentiment moqueur : « Le café, c'est sa résidence secondaire. » À la terrasse du café, lorsqu'on discute ensemble, tout en continuant de me parler, il suit d'un œil tout ce qui se passe autour de lui, et à l'occasion renseigne tel ou un tel sur la présence ou l'absence de tel autre, indiquant surtout où on peut le trouver. « Homme ressource » du quartier, il est avide d'informations diverses et les fait circuler aussitôt reçues à partir de la position privilégiée qu'il occupe au café, au centre de la production-circulation du commérage [8].

8. Au sens positif que lui donne Norbert Elias.

Nassim est fortement ancré dans son quartier, y jouant un rôle clé dans l'espace public, soucieux de communiquer avec tout le monde, vieux comme jeunes, immigrés comme non-immigrés, et, par là, de faire vivre le quartier, de saluer tout le monde, de « vouloir être bien » avec tout le monde. « Moi, je suis un pur Gercourtois », n'hésite-t-il pas à dire pour se définir. Par cette expression, il entend dire qu'il a toujours vécu dans le quartier, qu'il y connaît beaucoup de monde, qu'il y est très attaché[9]. Elle signifie aussi que, même s'il a passé le cap du lycée, il est resté fidèle à ses amis qui n'ont pas eu cette chance, qu'il n'est pas « fier » et qu'il est resté « simple », serviable, attentionné pour sa mère (âgée de 65 ans), un « bon » fils et un « bon » musulman. S'il est très présent à son quartier, il n'est pas pour autant investi dans des associations, il ne passera pas par exemple le BAFA comme de nombreuses filles du quartier. Il ne se sent « pas assez mûr », « trop nerveux » aussi pour s'occuper des « gamins ».

Finalement, Nassim incarne à lui seul les contradictions que fait naître l'attachement au quartier. Grâce à son inscription scolaire au lycée Diderot, il peut jouer ses atouts à la fois sur la scène lycéenne et sur la scène locale. Sur la scène locale, il change de statut, monte d'un cran, devient « lycéen » dans l'établissement alors le plus prestigieux de l'espace scolaire local. Ce qui, à ce moment de sa trajectoire scolaire, lui procure une certaine assurance et confiance en lui-même, notamment parce qu'il sait avoir échappé à la relégation en LEP. Sur la scène scolaire, au sein du lycée, il s'efforce avec ses amis de porter haut les couleurs de son quartier, sans se renier, sans s'astreindre à changer ses manières, en restant lui-même, un jeune de Gercourt. En même temps, il ne parvient pas à se construire entièrement comme un « vrai » lycéen, qui cherche à se familiariser avec la culture légitime. Du fait de ce sentiment d'illégitimité (sociale et culturelle) qui ne cesse secrètement de le tarauder, il n'ose pas entreprendre des contacts mixtes qui risqueraient de le déstabiliser, de lui faire perdre cette forme d'assurance sociale qu'il a acquise dans son quartier, *via* la construction de lui-même en ce personnage de « bon fils » et de « bon Gercourtois ».

---

9. Par exemple il ne rate jamais ce qui est pour lui un événement : le marché du mercredi matin, réputé pour les produits exotiques des commerçants maghrébins, qui attire à Gercourt de nombreuses familles immigrées de la région.

Hocine : « Moi, je suis moitié-moitié », un cas de double identité territoriale

Hocine, élève de terminale B, fils d'immigrés algériens (kabyles), appartient à une famille qui, dans le quartier, a la réputation d'avoir des enfants qui réussissent bien à l'école. Son frère aîné est alors élève en maths spé et prépare les concours d'ingénieur. Son père travaille à l'usine et sa mère, qui élève six enfants, a toujours suivi de près leur scolarité. Hocine a passé sa petite enfance dans le quartier HLM voisin (Les Bruyères). Puis, la famille s'étant agrandie, ils ont déménagé, alors qu'il était en CM2, dans un appartement plus grand (F5) à Granvelle. Comme son frère était scolarisé dans le collège des Bruyères et que le collège Boris-Vian avait mauvaise réputation, la mère d'Hocine a tenu à ce qu'il reste scolarisé aux Bruyères pour qu'il suive les traces de bon élève de son frère aîné. Pendant ces années de collège, il a eu deux types de copains : ceux du collège et ceux du quartier, partageant sa vie amicale entre les deux groupes. C'est la raison pour laquelle il dit, pour définir son identité territoriale : « Moi je suis moitié-moitié. »

Sur le plan scolaire, Hocine a suivi les traces de son frère, de deux ans son aîné et très bon élève. Il a pris des habitudes régulières de travail dès l'école de primaire, sous la surveillance d'une mère très présente, et a été stimulé par la réussite de son frère. Au collège, il a gardé ses bonnes habitudes de travail (« Je faisais le travail scolaire normal… Quand on avait interro d'histoire on apprenait la leçon le week-end. On relisait la veille et puis hop ! On attaquait »). En classe de sixième, il découvre la poésie (« j'avais toujours des 18 ») et l'histoire-géo, grâce à un professeur qui l'a beaucoup marqué (« avec lui, ça a été le déclic »), il se met à lire des livres et à picorer tout ce qu'il trouve à la bibliothèque sur ces thèmes de l'économie et de l'histoire-géo.

> J'aimais bien, quand je m'ennuyais je prenais les livres d'histoire. Je lisais, je feuilletais, j'apprenais des choses peu à peu. Et puis après, forcément, ces connaissances sont restées. Je m'intéressais à ces questions, à des débats, à des trucs comme ça. C'est en lisant les livres au lieu de lire une BD. Bon, je lisais le livre d'histoire-géo. En plus, ça servait à quelque chose, et pis j'étais attiré par ça. Les livres d'histoire-géo, les livres d'économie.

En cinquième, il fait sa meilleure année de collège, obtient les « félicitations » et, enhardi par ses résultats, et sur les conseils de son frère, choisit en quatrième l'option latin. Il se retrouve alors le seul fils d'immigrés dans cette classe de latinistes (« Nous, on appelait ça les latinistes distingués, les bons. Ils étaient pas forcément bons en plus. Mais je sais pas, ceux qui étaient jugés bons, quoi »). Il ne se plaît pas dans cette classe car il y reste à l'écart, n'arrive pas à « rentrer » comme il dit, c'est-à-dire à pénétrer le groupe des autres élèves. En même temps, cet isolement et le fait que les « autres » le tiennent à distance le fouettent dans son orgueil : il met les bouchées doubles sur le plan scolaire pour prendre sa revanche sur ceux qui se sont défiés de lui.

– Là [en quatrième] j'étais moyen j'arrivais, j'essayais de montrer que c'est pas parce qu'on est fils d'immigré qu'on était forcément mauvais élève. Je leur montrais, j'avais des bonnes notes. Le prof d'histoire, le prof de français disaient que j'étais le meilleur. En histoire j'avais la meilleure moyenne. J'essayais de leur montrer que… de détruire tous les préjugés qu'ils avaient. Y en a même un, qui était de mon groupe avant, en cinquième, qui m'a dit : « T'es un faux Arabe, toi. T'es un faux Arabe parce que les Arabes, c'est pas gentil, c'est pas des bons élèves. Ça tape, ça dit des conneries. Toi tu sais, t'as des meilleures notes que moi en histoire, t'es assez bon, t'as eu les félicitations. T'es un faux Arabe. » Ça, ça m'a fait réfléchir. Y avait des bons côtés parce que faux Arabe c'était tous les avantages que… Les soi-disant avantages. Et puis ça avait des inconvénients aussi ; de l'autre côté, c'était « traître ». [Je demande l'explication de « mauvais côté ».] Du côté de Granvelle et puis de l'autre côté aussi. On était des traîtres…

– « Moitié-moitié » quoi, comme tu disais, c'est une bonne définition…

– Moi je voulais combiner les deux. Montrer que, finalement, on pouvait être « bon », tout en étant arabe et français aussi en même temps puisque je suis né en France… J'ai ma carte d'identité française, hein !…

Au lycée, il poursuit son apprentissage culturel. Il continue le théâtre qu'il avait commencé en quatrième et suit attentivement les débuts de la nouvelle troupe théâtrale de Montbéliard. Il est aussi actif sur le plan culturel à Gercourt : il ouvre un club de théâtre amateur et anime à la radio locale une émission sur le cinéma (ce qui lui permet d'avoir des places gratuites), entrant dans une période qu'on peut qualifier de boulimie culturelle.

Comme il le dit éloquemment : « J'ai pas envie de mourir et d'avoir rien fait. J'ai envie de participer, de profiter… à fond. » S'il se donne effectivement « à fond » dans le théâtre, sous le regard sceptique de son père (« pour lui, le théâtre, c'était pas sérieux, c'était des conneries »), mais avec les encouragements de sa mère, c'est toujours mû par un désir de revanche sociale, une quête de reconnaissance. Il trouve là, dans les « grands rôles » de théâtre, le moyen de montrer à tous, notamment à certains professeurs qui doutaient de lui, sa valeur.

> Moi, j'étais timide dehors, mais quand on rentre [au théâtre], c'est un autre domaine. Y a plus personne, on peut prouver qu'on est quelque chose, qu'on peut faire quelque chose, prouver qu'on peut être le meilleur dans quelque chose. Puis la timidité elle se passe toute seule. C'est vrai qu'avec le théâtre je me suis senti largement plus fort. J'étais bien, j'avais des grands rôles, j'étais content. J'étais heureux surtout quand je voyais les profs, surtout les profs des matières où j'étais pas tellement bon. Les maths, la physique. Ils étaient étonnés. Puis j'étais content. Je leur ai dit : « Tiens, ça vous apprendra, je suis pas celui que vous croyez. »

Il prend bien garde avec ses amis de Granvelle de ne pas mettre en avant ses activités théâtrales. Lorsqu'il est avec ceux qui sont « branchés sport », il ne parle pas de théâtre de peur d'être mis à l'écart du groupe.

> Le théâtre, disons que, moi, je leur en parlais pas, quoi. Aux gens de Gercourt, je leur disais : « Je reviens du basket, je reviens du handball… » J'allais pas leur dire que je revenais du théâtre. Une fois j'ai essayé, ils m'ont dit : « C'est quoi, ça, le théâtre ? C'est un truc de femmelette… » [Je lui souffle le mot « pédé ».] Ouais, voilà, comme vous dites, ce genre de réaction, c'est très fréquent.

On voit donc que l'engagement dans le théâtre doit se gérer, risque de le couper de ses copains de Granvelle. Il faut manifester des signes de connivence, montrer que, malgré cela (cette forme d'hérésie), dans le milieu, Hocine est resté le même. Qu'il n'a pas trahi, qu'il est resté des leurs, qu'il n'est pas passé de l'« autre côté ». C'est là un thème classique de la littérature des intellectuels issus des classes populaires [10]. Pour lui, la

10. Les références sont nombreuses en ce domaine. *Cf.* en sociologie les préfaces très éclairantes de Jean-Claude Passeron à la *Culture du pauvre* ou de Claude Grignon à *33 Newport Street*, les deux livres de R. Hoggart.

classe de seconde marque une rupture. Avec le recul, il l'analyse comme une période d'ouverture sur le monde, d'abord sur le plan géographique.

– Pour moi, le lycée, ça a été très important. Déjà on avait la carte de bus, on prenait le bus, on pouvait voyager, on pouvait sortir. On était plus libre déjà et ça c'est vachement important. Bon, on était obligé d'acheter la carte. Cent balles par mois. Mais on en profitait, on sortait. On en profitait d'avoir les loisirs, d'aller au théâtre. Et c'est là que je suis sorti de Granvelle parce que je ne connaissais pas Montbéliard, vous vous rendez compte, c'est à huit kilomètres ! Y avait des coins de Montbéliard que je connaissais pas. C'était une grande frontière. Je connaissais Gercourt, je connaissais Vincourt [la ville voisine] parfaitement, on marchait. Mais Montbéliard, c'était grand, quoi ! Quand j'y allais, c'était avec mes parents mais c'était pour les courses, quoi. Les courses, c'est souvent à côté de la ville, les magasins Mammouth, Casino... C'est à côté, c'est pas rentrer dans la ville.

– Et en passant au lycée tu as eu l'impression de découvrir la ville ?

– Voilà, c'est ça, j'ai découvert la ville, j'ai découvert des nouveaux loisirs... Je sais pas, c'était aller dans des grandes bibliothèques, découvrir des modes de vie, découvrir des gens. Surtout la rue piétonne, c'est vachement important la rue piétonne.

Le passage par le lycée est vécu comme une émancipation, comme une ouverture sociale et culturelle. D'ailleurs, en classe, il rencontre des lycéens d'autres horizons et s'en fait des amis. C'est donc un parcours à l'opposé de celui de Nassim qui ne voit dans le lycée que des ennemis potentiels, des modes de vie qui lui paraissent inaccessibles et qu'il condamne. Alors que Hocine, soutenu par ses expériences culturelles et par la force sociale que lui donne sa scolarité, dévore la ville, s'approprie ses lieux, se montre avide d'expériences sociales nouvelles. Finalement, il apprend à voir le monde autrement et en vient progressivement à détester son « bloc » et son environnement matériel immédiat. En même temps, Hocine ne prend pas d'un coup ses distances avec le quartier, mais uniquement avec les éléments les plus marqués négativement, ceux qui sont stigmatisés ou qui symbolisent la « pourriture » ou l'« inculture » du lieu. Au contraire, il va chercher à collaborer avec les institutions qui s'efforcent de donner une image positive du quartier, notamment les associations culturelles locales.

Dans le quartier Granvelle, qui ne déroge pas aux régularités collectives mises en évidence dans ces travaux sur la banlieue parisienne[11], le temps et l'espace vécus des jeunes sont fortement clivés selon le sexe. Les garçons ont beaucoup plus de temps à eux que les filles, étant presque toujours déchargés de toute tâche domestique. Ils ont aussi l'usage de ce temps libre, sauf dans certaines familles « strictes », ayant peu de comptes à rendre à leurs parents s'ils respectent *grosso modo* les horaires des repas. Ils sont visibles dans l'espace public du quartier : ils se regroupent au bas des blocs, jouent au foot sur les pelouses devant les blocs, « glandent ». En revanche, les filles adolescentes ont des horaires très stricts, des emplois du temps chargés. Dans leurs familles (nombreuses), elles aident beaucoup à la maison (ménage, cuisine, élevage des enfants en bas âge, etc.). Elles sont donc moins visibles dans l'espace public. Lorsqu'elles sortent du domicile, c'est toujours dans un but précis (aller à l'école, faire les courses...) ou de manière légitime, au côté de leurs mères ou de leurs copines, par groupe de deux ou trois. Il est significatif que lorsqu'elles vont faire leur courses à la supérette du centre commercial, elles traversent rarement la place pour ne pas s'offrir au regard des « autres » (pour reprendre une de leurs expressions pour désigner les hommes), mais longent les côtés du quadrilatère. Dans l'espace public, les adolescentes du quartier donnent l'impression de ne jamais faire que marcher, toujours en mouvement et tendues vers un objectif, à l'opposé des garçons qui ont tendance à occuper des lieux et à y stationner (l'arrêt de bus, les bancs de la place, la terrasse du café, le bas des blocs). Les filles du quartier prennent bien garde de ne pas aller au café de la place, considéré comme un repaire d'hommes (des immigrés), jeunes et moins jeunes, des « habitués » qui jouent aux cartes et au tiercé. La majorité des filles s'éloignent et pressent le pas devant le café. Elles n'y entrent jamais et lorsqu'une d'elles croise un de ses camarades lycéens à la terrasse, elle peut le saluer et, si elle est hardie, lui faire rapidement la bise, mais elle

11. Les travaux récents sur les « jeunes de banlieue », comme ceux de Hugues Lagrange et de David Lepoutre, mettent l'accent sur la forte division sexuelle – des rôles, des tâches, des espaces – qui règne dans les « cités » et font de plus en plus apparaître un processus de séparation (et d'opposition) des sexes – le « machisme » ou la misogynie des garçons pouvant s'interpréter comme une forme de revanche des garçons les plus démunis de ressources face à la meilleure réussite scolaire et professionnelle des filles.

ne s'attardera jamais aux abords du café car elle se sentira, par sa seule présence en ces lieux, « en faute ». Lorsqu'elles sont hors de leur domicile, les adolescentes du quartier font en fait l'objet d'une surveillance, non dite, informelle, mais bien réelle, de la part de la famille (les parents, les frères, oncles ou cousins) comme de la société locale d'interconnaissance. Les filles entre elles ne sont pas les dernières à contribuer à cette surveillance collective. On s'aperçoit par exemple que des filles du quartier peuvent connaître très précisément les horaires de leurs voisines. En même temps, les choses ne sont pas bien sûr si simples et manichéennes : il n'y a pas, d'un côté, des garçons totalement libres de leurs mouvements et des filles soumises à haute surveillance. Il existe une série d'arrangements possibles et des marges de négociations au sein des familles, qui ne sont pas toutes homogènes en matière de normes éducatives. D'une part, les frères et sœurs aînés, en général ceux et celles qui ont fait des études supérieures, peuvent aider leurs sœurs cadettes dans leur entreprise d'émancipation et adoucir le régime de surveillance qui leur est imposé, en les emmenant avec eux dans leurs sorties (notamment en « boîte »). Les parents font généralement semblant de ne pas voir : ils se ne sont pas dupes mais sont rassurés par la tutelle bienveillante exercée par des membres de la fratrie. D'autre part, les filles qui veulent s'extraire de la gangue familiale peuvent le faire de différentes manières lorsqu'elles sont dans le temps scolaire ou sportif.

Déstabilisation scolaire et relégation résidentielle

Lors de l'entretien collectif avec Zahia et ses deux amies Monia et Sabrina, chacune en vient à retracer l'histoire résidentielle de sa famille, décrivant la manière dont elles ont perçu les transformations du quartier. Les trois amies ont habité durant leur enfance dans des immeubles voisins, à côté de la grande tour qui domine le paysage et marque l'entrée du quartier, dans le secteur ouest du quartier, situé à la frontière du village (la partie ancienne de la ville), surplombant la campagne environnante, et proche du collège et du lycée professionnel. Au moment de l'entretien, Zahia habite un immeuble en cours de rénovation, mais les familles de Sabrina et Monia ont été relogées dans le secteur composé uniquement de familles immigrées nombreuses, où se cristallisent les problèmes du quartier.

Dans cet entretien collectif, elles offrent alors une vision de l'intérieur du quartier, fine et suggestive, qui dresse un tableau précis de sa différenciation interne. La géographie sociale qu'elles dessinent invite à dépasser les analyses schématiques, qui ne retiennent que l'opposition entre populations françaises et immigrées, pour mettre l'accent sur la structuration du quartier par l'histoire du peuplement de ses grands ensembles, par la « construction sociale des populations [12] ». Cet entretien montre bien la manière dont la question du « quartier » et, plus précisément, celle des relations entre différents groupes de jeunes locaux (collégiens et lycéens, élèves de LEP, chômeurs ou stagiaires) se trouvent progressivement mises en rapport avec leur expérience de jeunes lycéennes. Mais aussi comment l'espèce de déstabilisation morale, consécutive à l'entrée au lycée, se trouve en quelque sorte redoublée par la déstructuration des liens de voisinage et par la perte du support territorial que constitue le quartier [13]. En effet, le groupe des trois copines s'est disloqué sous l'effet du relogement des familles de Sabrina et Monia (« On a été toutes dispersées », constate Sabrina sur un ton amer). Zahia se retrouve seule dans son ancien quartier devenu presque désert. Il lui arrive, les jours de cafard, de ne pas ouvrir ses volets pour éviter de voir en face la tour récemment murée. Dans des accès de fureur, face à ce sentiment d'abandon qu'elle ressent, l'envie lui prend par bouffées de « prendre la caméra et de tout filmer ». Sabrina et Monia, elles, sont de nouveau voisines, mais dans le secteur de la rue Vivaldi qui a la plus mauvaise réputation.

Avant, lorsqu'elles habitaient le secteur ouest du quartier, un espace protégé (« on était entre nous »), le contrôle social se faisait par les familles (« tout le monde se connaissait ») et leur assurait une certaine forme de liberté. Ce nouveau « quartier », pourtant peu distant (sept cents mètres à vol d'oiseau) de

12. J.-C. Chamboredon, « La construction sociale des populations », *in* G. Duby, *Histoire de la France urbaine*, *op. cit.*

13. Car, comme le dit M. Halbwachs, « lorsqu'un groupe humain vit longtemps en un emplacement adapté à ses habitudes, non seulement ses mouvements, mais ses pensées aussi se règlent sur la succession des images matérielles qui lui représentent les objets extérieurs. Supprimez, maintenant, supprimez partiellement ou modifiez dans leur direction, leur orientation, leur forme, leur aspect, ces maisons, ces rues, ces passages, ou changez seulement la place qu'ils occupent l'un par rapport à l'autre. Les pierres et les matériaux ne vous résisteront pas. Mais les groupes résisteront, et, en eux, c'est à la résistance même sinon des pierres, du moins de leurs arrangements que vous vous heurterez » (M. Halbwachs, *La Mémoire collective*, PUF, Paris, 1968 1re éd. 1950, p. 137).

l'ancien, leur paraît entièrement étranger et hostile : les cages d'escalier sont les plus mal entretenues du quartier, les immeubles « déglingués » et bruyants, des familles « à problèmes » empoisonnent la cohabitation résidentielle. Ici, d'ailleurs, ce sont moins les familles que les « jeunes » qui contrôlent l'espace public (la rue et le bas des immeubles). Le transfert dans ce quartier les plonge aussi dans le monde inquiétant des caves, des petits et des grands trafics [14] (« Ici il y a tous les plus grands caïds du quartier », dit Sabrina). Alors qu'elles s'étaient approprié physiquement leur ancien quartier, désormais Sabrina et Monia évitent de sortir le soir et s'invitent l'une chez l'autre. Dans leur nouveau quartier, les règles élémentaires de la vie sociale semblent ne plus avoir cours, comme si le « secteur » était aux petits trafiquants de drogue (« On ne savait même pas ce que ça voulait dire shit, avant de venir ici », disent-elles en chœur). Les « petits caïds » du quartier rivalisent dans l'art de la prouesse déviante, défiant et provoquant systématiquement toute forme d'autorité. Zahia se rappelle une scène vécue dans le bus, alors qu'elle descendait en ville, qui l'a profondément marquée :

> Y en a un [un jeune du quartier] dans le bus, carrément dans le bus, il se roule des joints. Et puis il nous demande (*interloquée*) : « Ça te dérange pas, la fumée ? » Ben qu'est-ce que tu veux qu'on lui dise ? On a dit « non ». Il a ouvert les fenêtres… Il se les roule comme ça… (*Encore médusée.*) Maintenant, ça ne me choque plus, mais la première fois je suis restée [sur le flanc]…

Comment faire face pour elles à cette double provocation – la transgression ostentatoire (le « joint » roulé ostensiblement en public) qui « mouille » tout le monde et qui montre bien l'indétermination des espaces, et la provocation directe de l'adresse aux jeunes filles ? Elles n'ont pas assez d'à-propos et de sens de la répartie pour répondre. À la gêne provoquée par cette attitude déviante du jeune, comme s'il était sûr de toute impunité et que le bus était le simple prolongement d'un espace privé, s'ajoutent l'humiliation d'être impliquées dans le jeu de la déviance et la honte de pouvoir être assimilées par une

14. On pourrait repérer dans les mots utilisés pour décrire les deux quartiers qu'elles ont successivement habités une série de couples d'oppositions homologues sur la base d'une opposition structurante de type rural/urbain (arbres et espaces verts/caves et cages d'escalier ; ouvert/fermé ; clair/sombre ; aéré/confiné ; libre/enfermé, etc.).

commune appartenance locale à ces « voyous » qui remettent en cause leur promotion scolaire. Cette anecdote montre bien que, d'une certaine manière, elles ne peuvent pas se soustraire à la stigmatisation de l'appartenance locale : le quartier, comme affiliation territoriale et instrument de marquage social, les « rattrape » au moment même où leur accession au lycée symbolise un surcroît de chances objectives de s'en « sortir ». Le relogement de leurs familles les ramène au cœur, géographique et social, de ce qui se trouve être au fondement du stigmate durable dont est victime leur quartier.

Dorénavant, elles doivent coexister avec des jeunes de leur âge, notamment des garçons, qui se sont écartés du « droit chemin » (comme dit Zahia). Elles découvrent alors la nouvelle loi du quartier, celle que ces jeunes (« eux » disent-elles pour désigner ces jeunes qu'elles perçoivent comme une masse indistincte et menaçante) font régner dans l'espace public. Cette loi comprend notamment un code très réglé de conduite entre les sexes, qui sépare de manière rigide les univers masculin et féminin, qu'elles se sentent obligées de respecter (« Ici, une fille avec un ballon, c'est pas normal », ou : « On va pas faire de la luge ici, devant eux »). Les rapports entre garçons et filles sont alors profondément modifiés : aux relations asexuées de type enfantin qui permettaient aux filles de jouer aux jeux de garçons (les parties de foot) et aux garçons de participer à des jeux de filles (la gamelle) se substituent des rapports très segmentés entre sexes, une forte imposition de la définition des rôles sexuels, notamment à travers l'« invisibilisation » des adolescentes dans l'espace public. Aux garçons, le monde extérieur, la fréquentation du café, un code d'honneur viril, la surveillance tatillonne et parfois brutale des sœurs (même si elles sont leurs aînées) ; aux filles, le monde des activités domestiques, du « dedans », avec pour corollaire la soumission aux règles masculines et l'interdiction d'empiéter sur le domaine réservé des garçons. Les rapports complices qui pouvaient exister entre garçons et filles ont fait place le plus souvent à des relations de concurrence et de défi, ou d'évitement, qui obligent les filles du quartier comme Sabrina et Monia à une redéfinition à la baisse de leur identité féminine.

L'accroissement du contrôle des adolescentes dans cette partie stigmatisée du quartier contribue à différer le choix de la gestion de leur identité sexuelle. Comme le dit éloquemment Zahia, après avoir évoqué ou, plutôt, laissé comprendre à son interlocuteur toutes les contraintes qui pèsent sur elles, « on aimerait ne pas grandir », comme si leur seul rêve était alors de pouvoir repousser *sine die* le moment de choix (scolaire, professionnel, matrimonial) dont elles craignent qu'il soit irréversible. C'est moins la promotion scolaire par l'accès au lycée et la relégation spatiale qui se conjuguent ici que la désillusion de la seconde et du lycée qui se trouve redoublée par un sentiment de relégation résidentielle. La conjonction de ces deux processus explique l'espèce d'humeur nostalgique qui envahit ces filles lorsqu'elles évoquent le quartier. D'un côté, leur promotion scolaire se heurte au lycée aux barrières sociales invisibles qui font les vraies différences sociales ; de l'autre, leur lieu de résidence se trouve encore plus déclassé par la détérioration de leurs conditions d'habitat et leur relégation parmi les familles les plus déshéritées du quartier.

Le groupe des copines s'est dispersé géographiquement et le lycée offre davantage la possibilité de sortir, de se confronter aux regards des citadins, de s'essayer même timidement au jeu de la séduction. Face à l'émancipation de certaines filles du quartier, Sabrina et Zahia se transforment en gardiennes de la vertu et de la morale, faisant bloc contre les tendances centrifuges qui menacent le groupe local des filles. Il y a, d'un côté, celles qui sont tentées par les sorties, qui se maquillent et qui « traînent grande rue » et, de l'autre, celles qui, sages, restent fidèles aux préceptes familiaux. Sur ce thème, les choses les plus intimes sont dites à mots couverts, de manière elliptique, mais, par moments, entraînées par le mouvement de l'entretien, elles se retrouvent prises, un peu malgré elles, dans une logique de commérage, de ragots, devant un « étranger » qui, s'il comprend les sous-entendus, a du mal sur le moment à percevoir les tenants et aboutissants de l'« affaire » (il s'agit d'une dispute entre amies du même quartier à propos des sorties). Les filles avec lesquelles elles se sont brouillées, et qui redoublent leur seconde au lycée Diderot, ont jeté leur gourme au moment de leur première année de lycée, arpentant la rue piétonne tous les mercredis et samedis, s'étant laissé « entraîner ». Or ces mêmes filles, un an plus tard, au moment de l'arrivée en seconde de Sabrina et Zahia, font courir des rumeurs dans le quartier sur leur comportement « libéré », et font des « histoires ». Sabrina finit par me dire qu'elles avaient comméré sur sa famille, ses parents, et sur son comportement (elle « fumerait »). Zahia ne veut même pas les nommer (elles sont

« uniques » dit-elle avec beaucoup d'ironie), comme si un secret entourait ces filles qui représentent les dangers et les contradictions de l'émancipation. Monia tend à les défendre car elle a vécu des événements semblables lors de son adolescence. Ce qu'elle raconte, avec discrétion et pudeur, sans jamais nommer directement les choses, d'une manière volontairement opaque, c'est finalement les « lumières de la ville », un sentiment fugitif d'émancipation personnelle, le plaisir des rencontres, l'apprentissage de la vie, de la séduction à distance, bref le grand théâtre de la vie urbaine auquel elle a, dans un premier temps, participé de façon un peu magique. Elle-même, certainement malgré les avertissements, s'est laissé prendre au jeu. Brutalement, la séduction a cessé et elle a arrêté de sortir en ville (« j'en ai eu marre ») sans vouloir donner de véritables raisons à ce revirement. Au fond, ce qui l'a arrêtée, c'est la certitude qu'elle ne pourrait pas jouer le « jeu » jusqu'au bout. Le dénuement monétaire fait de ces sorties en ville une occasion permanente de frustrations (« En vrai, quand on n'a pas d'argent, on peut rien faire »). Elle ne peut pas dire non plus qu'elle n'était pas autorisée à nouer de véritables relations avec les « autres », comme elle appelle les garçons de son âge et d'autres quartiers :

Monia : Moi, je sortais le mercredi. Et puis au début on aimait bien, on se faisait pas trop remarquer par les autres, parce qu'on n'était pas comme eux. La mode à ce moment-là, ça c'est important pour les jeunes de quatorze ans, quinze ans. Nous, on était pas comme eux, on s'habillait encore « cloche », comme des mômes de collège. Et puis au fur et à mesure des années on s'habillait mieux, on changeait physiquement, moralement, tout ça. On y allait de plus en plus et là on se faisait remarquer... par les autres. Les autres avaient envie de nous connaître et nous aussi, etc. On a commencé à y aller, ça a été le mercredi d'abord, et après mercredi-samedi, et puis, à un moment, on en a eu marre, on a arrêté... Après, j'ai bien vu qu'on n'y faisait rien, en fait. De toute façon, pour aller en ville, moi je le dis, en vrai, il faut avoir de l'argent. Pour moi, c'est l'argent. Pour pouvoir inviter ses copines à aller boire un coup, pour aller au café, pour s'acheter des habits, c'est tout ! Mais pour marcher, aller-retour bibliothèque, monter-descendre, c'est pas la peine. Et après si on y va trop, « ils » nous connaissent, « ils » disent (*moue*) celle-là...

Sabrina : Après, ils nous collent une réputation. Quand on avait un truc à faire. Depuis quand j'habite ici déjà ? [Treize ans.] Eh bien, la mairie je savais même pas où elle était. (*Rires.*) Quand on a quelque chose à faire ou à acheter en ville, on va le faire vite fait ! On a quelque chose à acheter, on l'achète vite fait ! Y a rien d'intéressant d'autre à faire. À part aller en ville à H., là c'est grand, là il y a plein de choses à voir, c'est nouveau, mais G…

Finalement, après une période potentiellement déviante, Monia a dû se conformer aux normes du groupe. En fait, à travers une espèce de plaidoyer *pro domo*, Monia a voulu dire la facilité avec laquelle des filles comme elle peuvent se laisser entraîner, avoir envie de goûter aux choses interdites. Ses « copines » se moquent (elle y serait allée pour « connaître des beaux garçons », dit Sabrina en rigolant), font de nécessité vertu en transfigurant les interdits de sortie sous la forme de règles morales qu'elles cherchent à imposer aux autres, à la manière d'« entrepreneurs de morale » sexuelle. L'entrée au lycée leur fait perdre les espaces de socialisation légitime du quartier, notamment le sport et le local jeunes sportives au collège, à l'UNSS et au club de handball local (elles portent haut les couleurs du quartier dans les compétitions régionales), elles cessent toute pratique sportive en entrant en seconde. L'idée même de concourir pour le lycée Diderot leur apparaît incongrue et presque sacrilège, surtout dans la perspective de rencontrer leur ancienne équipe [15]. La fierté d'appartenance au quartier et plus largement à la ville (selon un procédé d'appartenance feuilletée, ils disent alors « Gercourt » lorsqu'ils parlent de résultats sportifs) se joue autour du sport (« On est mauvais perdants à Gercourt », disent-elles avec un certain orgueil). Refuser de concourir « pour » le lycée Diderot, c'est d'une certaine manière refuser de tourner la page du quartier et ne pas prendre le risque d'apparaître comme traître au quartier, en sauvegardant ses (rares) avantages comparatifs. Alors que le collège était pour elles ce qu'on pourrait appeler un ressort territorial d'identité collective, le lycée ne peut pas jouer comme une scène sociale pour ces filles. En même temps elles se retrouvent privées d'un espace légitime de socialisation dans le quartier, trop âgées pour participer pleinement au « local jeunes »,

15. Lorsque Sabrina, par exemple, juge l'équipe de son lycée actuel, elle se remet dans la peau de la collégienne qu'elle fut pour en parler : « Ils étaient là pour gagner ! […] Il y avait pas d'esprit d'équipe. » Rencontrer son ancienne équipe, c'est courir le risque de la battre et surtout devoir affronter ses amies du quartier : « Vaut mieux garder un bon souvenir. »

réservé aux huit-quatorze ans, où elles retournent de temps en temps par nostalgie.

Conclusion

Le mode d'acculturation scolaire au lycée et l'appartenance locale sont étroitement imbriqués. Schématiquement, la « réussite scolaire » (et ce qu'elle implique dans le rapport à la lecture, l'organisation du temps, la gestion des rapports au sein de la fratrie) tend à se traduire par une prise de distance avec le quartier qui peut même prendre chez certains – souvent les meilleurs élèves – la forme d'une haine déclarée envers leur espace de résidence qui leur apparaît de plus en plus comme un lieu repoussoir. Ce qui explique qu'ils recentrent leurs activités autour de l'univers domestique ou de lieux pacifiés comme les bibliothèques publiques qui symbolisent le monde de la culture et qui constituent une sorte de refuge contre la violence du monde extérieur. À l'inverse, pour les autres, une scolarité heurtée et chaotique au lycée, qui va souvent de pair avec une incertitude croissante sur leur valeur scolaire et le sentiment de ne pas y être véritablement à leur place, peut les conduire à une sorte de repli sur le quartier et à la réaffirmation ostentatoire de leur identité locale face à la déstabilisation des repères sociaux opérée par le lycée.

Et après le bac ?

Les lycéen(ne)s de Granvelle qui, après des scolarités « moyennes », sont parvenu(e)s à décrocher un « petit » bac, comme disent certains, doutent au fond d'eux-mêmes de leur valeur scolaire. Ils entrevoient par moments que cette semi-réussite résulte à la fois de mécanismes institutionnels liés à la politique des 80 % au bac (tolérance dans la notation, souplesse dans les passages, filières de relégation au lycée) et de facteurs plus personnels qui renvoient au mode d'adaptation qu'ils ont choisi pour affronter le lycée (hyperspécialisation de leur travail scolaire, forte participation à l'oral en cours qui peut leur valoir l'indulgence d'enseignants, virtuosité de certains dans l'art de la triche scolaire). Ils craignent cependant que le système qu'ils ont mis au point pour « tenir » au lycée ne suffise pas à faire d'eux de « bons » élèves selon les normes scolaires traditionnelles (celles qui récompensent les élèves dits « travailleurs », « intelligents », « cultivés », etc.). Au moment d'entrer dans l'enseignement supérieur, la plupart d'entre eux cherchent à éviter le premier cycle de l'université et font des demandes d'admission en BTS et en IUT. Beaucoup ne sont pas acceptés du fait de dossiers jugés insuffisants par les membres des jurys[1]. Pour ceux qui sont passés à travers ce premier filtre, il reste à affronter l'entretien d'évaluation que certains établissements ont mis en place dans les formations tertiaires. Lors de ces entretiens, il faut montrer sa motivation, affûter ses

1. Ces dossiers comprennent les bulletins scolaires des classes de première et de terminale.

arguments, s'exprimer de façon convaincante, bref savoir se « vendre ». Pour les lycéens de Granvelle, qui sont restés dans la matrice protectrice du quartier et qui n'ont pas eu beaucoup d'expériences mixtes socialement, l'entretien est à la fois une épreuve et un piège car la présentation de soi est un des critères implicites de sélection des candidats.

Le cas de Gundur (*cf.* chapitre 1) illustre bien les contradictions dans lesquelles se trouvent pris des lycéens de « cité ». Titulaire d'un bac littéraire, obtenu avec deux ans de retard, il cherche avant tout des « études courtes » pour entrer rapidement sur le marché du travail, mais il ne sait pas trop dans quel domaine : « C'est toujours au dernier moment avec moi... Je sais pas ce que je vais faire... » Ses amis lui indiquent la voie du BTS censée déboucher au plus vite sur un emploi. Un BTS « commerce international [2] » – dans un lycée à dix kilomètres de chez lui – fera l'affaire.

> J'avais fait qu'un dossier, je me suis pas trop emmerdé à faire plein de dossiers à envoyer un peu partout ! J'ai fait qu'un dossier et j'ai fait une demande de BTS commerce international comme on m'avait dit ! J'avais un copain, Mustapha, qui se renseignait sur tout et, lui, il me disait : « Ah, BTS commerce international, c'est bien... En deux ans, tu sors avec un BTS, t'as du boulot vite fait, t'as une bonne paie. » [Gundur va au rendez-vous sans grande conviction, un peu comme s'il partait battu à l'avance.] J'avais pas trop confiance en mon dossier en fait, j'étais moyen quoi ! « Bien » mais tout juste ! J'avais pas trop confiance, j'ai pas trop réussi l'entretien, je pense... Y avait un seul gars [examinateur]... Il m'a dit : « Pourquoi t'as choisi ça ? Qu'est-ce que tu veux faire ? Comment tu te vois plus tard ? » Je sais pas, des questions comme ça... C'est n'importe quoi ! Moi, j'ai dit que je prépare pas de plans à l'avance pour se retrouver après... (*rire jaune*) les plans à l'eau, non ! Moi, c'est toujours au dernier moment. J'ai dit : « Ah, je verrai, on verra cette année, et après l'année prochaine on verra. » J'ai pas pu bien répondre, je crois [Je lui dis qu'il aurait dû mentir un peu.] Ah non ! (*Choqué.*) Il vaut mieux se valoriser un peu... Et moi je suis pas du genre à faire ça... Je dis la vérité, hein ! Je dis la vérité, j'ai choisi ça comme ça, je sais pas...
>
> – T'as pas réussi, mais, en même temps, ce n'était pas quelque chose qui te passionnait *a priori* ?

2. Le BTS de commerce international attire à la fois les élèves des sections sous-sélectionnées qui ont fait langues, le bac A2 et les élèves de B et de G.

– Pas trop, non… (*Ton désabusé.*) Je sais pas… (*Silence.*) Ah, en fait, je voulais travailler n'importe comment, quoi ! Je voulais faire des études courtes… travailler le plus tôt possible… Pour avoir un salaire… pour enfin être… ouais, pour avoir du fric, pour avoir une voiture, pour avoir sa vie à soi, quoi !

En fait, Gundur ne s'est pas préparé « psychologiquement » à cette épreuve, n'a pas cherché à se mettre dans la peau d'un « véritable » candidat. Par exemple, il n'a pas anticipé les questions qu'on pourrait lui poser, n'a pas cherché à savoir auprès de ses amis les questions types qu'on allait lui poser. Tout se passe comme s'il partait « battu » en voulant entrer dans une filière « sélective » et se retrouver en concurrence dans la compétition scolaire. Connaissant par la rumeur le nombre élevé de candidats, il ne s'accorde subjectivement aucune chance. Par son attitude, défaitiste et un peu bougonne, qui est apparue certainement aux yeux de l'examinateur comme opposée aux valeurs célébrées par l'institution (être « battant », déterminé, avoir de la personnalité, etc.), il contribue à son propre échec et, dans une logique de cercle vicieux, confirme les craintes qu'il pouvait avoir d'échouer. À l'entendre on a l'impression qu'il y va par devoir, pour se donner bonne conscience mais sans se donner les moyens de « réussir » son entretien. Lors de l'oral, il joue franc jeu, entend rester lui-même, ne cherchant surtout pas à jouer un rôle, encore moins à bluffer. Au contraire, il a une forme de fierté qui le conduit à vouloir rester fidèle à lui-même, en se présentant tel qu'il est, sans artifice et sans manière[3]. Il ne sait pas ou n'ose pas entrer dans le jeu de l'examinateur, établir avec lui une espèce de connivence qui est de règle dans ce genre d'épreuve. Son « sens de classe » – et on pourrait plutôt dire ici son « sens de quartier » – l'empêche de se présenter comme un aspirant-élève de BTS. Faute de pouvoir s'identifier à l'avance à l'image sociale du BTS et aussi par manque de ressources sociales, il ne modifie pas sur le moment son registre de langage et son apparence physique, ne se résout pas à jouer le jeu à fond, c'est-à-dire à changer de « peau » pour l'occasion. Il ne se présente pas d'une manière conforme aux attentes implicites de l'institution, et n'imagine pas un seul instant se dissimuler ou se

3. C'est peut-être un trait essentiel de la morale populaire que de se présenter sans tricher, sans artifice, en demandant aux autres de vous prendre pour ce que vous êtes.

mettre en scène. Ce qui peut constituer une qualité dans le groupe de copains du quartier – rester soi-même, la fierté de son quartier et de son apparence, ne pas se travestir socialement – se transforme objectivement en handicap et en élément à charge contre sa candidature. Le décalage est flagrant entre les attentes sociales, les dispositions souhaitées et souhaitables de l'institution scolaire (qui elle-même anticipe sur celle de l'entreprise et des offreurs d'emploi) et l'attitude indéterminée et indécise de Gundur qui apparaît aux antipodes de celle attendue d'un futur technicien ou « col blanc ». Son apparence physique l'a peut-être aussi desservi dans cet exercice. Dans le quartier, il est toujours en survêtement. Il ne paie pas de mine, fait « enfant de cité », n'apparaît pas à l'aise dans le monde des adultes comme le montre la récurrence de ses rires gênés lors de l'entretien. C'est le « type sympa » (comme le définissent ses copains) et modeste, aimé de tout le monde dans la cité, celui qui ne se met pas en avant et qui répugne à faire le « fanfaron ». Pour ces différentes raisons, les bacheliers comme Gundur paient dans ces épreuves le prix de leur socialisation antérieure dans leur quartier. Il ne leur reste plus que la fac, comme « roue de secours » pour devenir étudiants.

II

Quatre copains à la fac

Portrait de groupe

Pour répondre à la question de ce qu'allaient devenir après le bac ces lycéens demi-acculturés scolairement, il est apparu nécessaire de les suivre de plus près dans leur carrière à l'université. L'observation participante permet de contourner l'effet d'imposition culturelle, toujours prégnant dans les situations d'entretien avec des jeunes lycéens, et de révéler les pratiques sociales souvent très éloignées des pratiques légitimes. Pour des raisons d'opportunité liées au déroulement de l'enquête, et grâce à la collaboration de Nassim, j'ai choisi de centrer mon attention sur un groupe de quatre étudiants de Granvelle (Nassim, Fehrat, Sabri et Djamel), tous inscrits en première année de DEUG d'AES (administration économique et sociale) à la faculté de Belfort, située à vingt kilomètres de Gercourt. J'indique ici brièvement leurs principales caractéristiques sociales.

Nassim, né en 1973, est le benjamin d'une famille de dix enfants [1]. Ses parents, algériens, sont originaires d'une petite ville proche de Sétif. Son père, venu travailler en France à la fin des années 1950 comme ouvrier dans une petite entreprise de mécanique, est décédé lorsque Nassim avait quatre ans. La famille est venue le rejoindre en France en 1962. Deux des frères aînés, qui ont quinze à vingt de plus que lui, sont ouvriers

1. Lorsque je demande à Nassim de me faire la liste de la situation de ses frères et sœurs, il commence par ses frères selon l'âge par ordre décroissant, puis me demande : « Je fais aussi les filles ? » Il n'aime pas trop parler de sa famille et je resterai tout au long de l'enquête assez discret sur ce point.

dans l'usine où travaillait le père. Nassim habite dans le F5 de sa mère avec ses deux frères les plus proches (l'un est alors ouvrier intérimaire, l'autre élève de bac pro électro-technique) et sa sœur Fouzia (vingt-quatre ans, divorcée, mère de deux enfants d'un an et trois ans). Il partage sa chambre avec son frère élève en LEP. Sa mère touche la pension de reversion de son mari (soit environ 3 500 F par mois) ; sa sœur, qui élève seule ses enfants, perçoit l'allocation de mère isolée (environ 2 600 F). Le budget familial est extrêmement serré. Il n'évoque pas directement les problèmes à la maison mais, au cours de l'année de bac et de fac, il évoquera souvent avec moi ces problèmes d'argent, sans entrer dans les détails[2].

Sabri, vingt et un ans, le meilleur ami de Nassim, est arrivé en France à l'âge de sept ans, après avoir fréquenté deux ans l'école coranique au Maroc. Non francophone à son arrivée en France, il redouble deux fois à l'école primaire puis effectue sans problème sa scolarité au collège puis au lycée Diderot (où il se retrouve en classe avec Nassim en terminale). L'histoire de Sabri est typique de celle de l'immigration marocaine à Gercourt. Son père, originaire de la région de Fès, est venu travailler chez Peugeot comme OS au début des années 1970 (il y est toujours) et a fait venir une partie de sa famille en 1978. Les deux fils aînés sont restés au Maroc et y travaillent dorénavant : l'un est représentant et l'autre ingénieur dans l'armée marocaine. Son troisième frère (cinq ans de plus que lui), venu en France à l'âge de douze ans, travaille à cent kilomètres de Gercourt comme agent d'entretien dans un centre d'expositions ; marié, une fille, il loue une maison. (« Lui, commente Sabri, il a vraiment eu de la chance, il a pas fait beaucoup d'études : un CAP et BEP et il a tout de suite trouvé du boulot. Maintenant il est tranquille. ») De temps en temps, il part le rejoindre pour travailler avec lui une ou deux semaines. La famille de Sabri habite dans le même bloc que celle de Nassim. Sabri a deux frères cadets dont il suit de près la scolarité : l'un est en première G au lycée Diderot et le dernier en quatrième

2. Un jour, alors qu'on est tous deux attablés à la terrasse du café, Nassim voit sa mère qui, à vingt mètres de là, lui fait des signes. Il se lève, la rejoint et après un bref échange de paroles l'accompagne à la banque pour retirer sur son compte personnel de l'argent (200 F) qu'il lui donne de la main à la main. Lorsqu'il revient à la table, il m'explique que la « fierté » de sa mère c'est de ne jamais « demander » à ses autres enfants. Il me racontera souvent l'atmosphère de crise récurrente à la maison (cris, pleurs et ambiance de drame entre la fille et la mère).

technologique au lycée professionnel (« Lui, il faisait rien, je lui ai dit de préparer un métier mais il fait rien et il embête les profs »). Sabri aurait voulu faire un BTS de commerce international mais il n'a pas été accepté (l'arabe comme deuxième langue au lycée lui a été à ce titre préjudiciable). Il souhaite acquérir la nationalité française (« même si je sais que ça sert à rien »), mais ne parvient pas à obtenir ses extraits d'acte de naissance en arabe.

Djamel, vingt-deux ans, est fils d'un ouvrier algérien de l'usine. Après un bac B obtenu de justesse à l'oral avec deux ans de retard, il redouble son année d'AES. L'an dernier (1991-1992), il était étudiant à Besançon où il n'a jamais réussi à s'adapter (« J'avais toujours envie de revenir à Gercourt », dit-il pour expliquer son échec). Pour accroître ses chances de réussite lors de son année de redoublement, il demande une réinscription à l'antenne universitaire à Belfort. Je le rencontre pour la première fois lors des vacances de Pâques 1993. Il est l'aîné d'une famille de trois enfants. Sa famille, qui a longtemps habité dans un bloc de Granvelle, proche de chez Nassim, a déménagé il y a cinq ans « en bas », dans un lotissement de maisons ouvrières construites dans les années 1930. Il a très mal vécu ce déménagement qui l'a fait se couper partiellement des amis de son quartier mais, dès qu'il le peut, il vient à Granvelle les retrouver. Il possède une petite voiture, une 205 rouge, achetée 22 000 F par son père qui la lui « prête » pour aller à la fac. Il sera tout au long de cette année universitaire un des chauffeurs attitrés de la bande. Il est celui qui apparaît comme le plus réservé du groupe, parlant toujours doucement, sans jamais élever la voix.

Enfin, le quatrième de la bande, Fehrat, né en 1972, est lui d'origine turque. Son père, d'une famille paysanne d'Anatolie, est venu en France en 1970 d'abord pour travailler dans le bâtiment ; il a quitté assez vite ce secteur qui « payait mal » pour s'embaucher à Sochaux comme OS (les réseaux d'immigrés turcs l'ont informé des meilleures conditions de travail et de salaire). Il fait venir sa famille en France en 1976 et s'installe à Gercourt. Fehrat a deux frères aînés : le plus grand tient un petit commerce (il est marié à une femme turque) et le second, célibataire, après des études professionnelles, travaille épisodiquement comme ouvrier intérimaire (Fehrat qui entretient de mauvaises relations avec lui en parle très peu). Il a un jeune frère et deux sœurs dont l'une, de deux ans sa cadette, a passé le bac littéraire la même année (juin 1992) que lui, titulaire du bac B. Fehrat a éprouvé des difficultés scolaires au collège. Il a perdu sa mère alors qu'il était en sixième ; cet événement l'a fortement déstabilisé sur les plans affectif et scolaire. En plein désarroi (« Je ne savais plus trop où j'en étais », me dit-il lors de notre premier entretien en 1993), il se laisser aller au collège et redouble consécutivement la classe de quatrième et de troisième puis, presque miraculeusement, se reprend en fin de troisième pour décrocher son entrée en seconde générale. Sa famille habite au centre du quartier dans les immeubles rénovés où résident des familles d'ouvriers français et d'étrangers de plus ancienne immigration comme les Espagnols et les Portugais. Du fait de sa socialisation dans le quartier, loin de la « zone » (où habitent Nassim et Sabri), Fehrat s'est toujours tenu à l'écart des jeunes « remuants » de Granvelle (« Je traînais pas trop ici, moi »). D'ailleurs, au lycée, il s'est fait des amis des autres quartiers et a toujours cherché à diversifier ses relations. Il est donc à ce titre très différent du « pur Gercourtois » incarné par Nassim. Lorsqu'il était au lycée, il connaissait Sabri et Nassim mais ne les fréquentait pas (« Je les connaissais bien sûr, mais c'était juste bonjour »). Il n'a rejoint le groupe des trois autres, qui était déjà constitué par des affinités territoriales, que lors de cette année universitaire (1992-1993) à la faveur du déplacement à la faculté et des facilités du covoiturage. Il n'est pas au départ véritablement agrégé à ce groupe mais, au fil de l'année universitaire, il va de plus en plus participer à ses activités, tout en maintenant une certaine distance.

Ce qui unit le groupe, c'est à la fois une même origine sociale – tous les pères sont OS à l'usine – et géographique – ils ont grandi dans le même quartier HLM – et une même scolarité (collège de Granvelle, lycée Diderot, bac B). Cependant, des différences sensibles les opposent selon la nationalité d'origine ou le type d'immigration (marocaine, algérienne, turque) et surtout selon leur localisation dans le quartier : il y a ceux qui habitent les HLM dégradés de la rue Schubert (Nassim et Sabri), celui qui loge dans les HLM rénovés du centre (Fehrat) et celui qui dont les parents sont devenus pavillonnaires dans le village (Djamel). S'ils sont tous quatre d'origine immigrée, ils n'entretiennent pas le même rapport à leur pays d'origine et à la question de la naturalisation. Djamel et Fehrat, nés respectivement en Algérie et en Turquie, ont demandé leur naturalisation et Djamel a, au début de l'année universitaire, reçu un avis favorable de la part de l'administration. Sabri, né au Maroc, entend pour l'heure rester marocain, ne serait-ce que parce qu'il perçoit une bourse de l'État marocain. Seul Nassim a la « carte française » et, plus exactement, la double nationalité. Aux quatre de la « bande » s'ajoute parfois Momo, d'origine marocaine, un autre copain de quartier qui a été, en première et terminale, en classe avec Sabri.

Dans la mesure où j'ai pu suivre une partie de la scolarité universitaire de ces quatre étudiants en les accompagnant dans leur entreprise de révision du dernier trimestre de l'année 1992-1993, je voudrais dans les trois chapitres suivants éclairer, sous la forme d'une chronique détaillée, les conditions sociales du travail universitaire en mettant au centre de l'analyse l'alternance des temps sociaux : le temps désinstitutionnalisé et vide de la fac et le temps plein de la vie de quartier. L'intérêt de l'enquête par observation participante est de pouvoir analyser, au fil du temps, le travail de révision des étudiants si bien que la reconstitution minutieuse des faits et gestes de chacun et la chronologie des interactions se sont imposées comme le meilleur moyen de rendre compte de la variation des attitudes. L'observation directe fait accéder au point de vue de l'intérieur du groupe et dévoile son fonctionnement, les tensions qui le traversent, notamment lorsqu'il s'agit de conquérir l'estime de l'enquêteur. Ce récit d'observation tente de montrer la manière dont le rapport au temps [3] de ces étudiants de « cité » s'inscrit et prend sens dans une double détermination : un rapport dominé aux études et un enracinement protecteur dans le quartier.

3. Une des hypothèses qui guident ce chapitre est celle établie par Norbert Elias, dans le cadre d'une réflexion de sociologie historique, lorsqu'il montre qu'il faut penser le temps, contre la tradition philosophique, de manière relationnelle : « Le mot temps, pourrait-on dire, désigne symboliquement la relation qu'un groupe humain, ou tout groupe d'êtres vivants doué d'une capacité biologique de mémoire et de synthèse, établit entre deux ou plusieurs processus, dont l'un est normalisé pour servir aux autres de cadre de référence et d'étalon de mesure » (Elias, 1996).

4

Perdus à la fac

Au moment d'entreprendre des études supérieures, les quatre étudiants de Granvelle ont d'abord exprimé une préférence pour les études courtes, de type BTS. Trois d'entre eux, Djamel, Fehrat et Sabri, ont été refusés sur dossier ; seul Nassim a été accepté en classe de BTS commerce international dans un lycée situé à cent vingt kilomètres de Gercourt. Il n'y est resté que trois semaines et a abandonné, revenant habiter chez sa mère à Granvelle. Il n'a pas supporté l'éloignement de son quartier et s'est rapidement trouvé confronté à des problèmes financiers qui lui sont apparus inextricables [1]. Il lui reste peu de temps pour « trouver une fac ». Sur les conseils de son copain Sabri, « voisin de bloc » comme il dit, qui s'est inscrit dès le mois de juillet en première année de DEUG, il le rejoint dans la même fac, sans connaître le programme autrement que par ouï-dire. En revenant habiter chez sa mère, il économisait frais de transport et de séjour. Au début du mois d'octobre 1992, tous se retrouvent à l'université, inscrits en première année de DEUG (Djamel, lui, est redoublant) dans l'antenne universitaire du Nord-Franche-Comté, à Belfort (à vingt kilomètres de Granvelle). Tous sont donc allés « en fac » par défaut : s'ils ont « choisi » la filière d'AES (administration économique et sociale), c'est un peu sur les conseils de leur professeur

1. Faute de place à l'internat, il a dû louer une chambre (950 F par mois) mais a « craqué » au bout d'un mois.

d'économie[2] et avec l'idée que cette filière était suffisamment « généraliste » pour leur convenir. Ce choix par résignation (« Pour moi, dit Nassim, la fac d'AES, c'est une roue de secours »), qu'ils expriment souvent sur le mode du « il faut bien que je fasse quelque chose », constitue en quelque sorte le prolongement naturel de leurs carrières scolaires faites de redoublements, de passages « juste », d'obtention *a minima* du bac, sans travail scolaire continu.

La fac par défaut et le choix de la proximité

Si tous ont cherché à un moment ou à un autre à éviter la fac, c'est qu'ils ont au fil du temps glané des informations auprès de leurs amis étudiants, dans le quartier, sur les études supérieures. La comparaison entre la fac et l'IUT ou les BTS qu'ils ne cessent de faire en pratique, par le croisement des informations données par leurs aînés du quartier, leur fait immédiatement refuser la perspective de l'entrée en premier cycle à l'université ou la concevoir comme la dernière des solutions « post-bac ». C'est ce que me dit Nassim lors d'un entretien réalisé à la fin de son année de première B lorsque nous abordons la question de son avenir après le bac.

> – Moi, j'ai plusieurs choix. En BTS, je ferai des demandes dans toutes les sortes de BTS : action commerciale, commerce international, force de vente, marketing ! On verra où je serai accepté si j'ai le bac. Et puis sinon en fac, j'aimerais bien faire une école, une école de commerce. La fac, c'est la dernière [solution]... Le dernier, le dernier truc... Vraiment, je sais pas, ça m'intéresse pas parce que j'aime pas être à beaucoup... J'aime pas quand y a trop de monde. Moi j'aime bien quand on est juste comme au lycée, là c'est juste ce qu'il faut. En fac, y en a qui me disent : « On est 250, 200 dans les amphis, tout le bordel, ça va même jusqu'à 400, comme en fac de médecine... 400, ça fait beaucoup quand même. La fac, c'est le nombre puisque moi je dis : tu te retournes à peine, tu verras un élève, j'ai dit ça, moi, je pense que ça va me déconcentrer, ça va me forcer à parler avec tout le monde. 250, ça

2. Le professeur d'économie du lycée Diderot, ayant alors la plus grande ancienneté dans le poste, conseillait au début des années 1990 à ses élèves « moyens » de s'inscrire en AES, d'éviter sciences économiques : « En droit, ils n'écrivent pas assez bien et, en éco, les maths sont trop dures. »

fait trop, ça fait trop, moi, je dis. Par contre, j'aime bien être une trentaine, bon, on se connaît tous, on sait ce qu'on veut, on parle entre nous, tout ça... Mais 250, on sait pas qui c'est celui-ci, qui c'est celui-là. Et puis si on veut faire sa connaissance, on oublie un petit peu les cours, tout le bordel, là, j'aime pas. Juste ce qu'il faut, c'est bien. Comme dans un lycée c'est bon, comme l'école, une école, c'est combien... y doit y avoir quoi ? 30, 40. Entre 30 et 40 élèves c'est bon, ça. Moi j'aimerais bien, mais on verra. »

– Tu as l'impression que tu réussiras mieux scolairement si tu es pris dans un groupe...

– Voilà, un groupe, bon, où on se connaît tous, où on sait tous ce qu'on veut, pourquoi on est venu, pour le même objectif, c'est bon ça. Si je suis en fac avec 250 élèves, 350 ; dès que la première année, ça m'intéresse pas, je le ferai pas jusqu'au bout. Je changerai. Par contre, si je suis avec 30, 40, puis ça m'intéresse vraiment, je vais être au top. La maîtrise c'est cinq ans. Moi, les études courtes, tout ce qui est études courtes, DEUG, tout ça, ça m'intéresse. Mais ce que je préférerai, c'est une école de commerce. Parce qu'il y a une meilleure réputation à l'école de commerce que la fac... Quelqu'un qui est diplômé d'une école de commerce, il a plus de débouchés, non ?... Moi, je sais pas, je regarde des coups dans le journal pour voir comme ça, pour voir ma branche, si j'ai vraiment pris une bonne branche, mais je regarde tout le temps « cherche agent commercial diplômé d'une école de commerce », « école de commerce »... partout je vois ça. Je sortirais... T'aurais un diplôme d'une école de commerce, là, ça vaudrait le coup... Je regarde les journaux, j'aime bien voir à peu près ce qu'ils cherchent, ce qui est le mieux maintenant... (Juillet 1991.)

Si, dans le choix des études courtes, les considérations financières jouent un rôle important (le retour attendu de l'investissement éducatif est plus rapide), il ne faut pas sous-estimer l'attrait pour ces jeunes des études professionnalisantes dont la spécialisation et les débouchés concrets contrastent avec le flou et l'indétermination des études universitaires. Mais pèse encore plus dans cette préférence la perception, finalement assez juste, qu'ils se font du type de rapport pédagogique qui prévaut dans ces deux univers de l'enseignement supérieur.

Compte tenu de leur scolarité au lycée, ils ont conscience que, pour réussir dans l'enseignement supérieur, une structure d'encadrement pédagogique est nécessaire. Ils veulent surtout échapper à la fac, à son « faux rythme », au piège que constitue l'apparente liberté octroyée par l'institution. En effet, à la différence des étudiants de classes préparatoires ou, à un moindre degré, de ceux de BTS ou d'IUT, soumis à une forte discipline temporelle et contraints à la mono-activité scolaire durant un temps relativement long, les étudiants des facultés doivent, comme le dit B. Lahire, « se créer des lieux et surtout des temps spécifiques d'étude à l'intérieur d'espaces-temps le plus souvent plurifonctionnels, où plusieurs activités peuvent même entrer en concurrence au sein d'une même séquence temporelle. Dès lors que la coupure de même que les passages entre le scolaire et le non-scolaire ne sont plus institutionnalisés, objectivés, imposés, ils deviennent des problèmes "personnels" que doit (tenter de) résoudre chaque étudiant [3] ».

Si certaines filles, lycéennes, de Granvelle, choisissent de s'inscrire à l'université distante de cent kilomètres de chez elles, distance raisonnable qui les met à l'abri du contrôle social du quartier, les garçons ont plutôt tendance à choisir la faculté la plus proche, l'antenne universitaire du nord de la région. Voilà ce que répond Fehrat lorsque je lui demande ce qui l'a fait aller à Belfort, petite antenne universitaire, plutôt qu'à Besançon, la grande ville universitaire (à quatre-vingts kilomètres) et s'il a hésité entre les deux :

> Ouais, ouais... C'est vrai... j'ai hésité un peu... Déjà je voulais aller à Besançon... (*Réfléchissant.*) Je voulais y aller pour être un peu plus autonome, je voulais plus rester chez moi, ça fait quand même un peu [long]... vingt et un ans... C'est pas normal chez nous, c'est nouveau, ça, vingt et un ans et toujours à la maison, c'est bizarre. Donc, au départ, je voulais partir à Besançon, j'avais un copain qui me l'a proposé. Il m'a dit : « Viens, on prend une chambre ensemble, on reste là-bas, et tout... On sera tranquille. » J'ai dit non... (*Silence.*) J'ai regardé... La chambre, ça me coûtait environ 600-700 balles... Au moins... Ou 1 000 francs... Parce que, lui, je sais pas, il a pris une chambre assez grande, avec cuisine, c'était pas une chambre, carrément c'était un appart'. J'ai dit non, mais, c'est vrai, ça m'a pas tenté. Après j'ai dit : « Je vais prendre la petite fac, au moins je garderai l'argent de l'appartement, ça me fera un petit argent de poche. » En fait, le choix, ça a été surtout matériellement...

De fait, les considérations matérielles ont joué un rôle primordial dans le choix de la petite fac de proximité. Pour

3. B. Lahire, « Manières d'étudier », *Cahiers de l'Observatoire de la vie étudiante*, n° 3, 1997.

minimiser les dépenses liées aux études à la faculté, ils ont mis au point un système, vite rodé, de déplacement à Belfort. Ils sont cinq (il faut ajouter Mohamed dit « Momo ») du même quartier à être inscrits en première année d'AES et deux d'entre eux ont une voiture, Sabri et « Momo ». En fonction des heures de cours et de TD des uns et des autres, ils s'arrangent pour remplir l'une des voitures disponibles. Tous les jours, ils vont en voiture à la fac et y reviennent dans la journée, souvent dans l'après-midi même. Ils auraient pu y aller en bus (comme le font les filles du quartier ou comme le fera Nassim lorsqu'il ne pourra plus bénéficier du voiturage de Sabri) ou en train, mais c'est une possibilité qui ne semble pas les avoir effleurés. D'abord parce que cela revient plus cher, ensuite parce que le transport à plusieurs en voiture est un moment de plaisir et de rigolade : le quartier continue de vivre dans l'habitacle et l'école est « loin » dans les têtes ; enfin, et surtout, parce que la voiture donne une grande autonomie : c'est notamment la possibilité de quitter plus rapidement la fac lorsqu'on en a « marre ».

– J'allais en voiture à la fac... Avec Momo, tout ça... Nassim... Au début c'était avec la voiture de Momo, il avait sa 104... c'était vraiment... Au début, on allait tranquilles... Après, il y avait un redoublant et lui, il nous a dit : « Ouais, ces cours à lui, c'est bidon, c'est même pas la peine d'y aller, il fait n'importe quoi... » Ça serait moi, j'aurais une voiture, j'y serais allé, mais comme c'était leur voiture, sa voiture, je pouvais pas dire : « On y va... »

– Tu ne pouvais pas y aller en train ?

– Ça faisait trop tôt... Il fallait me lever à 5 heures. Enfin, à 6 heures... Il fallait prendre le bus pour aller là-bas et puis après il y avait un autre bus... Et puis je voulais pas (*rire gêné*)... (Fehrat, juin 1993.)

Au début de l'année universitaire, ils sont allés aux cours régulièrement, du lundi au mercredi. En début d'année, Nassim me disait que les cours finissaient le mercredi soir et que « jeudi, c'était les vacances ». Au fil du temps, ils ont manqué des cours, mais se sont efforcés d'être présents aux TD (sauf les trois dernières semaines).

La perte des repères

À Belfort, l'antenne universitaire est installée dans un vieux bâtiment refait à neuf, au centre de la vieille ville. Tous jugent que les conditions de travail y sont bonnes : les amphithéâtres sont spacieux, non surchargés et le cadre de travail est agréable. La majorité des étudiants est originaire de l'aire urbaine et des classes de B et G des lycées de la région. Il y a donc une assez forte homogénéité scolaire et sociale des étudiants. Le rapide relevé des patronymes que j'ai effectué à partir du listing des résultats d'admissibilité en juin 1993 indique que plus d'un tiers des étudiants sont d'origine étrangère, principalement maghrébine. La vie étudiante reste à l'état embryonnaire, un bureau des élèves a bien été créé sur le modèle des IUT, mais il ne semble pas alors faire recette. Les exigences de travail pour chaque matière semblent moins élevées que dans d'autres facultés. Par exemple, certains chargés de travaux dirigés (TD) en droit et en économie ne sont pas jugés compétents par les étudiants ; ce sont des « professionnels » qui « font des TD à la fac » pour ajouter une fonction universitaire à leur CV. Les étudiants enquêtés reprochent à nombre d'entre eux, entre autres, de peu préparer leurs cours, de donner trop d'exposés à faire par les étudiants et pas assez de cours, de ne pas être assez exigeants quant au travail rendu, bref de ne pas les suivre suffisamment. L'absence de travail en TD ne semble pas véritablement sanctionnée ; les étudiants peuvent un temps faire illusion grâce à quelques bonnes notes obtenues assez facilement en contrôle continu. Malgré cette diminution apparente des exigences scolaires, le processus d'évaporation des étudiants dans cette première année de DEUG s'effectue tout au long de l'année, s'accélérant après les premiers partiels de janvier. Au moment des écrits de juin, moins des deux tiers des étudiants inscrits composent[4].

À travers le récit qu'ils font de leurs premiers mois à l'université, on peut faire apparaître les différents moyens qu'ils ont utilisés pour affronter ce nouveau monde, donner du sens à leur entreprise. Il leur a fallu notamment recréer un « cadre de données temporelles » (M. Halbwachs) qui les a aidés à ne pas

4. Pour l'année scolaire 1992-1993, on compte 280 étudiants inscrits en première année d'AES. Aux partiels de janvier, 50 seulement ont eu la moyenne. Nassim déclare avoir eu 9,6 de moyenne et en est le premier surpris.

« décrocher ». D'abord, en définissant un temps collectif de transport, en partant ensemble en voiture à la fac. Si l'un d'eux « oubliait » de se réveiller ou voulait « sécher », il y en avait toujours un pour le forcer à venir : la contrainte du groupe, sous forme de coups de klaxon devant la cage d'escalier du copain retardataire, fonctionnait ainsi pour chacun comme auto-contrainte. Ensuite, pour éviter la dispersion des cours et les intercours redoutés comme des temps d'attente inutiles, ils ont cherché à concentrer les cours (notamment les travaux dirigés obligatoires) sur deux ou trois jours, terminant ainsi leur semaine universitaire le mercredi soir. Ils se sont aussi efforcés dans un premier temps d'assister à l'ensemble des cours, y compris ceux du matin (8 heures) en amphithéâtre. De même, les plus studieux (Sabri et Fehrat) ont préparé, sérieusement et à l'avance, leurs premiers TD en prenant comme modèle l'organisation du travail en terminale.

> Au début, moi j'ai fait les TD. Les TD de statistiques, je les faisais, j'essayais de comprendre. Mais après, vu qu'il y avait les copains qui étaient dans le TD d'avant avec le même prof, je me suis dit : « Bon je vais copier. » La première fois, je vais copier le prochain cours, j'ai pas le temps de le faire. J'ai copié une première fois. Bon… deuxième fois… troisième fois… Après, j'ai dit : « Bon, c'est même pas la peine de le faire. » (*Rires.*) C'était ça (*rires*). (Fehrat, juin 1993.)

Ces bonnes résolutions d'assiduité aux cours et de travail en TD, prises en début d'année, n'ont pas résisté à l'épreuve du temps : ils se sont mis progressivement à « manquer » les cours magistraux trop matinaux, à ne plus préparer les TD, même si – ultime résistance à la désorganisation temporelle liée à leur nouvelle vie étudiante – ils se sont efforcés d'être présents tout au long de l'année aux TD obligatoires, au moins jusqu'aux vacances de Pâques ; ensuite, ils ont laissé un peu « filer » les dernières séances, sans dépasser toutefois le taux d'absentéisme autorisé. Le découragement est venu assez vite, comme le montre le fait qu'après seulement quelques semaines de cours Nassim et Sabri ont pris pour habitude de n'emporter qu'un seul sac pour deux (« on va pas s'encombrer avec deux sacs » dit Nassim) et aussi de se constituer un cours pour deux dans chaque matière ; de même, ils prennent alternativement les notes du cours en droit et en économie. Si découragement rapide il y a eu, c'est parce qu'ils ont eu très tôt l'impression, lors des cours magistraux, de ne pas comprendre, d'être « largués » (comme ils n'osent pas le dire), de ne pas être à leur place dans cet univers de la parole « abstraite ». Un thème récurrent des entretiens réalisés plus tard avec eux est que les professeurs d'amphithéâtre « parlent trop vite », « ne se rendent pas compte », c'est-à-dire ne perçoivent pas les difficultés qu'ils éprouvent à prendre des notes. Nassim reconnaît prendre la moitié ou un quart de ce que le prof dit (« il va trop vite, surtout en droit »). En fait, Sabri, plus studieux, lui reproche d'être trop distrait, de ne pas écouter vraiment le prof. Fehrat, lui, lorsqu'il « décroche » en cours, a trouvé un système de prise de notes : il marque des petits pointillés à la place des phrases qu'il n'a pas pu écrire et tente ensuite de recopier sur un autre cours pendant les interclasses. Tous ont éprouvé le sentiment d'être débordés, submergés de mots, toujours en retard sur la parole du professeur qui « ne fait aucun effort pour savoir si on suit ».

> Déjà quand on prend les cours, c'est le forcing, on y va comme des fous, des fois on a même pas le temps de copier, hein ! Bon, ils disent : « Vous avez 10 heures par semaine au lieu de 18 heures par semaine », mais c'est vraiment [faux]. Ils nous mettraient 40 heures, je crois que ça serait même pas suffisant... Parce que ça va trop vite les cours ! On n'y comprend rien ! Le prof qui nous fait les TD, lui (*soupir*)... Il nous dit tout le temps : « Bon, on va vous faire ça, vous verrez ça, c'est bon. » Tu comprends pas, bon, on s'en fout ! De toute façon, on arrive, la plupart des gars (*se reprenant*)... des camarades qui arrivaient en classe, ils restaient dix minutes, le temps que le prof les mette « présents » sur la feuille et puis ils se barraient. [...] Moi, au début de l'année, je me disais : « De toute façon je vais travailler, je vais me débrouiller, je vais travailler au moins une heure par soirée ou même deux heures. » On se dit ça, mais dès qu'il faut le faire, là ça devient plus difficile, on est moins tenté... « Bon, je le ferai demain, on verra ça la semaine prochaine, et puis oh ! demain je vais pas y aller... » De toute façon, on a les cours... (Fehrat, juin 1993.)

Ce sont surtout les cours d'amphithéâtre qui les ont démoralisés parce qu'ils ont mesuré là leur distance à la culture savante, leur peu d'intérêt pour des cours magistraux au contenu trop abstrait, leur incompréhension aussi du langage technique du droit ou de l'économie. Alors qu'au lycée ils pouvaient mobiliser dans leur dissertation d'économie des lectures de magazines ou des informations glanées à la télévision, ils sont ici privés de cette ressource : le cours reste, à leurs yeux, « théorique ». Fehrat, par exemple, mobilise ses souvenirs de terminale B où son professeur d'économie les incitait à nourrir leurs dissertations d'exemples concrets tirés de l'actualité et de la presse écrite. « Moi je préférais le cours de TB, c'était pratique, intéressant. Je lisais un truc sur le journal, par exemple quelque chose sur l'entreprise Philips, et je le remettais dans une copie, le prof me mettait TB en marge. Là, en fac, la microéconomie, c'est théorique, vraiment trop théorique. »

Lorsque chacun d'entre eux revient avec moi, dans le cadre d'entretiens individuels (enregistrés), sur l'année universitaire écoulée, ils comparent systématiquement la fac avec le lycée, toujours évoqué avec regret. Ce qui est d'abord éprouvé en quittant le lycée, c'est la perte d'un ordre temporel, d'un temps institutionnalisé, notamment d'un horizon temporel propice sinon à organiser leur temps de travail personnel (faible en dehors du lycée), du moins à structurer leur emploi du temps journalier et hebdomadaire. Au lycée, les semaines étaient « remplies », les différentes scansions temporelles de l'ordre scolaire (le jour, la semaine, le trimestre) leur fournissaient des points de repère fiables, le contrôle régulier des connaissances et le déroulement du programme balisaient leur emploi du temps, leur permettant d'inscrire leur travail scolaire dans un temps prévisible et planifiable.

L'an dernier, j'étais mieux, hein ! J'avais des bons résultats… Enfin, bons, pas trop mauvais, quoi ! Ils étaient pas trop mauvais, et même ils étaient bons. C'est vrai, j'ai été accepté en BTS, j'étais pas mauvais. J'avais des bonnes moyennes, j'avais 12, 13 de moyenne générale, c'était bien. Cette année je vais avoir quoi ? (*Hésitant.*) Non, je préférais avant, je regrette ma vie de lycéen et je regrette le BTS. Au lycée, déjà, notre travail, il était suivi. On avait cours toute la semaine, c'était partagé alors que là, à la fac, lundi, mardi, mercredi, et puis plus rien ! Après j'étais tranquille… Mais aussi, toute la semaine, je foutais rien ! Et puis le dimanche arrivait et là je commençais un petit peu à baliser, je me disais : « Merde ! » Après les TD qui sont regroupés ensemble, il faut bosser, alors que le lycée c'était bien, c'était tranquille… C'était « cadré »… Voilà, j'étais cadré, suivi, c'était bien ! Le lycée, c'était bien ! Je regrette, je regrette… (Nassim, juin 1993.)

Déjà, au lycée, t'as des devoirs. Quand on te donne des devoirs, c'est pour le lendemain ou un truc comme ça, il faut le faire. Et puis t'as cours, la plupart du temps le travail tu le fais en classe. De toute façon, quand tu écoutes un minimum au lycée, ça va, tu t'en sors. Quand tu fais des interros, tu t'en sors un peu, quoi ! Rien qu'avec les bases. Moi, en économie ça a été surtout ça, j'écoutais, hop ! Ça venait ! J'écoutais, je participais, c'était ça. Mais la fac, c'est complètement différent. T'es pas obligé de faire ça... (Fehrat, juin 1993.)

Évoquer le temps plein et dense du lycée, c'est dans le même mouvement l'opposer au temps vide de la faculté, temps si étiré qu'il en devient presque abstrait. Cette opposition terme à terme de ces deux temps vécus, de ces deux types d'expériences sociales, ne se comprend pas indépendamment du rapport aux études, et plus exactement de la manière dont le temps contribue à construire la « structure de la personnalité sociale » (N. Elias). Le temps vécu au lycée leur apparaît rétrospectivement comme un temps plein parce que, d'une part, ils avaient le sentiment d'avoir gravi un échelon social (en ayant échappé au lycée professionnel) et que, d'autre part, ils avaient la possibilité collectivement de faire fonctionner une sorte de « contre-culture ». À l'université, ils ne peuvent plus se servir des qualités sociales acquises dans le cadre de leur socialisation dans le quartier – sens de l'improvisation à l'oral, esprit de répartie, art de négocier avec les enseignants un ensemble de choses comme les notes, les sanctions, les passages –, qu'ils avaient pu transférer dans l'espace scolaire du lycée. Là, ils pouvaient notamment continuer à utiliser, en le raffinant, le système, mis au point et expérimenté dans le collège du quartier, d'adaptations primaires et « secondaires » (pour parler comme E. Goffman) à l'institution scolaire : entraide, unité de la « bande » du quartier face à l'épreuve scolaire, développement de rapports personnels avec certains enseignants, négociation des notes, couverture ou institutionnalisation de la « triche ». Or ce système ne s'est pas révélé aisément transposable à l'université : le « groupe classe » a disparu, les réseaux de copains se sont distendus, les complicités sociales sont plus difficiles à entretenir ou à faire naître, etc.

Au lycée, déjà, on était trente, on était sûrs de se connaître, au bout d'un ou deux mois on était sûr de connaître toute la classe, alors que là, en fin de compte, trois cents, qui connaître ? Pourquoi lui et pas lui ? Donc, en fin de compte, je connaissais, à part ceux vraiment que je connaissais du lycée, j'ai pas fait beaucoup d'autres connaissances hein ! (Nassim, juillet 1993.)

Nassim, qui était à sa manière un virtuose dans cet art où il s'agit de présenter et mettre en scène ses difficultés et de les convertir en arme pour obtenir son dû, se retrouve le plus démuni à la faculté. Par exemple, il ne peut plus nouer des alliances comme au collège ou au lycée avec certains « profs sympas » qui entraient dans son jeu, récompensant sa participation en cours, valorisant les aspects de sa personnalité extravertie, appréciant son côté « direct » et « sympathique », répondant ainsi à une certaine forme de demande de considération sociale (voire affective). À l'université, régie par des règles davantage impersonnelles, se trouvent ainsi disqualifiés les savoirs pratiques et le savoir-être spécifiques de ces étudiants de « cité ».

Une culture universitaire « écrasante »

La discipline scolaire est d'abord une discipline temporelle et, si l'on considère que le « travail pédagogique a pour fonction de substituer au corps sauvage [...] un corps "habitué", c'est-à-dire temporellement structuré[5] », force est de constater que l'entrée à l'université, prise ici comme une sorte d'expérience de laboratoire social, révèle l'inadaptation des structures temporelles de ces étudiants et l'échec des mécanismes traditionnels de socialisation scolaire, ceux-là mêmes qui assuraient la conversion à la culture légitime pour les enfants d'origine populaire, ceux que Hoggart désigne par le terme de « boursiers ». Il leur manque ainsi une capacité d'autocontrainte au travail scolaire et une croyance en leur avenir scolaire et professionnel qui, toutes deux, se construisent dans la longue durée, à l'occasion des nombreux rites de confirmation et de consécration qui jalonnent la carrière scolaire. Les premiers jours à l'université opèrent comme un moment où ils se rendent compte qu'ils n'y sont pas véritablement à leur place, contrairement à d'autres lycéens déjà acculturés scolairement.

5. P. Bourdieu, *Esquisse d'une théorie de la pratique*, Droz, Genève, 1972.

Les premières heures de cours, c'était... (*Hésitant.*) Bon, c'était bizarre... Déjà on découvrait... On voyait trois cents personnes comme ça, dans une salle... On se disait : « Mais qu'est ce qu'ils font là ? » (*Rires*)... C'était bizarre... Bon, j'en avais entendu parler mais c'était pas pareil... Quand on voit, c'est pas pareil... Ça changeait un peu, quoi... D'abord, on venait en cours, on n'était même pas obligé d'écouter... Au début de l'année, je me mettais un peu à l'arrière mais après je me suis mis devant... comme avec les lunettes on voit pas au tableau. Je me mettais tout près pour copier... Parce que, bon, la prof, elle notait des trucs, je parle du cours de microéconomie, parce que c'est elle qu'on a eue en premier. Elle nous mettait des trucs au tableau, ben le temps de copier, c'est tout. Fallait le faire en même temps qu'elle, parce qu'autrement on n'avait pas le temps. Il fallait tout de suite copier... Tac ! Tac ! Tac !.... Autrement on n'avait pas le temps, elle effaçait, elle recommençait quelque chose. On avait économie d'entreprise, ça c'était pas la peine, elle allait à toute vitesse : « Alors on va faire ça, ta ! ta ! ta ! ta !... » Elle nous disait toutes les définitions... Fallait suivre. Ça changeait vachement... Au début on a fait notre emploi du temps, on était tout content. « Ouais ! on n'a que 18 heures, on sort tout le temps, on n'a jamais cours, c'est bien ! On n'est même pas obligé d'y aller... » Mais ce qu'on fait en dix heures, normalement on aurait pu le faire même en vingt heures, trente heures...

– Les enseignants ne vous ont pas incités à acheter des manuels ?

– Si, ils nous ont proposé des manuels, ouais. En histoire ils nous ont proposé beaucoup de trucs à lire... En histoire, que ce soit en micro, en droit, ils nous ont proposé des trucs. Au début on a regardé un peu les prix, c'était vachement cher ! On s'est dit « bon » et puis quand on voyait, on voyait un peu les anciens là-bas, les redoublants, ils nous disaient : « Oh, c'est pas la peine ! Ça te sert à rien ! » Quand on entend ça, on se dit que c'est pas la peine qu'on achète, on verra... on photocopie les pages qu'il nous faut...

– Et en TD, on vous a dit qu'il fallait travailler sur ces photocopies ?

– Ouais (*sceptique*), ils nous disaient qu'il fallait faire les TD, tout ça... Mais, de toute façon, nous, pour les TD, moi, j'étais un peu habitué depuis la terminale. J'avais un prof qui nous faisait faire tout le temps des TD, il nous donnait un TD à faire pour la semaine suivante. J'étais un peu habitué... Au début, moi, j'ai fait les TD... les TD de statistiques, je les faisais, j'essayais de comprendre. Mais après, bon... vu qu'on avait (*hésitant*)... vu qu'il y avait les copains. Parce que moi j'étais pas dans leurs classes...

Il y avait le Momo et puis le Djamel, ils allaient avant moi en cours et puis moi, je l'avais juste deux heures après, le prof...

– Donc finalement on peut dire que, toi, tu es arrivé en fac avec des bonnes dispositions...

– Ouais, ça va... Bon, je voulais pas redoubler, tout ça... Je me disais que j'étais en fac, fallait que je réussisse. Mais... de toute façon... même on apprend les cours qu'on a faits. On avait appris les cours qu'on a faits, c'est pas pareil !... Déjà, l'élasticité, on a fait un seul exercice dessus. Moi, quand je révise, je révise sur les devoirs qu'on a faits, les exercices... Même en terminale, c'était comme ça. Je refaisais les interros... Pour les maths je faisais toujours les interros... et je comprenais comme ça... Parce que les cours, c'est pas tellement ça. Je refaisais une ou deux interros. Bon, je me disais eh ben ça, c'est facile, c'est comme ça. Mais là, je refaisais les interros, j'en ai refait quelques-unes... Déjà, en micro, j'ai pratiquement tout fait mais ça n'a rien à voir ce qu'on a fait là en examen. C'est pas pareil du tout... les questions qu'il posait, c'était pas... C'était tout le cours... je vois pas.... Ça correspond pas au cours...

– Et en plus, vos cours, ils étaient un peu en décalage. La dernière fois tu me disais que par rapport à l'année dernière, en TB, l'économie ça t'intéressait alors que là la micro, la macro, ça te disait pas grand-chose...

– Ouais... en économie... En économie, je trouvais ça intéressant... Enfin, en terminale, c'était intéressant. J'étais intéressé par ce qu'on faisait. Dans les journaux, des fois on allait en bibliothèque avec un copain, on allait, on lisait. Voilà, c'est intéressant, telle entreprise a été rachetée par ça, telle entreprise a été rachetée aussi... Les impôts, tout ça. C'était bien. Et puis quand je ressortais ça en cours, le prof de terminale il me disait : « Ouais, c'est très bien. » Ça me faisait plaisir. Alors que, là, en fac, ça n'a rien à voir... Micro, macro. Déjà macro. La comptabilité nationale. (*Silence.*) Bizarre !... C'est quoi ça ? (*Rires.*) Après la comptabilité nationale, il y avait la micro... l'élasticité, les machins, des trucs comme ça (*avec un accent d'incompréhension face à des mots étrangers*)... On a rien fait de ça [au lycée], quoi ! C'est complètement différent...

– Tu as eu l'impression en arrivant en fac que ce qui t'intéressait au lycée n'existait plus...

– Voilà, c'est ça... Ouais, je vois pas... je vois pas... c'est trop (*cherchant le mot juste*)... C'est trop théorique... Je vois pas à quoi ça peut servir... la macro... la micro, la macro je vois pas à quoi ça peut servir dans le futur, dans les boulots qu'on va faire... (*Silence.*) C'est pas... Moi je sais qu'en terminale on discutait vachement... J'avais un copain, avec lui on discutait beaucoup : « Aussi c'est bien, on a fait ça, on a fait ça... » Et puis avec lui, c'était un peu la concurrence (*en riant*)... C'était pas tellement la concurrence, mais c'était... c'était à celui qui avait la meilleure note. Lui, il avait de bonnes notes en éco tout ça, et puis moi, c'était en maths, alors ça compensait... (Fehrat, juin 1993.)

Rien, par exemple, n'exprime mieux leur distance à l'université que leur absence de maîtrise des mots de l'institution. Six mois après la rentrée, Nassim continue de parler de « cours marginaux » pour désigner les cours magistraux et personne dans le groupe ne songe à le reprendre. Lorsque je prononce le mot de « bibliographie », il n'est pas immédiatement compris, mais, après un temps de réflexion, Sabri me demande : « Tu veux dire la liste des bouquins ? » Lorsque je leur montre ce qu'est une bibliographie au verso d'une fiche de TD, ils font comme s'ils ne l'avaient pas vue ou comme si cette liste n'était pas importante. Au moment des dernières révisions, Sabri m'avoue, un peu gêné, qu'ils n'ont jusqu'alors jamais ouvert un seul manuel. Depuis le début de l'année universitaire, aucun d'entre eux n'a acheté un seul livre, sauf Djamel qui a acheté un manuel de microéconomie (« Je l'ai choisi au hasard »), ni entrepris une démarche documentaire : s'inscrire à la bibliothèque de la faculté, consulter les livres en accès libre, regarder la bibliographie, faire des photocopies. Lorsque je leur demande s'ils sont déjà allés à la bibliothèque universitaire, ils deviennent évasifs, chargent mutuellement le copain de répondre, laissant finalement le soin à Nassim de déclarer, avec une assurance feinte, qu'ils ne peuvent pas emprunter de livres. Les rares fois où je me risque à aborder la question de leurs lectures, ils sont mal à l'aise, n'osant pas me dire explicitement qu'ils ne « lisent » pas (pour leurs études) ou reprochant aux enseignants de ne leur avoir conseillé aucun ouvrage en particulier.

Face à l'univers des livres universitaires, ils sont à la fois désarmés et respectueux. Pour les aider à réviser le droit civil, je leur avais procuré un manuel (le « Thémis » de droit civil de Jean Carbonnier, aux PUF) qu'ils n'ont fait que parcourir ou feuilleter. Devant la concision du langage et la rigueur du raisonnement entraperçues du juriste, Nassim ne cache pas son admiration et aussi son impuissance à se l'approprier (« Le bouquin que tu nous as filé, c'est un sacré bouquin »). C'est l'ensemble de la culture légitime – le capital culturel objectivé dans les biens, culturels, dans le décorum, la matérialité du livre – qu'ils tiennent à distance, comme par exemple tout ce qui relève des spectacles culturels. Un soir, une pièce de théâtre « engagée » (dont le titre est *Et Dieu créa l'ANPE*), jouée et mise en scène par des enfants d'immigrés de la région parisienne, passait à la salle des fêtes de Gercourt. Lorsque j'en discute avec Nassim qui n'y est pas allé, il m'en parle comme d'une loufoquerie d'intellectuels (« Je suis pas allé voir ce truc de fous »). Enfin, le fait de devenir étudiant n'a en rien modifié leur manière de parler, comme s'il leur était difficile, voire impossible, de passer à un autre registre de langage.

Leur difficile adaptation à la fac s'explique aussi par le fait qu'ils sont restés à l'écart du milieu étudiant de Belfort, qui existe, même s'il est moins structuré que celui d'une grande ville universitaire. De ce fait, ils se sont retrouvés en quelque sorte coupés de toute forme de sociabilité étudiante. Sur place, à la faculté, ils sont restés presque toujours ensemble, « entre eux », ne se mêlant guère aux autres étudiants, ne cherchant pas à nouer d'autres relations (« On leur parle mais c'est juste pour des renseignements, ça va pas plus loin », reconnaît Nassim). Tous n'étaient pas d'accord sur leur manière de passer les journées à la faculté. Sabri aurait souhaité rester plus longtemps dans la journée, notamment pour travailler en bibliothèque. Nassim y était le plus systématiquement opposé (« Moi, je peux pas y rester, Sabri de temps en temps voudrait y rester, mais moi je veux pas, je connais pas, j'aime pas ») et il n'avait guère de mal à convaincre le chauffeur de ramener la « bande » à Granvelle dès que les cours étaient terminés.

Rares ont donc été les moments où ils se sont attardés à la faculté ou dans les cafés du centre-ville (« On a rien à y faire »). Ils restent ainsi dans une sorte d'entre-soi masculin ; il est significatif, par exemple, que les étudiantes ne les attirent pas (même s'ils ne veulent pas trop m'en dire à ce sujet), leur préférant les « petites lycéennes du quartier ». De même que l'enquête de l'Observatoire de la vie étudiante montre que le maintien de relations avec les amis de lycée est d'autant plus fort que l'on descend dans la hiérarchie des filières scolaires, de même on s'aperçoit, dans ce groupe, que depuis qu'ils sont « étudiants », ils n'ont pas vraiment coupé avec le lycée. Leur mode de vie extrascolaire n'a pas été modifié par le passage à l'université, leur sociabilité reste centrée sur le quartier. Ils continuent au jour le jour à entretenir des relations d'amitié avec leurs amis de Granvelle, à se balader en ville ou dans le quartier, à discuter, tard le soir, « au bas des blocs ». Leurs sorties d'étudiants ne diffèrent pas de celles du lycée : les soirées raï dans la proche région, quelquefois la « boîte de nuit » le week-end, mais jamais de spectacles culturels. Ils sont étudiants par leur statut social et financier (une bourse) et formellement par l'assistance aux cours, mais leur mode de vie ressemble à celui qu'ils avaient lorsqu'ils étaient lycéens. Le statut étudiant leur procure surtout une plus grande autonomie financière qui leur permet à la fois de redonner de l'argent à leurs parents, de sortir davantage, de se servir de voitures. Entre eux ils se prêtent facilement leurs voitures, par exemple Djamel prête la sienne (une 205) à Sabri lorsque la sienne est en panne. L'utilisateur a comme principe de payer son essence pour le nombre de kilomètres parcourus. Lorsque Sabri me descend « en ville », on s'arrête à l'hypermarché prendre de l'essence pour 30 francs (ce qui correspond à la consommation estimée de l'après-midi).

L'eldorado de la « bourse »

En accédant à la faculté, les étudiants d'origine populaire bénéficient d'allocations d'études dont le montant varie selon le niveau de revenus des parents. Ces enfants d'ouvriers non qualifiés touchent le montant maximum, soit en 1992-1993 environ 18 000 F annuels (ce qui correspond à 22 000 F aujourd'hui). Pour bien comprendre la signification de l'allocation d'études supérieures – qu'ils appellent toujours la « bourse » – pour ces étudiants, il faut rappeler qu'ils vivent dans des familles nombreuses avec un salaire unique d'ouvrier non qualifié. Lorsque les enfants grandissent et continuent à l'école, les budgets de ces familles sont extrêmement serrés. Les quatre étudiants enquêtés appartiennent tous à ce type de famille même si, entre eux, il existe aussi de fortes différences : la famille de Djamel est un peu plus à l'aise (comme le marque le fait qu'ils ont pu démanger en pavillon huit ans plus tôt). Mais, dans l'ensemble, tous ont l'habitude depuis l'âge de seize ans de travailler l'été pour se constituer en deux mois une épargne dans laquelle ils piocheront l'année suivante. Ils ont tous comme habitude de ne jamais rien demander à leurs parents. Si Fehrat a travaillé comme ouvrier dans une fonderie et aide son frère aîné dans son petit commerce, Nassim et Sabri ont, eux, travaillé dans une société de nettoyage industriel. Dans l'extrait d'entretien suivant, Fehrat m'explique comment il gagnait et utilisait cet argent.

> Quand j'avais travaillé à l'usine, je m'étais fait plus de 9 000 F... même 10 000 F... on peut arrondir à 11 000 F parce que j'avais pris des sous à mon frère aussi, j'avais aussi tenu le magasin... Cet été-là, c'était vraiment la chaîne. Mon frère [qui tient le magasin] était parti en vacances. Je travaillais à l'usine et, quand je travaillais du matin, je rentrais du boulot chez moi vers 1 heure... À 2 heures, j'étais au magasin, jusqu'à 6 heures j'y restais. Après je revenais, j'allais me coucher et le lendemain je me levais à 5 heures pour l'usine... C'était tout le temps comme ça... Et le samedi et dimanche, j'étais même pas tranquille parce qu'il y avait aussi le magasin. Bon... (*rires*) pour ça [le boulot], normalement je lui [son frère aîné] aurais pris au moins 10 000 F... Mais, bon, je sais pas... Sur le coup, j'étais énervé, j'ai rien touché, mais après, quand c'est passé, j'ai laissé tomber... En plus, ça m'énervait parce que tous les copains ils allaient à la piscine et puis moi j'étais obligé de garder le magasin, oh là ! là ! (*Silence.*) Des fois, je voulais même pas travailler. [...] Je voulais m'acheter une voiture, mais 9 000 F (*moue dubitative*)... Déjà, j'avais des besoins... Enfin, je me suis acheté des baskets, des fringues, tout ça... Mais c'est toujours ça, hein ! C'était pas tellement un besoin pressant. Mais une voiture, moi, j'ai toujours réalisé que ça revenait trop cher, que c'était pas possible. Au départ faut payer l'assurance, faut payer l'essence. [Il explique ensuite que les copains de la fac qui ont des voitures ont reçu une aide de leurs parents.] Moi, c'est pas comme ça. Moi, quand j'aurais une voiture, faut que ça soit... enfin faut que j'aie les moyens de la payer, autrement c'est pas la peine. (Fehrat, juin 1993.)

La « bourse » est perçue mensuellement sur leurs comptes bancaires (elle « tombe », comme ils disent, à partir du mois d'octobre). Dans la mesure où, pour des raisons d'économie, ils ont choisi de rester hébergés au domicile familial, elle leur permet d'accéder, pour la première fois de leur vie, à une relative autonomie financière. Ils peuvent aider leurs parents, sortir davantage, utiliser la voiture et disposer enfin d'un argent de poche qui les autorise à des dépenses qui relevaient auparavant du superflu. L'utilisation de cette bourse varie selon les configurations familiales. Nassim, dont la mère et la sœur aînée vivent de faibles allocations, s'efforce de leur verser assez régulièrement de l'argent. Fehrat, dont le père travaille à l'usine et dont les frères aînés sont en activité, « donne » de temps en temps. Il a dû imposer à son père que son aide allait être irrégulière et qu'il garderait le contrôle de sa bourse (« Moi je garde ma bourse ! Je vais pas tout donner quand même [à mon père] ! Ah mais j'ai quelques besoins... ») Pour tous, la bourse permet pour la première fois de toucher un revenu qui est à la fois mensuel et garanti. Ce qui est pour eux une aubaine, comme le raconte bien Fehrat lorsque, sept ans plus tard, il revient avec moi sur sa première année d'université.

> Déjà avec la bourse, tu découvres (*rires*) une liberté, ce que t'avais pas... Parce que, moi, j'avais jamais eu autant d'argent... À l'époque, c'était 1 800 F qu'on touchait... Et j'habitais ici [Granvelle]. Rien que ça... T'sais, j'avais jamais eu autant d'argent... Mon père, il nous donnait des sous, mais c'était 100 F, 150 F ou, au pire, 200 F, toutes les deux semaines peut-être... Et j'ai trouvé tout ça d'un coup, je me suis dit : « Ouah ! C'est bon ! » (*Rires.*) C'était déjà l'Amérique... On n'a pas l'habitude, tu sais, d'avoir d'aussi grosses sommes comme ça... Et tu acquiers déjà une indépendance... et le truc que je réfléchissais, c'était est-ce que je vais prendre un appart' ou non... Je pars ou je reste ? je pars ou je reste ? C'était ça... Si je pars, j'aurai moins d'argent... Si je reste, j'en aurai plus... Comme ça, j'irai en vacances... (Avril 2000.)

Devenus grâce à la bourse soudainement « riches », ils éprouvent une sorte de plaisir à « parler argent », en utilisant les expressions du langage de la rue. Lorsque l'un d'entre eux va retirer de l'argent (100 F, voire 200 F, rarement plus) au distributeur voisin, il y a toujours un copain pour commenter ce petit fait en riant : « Il est allé chercher de la braise », « Il va ramener de la fraîche », etc. Les membres du groupe se font fréquemment des petits prêts de 100 ou 200 F, se retrouvent ainsi mutuellement débiteurs et créditeurs dans le cadre d'un système d'échanges de dettes. L'essentiel semble bien être d'alimenter la circulation d'argent liquide dans le groupe parce que ces multiples échanges d'argent donnent constamment lieu à des réclamations ou à des récriminations moqueuses vis-à-vis de celui qui tarde à payer sa dette. On sent chez eux une forme de plaisir à jouer de leur nouvelle position de créditeurs ou inversement de débiteurs, à faire du « petit business », pour emprunter une de leurs expressions favorites, toujours lancée avec ironie.

Sabri, qui possède une carte bleue depuis cinq ans, a travaillé deux mois comme ouvrier en intérim les étés précédents et a ainsi accumulé une épargne qu'il a vu dangereusement fondre lors de cette première année universitaire. Il me confie : « Je ne sais pas gérer mon argent. J'avais 27 000 F au début de l'année et il ne me reste plus que 3 500 F. » Fehrat entretient le même rapport à l'argent qui, dit-il, lui « brûle les doigts ».

– Quand tu travailles l'été, c'est pour garder l'argent pour être un peu à l'aise au cours de l'année et pas avoir à te priver quand tu veux acheter quelque chose ?

– Voilà... Voilà... Mais il en faut vachement (*rires*)... Des 9 000, des 11 000 F que j'ai touchés, ben je sais pas ce que j'en ai fait. Là, je dois avoir 5 000 F. Pourtant j'ai touché une bourse de 17 000 F... Mais moi je crois que plus on a de l'argent, plus on l'utilise. Moi, dès que j'ai 100 balles sur moi, c'est pas possible !... Faut que j'use tout ! Je rentre dans le magasin, comme ici la cafétéria, quand je viens avec n'importe qui, je prends une glace, je prends ça, je rentre dans le machin, et je prends à boire, je prends tout... Il y a des trucs, des fois, je prends, des pizzas aux fruits de mer et puis chez moi ils mangent pas ça. (*Rires.*) Ils me disent : « Ouais, tu manges n'importe quoi ! » (*Rires.*) Ils n'achèteraient pas, eux. Là, je les achète avec mon argent, alors forcément... Moi, ça a toujours été comme ça. Quand j'avais de l'argent, ça a toujours été comme ça, j'ai jamais gardé de l'argent, moi... (Fehrat, juin 1993.)

« Y a pas de différence entre un lycéen et un étudiant... »

Ce qui, à ce moment de leur carrière scolaire, exprime le mieux leur distance au monde universitaire, la difficulté qu'ils éprouvent à entrer dans la condition étudiante, c'est la manière dont tous disent toujours « l'école » pour désigner la fac, et dont ils emploient le terme d'élève pour se définir et presque jamais celui d'étudiant. C'est cette indistinction des statuts (lycéen/étudiant) qu'exprime bien Nassim dans l'extrait d'entretien suivant.

– Non, pour moi c'est pareil, je m'en fous, j'étais encore à l'école, j'étais écolier même... Je sais pas « école », « écolier »... (*Réfléchissant.*) Non, y a pas de différence entre un lycéen et un étudiant... La preuve, il y a des étudiants qui sont encore dans les lycées, hein ! Les BTS, ils sont encore dans les lycées. Non, aucune différence ! Aucune différence ! La preuve, hein, si tu vas chercher du boulot, tu dis que t'es étudiant ou bien lycéen, c'est pareil, y a pas de travail. Aujourd'hui, il y a aucun prestige… Y a vraiment aucun prestige d'être étudiant hein ! Y a un prestige si tu réussis à être un bon étudiant, oui… Mais si tu es un étudiant moyen qui (*hésitant longuement*)… qu'a rien foutu de l'année, ben, au contraire, je préfère être un lycéen, tu vois. Je préfère vachement ma situation de l'an dernier que cette année, hein ! [On parle de la vie à la fac.] J'allais de temps en temps au resto U, mais on était toujours les quatre ou les cinq ensemble à la même table. On discutait pas, on mangeait et puis on se tirait, hein ! Il y avait pas de rassemblement, y avait pas…

– Il n'y a pas, je sais pas, l'équivalent d'un ciné club, de cafés sympas, d'endroits où les étudiants se réunissent…

– Peut-être qu'il y avait, mais nous on n'a pas cherché à savoir. Peut-être, hein, je sais pas. Le Quick, hein, souvent à midi les gens allaient manger au Quick. C'était rempli le Quick, j'y suis allé une fois ou deux, mais j'aimais pas la bouffe là-dedans. Je préfère la bouffe au resto U, c'était mieux hein ! Au moins c'était équilibré, y avait de la salade, un plat de résistance, un petit dessert. Au Quick t'as un petit morceau de viande, tu bouffes en trois, en deux crocs là, en deux crocs y a plus rien là, et puis c'est cher, hein ! C'est cher là-dedans ! Le resto U, 12 F, c'est pas cher, 12 balles… comme le plat qu'on a mangé à la cafète, c'est presque pareil, mais toujours on mangeait ça, on mangeait des frites, avec un steack ou bien une cuisse de poulet ou bien du poisson, de la salade, de la macédoine, nous on aime bien ça avec Sabri, on est fou de ça. À la fin y avait toujours des petits cocktails de fruits là, ou bien y avait de la compote, y avait du fromage, c'était bien 12 balles, franchement c'était bien, le plat, il était costaud, hein, il était bien. Le Quick là, c'était cher le Quick, Pfff… ! Un hamburger, là tu l'as à 12 F ou 11 F, les géants, les Big Mac là, je sais pas quoi, 20 balles. Et le menu entier, c'était 33 F je crois, je sais pas, je m'en rappelle même pas tellement, j'y suis seulement allé une ou deux fois, j'ai tout oublié. Non, au RU, on n'y allait pas souvent, le lundi déjà on avait cours de midi à une heure et demie, je rentrais chez moi, je mangeais chez moi, à une heure et demie, deux heures. Le mardi, bon, on avait cours le matin, l'après-midi, j'allais au RU et le mercredi le matin, l'après-midi j'allais pas souvent en amphi. En microéconomie et puis j'avais un TD à cinq heures et demie jusqu'à sept heures, j'allais souvent le mardi avec un autre groupe, alors ce qui veut dire, bon, que je restais pas toujours jusqu'à sept heures, puis le mercredi après-midi, je me tirais à Montbéliard, petite promenade. Le matin on se tirait, je disais : « Allez viens, Sabri, laisse tomber va, on rattrapera le cours. » Des coups on restait pas, des coups on restait, mais bon, c'était pas souvent qu'on restait (*rires*)…

Conclusion

Huit mois après leur entrée à l'université, les quatre copains continuent tous à employer spontanément ces termes du lycée et du collège. S'ils continuent d'utiliser le vocabulaire du collège ou du lycée pour dire leurs conditions de scolarisation, c'est bien parce que la fac n'est, dans leur tête, que la continuation du lycée. Même s'ils ont pu constater la grande différence qui existe objectivement entre ces deux institutions, ils se sentent subjectivement toujours du même côté de la barrière, à l'intérieur de ce monde de l'école qu'ils ont toujours connu. Cette rémanence du langage de l'enfance est significative de la distance culturelle qui continue de les éloigner du monde de la culture légitime. C'est ce sentiment d'illégimité culturelle qui leur fait préférer dire « l'école » plutôt que « la fac ». À travers cette impossible appropriation subjective, on peut lire le désir d'éterniser leur présence à l'école, à l'abri durablement du bruit et de la fureur de la « vie active ». En durcissant un peu le trait, on pourrait dire que, continuer à se dire « à l'école », c'est se cramponner au statut protecteur qui est lié à la condition d'élève. On peut aussi ajouter que, dans la mesure où ils ne vivent pas à proprement parler une vie étudiante, il n'est guère étonnant que leur vocabulaire exprime cet état d'indétermination. On peut aussi voir dans ce vocabulaire les effets sociaux de « l'imposition et de la généralisation de la définition du jeune comme élève ou, mieux, étudiant, et en tout cas de la disparition comme terme de référence et catégorie significative de statuts tel celui d'apprenti, de tout jeune travailleur. Avant vingt ans, le statut de référence, qui tend à faire la loi est devenu celui d'"étudiant" : la forme scolaire, lycéenne ou étudiante, du jeune s'est généralisée et imposée comme forme première, voire unique [6] ».

6. J.-C. CHAMBOREDON, « Classes scolaires, classes d'âge, classes sociales : les fonctions de scansion temporelle du système de formation », *Enquête*, n° 6, juin 1991, p. 126.

5

La révision des examens : « Ça passe ou ça casse ! »

Installé à Gercourt pour les quinze jours de vacances de Pâques, je revois Nassim [1] et lui propose explicitement de l'aider à réviser ses partiels de juin. Dans un premier temps, il hésite, semble vouloir gagner du temps, relativise soudain ses mauvais résultats lors des premiers partiels (« En janvier, ça n'avait pas si mal marché : j'ai eu 9,68 »). D'un côté, il n'ose pas refuser mon offre car il me « doit » un service (le voyage que j'ai fait avec lui en voiture pour aller récupérer la caution de sa chambre d'étudiant de BTS) et, de l'autre, il craint en l'acceptant de dévoiler l'étendue de ses lacunes et, ce faisant, de baisser dans mon estime. Il trouve une sorte de compromis en me demandant de l'aider uniquement en droit constitutionnel. « Pas ce week-end », précise-t-il immédiatement (il doit vérifier l'état des freins de la voiture qu'on lui prête), ce qui lui accorde un répit de deux jours. Le surlendemain matin (dimanche), je rencontre Sabri devant le marchand de journaux. Nassim lui a parlé de mon offre et il paraît davantage intéressé : il me propose tout de suite de leur faire des fiches, apparemment ravi de l'aubaine (« Ça serait bien si vous pouviez nous faire des fiches de droit en droit public ou droit des obligations, ou si vous pouviez retrouver vos anciennes fiches »). Durant le week-end, j'ai tenté vainement de joindre Nassim qui, sans nul doute, « se défile ». Le lundi, je parviens à joindre sa sœur qui lui laissera

1. Il me paraît plus en forme que deux mois plus tôt où il était démoralisé par la fac (il avait le teint pâle, une barbe peu fournie lui mangeant le visage en cette période de ramadan).

le message. Rendez-vous est pris pour le lendemain au café. Je renouvelle ma proposition et m'efforce de convaincre Nassim d'accepter mon aide pour les partiels de juin. En fait, un « jeu » s'installe entre eux autour de ma proposition : d'un côté, Sabri semble intéressé et prêt à travailler et, de l'autre, Nassim m'assure que ce dernier est le premier à ne rien vouloir faire. Face à moi, Nassim ne veut pas endosser seul la responsabilité du rejet de mon offre. N'ayant pas osé refuser au départ, il est désormais bien « embêté », pris au piège du contrat moral passé ensemble.

La négociation de l'aide scolaire

Nassim devait m'appeler mardi soir pour que l'on se voie le lendemain (il était prévu d'aller travailler à la bibliothèque municipale) mais, comme d'habitude ces derniers jours, il ne l'a pas fait. Le lendemain, à la terrasse du café, je le rencontre par hasard alors qu'il discute avec le serveur[2]. Il me fait bien remarquer que, lui, il est présent et que les deux autres (Sabri et Djamel) ne sont pas là : « Tu vois, Stéphane, ça a fait comme ça toute la semaine dernière. » Faisant mine de s'impatienter, il a ici le beau rôle, celui de l'étudiant sérieux, fidèle au poste, empêché par ses camarades de travailler, il finit même par menacer : « S'ils sont pas là dans un quart d'heure, c'est pas la peine », comme s'il espérait secrètement que l'on ne travaille pas. Je le prends au mot et lui propose d'aller avec lui à la bibliothèque municipale pour y faire des photocopies. « Non, dit-il, c'est fermé entre midi et deux », mais je l'assure du contraire. Il est bien obligé de me suivre et laisse un message pour Sabri. Cinq minutes après notre arrivée à la bibliothèque, Sabri et Djamel arrivent, se mettent autour d'une table ronde et commencent à discuter. J'en profite pour aller faire des photocopies des livres de droit. Nous rejoignent ensuite à notre table deux étudiantes de Besançon, originaires toutes deux d'un quartier HLM de Vincourt et alors en vacances chez leurs parents : Fatiha en deuxième année d'AES qui a réussi après avoir redoublé la première année et Linda en première année de

2. Le même qui, un an plus tard, au hasard d'une rencontre dans la rue piétonne de Montbéliard, me dit : « Alors, de retour ! Tu viens leur mettre un peu quelque chose dans la tête ? »

DEUG de philosophie (« 17 en philo au bac », me dit Nassim, admiratif). Nous sommes cinq autour de la table : Linda fait des photocopies sur le cubisme puisque « c'est ça qui l'intéresse en ce moment ». La conversation tourne autour de la manière de travailler les cours pour l'examen final. Fatiha est sollicitée pour donner des conseils puisqu'elle a réussi l'année précédente : lire ses cours, relire les fiches de TD, ne pas se contenter du cours. Elle avoue, non sans une certaine gêne, qu'elle s'est beaucoup servie du cours des autres : « Il faut bien utiliser ce qu'on peut. » Tout le monde est attentif : Djamel heureux aussi de parler travail, Sabri lit le cours de Djamel et compare avec le sien (il lui manque le chapitre 2). Seul Nassim paraît moins concentré, se désintéressant de son propre cours, davantage occupé à faire la cour aux deux filles.

À la fin de la séance de travail, Sabri m'invite à manger avec eux à l'hypermarché (« C'est moi qui paie »). Le repas à la cafétéria est comme une sortie et une petite fête ; Nassim s'en réjouit à l'avance et demande à Sabri de régler pour tout le monde. Tous sont satisfaits de la matinée passée à la bibliothèque, des photocopies qui les rassurent. La simple possession des « photocopies de Stéphane » leur donne soudain l'impression d'avoir bien avancé, comme si dorénavant ils savaient un peu plus où ils vont. L'ambiance au repas est détendue, Nassim entretient la flamme de l'espoir pour se donner du courage. Il reparle du nombre de candidats en AES, Sabri croit savoir qu'ils n'en prennent que 80 sur 280, mais Nassim corrige le chiffre à la baisse en tenant compte des défections en cours d'année et en soustrayant « tous ceux qui ne foutent rien ». Nassim en conclut que, tout compte fait, ils ont une chance sur deux de réussir (« C'est faisable quand même »).

Cependant, quatre jours après ma proposition, aucun d'entre eux n'a manifesté un réel désir de travailler ; les examens écrits qui sont dans un mois semblent encore bien loin. Chacun vaque à ses occupations principales. Sabri est presque entièrement occupé par les réparations de sa voiture, Nassim joue le rôle de commissionnaire du quartier (empruntant la voiture d'un tel ou d'un tel pour rendre de menus services), Djamel est toujours en vadrouille avec sa voiture. En fait, une fois donné leur accord de principe et en quelque sorte par politesse à mon égard, ils cherchent tous à leur manière à reculer l'échéance tout en tentant de reporter sur l'autre la faute de ce retard. Nassim a bien conscience que cette attitude ne fait pas sérieux vis-à-vis du « prof » et, pour s'exonérer d'avance de toute responsabilité, il va chercher à mettre en avant le thème du groupe uni, y compris dans la défaite programmée (« Ici on est tous pareils : il y en a pas un qui va faire travailler les autres »).

Une fois l'offre acceptée, ils attendent de moi que je sois un professeur efficace, que je leur donne les « trucs » pour réussir l'examen et, par exemple, que je leur fasse des fiches de lecture. J'ai voulu assez rapidement prendre connaissance de leurs cours, de leur programme, mais Nassim trouve un prétexte pour ne pas avoir à me montrer ses cours (il n'aurait pas la clé de chez lui, l'a donnée à un de ses frères qui vient de monter dans le bus). Son expression favorite pour indiquer la manière dont il conçoit la révision, c'est « vite fait, bien fait », comme du temps volé à ses autres activités dans le quartier qui lui paraissent impératives.

En discutant avec eux, en observant leurs notes, je m'aperçois vite qu'ils sont loin d'être prêts pour l'examen. Le premier problème qu'ils rencontrent en cours magistral est celui de la prise de notes. Les professeurs vont trop vite, utilisent des mots qu'ils n'ont jamais entendus, ils n'arrivent pas à suivre. Rares sont ceux qui ont leurs cours au complet, y compris Djamel qui redouble. Fehrat a prêté une partie des siens à ses copains mais ne sait pas s'il les récupérera avant les partiels. Lorsque je regarde le cours de droit public de Nassim, je m'aperçois qu'il mêle le cours magistral, les fiches de TD et les notes de TD. Tout est en désordre et lui-même a bien du mal à s'y retrouver. Toutes ses feuilles à carreaux sont réunies dans une sous-chemise usée. Il n'y a pas la première fiche de TD où figure la bibliographie. Ses notes sont très irrégulièrement prises, aucun effort de présentation, pas de numérotation des pages volantes. Nassim me confie le tout pour que je voie comment combler les trous. À l'inverse, Djamel prend son cours de droit public sur un cahier à petits carreaux, marque bien ses paragraphes, écrit au stylo-plume bleu et utilise un stylo-bille vert pour les titres, tout le monde s'accorde pour reconnaître que son cahier est « bien tenu » (l'un d'entre eux commente respectueusement : « Il met même du vert »).

Leurs cours de TD ne sont pas fiables ou sont succincts. Sabri craint de ne pas être prêt en droit des obligations : « Le chargé de TD, il ne faisait faire que des commentaires d'arrêts alors qu'au partiel ce sera une dissert. » Il se plaint aussi du caractère insuffisamment préparé et structuré des TD : « On n'a pas de chance avec nos profs, le nôtre il fait faire que des exposés… on a rien capté. » Si Sabri reconnaît avoir travaillé la préparation de ses TD, Nassim n'hésite pas à affirmer son absence de travail : « En droit, moi j'en ai fait aucun » comme s'il assumait par avance sa position de futur perdant. Il me raconte la manière dont il se débrouillait en TD pour faire bonne figure à l'oral, en dissimulant son non-travail lorsqu'il était interrogé : il lui arrivait de piquer la feuille de sa voisine pour donner les (bonnes) réponses qui y figuraient. Fehrat me dit aussi qu'il ne préparait pas les TD.

Le travail en commun, le fait de partager l'intimité de leur travail scolaire (leurs cours, leurs notes de lecture, leur sous-équipement en matière de manuels) donne à voir la face cachée de leur statut d'étudiant, permet de passer derrière la « façade » pour découvrir les cours mal pris et incomplets, les notes illisibles, l'absence de fiches de TD et de livres, bref une absence quasi totale de préparation aux épreuves. Une des solutions qu'ils ont trouvées pour « sauver la face » a été cette succession d'esquives et de rendez-vous ratés à la dernière minute. En même temps, cette stratégie de fuite n'était pas tenable, car ils sont partagés entre la satisfaction de rencontrer un « prof de Paris » et la peur de ne pas être à la hauteur, la crainte de me décevoir, qui peut aussi les amener à devoir s'avouer la vérité sur eux-mêmes (ils ne sont pas de « vrais » étudiants).

On comprend que la proposition que je leur fais, lors des vacances de Pâques de 1993, soit, pour eux, à la fois une chance à saisir et un danger à courir. Elle met dans l'embarras Nassim pour qui cette nouvelle forme de collaboration risque d'écorner l'image qu'il a auparavant donnée de lui-même face à moi, celle d'un « bon » élève, d'un « bon » fils… Face à mon offre, il hésite dans un premier temps, restreint le champ des révisions, repousse le moment du travail à plus tard (« après ce week-end… J'ai plein de choses à faire »), « oublie » ensuite systématiquement de me rappeler pour fixer des rendez-vous de travail. Les différentes esquives sont autant d'échappatoires face à l'intrusion de l'enquêteur dans les « coulisses » de leur scolarité, autant de manières de « sauver la face ». Les réactions à l'offre de soutien constituent un bon révélateur de l'asymétrie du rapport enquêteur/enquêté – « professeur »/étudiant, tenant de la culture légitime/culture illégitime, etc. – qu'ils vivent d'une manière particulièrement accusée lors de cette première année universitaire. À preuve, la récurrence, tout au long de l'enquête, des décalages temporels entre les deux parties : d'un côté, l'enquêteur, en quelque sorte habité par le temps scolaire, fixe des « rendez-vous », s'efforce d'être ponctuel, prévoit de longues plages de travail scolaire, etc. Du fait de cette intériorisation du temps scolaire, partie intégrante du moi social de l'enquêteur, c'est tout « naturellement » que, pour des questions qui me semblaient aussi importantes que les révisions, je me suis surpris à juger « mes élèves » du moment comme « en retard », « pas sérieux » dans leur travail. Or, de l'autre côté, les enquêtés « baignent », si l'on peut dire, dans le temps du quartier marqué par le flou des repères temporels qui rend presque impensable la notion même de « temps de révision ». Par exemple, lorsque je leur demande si l'on peut commencer assez tôt le matin, vers 9 heures, Sabri sourit, un peu gêné, ne sachant pas trop comment refuser, pour finir par m'avouer d'un ton coupable : « Non, le matin, on travaille pas trop. » Djamel m'explique alors, pour mettre fin à l'embarras de son copain Sabri : « C'est parce qu'ils sortent tard le soir... »

Le désarroi de Nassim

Fin mai 1993, trois semaines après, je reviens comme promis les aider lors des derniers jours de révision. Le lendemain de mon arrivée, je discute longuement à la terrasse du café avec Nassim de sa situation d'étudiant. Il me dit une nouvelle fois sa « fatigue » et sa lassitude de la faculté (« J'en ai vraiment marre de la fac »). Il sait bien, quatre jours avant les examens, qu'il n'a aucune chance d'être admissible en juin ; il essaie néanmoins, face à moi, de mettre de l'ordre dans ses pensées, d'établir une sorte de « bilan » provisoire de cette année d'« étudiant ». Il regrette par exemple de ne pas avoir su jouer le jeu pour obtenir de bonnes notes en contrôle continu : « J'ai pas été assez malin. [...] J'aurais dû faire plus d'exposés [...] plus me montrer aux profs de TD. » De tout ce temps « perdu », cette année, à la faculté, il tire avec amertume une leçon sur lui-même : « Finalement, j'aime pas l'école. À notre âge, on se connaît, mais moi j'ai jamais aimé l'école. » Il se rend compte, après coup, qu'il a toujours réussi « par chance », sans véritablement travailler. Au lycée, il lui suffisait d'écouter en cours, de savoir s'attirer les bonnes grâces de certains enseignants et aussi de bluffer un peu. Cette fois-ci, à l'université où le niveau d'exigences est monté d'un cran, il sent bien que son « système », rodé de longue date au collège et au lycée, s'essouffle, qu'il n'est plus ajusté à ce nouvel univers scolaire.

Il se dit surtout « fatigué » des périodes de doute qu'il traverse régulièrement à l'approche des examens ; le sentiment d'être toujours « à l'école » lui pèse de plus en plus, si bien qu'il regarde dorénavant du côté des perspectives professionnelles (au mieux un « poste de pion », au pire la « débrouille »). Il se met alors à rêver de passer des concours administratifs de niveau bac (La Poste, les impôts, etc.) comme le fait une étudiante d'AES de Granvelle, qui passe celui de la gendarmerie. Si, à un moment, il entrevoit clairement le coût financier et social d'un possible échec universitaire (« Il faut de l'argent ! Il y a rien à faire »), quelques minutes plus tard, il est prêt à « en rabattre » (« Même un petit concours à 5 000 F par mois »), presque fataliste (« Bon, on vivra comme tout le monde, une petite vie misérable comme tout le monde »), rêvant d'une vie de « petit fonctionnaire », en « horaire normal », où « on finit à 4 heures ou 5 heures ». Là, il pourrait, comme il dit, « profiter de la vie », « sortir, s'amuser », à la différence de sa vie étudiante où il n'est jamais serein, toujours hanté par l'échéance lointaine et abstraite de l'examen de fin d'année.

Car, au moment où je le revois, Nassim attend, impuissant et anxieux, le moment de l'examen (« Tous les matins j'y pense en me levant ») ; en même temps, il ne parvient pas à se mettre au travail et cette contradiction le mine. Il est par moments obligé de reconnaître sa responsabilité (« Je sais, je déconne... »), mais ce qui fondamentalement le tracasse et surtout le désarme – d'autant qu'il n'arrive pas à s'expliquer –, c'est son absence de volonté, sa léthargie, sa « paresse » : « C'est pas que je peux pas, c'est que je veux pas ! », dit-il en élevant le ton, en se faisant la morale à lui-même, même si peu de temps après il se reconnaît des « excuses » : son origine sociale, ne pas être, comme il dit, un de ces « fils de technicien », « fils de directeur » qui auront toujours « quelqu'un derrière » pour assurer leur avenir.

Durant cette période des révisions, des phases d'abattement et de démoralisation, au cours desquelles il se demande pourquoi faire semblant de jouer ce jeu-là, alternent de plus en plus fréquemment avec des moments d'espoir et de remoralisation. Dans ses moments plus « noirs », il n'hésite pas à me confier ce qu'il appelle ses « problèmes », qui tournent principalement autour de sa famille. Nassim, comme beaucoup de lycéens du quartier que j'ai interviewés, se sent investi d'une mission trop lourde pour ses épaules. Les membres de sa famille le voient tous « ingénieur » ou « docteur » (« Ils ne se rendent pas compte », dit-il en soupirant) alors qu'il sait déjà qu'il a de grandes chances de décevoir leurs attentes. La hantise de trahir les espoirs de promotion de sa famille ainsi que le besoin de se libérer de la pression qu'il sent peser sur lui le conduisent à « rêver » de devenir, comme il dit, un « simple rmiste », un « simple CES [3] ». Cette situation mettrait enfin un terme à l'indétermination de sa position actuelle d'entre-deux social – faux étudiant, faux salarié, « boursier » improductif – qui l'oblige sans cesse à se mentir à lui-même. Rêver d'acquérir un tel statut social, pourtant dévalorisé, méprisé, stigmatisant, c'est pour lui se projeter dans un avenir enfin libéré de l'hypothèque de la certification scolaire. Les « rmistes » sont peut-être impécunieux mais ils vivent, à ses yeux, sans être taraudés par le type d'angoisse existentielle que provoque la confrontation désarmée aux épreuves scolaires. Cette période de doute et d'interrogations voit Nassim se replier sur son réseau d'amis du quartier qui l'invitent toujours à « descendre en ville », à jouer aux cartes au café, à faire des courses, etc. ; il semble alors heureux de retrouver cet univers familier où sa réputation n'est plus à faire, celle d'un « bon » fils qui honore sa famille.

« Ça passe ou ça casse ! »

Samedi, 14 heures, à quatre jours du premier examen écrit de droit, Nassim, Sabri et Fehrat sont réunis au café : nous devons théoriquement réviser ensemble à la bibliothèque mais, comme il fait beau et chaud, personne ne songe à se mettre sérieusement au travail, il s'agit plutôt de profiter de cet avant-goût d'été. Lorsque Djamel nous rejoint, il laisse sa voiture en travers à quelques mètres du café, les deux portes avant grandes ouvertes, l'autoradio à plein volume. Ils se regroupent autour de la voiture, Nassim met des cassettes de raï (les « meilleures », elles viennent « direct d'Algérie »), tous écoutent en connaisseurs. On se croirait « là-bas », la vie embellie par la musique,

3. Contrat emploi-solidarité, qui désigne ici les jeunes stagiaires qui en bénéficient.

les « soucis de l'école » un moment oubliés, un temps « pour soi ». Mais, quelques minutes plus tard, l'un d'eux les fait replonger dans le monde scolaire : « Je sais pas comment ils font tous ceux qui révisent par ce beau temps ! » Rires, approbations bruyantes, et, après un court silence, Djamel prononce la formule magique du groupe, celle que chacun d'entre eux reproduira immanquablement au cours de ces jours lorsqu'ils parleront des partiels : « De toute façon, ça passe ou ça casse ! » Cette métaphore sportive rehausse l'épreuve qu'ils sont censés affronter ; sa forme d'alternative évoque une sorte de pari que l'on tente après avoir mis toutes les chances de son côté, après avoir utilisé jusqu'au dernier moment le temps nécessaire à la préparation. L'expression, fidèle illustration d'une mauvaise foi collective, soude et réchauffe le groupe, tous la répètent avec une espèce de gourmandise, heureux d'avoir trouvé l'expression pour décrire au plus juste leur état d'esprit du moment.

Dimanche matin, j'ai rendez-vous avec Nassim : mal réveillé (levé à 11 heures), morose, « fatigué » (« J'ai l'impression d'avoir de la bouillie dans la tête »), il ne souhaite pas se joindre à nous pour la séance de révision prévue pour l'après-midi. Faute de salle pour réviser et, comme il n'est pas envisageable de se réunir chez l'un d'entre eux, la séance de travail se déroule sous les arbres du parc public en bordure du quartier. Les cours sont étalés sur la pelouse, les corrigés de devoir circulent, je félicite Djamel pour son 15,5 en microéconomie mais il m'avoue, d'un air embarrassé, ne pas mériter ce compliment : « On n'a pas été honnêtes », me faisant comprendre à demi-mot qu'ils ont réussi à se procurer le corrigé de l'épreuve grâce à d'autres étudiants. Ils me disent sans détour qu'ils ne connaissent pas leur cours de « micro », qu'ils n'ont jamais (re)lu leurs cours magistraux. Le travail se fait quasiment en public, certains de leurs copains nous apostrophent de loin en riant (« Alors, les bosseurs ! » ou « Alors, les étudiants ! ») en faisant mine de vouloir débaucher leurs amis. Après avoir travaillé une heure, la bonne volonté s'éteint, l'ampleur des révisions qui restent à faire a pour eux quelque chose de décourageant, le travail cesse et la discussion s'oriente naturellement vers leur avenir professionnel. Comment faire pour contourner le « racisme » à l'embauche (« Dans l'intérim, si on est étranger, on dégage ! De toute façon, il n'y a aucun avenir ici pour des jeunes comme moi », dit Sabri), qui s'aggrave d'année en année dans la région ? Comment éviter de subir sans cesse des

« discriminations » liées à leur origine nationale ? Djamel me demande par exemple, au milieu de la conversation, si l'on peut porter plainte contre une « boîte d'intérim » pour discrimination. Sabri s'accroche à l'espoir de pouvoir créer une entreprise au Maroc et en même temps s'inquiète des conséquences de la poursuite généralisée des études sur l'insertion des futurs diplômés (« Comment ça va faire plus tard avec tous les diplômés qu'il y a... »)

Lundi, le rendez-vous est à 14 heures, au café. Ce lundi après-midi, Sabri et Nassim doivent travailler ensemble mais aucun des deux n'a apporté du matériel. Chacun, face à moi, se renvoie la responsabilité de cette situation. Fehrat n'est pas venu, Djamel est parti se promener pour tromper son inquiétude. Mardi, veille de l'examen. Ils ont trouvé une salle pour réviser (celle du « soutien scolaire », située au rez-de-chaussée d'un HLM). Un cadre scolaire est reconstitué (une salle, un tableau, des tables et des chaises, des dictionnaires, etc.). Armés matériellement et surtout coupés du quartier, un espoir renaît : ils sont arrivés à l'heure et tous se sont mis sans tarder au travail. Les cours sont étalés sur la table, les fiches de TD et cahiers de cours circulent entre eux, tout donne l'impression d'une effervescence brouillonne, d'un *brain-storming* de la dernière chance. À un jour des écrits, il faut parer au plus pressé, la situation de groupe aide à supporter la tension. Chacun cherche à se rassurer sur ce que l'autre sait et surtout ne sait pas, et, en même temps, ils s'entraident, le plus expert dans une matière passant au tableau pour expliquer aux autres. Ils sont avant tout à la recherche de recettes. Ils n'ont plus le temps de (re)lire leurs cours et « font » les TD difficiles de microéconomie. Chacun tente de donner des solutions aux problèmes ou fait semblant de participer. Nassim qui ne connaît pas son cours est très tôt distancé mais, pour rester dans le coup, il demande de temps en temps un renseignement : « Eh Sabri ! C'est quoi déjà, l'élasticité ? » Mesurant l'étendue de ses lacunes, il se fait philosophe : « De toute façon, j'ai rien foutu, on verra bien ce que ça donnera. » D'une certaine manière, il retarde les autres qui ne lui en tiennent pas rigueur, habitués qu'ils sont au personnage (« C'est ça, Nassim », me glisse en aparté Sabri). Djamel et Sabri sont même tout prêts à lui expliquer, à perdre un peu de temps pour le remettre en selle. C'est l'honneur du groupe de rester solidaire dans ces moments-là. Et cela même si Nassim ne peut s'empêcher par moments de casser le jeu, d'interrompre la séance de révision par de tout autres considérations : météorologiques (« Ah ! ce ciel bleu ! »), sportives (« De toute façon, moi j'attends le match [OM-Milan AC] de demain soir ») ou musicales (« Eh ! Écoutez la chanson [arabe] du dessus »). Cette première séance de travail « en classe » est émaillée de digressions, de conversations parallèles, de considérations extérieures au travail (la musique arabe, la politique en Algérie ou au Maroc), comme si le temps du quartier interférait encore avec le temps scolaire. L'essentiel est de trouver des occasions pour faire diversion, évacuer la « pression », dissimuler l'étendue de leurs ignorances.

L'après-midi, ils sont de nouveau tous là, avec un petit quart d'heure de retard (pris en faute, ils s'excusent) et pleins d'entrain. Le moral est redevenu meilleur : aucun ne se dissimule ses lacunes mais l'espoir est revenu, entretenu par ce travail collectif. Il reste trois heures pour travailler les sujets de droit qui « vont tomber », selon une « information » livrée par un chargé de TD. Or leurs cours sont incomplets ou mal pris, les fiches de TD inutilisables à leurs yeux : « C'est que des textes de loi. […] De toute façon, c'est écrit trop petit », disent-ils en me montrant les petits caractères du texte de la loi de décentralisation de 1982. Ils ne font plus confiance qu'à « mes » photocopies [4], élevées au rang d'assurance contre le risque examen, qu'ils consultent fébrilement tour à tour. Lorsque je me transforme en chargé de TD et recrée la relation pédagogique ordinaire (au tableau, écrivant des plans détaillés, donnant des mini-corrigés), ils sont attentifs, prennent des notes, appréciant les annonces de plan et les titres. Parfois ils me demandent de ralentir pour pouvoir noter intégralement les phrases et les apprendre par cœur. Les mots savants (la « rupture », la « fin de la tutelle ») sont très recherchés car ils semblent sonner juste. Chacun d'eux me demande des précisions sur la manière de construire un plan, le contenu des parties et des sous-parties, la signification des transitions, comme enhardis par ce « cours » (« Ma parole, si ça tombe là-dessus », lance Nassim, soudain euphorique). Je sens là leur besoin d'être confortés comme si je les aidais à surmonter leurs « blocages », les appréhensions qu'ils nourrissent vis-à-vis de la culture universitaire, en mettant à leur portée les mots du vocabulaire juridique qui leur font

---

4. Photocopies de manuels de droit que j'avais faites lors des vacances de Pâques.

peur, en construisant des liens entre ces savoirs abstraits et la réalité sociale d'aujourd'hui.

Cette fois-ci, le temps est passé trop vite, il aurait fallu pouvoir travailler de cette manière plus tôt : si le temps de ces ultimes révisions s'est transformé en un bien rare, c'est aussi parce qu'il est devenu un temps encadré, enserré dans un cadre ou un espace-temps scolaire, structuré par une forme de relation pédagogique. Les étudiants, soumis de nouveau à une discipline indissociablement scolaire et temporelle, ont retrouvé un meilleur moral. Nassim est presque devenu confiant : « Là, il y a pas de problèmes. On a trouvé cette salle. On va y aller tous les jours. On va bien bosser ensemble. Ah ! si on avait pu y aller avant, on aurait mieux révisé, j'aurais pas traîné comme ça au café… »

Les scansions temporelles du quartier

Hors du temps institutionnalisé, que faire du temps lorsqu'il devient « libre », du temps libéré de toute contrainte impérative ? On peut reprendre ici à notre compte une partie des remarques de M. Halbwachs sur le paradoxe de ce temps où on « est livré à soi-même et [où] on est sorti en quelque sorte du courant de la vie sociale. Ce pourrait être autant d'oasis, où, précisément, l'on oublie le temps, mais où, en revanche, on se retrouve. Au contraire on est sensible à ce que sont des intervalles vides, et le problème est alors de savoir comment passer le temps [5] ». En fait, le repli sur le quartier et la relocalisation des activités des étudiants sur ce lieu durant les autres jours de la semaine signent l'affranchissement de toute soumission à la discipline temporelle de type scolaire et dictent d'autres formes de scansions temporelles : d'abord sous la forme de contraintes familiales : faire les courses, s'occuper des cadets, les aider dans leurs devoirs, respecter des formes minimales de sociabilité familiale ; mais surtout sous la forme des obligations sociales liées à l'intensification des relations entre « amis » du quartier. Il existe bien un coût en temps de l'ancrage dans le quartier : le temps qui lui est imparti concurrence directement celui théoriquement consacré au travail universitaire. Par exemple, lors de la période commune de révision,

5. M. Halbwachs, *La Mémoire collective*, Paris, PUF, 1967.

Nassim subordonnera tous les rendez-vous de travail aux échéances liées à la vie du quartier. Sont ainsi exclus du cadre possible de révision de nombreux moments de la semaine : le mercredi matin, jour du marché de Gercourt (« Le marché, je n'en raterai pas un »), le dimanche matin, moment où la place du quartier se transforme en une espèce d'agora où les immigrés du voisinage (vieux comme jeunes, ouvriers et chômeurs, stagiaires et étudiants) se réunissent et palabrent, abordant notamment les actualités (du quartier, mais aussi du « pays », des « relations internationales »), et les innombrables occasions où il est sollicité dans la journée, à l'improviste, pour rendre service...

Au cours de ces jours en dehors de la fac émerge alors un nouveau rythme temporel, en décalage complet avec celui réglé par l'institution universitaire, calqué en quelque sorte sur celui des chômeurs ou des « stagiaires » : lever plus tardif le matin (pas avant 9 heures, plus tard le week-end), occupations diverses dans la journée (après les courses pour la famille, les retrouvailles entre amis et la vie de groupe), sorties tardives en soirée, comme si la structure temporelle de leurs activités journalières se déformait en se décalant vers des horaires plus tardifs par rapport à la norme scolaire. À ce titre, ils sont des « étudiants séculiers [6] » d'un genre particulier, tellement reliés à la vie du quartier, tellement « dans le monde », qu'ils en arrivent, lors de cette fraction de la semaine, à ne plus s'éprouver (à s'oublier) comme étudiants.

La désorganisation temporelle liée à l'entrée en faculté, le temps vide d'études universitaires « sur le papier », notamment l'incapacité dans laquelle ils sont d'organiser un emploi du temps autour du travail scolaire, rejaillissent sur leur manière de s'approprier l'espace familial et de passer le temps. La plupart d'entre eux m'ont raconté l'espèce de lutte intérieure qu'ils menaient une fois rentrés à leur domicile pour éviter de succomber aux attraits du quartier et s'astreindre à étudier, c'est-à-dire à organiser leur temps de travail. En habitant chez eux, c'est toute la vie du quartier qui s'offre à eux, les bruits extérieurs qui ne cessent de les solliciter, les copains qui passent,

6. B. LAHIRE (« Manières d'étudier », *art. cit.*, p. 137) distingue, à partir de l'analyse statistique des pratiques culturelles (lecture de la presse et de livres, types de sorties, télévision), le groupe des étudiants « réguliers » (attachement aux valeurs scolaires, loisirs « sérieux » et « cultivés ») et le groupe des étudiants « séculiers » (en contact avec le monde et son actualité, pratiques culturelles ludiques, sportives, festives...).

qui klaxonnent : « Quand j'entends tous ces bruits, dit Nassim, je peux pas, c'est plus fort que moi, il faut que je sorte. » Sabri, qui avait pris l'habitude depuis le collège de travailler dans sa chambre (personnelle), n'y parvient plus. Depuis qu'il est en « fac », il éprouve un besoin compulsif de « sortir » dans la journée, comme pour retrouver un courant de vie sociale qu'il se refabrique au contact de ses copains. Ils tendent tous à se réfugier dans le *no man's land* de la balade en ville ou en voiture, ou, pour Nassim, dans le café du quartier : « Le café c'est son fief, sa résidence secondaire », commente Sabri, sur un mode mi-amusé, mi-réprobateur. Affranchis de contraintes temporelles rapprochées et toujours enclins à repousser le moment de se mettre au travail, ils n'ont plus légitimement de place à la « maison ». Le temps familial est alors vécu douloureusement parce qu'il est à la fois celui qui leur rappelle leur situation objectivement privilégiée d'étudiant libre de son temps – à la différence du père au travail[7] ou des frères et sœurs, plus jeunes, à l'école – et celui qui atteste de leur incapacité à l'occuper de manière productive pour les études. D'autre part, l'absence de saturation de leur temps diminue l'attente de moments de rupture avec la vie quotidienne, comme le sont les sorties du vendredi ou du samedi soir. Ce n'est pas un hasard si Sabri constate que, depuis le mois de février (où la perspective d'un échec se renforce), il a moins envie de sortir le soir : « Ça fait quatre mois que les sorties, ça m'intéresse plus. Avant il fallait absolument que je sorte. J'aurais fait n'importe quoi. Maintenant, ça m'est égal. »

Lors de cette (re)plongée dans le quartier, les étudiants enquêtés s'habituent à vivre au jour le jour : aucun n'a d'agenda, Nassim n'a pas de montre, les choses se décident le jour même, bien souvent au hasard des rencontres. Des rendez-vous prévus (avec des amis, avec l'enquêteur, mais aussi avec un médecin ou pour un examen d'arbitre de football...) sont repoussés ou tout simplement oubliés parce qu'entre-temps

7. Rappelons ici que le temps libre ouvrier a toujours été, au contraire, un temps durement gagné, sans cesse conquis contre l'ordre de l'usine ; il s'apparente à la « plage tranquille du temps sans heures » (Michel Verret). La « flânerie temporelle » des (parents) ouvriers – « cet écart aux allures temporelles et cette jouissance du régime des allures » – se transforme, chez leurs enfants « étudiants », en pure vacuité, en un temps sans objet. Comme si le temps libre, généreusement octroyé par l'institution universitaire et non utilisé pour ce qu'il devrait être (le travail scolaire), devenait aussi, à leurs yeux, une sorte de temps « volé » et aussi, compte tenu de leur histoire (notamment celle de leurs pères rivés à la « chaîne »), un temps particulièrement illégitime.

il y a eu quelque chose de plus « urgent », ou tout au moins de plus impératif, toujours en lien avec l'entretien de la sociabilité du quartier. Loin de la « désynchronisation » du mode de vie étudiant des années 1960, le rythme de vie de ces étudiants de « cité » se calque sur celui de la vie quotidienne des jeunes du quartier, en totale opposition avec l'ascèse nécessaire à la réussite des études universitaires. En effet, ce qui frappe lorsqu'on vit à leurs côtés, c'est la forte élasticité du temps vécu : des périodes de vie au ralenti, faites de longues discussions au café ou sur la place – ce qui peut apparaître comme du temps perdu si l'on se réfère à l'échelle scolaire – alternent avec de brusques accélérations du temps vécu (la nécessité d'aller chercher quelqu'un, de trouver une voiture, etc.), comme s'il fallait de temps en temps donner du rythme au cours ordinaire et routinier de l'existence, redonner brusquement des impulsions pour densifier davantage la vie sociale. L'espèce de précipitation à prendre le bus, pris d'assaut en début d'après-midi par des jeunes du quartier, ou l'habitude d'effectuer un trajet de deux cents mètres en voiture, d'emprunter le bus pour faire les cent mètres qui séparent le café de la place de son HLM, sont autant d'illustrations de cette manière d'accélérer presque fictivement le rythme de vie dans le quartier comme s'il s'agissait d'introduire du discontinu dans cet univers temporel trop prévisible, comme pour forcer le cours des choses…

Une fois de retour à Granvelle, le temps de ces étudiants est implicitement organisé par rapport à d'autres groupes locaux, non pas les « vrais » étudiants, mais surtout le groupe des jeunes « stagiaires » et chômeurs, ceux qui « traînent », qui ne font rien de leur temps. Si leur structure temporelle hors de la faculté se rapproche objectivement de celle de chômeurs du fait de grandes plages de temps libre, ils s'efforcent en même temps de se différencier de ceux qui « glandent » en affectant une grande activité. Ils remplissent ainsi leur vie quotidienne d'une multitude de petites occupations, de petits déplacements (en ville, à l'hypermarché voisin où l'on se rend en voiture, en accomplissant les rites de sociabilité du quartier). Ils vivent ainsi au jour le jour, à l'abri des échéances scolaires semestrielles (partiels de janvier et de juin), comme si une des manières de résoudre en pratique, c'est-à-dire de rendre vivable, la contrainte de devoir faire face au caractère abstrait de l'examen universitaire consistait à s'imposer à eux-mêmes des contraintes de très court terme. L'entretien de la sociabilité du quartier et la constitution de « contre-handicaps » moraux et sociaux seraient donc autant de moyens pour résister au sentiment d'affaiblissement social lié directement à leur confrontation désarmée au monde de l'université.

Faute de groupe d'aspiration auquel ils puissent s'identifier, leur groupe de référence peut être, pour certains d'entre eux, le groupe des jeunes adultes du quartier dont ils peuvent imiter les attitudes, notamment en empruntant des termes à l'argot local. Mais affleure aussi par moments chez eux la conscience, qui se dit à demi-mot, qu'ils ne sont pas de « vrais » étudiants (« On n'est peut-être pas des modèles », me dit Sabri lorsque je lui dis, maladroitement, avoir beaucoup appris à leur contact) ou qu'ils sont pour une part des étudiants « par raccroc ». Lors des conversations au café, Sabri, qui est le plus sensible au regard que je peux porter sur eux, est toujours prêt à excuser la manière dont ils s'expriment face à moi, leur progressive levée de censure en ma présence après de longs moments passés ensemble : « C'est la langue de la rue », m'explique-t-il, notamment lorsque ses copains parlent des filles (telle ou telle qu'ils traitent flatteusement de « boulet » ou qu'ils créditent d'être « bonne »). En même temps, accaparés par les activités du quartier, ils peuvent être, somme toute, heureux de retrouver un cadre de vie dans lequel ils se sentent à l'aise, en quelque sorte protégés du jugement d'autrui. Le risque qu'ils courent alors est d'être entièrement distraits de la fac, distancés culturellement, en menant dans le quartier une sorte de vie d'étudiant entre parenthèses, c'est-à-dire perdant, au fur et à mesure que le temps passe, toute possibilité d'avoir de nouveau prise sur lui, de « revenir » dans la course scolaire. Pour les étudiants originaires des classes populaires, et en particulier ceux (qu'ils soient français ou d'origine immigrée) qui habitent des « cités », c'est-à-dire des zones d'habitat de plus en plus séparées du fait de l'aggravation de la ségrégation sociale et spatiale, « il est à la fois plus difficile et plus nécessaire de prendre des distances avec un milieu auquel on tient par un "pacte émotionnel" abyssal mais dont la culture est, comparativement, un handicap à la réussite universitaire [8] ».

8. GRIGNON, *Les Conditions de vie des étudiants*, OVE, 1986.

Conclusion

La faculté, comme institution, n'offre pas à ces étudiants de cité les moyens d'un apprentissage intellectuel, ni un encadrement culturel, ni non plus le plaisir du milieu étudiant comme cadre de convivialité. Ce qu'ils gagnent matériellement et symboliquement (le petit prestige local de l'étudiant), ils le perdent moralement dans la confrontation directe avec ce monde universitaire qui leur apparaît fermé, hostile. Les structures temporelles des étudiants, au mieux demi-acculturés à l'ordre scolaire, faute d'être travaillées en profondeur par le mode d'organisation des études à l'université, restent façonnées par les rythmes de la vie des copains du quartier. L'observation des rythmes temporels, comme celle des « manières d'étudier », constitue un analyseur suggestif des « ratés » du travail d'acculturation scolaire du système d'enseignement contemporain. Le rapport au temps n'est que l'envers du rapport, enchanté ou désenchanté, aux études et à l'institution scolaire. On pourrait dire que la désorganisation temporelle vécue lors de l'entrée à la faculté – ou, pour le dire autrement, l'impossibilité de construire, dans leur quartier, un semblant d'ordre temporel de travail (personnel ou collectif) qui puisse se substituer à la désinstitutionnalisation du temps scolaire – traduit principalement, chez les enquêtés, l'intériorisation d'un rapport dominé à la culture légitime.

6

Le repli sur le quartier

L'observation participante fait accéder au point de vue de l'intérieur du groupe et dévoile son fonctionnement, en particulier les tensions qui le traversent. Si le groupe des quatre copains est uni par la même origine et par la poursuite d'un même objectif, il n'en est pas moins traversé par une divergence latente d'intérêts qui se révèle parfois au grand jour lors de l'entreprise de révision collective. L'irruption de l'enquêteur dans un groupe déjà constitué opère comme une sorte d'expérience chimique qui produit un précipité pur des relations observées à l'intérieur du groupe en servant de révélateur des positions et des attitudes de chacun. Les petites rivalités se révèlent un indicateur assez fin des rapports de forces au sein du groupe qui, on le verra dans ce chapitre, s'est trouvé mis à l'épreuve par les difficultés objectives de la révision des examens et par ses effets induits de mise en concurrence.

Je vais ici abandonner le fil chronologique de l'enquête pour analyser de manière plus synchronique les rapports interindividuels qui se sont noués, d'une part, entre les quatre étudiants et moi et, d'autre part, entre eux quatre, lors de cette entreprise commune de révision. Les rapports au sein du groupe ont évolué au cours de ces deux mois de révision, se tendant à l'approche des examens écrits et se détendant après les dernières épreuves passées. On assiste alors à une sorte de réunification symbolique du groupe et à un repli sur le quartier dont on voit bien qu'il procure des ressources sociales non négligeables qui se substituent temporairement à la certification scolaire.

Préserver l'unité du groupe

Le groupe, qui était uni par l'assistance aux cours et surtout par les départs en groupe à la fac dans la même voiture, tend au moment des dernières révisions à se désunir. Djamel, qui doit impérativement réussir son examen cette année, est tenaillé par la peur d'échouer [1] et « gamberge » dans son coin lors des jours qui précèdent l'examen. Nassim, qui a décidé cette année de « passer son tour », est surtout préoccupé de la réussite de sa demande d'un poste de surveillant. Entre les deux, Sabri, qui possède encore des chances de réussir ses écrits, est tiraillé entre son désir de réviser – ce qui signifie nécessité de se couper du groupe (comme l'a fait Momo trois mois avant les épreuves écrites de juin) – et sa fidélité au groupe des copains dont il sait déjà qu'elle hypothèque considérablement ses chances de réussite.

L'entreprise de révision collective instaure entre eux une situation de concurrence objective dans laquelle chacun lutte, mais avec des armes inégales. Nassim se retrouve immédiatement en difficulté et sur la défensive. Il s'est un peu condamné aux yeux des autres en ne jouant qu'*a minima* le jeu de la collaboration au travail collectif. Il apparaît, de manière visible, comme le plus distancé dans la course scolaire. De ce fait, il est souvent tenté de tirer le groupe vers le bas, d'exprimer une sorte de défaitisme permanent (« ça sert à rien de réviser », « maintenant, c'est trop tard »), toujours prêt à se gausser des tentatives de la dernière heure de l'un ou de l'autre. Bref, il est celui qui, dans le groupe, joue les Cassandre, rappelant sans cesse ses copains à la réalité, c'est-à-dire à leurs faibles chances de réussite. Comme Sabri est son « pote » et qu'ils se voient tous les jours, il est particulièrement tenté de l'entraîner avec lui dans son échec programmé en le dissuadant, dès qu'il le peut, de se mettre au travail de révision. Sabri, pour se défendre, cherche à s'appuyer sur les autres et éviter ainsi les effets démoralisants du travail de sape de Nassim.

Faute d'avoir pu enclencher une dynamique collective de travail et d'avoir pu se protéger des effets destructeurs du groupe, tous se reposent sur l'espoir que représente l'aide, directe ou indirecte, que je peux leur apporter. Ils cherchent à se procurer

1. Ce qui peut expliquer qu'il me « fuit » toujours et que je ne réussirai à aucun moment à faire un entretien en tête à tête avec lui.

auprès de moi du matériel de révision : des photocopies, les fiches de droit et le livre de droit civil que Sabri a gardés pour lui. Pour donner le change, il leur faut apparaître comme ayant révisé, c'est-à-dire faire semblant de vouloir un document, respecter la transparence de l'échange des matériaux de révision, donner l'impression d'un partage, même si on sait que ceux à qui l'on donne, comme Nassim par exemple, ne les utiliseront pas. Les photocopies que j'ai faites sont revêtues d'un pouvoir quasi magique, qui serait en quelque sorte censé les protéger contre l'adversité de l'examen. Les posséder revient presque à se dispenser de la révision des autres parties du programme puisque le sujet doit tomber forcément sur un des thèmes traités dans les pages photocopiées. Sabri les a, au départ, accaparées, ses camarades ne se sont pas préoccupés de les obtenir mais les derniers jours avant l'examen ils les lui réclament avec de plus en plus d'insistance. Un jeu de cache-cache s'installe autour de ces documents. Nassim se plaint sur un mode mi-sérieux, mi-rigolard de ne pas avoir eu les photocopies et fait semblant de le regretter (« Tu les as cachées ou quoi ? », dit-il à Sabri). La récrimination contre ceux qui ont plus de matériel de travail est pour l'essentiel un prétexte ; en fait, ceux qui n'ont pas révisé cherchent toujours à imputer aux autres (qui ont un peu plus travaillé) la faute de leur échec probable : ceux-ci auraient gardé les cours pour eux, n'auraient pas redonné les cours à temps, alors même qu'aucun des plaignants ne les a vraiment sollicités et qu'ils cherchent surtout à maintenir les apparences du travail scolaire.

Cependant, malgré les tensions d'avant examen, le plus frappant est le maintien de bonnes relations au sein du groupe. Tous « travaillent », malgré les petits conflits, à en préserver l'unité. Ils se font fort de rester ensemble jusqu'au bout de l'épreuve, en essayant d'être exacts au rendez-vous et en ne manquant pas les dernières séances de révision. S'ils restent unis, ensemble face à cette épreuve collective, c'est aussi parce qu'aucun d'entre eux ne parvient à travailler chez lui. Cette perspective de devoir rester chez eux, à réviser, les angoisse : c'est la peur de constater l'ampleur de leurs lacunes, d'être confrontés seuls à leurs cours incomplets et de se trouver face à eux-mêmes sans l'appui du groupe. Ils ont donc besoin de se retrouver entre eux pour se soutenir mutuellement, pour vérifier qu'ils en sont tous au même point, notamment qu'aucun d'entre eux n'est plus avancé que l'autre. Ainsi fondus dans le même moule, ils s'aperçoivent au bout du compte qu'ils ont tous les mêmes chances, très faibles, de réussir. Même si, au départ, Sabri et Fehrat avaient plus d'atouts scolaires dans leur jeu, la pression du groupe a permis de limiter les écarts entre les quatre. En restant jusqu'au bout ensemble, ils ont pu se montrer à eux-mêmes que le « groupe » a résisté à l'épreuve commune, qu'ils ont su préserver ce capital collectif qu'est leur amitié en étant ainsi fidèles à l'histoire collective qui les unit.

À cet égard, le cas de Momo (que je n'ai jamais vu) est souvent évoqué. En choisissant de s'isoler chez lui et de travailler seul, d'arrache-pied, il a sciemment coupé avec ses copains. Sabri lui reproche de les avoir abandonnés au dernier moment (« il a joué seul »). Tous ont voulu croire jusqu'au dernier moment à son retour dans le groupe. Par exemple, le matin du dernier jour de révision, il n'est pas là comme lors des jours précédents. Or Nassim fait comme si jusqu'au dernier moment il pouvait encore venir : « Momo, il dort encore ?... » demande-t-il ingénument aux autres. Sous-entendu : s'il dort, c'est qu'il ne révise pas, comme s'il s'agissait de le (re)mettre dans la même « galère » qu'eux. C'est aussi une manière feinte de lui accorder les mêmes faibles chances de réussite qu'eux. En fait, jusqu'au dernier moment, personne ne veut s'avouer que l'un d'entre eux a fait bande à part et a finalement trahi le groupe, manquant à ses valeurs collectives, au sens de solidarité et de l'entraide. Si l'attitude de Momo est unanimement condamnée, c'est parce qu'elle les classe objectivement dans la catégorie des personnes à éviter si l'on tient réussir ses examens. Ce qu'au fond d'eux-mêmes ils sont bien obligés de reconnaître, mais on comprend bien qu'ils peuvent difficilement accepter que cette forme de jugement soit prononcée par l'un des leurs, avec lequel ils ont partagé toute l'année la même vie étudiante, et qui, au dernier moment, leur fausse compagnie.

Le duo Nassim-Sabri : conquérir l'estime de l'enquêteur

Le contraste est marqué entre Nassim, le plus souvent habillé en sportif (survêtement Tacchini et tennis), volubile, parlant haut et fort, et Sabri, qui apparaît plus réservé et sérieux, même s'il a toujours le sourire aux lèvres, habillé en pantalon et chaussures de ville bon marché. Leur amitié est ancienne et forte (« du temps du CM2 »), enracinée dans le quartier. Ce sont des voisins de bloc, deux vieux compères : lorsque Nassim dit de Sabri : « Lui, je le connais comme ma poche », ce dernier réplique aussitôt : « On se connaît trop. » Cette amitié est aussi faite d'un jeu continuel de moqueries, de remarques ironiques et de taquineries, où chacun compte les points dans un match symbolique dont je suis parfois institué l'arbitre.

Sabri est sans cesse tenté de se démarquer de Nassim : une des premières fois où je le rencontre en tête à tête, il me confie : « Nassim, il n'est pas là mais il va bientôt arriver parce que le café, là (en me le montrant des yeux), c'est son fief », dit-il en rigolant, lui qui ne va jamais au café de Granvelle. Il le présente comme quelqu'un qui boit, qui drague et qui, de ce fait, serait un peu « mécréant ». Dès les premières séances de révision, il me fait comprendre que Nassim l'empêche de travailler et qu'il constitue, de fait, un handicap pour lui et pour les autres. Il essaie constamment de marquer sa différence, en affichant un caractère plus travailleur. Il me présente Nassim comme un « perturbateur » en cours. C'est lui qui l'aurait empêché de bien suivre les cours « en amphi » et de travailler à la bibliothèque après les cours (« Il voulait toujours revenir au plus vite à Granvelle », en imitant le ton excédé du « jeune de Gercourt » qui ne veut pas rester une minute de plus à la fac), de l'avoir fait rater quelques TD et de l'entraîner dans cette insouciance. Ce qui compose de Nassim un personnage d'étudiant velléitaire, distrait, et perturbateur.

L'avant-veille des écrits, au café, Nassim n'est pas au rendez-vous. Sabri se désole de l'attitude de Nassim qu'il a vu passer en voiture. « Celui-là, dès qu'on lui prête une voiture, on ne le tient plus » dit-il comme pour excuser son absence. Il cherche à me dire que Nassim constitue un handicap pour le groupe mais que, à ce stade de l'année, il ne peut pas le lâcher, qu'il doit respecter leur amitié (les liens du quartier sont difficiles à rompre) et finit par conclure : « Lui, c'est un cas. » Ce même jour, Nassim joue aux cartes à l'intérieur du café, Sabri me rejoint à la terrasse et cherche immédiatement à excuser Nassim de se trouver dans cette situation, à ses yeux, désavantageuse. Il me prend en quelque sorte à témoin : « Lui, je ne comprends pas, il fait rien, il révise même pas. » Et en aparté, lorsque je suis venu le rejoindre sur la terrasse : « Moi franchement, j'aime pas le voir ici. À chaque fois que je le vois ici, ça me fait tout drôle. Même ses frères et sa mère, ils me le disent :

“Essaie un peu de l’éloigner du café.” » Lorsque Nassim nous rejoint enfin pour aller travailler, une altercation éclate entre les deux. Sabri lui reproche ouvertement de ne pas vouloir travailler, Nassim ne le nie pas mais se flatte de ne pas jouer l’hypocrite : « Moi, je travaille pas et je le dis tandis que, toi, tu travailles pas et tu veux pas le dire, tu fais semblant... » Sabri répond qu’il fait au moins « l’effort d’écouter ce que Stéphane dit » et Nassim lui lance sur le seuil de la porte, comme pour lui régler son compte : « Ouais, Sabri tu veux apparaître meilleur face à Stéphane. » Je leur explique qu’ils n’ont qu’à travailler ensemble : « Oui mais on se connaît trop pour le faire », me dit en riant Nassim.

Sabri a été « tenté » à un moment par l’amitié plus scolaire et sérieuse de Momo, avec lequel il a déjà révisé le bac : « Lui, il travaille bien, tout seul, chez lui, il lit ses cours, il fait des fiches. » Mais il est resté fidèle en amitié, s’est « sacrifié » pour garder de bonnes relations avec Nassim qui est un peu sa mauvaise conscience et qui représente, à ses yeux, la figure du Gercourtois et la trace du passé qui est en lui. Il se doute bien que la présence de Nassim a éloigné Momo qui s’en est protégé en se retirant chez lui. En même temps, Sabri refuse de condamner le comportement autodestructeur de Nassim même s’il le suspecte de vouloir « laisser filer » cette année, car il est en attente d’un poste de pion (« C’est pour ça qu’il est comme ça »).

Même s’ils s’accusent mutuellement de s’empêcher de travailler, la valeur scolaire de l’un ou de l’autre n’est pas vraiment en jeu. Ce qui prime, c’est la valeur morale : la présentation de soi comme un « bon musulman », privilégiée par Sabri, face à l’image de « gars bien » du quartier qu’affectionne Nassim. L’excellence musulmane est un enjeu entre les deux. Depuis un an, Nassim s’est pris de passion pour le raï, échangeant maintes cassettes d’Algérie avec ses amis, assistant à tous les concerts qui ont lieu le samedi soir dans les villes de la région ; à l’occasion de ces sorties, il boit de temps en temps de l’alcool et prend donc quelque distance avec la religion tout en se montrant de plus en plus critique vis-à-vis des « barbus » du quartier. À l’opposé, Sabri a changé ces derniers temps car, comme il me dit, il a « lu » (le Coran). Il a cessé de boire, ne mange plus de viande non préparée rituellement et, hors de chez lui, ne consomme que des fruits, des légumes et des féculents. Il déclare prier cinq fois par jour et dit ne plus avoir envie de sortir comme avant. Nassim conteste la véracité de ce changement et me met en garde contre les apparences : c'est à mon intention que Sabri pose au « bon » musulman. À la cafétéria de Carrefour, Nassim, qui fait figure de « mécréant » par contraste, commente en riant le nouvel ascétisme de son vieux compère : « Attention, lui c'est un grand musulman ! » Sabri, de son côté, s'amuse à prendre Nassim au piège du personnage qu'il s'est fabriqué : hâbleur, menteur, un peu fanfaron, pour le forcer à se démasquer. Nassim nie jusqu'à la gauche, avec une tranquille mauvaise foi si nécessaire, et en appelle en dernier ressort à la solidarité des copains. Par exemple, lorsque je lui demande s'il aime le raï, il me répond que c'est seulement depuis deux, ou trois mois. Sabri rétablit aussitôt la vérité : « Non, ça fait au moins deux ans ! » Le fait est que le goût de Nassim pour cette musique « païenne » risquerait de le discréditer aux yeux des jeunes de Granvelle qui se sont tournés vers la religion. Il m'avoue alors, comme pour se disculper : « Depuis un an, je suis fou de raï, j'écoute que ça. Je sais pas ce qui m'a pris. C'est comme si on m'avait jeté un sort, ou je sais pas »... En somme cette musique « impure » s'est emparée de lui à son corps défendant. Sabri reprend aussi Nassim quand il majore les notes de ses copains. Il ne faut pas me mentir, il faut jouer franc-jeu avec moi, presque par « respect », puisque je suis venu les aider et que je ne dois pas être impliqué dans le jeu quotidien d'évaluation sociale qui se fait entre jeunes du quartier. Ce marquage réciproque, avec moi comme arbitre, se fait toutefois sans méchanceté ; il exprime avant tout un souci d'égalitarisme et le refus du bluff entre pairs.

On ne peut pas comprendre les rôles respectifs qu'ils adoptent à mon égard si l'on n'a pas à l'esprit un certain nombre de différences objectives entre eux : Sabri, d'origine et de nationalité marocaine, est venu en France à l'âge de sept ans ; il se trouve être l'aîné de la branche de la famille qui s'est installée en France ; son père continue de travailler comme OS à l'usine, deux de ses frères aînés sont restés au Maroc où ils sont ingénieur et militaire. Sabri a à cœur de s'occuper de ses frères cadets, il les aide régulièrement dans leur travail scolaire et dans leur orientation. La famille est très croyante et Sabri s'inquiète de mon athéisme, cherchant gentiment à me convaincre de l'existence de Dieu. Nassim, lui, vit avec sa mère, ses deux frères, sa sœur divorcée et les deux enfants de celle-ci dans un F5 dans la cage d'escalier voisine de celle de Sabri. C'est une famille traversée par des conflits : « Y a trop de problèmes chez moi », ne cessera-t-il de me dire tout au long de ses années d'étudiant. Lorsque son frère n'est pas là, il joue à la maison le rôle de chef de famille, notamment vis-à-vis de sa sœur plus âgée que lui.

Après les examens écrits, le groupe réunifié

Après les écrits, les différentes stratégies de dissimulation et de mensonge collectif ne sont plus tenables. Le verdict de l'examen exerce un effet de vérité et impose des changements de comportement. La question, longtemps différée et déniée, du rapport à l'avenir, se pose avec urgence pour certains. Les membres du groupe se ressoudent entre eux et le rapport qu'ils entretiennent avec l'enquêteur se transforme dans le sens d'une plus grande proximité en même temps qu'une inquiétude sourde les saisit tous à des degrés divers.

Le lendemain du dernier examen écrit (le droit civil, « les obligations » comme ils disent), je rencontre Fehrat sur la place du centre commercial. Il me vouvoie de nouveau et m'avoue gêné que, pour lui, « ça s'est mal passé ». Il ne se souvient pas de l'intitulé du sujet de droit civil : « Je sais que ça faisait appel à tout le cours », dit-il comme seule précision qu'il puisse apporter. Il me raconte le déroulement de l'examen. Ils ont composé dans une petite salle qui comprenait une vingtaine d'étudiants (cinq étaient absents), les noms et prénoms des candidats étaient indiqués sur la table, les feuilles de brouillon numérotées, le contrôle des surveillants étroit (« Ah c'était pas comme en février, impossible de faire quoi que ce soit », me dit-il avec un petit sourire complice). Il ne se fait pas d'illusions sur la suite (« J'attends septembre ») sans paraître pour autant inquiet, la vie reprenant son cours normal : comme chaque été, il aide son frère au magasin du centre commercial. Nassim, qui nous a vus du café, m'apostrophe de loin et vient nous rejoindre : il me serre chaleureusement la main, me tape sur l'épaule et se met d'emblée à me tutoyer. Il prend alors un air catastrophé pour me dire que ça n'a pas du tout marché « en droit », cherche le titre exact du sujet, donne un énoncé approximatif du sujet (« Les règles de la morale et la liberté du contrat ») avant de retrouver l'intitulé exact – « De quelle manière les règles de morale limitent la liberté de contracter ? » – qu'il prononce avec emphase, comme si la difficulté du sujet était tout entière contenue dans la longueur de la question et la difficulté du vocabulaire juridique. Il n'a composé que deux heures (au lieu des trois heures accordées), restant « sec » sur le sujet. Dans un premier temps, il conteste la validité du sujet, davantage semble-t-il pour se donner une contenance que sur le fond. Face à moi qui ai été un peu son « coach », il cherche à apparaître affecté par cet échec qu'il avait pourtant lui-même largement prévu. La formule rituelle de déception qu'il emploie ensuite (« je suis dégoûté ») laisserait à penser à un tiers non averti qu'il ne méritait pas ça. Cependant, juste après, il coupe court à d'autres questions de ma part et invite à passer à autre chose (« Allez ! On ne parle plus de ça ! ») en m'entraînant au café.

Finalement, ce qui prédomine chez lui en ce lendemain d'écrit, c'est un sentiment de soulagement, de libération par rapport au rôle d'étudiant à contre-emploi qu'il était contraint de jouer, où il se sentait constamment obligé de dissimuler et de mentir aux autres et de se mentir à lui-même. Il apparaît maintenant réconcilié avec lui-même, prêt à s'accorder quelques moments de répit : « Maintenant je suis en vacances... » Ce changement d'état d'esprit se lit sur son visage redevenu souriant et se reflète dans sa manière plus libre de parler. Un peu plus tard dans la discussion, il revient sur le déroulement des épreuves, passant de nouveau à l'offensive pour tenter de justifier son échec. Il critique tous les chargés de TD (qui les ont préparés uniquement aux commentaires d'arrêts et non aux dissertations) et étend sa rancune, sans avoir de griefs particuliers, au professeur de droit civil : « Elle nous a salis, celle-là. » En utilisant le « langage de la rue » (comme dit Sabri pour excuser leur manière de parler), il pense reprendre temporairement l'avantage. En fait, il exprime surtout son sentiment d'impuissance scolaire et la distance avec ce monde universitaire qui le rejette et qu'il rejette par contrecoup. À l'entendre raconter son examen, on a l'impression d'une injustice, d'un mauvais coup du sort : « On n'a pas eu de chance, vraiment pas eu de chance ! » Il revient plusieurs fois sur un événement qui l'a beaucoup marqué : un des étudiants qui surveillaient le partiel contrôle sa carte d'identité et le soupçonne d'emblée d'avoir une fausse carte : « Il commence à me prendre la tête, il croit que c'est une fausse carte. En plus je savais rien et l'autre qui commence à m'emmerder... » Il s'est alors rebellé et a voulu le remettre à sa place : « Je lui ai dit que c'était un étudiant comme nous et qu'il nous laisse un peu tranquille ! »

Par la suite, il se montre tout prêt à reconnaître ses torts dans son échec (« C'est vrai aussi que j'ai rien foutu »), avouant cette fois l'étendue de ses lacunes : « En micro, le carton ! Je connaissais même pas les formules ! » Face à moi, le prof, l'enquêteur devenu une personne plus proche, presque un ami, qui le connaît mieux, il ne peut pas maintenir jusqu'au bout la ligne d'action qu'il aurait adoptée face à un tiers – à savoir des attitudes de bravade, la dénonciation de l'injustice, l'accusation de l'institution universitaire tout entière – et doit assumer ses torts comme s'il devait préventivement se trouver des « excuses ». La seule consolation, si l'on peut dire, qui lui reste est qu'il ne va pas échouer seul. Sabri a aussi raté son épreuve de droit civil, sortant même avant lui de la salle d'examen, ce qui lui est apparu sur le moment comme un grand soulagement : « Je suis sorti à 4 heures et qui je vois en bas ? Le Sabri qui regardait les résultats de deuxième année ! Ah ! j'étais content ! Il était démoralisé. » Nassim reconnaît toutefois qu'il reste quelque chance à Momo et à Sabri d'être admissibles, ce qui n'est pas le cas pour Djamel et lui.

Une fois les examens écrits passés et les résultats d'admissibilité connus (ils ont tous largement échoué), ils s'efforcent plus ou moins de panser les (petites) plaies, travaillant à reconstruire le groupe comme pour effacer les tensions ou divisions qui ont pu naître entre eux. Momo est pleinement réintégré dans le groupe comme s'il n'avait jamais été question de l'exclure. Si Sabri est si rapide à pardonner à Momo, c'est parce que il sait bien au fond de lui-même que son attitude était la seule raisonnable. En revanche, Nassim lui garde une certaine rancune : il ne peut pas s'empêcher de voir dans Momo un traître au groupe, celui qui a fait le pari de la réussite individuelle contre les engagements moraux liés à l'appartenance au groupe. Celui aussi dont le succès personnel rend moins excusable l'échec collectif des quatre. Nassim ne peut donc lui pardonner entièrement, d'autant qu'il se sait visé par Momo, qui l'accuse plus ou moins d'être à sa manière un « meneur », d'exercer son influence négative sur les autres.

La « décompression » et le retour à la normale

À quelques jours des résultats de l'écrit, aucun ne prépare l'oral car aucun ne veut travailler pour rien. « On n'y croit plus », dit Nassim avec un sourire gêné ; le calcul qu'ils font tous est que même s'ils sont admissibles, ce qui serait une divine surprise, « ce sera ça de pris et on arrivera bien à avoir deux UV (unités de valeur) sur quatre à l'oral et on passera le reste en septembre ». Il y a bien sûr cette peur de travailler pour rien, ce sentiment d'échec, mais surtout il y a la volonté de ne pas penser « à l'école » (comme ils disent encore presque tous). Ils sont déjà en vacances et attendent résignés l'annonce de leur échec. D'ailleurs, seul Nassim connaît la date exacte des résultats, le 22 juin, alors qu'il y a dix jours ils pensaient que c'était le 18 juin.

Cette période d'après l'écrit est, pour eux, un moment « heureux », une période d'insouciance où ils peuvent encore se permettre de maintenir l'espoir aux yeux d'autrui, de ménager le suspense, tout en savourant à plein cette courte parenthèse qu'il ne veulent surtout pas gâcher en replongeant dans l'univers de « l'école ». Dans cette période, ils peuvent s'éprouver entièrement comme « étudiants », affranchis des examens et de la contrainte scolaire, et pouvant faire jouer pleinement les avantages statutaires de l'étudiant (la voiture, la disponibilité en temps, la liberté de déplacement). Sabri et Djamel essaient de voir régulièrement leurs copines (deux sœurs de parents marocains, dont l'une est en seconde et l'autre en BEP, habitant près du bloc de Sabri), ce qui demande beaucoup de disponibilité pour tromper la surveillance locale. Nassim est plus oisif, traîne au café, dort tard le matin (ce matin, il s'est réveillé à 11 h 15). Il n'a pas de copine et s'en fait une raison : « Pas de chance en amour, pas de chance au boulot », dit-il sur un mode mi-sérieux, mi-badin. Un peu plus tard, Fehrat se joint au groupe (Nassim, Sabri et moi). Il s'est laissé pousser la barbe. Je lance : « C'est la décompression », tout le monde rit et Sabri surenchérit, hilare : « Oui, la déconcentration ! »

À peine assis à notre table, Fehrat, à la fois vindicatif et rigolard, demande à Nassim : « On a touché notre pognon ? » (La bourse d'études.) Nassim fait un tour de table et conclut en riant : « Non, on n'a pas touché notre pognon ! » Mais, le rassure-t-il, la bourse devrait bientôt arriver : « Normalement, le paiement est viré le 12 du mois et on est le 15, y a que trois jours de retard. » « Faut que la bourse elle tombe chaque mois », assène Fehrat en riant de son impertinence calculée. Fehrat et Nassim s'inquiètent quand même de savoir si la bourse va leur être attribuée au mois de juin (car ils ne sont pas à la fac durant ce mois). Le « pognon » que l'État leur doit ressemble à une sorte de dette contractée par la société envers eux et leur parents. La bourse constitue une sorte de réparation matérielle et morale de ce qu'ils ont auparavant subi, au cours de l'enfance et de l'adolescence, dans ce quartier « pourri », comme ils disent parfois. La crainte de l'échec universitaire tient moins au regard des autres (les parents) qu'à la peur de perdre un acquis (social), cette bourse avec laquelle ils ont construit cette année leur mode de vie étudiant.

Une sorte d'accord tacite existe entre eux pour n'évoquer ni « l'école » ni leur avenir scolaire ou professionnel. La vie de quartier reprend ses droits. Le matin ils se réveillent tous assez tard, Nassim passe la plupart de sa journée au café, Sabri tourne en voiture et attend les occasions de voir sa copine. Le soir, ils se retrouvent au bas des blocs et discutent longuement, et il reprennent la routine des allers-retours en ville qui rythment la vie quotidienne. De temps en temps, ils font du sport (foot, tennis, piscine) ou une escapade à Besançon. Tous les soirs au bas des blocs, des matchs de foot sont organisés, mêlant les différentes générations. Mais, soudain, resurgit inopinément la question de leur avenir, surtout pour Djamel dont la mine s'assombrit de jour en jour. Parfois, au détour d'une conversation anodine, il se laisse aller au découragement, exprimant sa vive inquiétude de l'avenir. Au café, Sabri me demande le bac que j'ai fait (un bac scientifique), il apparaît presque flatté d'un tel compagnonnage et me dit sur un ton admiratif « Mais t'es un crack ! Ah ouais, un vrai crack ! Oui, mais, toi, t'as réussi ! » Djamel reprend dans sa barbe : « T'es pas comme nous, au début de la merde », s'exprimant au nom de tous alors qu'il parle d'abord de son destin probable. Personne ne commente et tous font semblant de ne pas avoir entendu, comme c'est souvent le cas lorsqu'il s'agit du rapport à l'avenir.

Lorsqu'ils parlent du futur proche, des deux mois d'été qui s'annoncent, Sabri et Djamel projettent d'aller au Maroc en août. En attendant, Sabri cherche du travail en juillet (Djamel lui a refilé un « plan » : un travail chez un conseil juridique). Nassim s'est inscrit à l'ANPE pour pouvoir effectuer un CES comme surveillant de piscine pendant l'été. En tant qu'étudiant, il n'a pas droit de postuler à un tel poste puisqu'il faut être inscrit au chômage depuis plus d'un an. Mais un éducateur du quartier lui a conseillé de le faire parce qu'il peut le « pistonner » auprès de la mairie. Fehrat et lui vont être employés deux mois sur un contrat de trois mois de CES (soit un salaire de 8 000 F pour les deux mois). Nassim, peu rassuré, me demande s'il a le droit, si cette opération, à la limite de la légalité, ne compromet pas l'obtention de sa bourse. En fait, c'est le seul moyen pour lui de trouver un « boulot d'été ». On voit bien, à travers ces petites « combines », comment leur insertion dans le quartier leur permet de tenir, de trouver des ressources économiques et de contourner temporairement le blocage du marché du travail. Le jour même de mon arrivée, Nassim doit écrire une lettre de motivation à la mairie. Je suis donc le bienvenu (« Ah ça tombe bien ! T'es là ! Tu pourrais peut-être m'aider à la faire »). Il n'ose pas me demander ouvertement de la lui écrire, mais à peine ai-je accepté qu'il me tend une feuille et un stylo, me faisant entière confiance (« Toi, tu écris bien, tu sais faire des longues phrases »). Je m'exécute et écris pour lui à la manière d'un écrivain public.

Après les résultats, le temps des plaidoyers

Je reviens quelques jours après les résultats des examens. Aucun d'entre eux ne m'a tenu au courant par téléphone alors que je leur avais demandé de le faire. Tous sont embarrassés pour m'annoncer leur échec, aucun d'entre eux ne me donne avec précision ses notes. Ils ont, disent-ils, échoué pour très peu de points, « tout près de 10 », et avancent des notes décimales à l'appui, « 9,68 », oubliant de me préciser que leur note moyenne doit être calculée sur un total synthétique de 25. Nassim est passé maître dans l'orchestration du flou en ce domaine, majorant régulièrement ses propres notes mais aussi celles de ses amis, pour hausser le niveau du groupe. De même, leur premier mouvement est d'imputer leur échec aux enseignants, toujours suspects de préjugés défavorables à leur encontre. Djamel, qui a eu 5 en droit civil, m'explique, à moitié convaincu : « La prof de droit, elle a dû me mettre 5 en fraude, c'est ça qui m'a coulé. » Lorsque je croise Fehrat dans sa 405 devant la poste de Granvelle, il me klaxonne et s'arrête. Je lui demande comment ça a marché, il me répond gêné : « Ben, comme je vous l'avais dit quand on s'était vus. » Il ne me dit pas explicitement qu'il a « raté », il faut que je lui fasse préciser – et il ne veut pas non plus me dire ses notes. En fait, il a eu 8 et et se console en me disant : « Ç'aurait été le bac, j'aurais passé l'oral. » Puis, après un temps d'arrêt, comme après réflexion, il lance un « je suis dégoûté » peu convaincu, comme pour adopter la contenance habituelle du « jeune de cité » victime de l'injustice et du « système ».

Le lendemain, Nassim propose d'aller voir les résultats à la faculté de Belfort, il veut aussi demander un renseignement au secrétariat de la fac. Il cherche une voiture et trouve Djamel qui accepte de nous emmener. On passe prendre Sabri devant chez lui. On fait juste un aller-retour, on ne reste que dix minutes dans le hall de la fac et on se dépêche de rentrer à Granvelle. À la fac, chacun regarde la liste. Seul Nassim veut essayer d'aller discuter au secrétariat où il est le seul à demander des précisions sur l'examen de septembre. En survêtement, assis face à la secrétaire, il cherche à l'impliquer dans la relation, à la faire parler : « C'est dur l'épreuve en septembre ? Combien il y a d'admissibles ? » Etc. Elle refuse de répondre, ne veut pas leur donner leurs notes de contrôle continu. Nassim lui demande : « Ils en ont repêché beaucoup ? » La secrétaire répond laconiquement : « Uniquement ceux qui avaient entre 12,15 et 12,5 de moyenne générale. » Nassim est déçu d'apprendre qu'il y a eu plus d'admissibles cette année que l'an dernier. Il essaie encore d'en savoir plus sur la session de septembre, mais se heurte à une fin de non-recevoir de la part de la secrétaire, lassée de ses questions et pressée de reprendre son travail. En rentrant, dans la voiture, il fait le point sur leurs notes et sur l'examen de septembre, pour se donner du courage, pour s'efforcer d'y croire : « Le droit c'est pas compliqué : il faut apprendre ! Mais le danger, c'est la macro et surtout la micro », deux matières qui lui apparaissent non maîtrisables, presque saugrenues par leur technicité et leur abstraction.

Ils apparaissent soudain démoralisés : Djamel ne veut plus parler (il joue la carte de sa dernière chance). Sabri exprime une lassitude qu'il ne sait pas trop expliquer. Il attend à côté du café, à deux mètres de la terrasse, sur le banc : « Ça fait une semaine que je ne suis pas allé au café. De toute façon, en ce moment, ça va pas. Je suis dégoûté, démoralisé, je sais pas pourquoi. Le pire, c'est que je recherche même pas de boulot.

La voiture, elle marche pas, ça me dégoûte, je vais pas bien. En ce moment, rien ne va, j'ai que des problèmes. » Il a désormais des conflits ouverts avec son père mais se garde bien d'en préciser la nature.

Sa voiture est de nouveau en panne. Il s'explique mal pourquoi il se sent si dépossédé et découragé lorsqu'il est privé de l'usage de sa voiture. La manière dont il en parle conduit à penser qu'il ressent cet empêchement comme un véritable manque qui exprime une « dépendance » : « On dirait que ma voiture c'est comme mes pieds. Quand je l'ai pas, je suis perdu, j'ai l'impression qu'il me manque quelque chose. » Un peu plus loin dans la discussion, il ajoute : « Je me sens prisonnier ici, j'ai moins de liberté. » Il revient ensuite sur son sentiment d'enfermement dans le quartier : « Je me sens cloué ici », dit-il à voix basse et, en riant, il reprend la métaphore apprise en cours d'économie, « quand le bâtiment va, tout va, hein ! », pour l'appliquer à lui et à sa voiture. Au-delà de la simple fonction de locomotion, on voit que sa voiture engage quelque chose de vital pour lui. Pour Fehrat ausssi, la voiture est essentielle. En contrepartie de l'aide qu'il fournit à son frère au magasin, il a le droit d'utiliser librement sa rutilante voiture (une 405 turbo rouge). La voiture organise son rapport au monde matériel. Un jour, au café, alors qu'il prend un Coca, en lisant la note de 13,50 F – « c'est cher » –, il s'amuse à calculer le nombre de litres d'essence qu'il aurait pu mettre dans sa voiture (3 litres) et le nombre de kilomètres qu'il aurait pu faire avec (30 kilomètres). Dans la cité, la voiture joue un rôle central, à la fois comme marqueur social, il y a ceux qui peuvent en avoir et les autres, et parmi les possesseurs ceux qui ont des belles voitures – et comme moyen de locomotion intensivement utilisé. Par exemple, Sabri l'utilise souvent pour se rendre au centre commercial, distant d'une centaine de mètres de chez lui, signant en quelque sorte sa présence dans les environs et montrant sa disponibilité pour convoyer un ami vers telle ou telle destination (« en ville » le plus souvent). De même, les garçons du quartier, et surtout ceux qui y sont le plus enracinés, passent leur permis dès qu'ils ont dix-huit ans, et les filles d'immigrés circulent en nombre de plus en plus grand au volant de leurs 205, conduisant fièrement leurs mère, frères et sœurs, comme une conquête d'autonomie et une manière de revanche sociale (double symbole d'accès à l'indépendance et d'aide des parents et d'affirmation de la force féminine dans les familles d'immigrés).

La voiture incarne, notamment pour Sabri, la possibilité temporaire de quitter le quartier, de mettre à distance les logements dégradés de « sa » rue (la crasse, l'habitat dépotoir, etc.), de parcourir d'autres espaces, autrement dit de « voyager » en participant mentalement à un autre univers, d'autres paysages, et de caresser l'espoir d'une autre vie. La voiture est pour lui une assurance de pouvoir sortir du quartier, de s'en libérer physiquement et mentalement. Ce n'est pas un hasard si c'est au moment même où son échec universitaire est patent qu'il ressent le plus cruellement son absence. La voiture donne une liberté par rapport au quartier et anticipe sur un avenir stabilisé ; Sabri est prêt à beaucoup de sacrifices (notamment financiers) pour la maintenir en état de marche – quitte à endurer les sarcasmes récurrents de ses copains sur sa « caisse pourrie » –, à la différence de Nassim qui emprunte systématiquement les voitures des autres et qui construit sa réputation sur une base uniquement locale, notamment par son implication dans les échanges de services. Sabri, lui, refuse de jouer un rôle d'intermédiaire dans le quartier. Il joue moins du quartier comme d'une ressource, n'y est pas impliqué dans la vie de tous les jours, n'en connaît pas toutes les petites histoires. Nassim, lui, est au centre de la circulation des ragots et des rumeurs.

Le rapport contradictoire au quartier

Le quartier, d'une manière très schématique, est à la fois un centre de ressources sociales pour les jeunes qui ont pu nouer des relations avec des associations locales ou des travailleurs sociaux et un lieu de marquage négatif dans la région. Il y a concordance entre leur échec universitaire, attendu et prévisible certes, mais qui les fragilise quand même, et l'espèce de rancœur contre le quartier qui émerge alors. Lors du repas à la cafétéria de l'hypermarché, après les résultats de l'écrit, la conversation finit par se focaliser sur Gercourt. Nassim, pourtant très attaché au quartier, se montre particulièrement violent : « Gercourt, c'est un quartier de plus en plus pourri. » Sabri s'inquiète de la nouvelle génération des jeunes qui « font que des conneries ». Nassim insiste, lui, sur le trafic de drogue omniprésent et s'en prend à ceux qui en vivent bien sans travailler : « Ils ont pas de boulot, pas de bourse et ils ont leur bagnole ! Où ils trouvent l'argent pour l'assurance, l'essence et tout ça ? À ton avis, Stéphane, hein ? » Il m'explique alors qu'il ne choisit pas ses amis parmi la « racaille » (mot que je lui entends prononcer pour la première fois), mais parmi des gens installés (Ali, 30 ans, marié, deux enfants ; Khaled, 25 ans, serveur du café, et ses amis du bar) qui sont tous plus âgés que lui, mais qui ont tous une situation professionnelle et ne sont pas délinquants.

Un événement, qui s'est produit la veille devant lui, a beaucoup marqué Nassim. Hakim, un fils d'Algérien, élève de LEP en échec scolaire, s'est mis à apostropher, après avoir trop bu, tous les Français de l'immeuble qui donne sur la place du quartier. Il ne cessait de crier : « J'emmerde tous les Français, vive les Arabes ! » Nassim, qui a assisté impuissant à la scène, en est tout retourné et indigné. Il répète plusieurs fois l'expression qui indique bien ce qu'il a alors ressenti, lui comme ses autres copains du quartier : « C'te honte !... C'te honte ! » Le lendemain, je reviens avec lui sur cet incident, lors d'un entretien enregistré.

– Peut-être, tu vois, que j'étais mieux avant, hein ! Étant donné que je buvais pas, bon, j'étais peut-être mieux avant, par rapport à ma religion, parce que, ma religion, elle m'interdit de boire, hein ! Bon, mais je suis pas un soûlard, je bois rarement, et je suis rarement plein. Quand je bois, je bois un ou deux verres et puis j'arrête... Je sais pas, et bon, et puis même, peut-être que Gercourt, à force de m'attacher à Gercourt, je connais la mentalité de Gercourt, en fin de compte les gens à Gercourt, ils sont bizarres, ils sont cons, y en a... la plupart, ils sont cons, ils sont... (*Hésitant*). Ils commencent à prendre la tête et puis, entre nous, peut-être qu'entre Algériens ou même entre Arabes, on s'entend pas très bien. Je sais pas, il y a souvent des histoires entre nous et puis ça commence à m'énerver et puis j'ai peut-être envie de changer d'air, comme l'année prochaine je vais jouer au foot avec les Turcs, ben tiens, tu vois. Je connais deux, trois Turcs qui sont vachement sympas. À Gercourt, jamais tu verras deux Turcs se battre entre eux, alors que les Arabes tu les verras se battre entre eux. Tu vois, même dans le Coran y a écrit, le jour où les musulmans ils s'entendront ensemble, ce sera la fin du monde, si c'est vrai, jamais tu verras... c'est une catastrophe, dans le monde entier, tu vois l'Irak, il est en guerre avec le Koweit, avec l'Arabie, tout ça, l'Algérie avec le Maroc...

– Mais c'est ce que tu me disais tout à l'heure, ça m'a semblé significatif, quand tu parlais d'Akim qui devant tout le monde apostrophait…

– Voilà, c'est la honte ! Ça m'a dégoûté ! Il disait « Ah ! les Français, je vous emmerde ! Ratonneurs ! Vive les Arabes ! », tout ça… Qu'est-ce que t'ouvres ta gueule comme ça ? J'avais envie d'aller vers lui, de le claquer, j'avais envie de lui mettre une grosse claque dans la tête, qu'il m'énerve. J'aime pas quand on insulte les gens comme ça, qu'ils soient français ou arabes. On n'emmerde pas les gens qui t'emmerdent pas, tu laisses les gens tranquilles. T'as une histoire avec quelqu'un, c'est pas la peine de prendre les… les collectifs, je sais pas comment t'appelles ça en sociologie, tu me l'as dit tout à l'heure… C'est pas la peine, on n'emmerde pas les gens. Mais c'est la honte… C'était la honte, c'était la honte ! J'étais pas le seul à avoir honte, on était peut-être quinze à avoir honte On s'est dit : « Tiens, mais regarde ce p'tit con ! » Mais ce serait mon frère… Le gars, il a pas dix-huit ans… Si, il les a, il a le permis, il doit avoir dix-huit ans. Depuis deux, trois mois il a le permis, il a acheté une voiture, il roule comme un fou avec sa voiture, je te montrerai. Rien que quand tu vois sa gueule, tu vois que c'est un morpion…

– Personne n'a bougé, personne ne lui a dit, mais il était saoul… ?

– Il était saoul, et puis même si tu veux bouger, tu vas lui dire, il t'insulte, il te fout la honte devant tout le monde. Et puis qu'est-ce que tu veux, tu veux le frapper, tu connais son frère, tu sais que son frère, c'est un gars super bien. Son frère, il va venir te voir : « C'est vrai que t'as tapé mon frère ? » Et puis après tu vas t'angoisser avec lui, puis en fin de compte, alors que vous étiez des bons copains, et puis à cause d'un morpion… un gars qui mérite pas, tu vas t'angoisser avec son frère qui est super sympa, ça vaut pas le coup ! Moi j'étais dégoûté hein ! Intérieurement je voulais le bouffer…

Nassim, dans son appréciation du quartier, oscille selon les circonstances entre attachement et répulsion. Parfois, il a envie de fuir le quartier pour être vraiment étudiant[2], mais le plus souvent le quartier lui sert de base de repli, comme on l'a vu pour trouver un travail pendant l'été (le CES où il entre en concurrence avec les autres démunis mais où il a plus d'atouts pour se faire reconnaître comme personne dépendante). Son ancrage dans le quartier est à la fois ce qui l'enfonce, l'empêche

2. Mais l'échec de sa tentative d'installation comme interne au lycée de Pontarlier lui a montré l'intensité de sa dépendance « psychique » par rapport au quartier.

de découvrir d'autres univers culturels, et ce qui lui permet de se protéger contre les jugements d'autrui, d'apparaître comme un intermédiaire culturel, entre les âges, les sexes, les différentes nationalités.

Un après-midi sur la place du quartier

En ce début de mois de juillet, Nassim et moi passons une bonne partie de cet après-midi ensoleillé sur la place du quartier, à discuter et regarder autour de nous, assis sur un banc devant lequel passent tous ceux qui vont au bureau de tabac. Des gens du quartier, jeunes et moins jeunes, qui connaissent Nassim viennent le saluer, certains s'installent à côté de nous et entament de brèves conversations avec lui, en parlant « de tout et de rien ». Il est à son aise, dans son rôle de personnage du quartier. Les enfants sont fiers de saluer le jeune adulte qu'il est, lui-même est content d'être reconnu ; il appelle tous les gens qui passent par leur prénom, le plus souvent en élevant la voix, colportant les nouvelles du quartier à ses nouveaux interlocuteurs. Son « public » est moins composé de lycéens ou d'étudiants que de jeunes du quartier plus âgés que lui (souvent proches de la trentaine), chômeurs ou « rmistes », qui ont l'habitude de passer leur après-midi à traîner dans le coin et sont contents de pouvoir parler avec Nassim. Celui-ci, le plus souvent, peut situer le bloc qu'ils habitent, leur place dans la famille et connaît leur situation professionnelle. Après chaque discussion, il me donne sommairement les caractéristiques sociales de la personne rencontrée parce qu'il sait que « ça m'intéresse ».

Le premier « visiteur » qui s'arrête sur le banc (un homme maghrébin, la trentaine) parle à Nassim en arabe et lui demande comment se sont passés ses examens (dans la phrase, seul le mot « examen » est en français). Nassim répond aussi en arabe et, par ses gestes et mimiques, je comprends qu'il lui a dit que ça avait marché. Se doutant que j'ai saisi son mensonge, il m'explique son attitude : « Je lui ai dit que j'avais réussi pour pas qu'il me pose d'autres questions, autrement ils me prennent la tête avec ça. » Il fait de même pour sa famille qui ne sait toujours pas s'il a ou non réussi. Il préfère leur dire plus tard, et attend surtout une réponse à sa demande d'un poste de surveillant pour pouvoir leur avouer son échec. Un peu plus tard, cet après-midi, Redouane, un chômeur de vingt-cinq ans, dont le surnom est « grosse tête », vient nous rejoindre sur le banc et, d'entrée, « attaque » en demandant avec ironie à Nassim pourquoi il ne « fait » pas chauffeur de voiture ou taxi parce qu'il est tout le temps en train de conduire la voiture des autres. Nassim, pour couper court à la provocation, met en avant son statut d'étudiant (« Mais moi je fais des études »). La conversation obéit à un rituel, fait de moqueries et de petits défis où chacun teste le sens de la répartie de l'autre. La joute verbale se poursuit, Nassim veut reprendre l'avantage et contre-attaque en accusant Redouane de se conduire comme certains Arabes, individualistes et ergoteurs : « Ah ! les Arabes ! Toujours les mêmes, dès qu'on rend service ! » Redouane, piqué au vif de voir Nassim se démarquer de son camp d'origine, le rappelle à l'ordre : « Eh ! Pour qui tu te prends ? T'es un Arabe comme nous... » Un peu plus tard dans la conversation, Redouane évoque ses deux belles-sœurs venues du « bled » pour quelques mois. Nassim les suspecte d'être venues ici pour se marier ; ce faisant, il porte atteinte au prestige de la famille élargie de Redouane qui lui renvoie le compliment : « Ah ! ces Arabes ! (*Rires.*) Toi, t'es vraiment l'Arabe moyen ! » Il lui explique qu'elles sont simplement en vacances, « et toi, tu penses tout de suite au mariage », mais précise quand même qu'il y a un « médecin » (pour dire étudiant en médecine) d'ici qui en a demandé une en mariage. Nassim ne le croit pas ! Il ne connaît pas d'étudiant en médecin à Granvelle, sauf un Turc dont il donne le nom. Ensuite à chacun des interlocuteurs occasionnels (du banc), il raconte cette bonne blague « du Redouane » (un étudiant en médecine aurait demandé en mariage une de ses belles-sœurs).

Ce court échange entre le chômeur et l'étudiant met en scène de manière exemplaire l'opposition et la rivalité entre les différentes fractions du groupe des jeunes locaux, les jalousies, les suspicions, les manières de s'affirmer, les capitaux spécifiques, les enjeux autour de l'identité arabe. En fait, Redouane, qui connaît bien « son » Nassim, se défie de ces airs d'étudiant un peu fiérot. Son attaque est bien ajustée puisqu'elle enfonce un coin dans le maillon faible de son adversaire – toujours aux abords du café, libre de son temps, comme peut l'être un chômeur, toujours prêt à emprunter la voiture de l'un ou de l'autre pour « rendre service » – et cherche à le remettre dans le camp des jeunes qui « zonent », beaucoup plus proche d'un jeune chômeur que d'un « vrai » étudiant. La suspicion de Redouane est légitime mais, en retour, Nassim se défend en se drapant dans sa conscience altruiste et en attaquant la stratégie du soupçon des « Arabes » pris cette fois-ci comme un groupe composé de jaloux, d'égoïstes et de petits mesquins. À travers eux, il vise le groupe d'appartenance de Redouane (chômeurs de longue durée, rmistes, et autres CES). Nassim donne son titre d'« étudiant » en guise de défense symbolique qui lui donne une protection et correspond à une offre d'identité acceptable et irréfutable. En se démarquant des Arabes, Nassim prend ses distances moins par rapport au groupe ethnique que du groupe social des jeunes chômeurs du quartier (qui se trouvent être majoritairement des Arabes). Dans l'économie statutaire de Nassim, le statut principal d'étudiant prime sur le statut secondaire d'« Arabe », alors qu'il assigne les chômeurs du quartier au statut principal ethnique (« les Arabes »).

La manière dont il est en relation avec les jeunes précaires du quartier et dont il joue de sa position d'étudiant est centrale. À ce moment de sa trajectoire scolaire, plus le risque de déclassement social grandit, plus il tente de se démarquer de la fraction basse du groupe des jeunes du quartier. Ce qui ne l'empêche pas de témoigner sa compassion pour ses « copains chômeurs » qui « galèrent », et son admiration pour ceux d'entre eux qui acceptent cette situation sans se révolter ou s'écarter du « droit chemin ». « Moi, je veux pas galérer », me répète-t-il plusieurs fois lors de la discussion que nous avons ensemble ce jour-là. Il a en permanence sous les yeux, dans son quartier, l'exemple de ceux qui vont de stage en stage et restent bloqués à Granvelle, sans argent, sans voiture, et, selon l'expression consacrée, « tenant les murs ». Même s'il cherche à marquer ses distances avec ces derniers, le fait est qu'il est entièrement impliqué dans les histoires des familles du quartier, capable de comprendre la logique interne du prestige local (comme ces enfants d'immigrés à faible capital scolaire qui vont chercher « femme au bled », ce qui est l'indice d'une position basse dans l'espace des familles immigrées du quartier). Cette scène permet de voir en actes comment se négocient les places respectives des membres des deux sous-groupes de jeunes. On voit bien que Nassim se construit sur un double plan. D'un côté, face aux étudiants les plus légitimes (ceux qui sont en classes prépa ou dans de bonnes facs), il tend à se définir comme « Gercourtois » (raï, sorties, implication dans la vie locale) ; de l'autre, face aux jeunes précaires du quartier, il se définit principalement comme « étudiant » : « Moi je fais des études. » C'est sur la scène locale qu'il valorise ses qualités d'étudiant, d'une part par sa disponibilité en temps et d'autre part en pouvant exhiber son statut formel d'étudiant.

Dans ce quartier, on l'a vu, les espaces publics sont très sexués et les relations entre garçons et filles très codifiées. Chacun agit sous le regard des autres. Nassim est pris dans cette relation. Il évite d'avoir des « petites amies » habitant Granvelle, mais il entretient avec les filles du quartier des relations cordiales, ostensiblement désintéressées sexuellement, tout en se pliant aux normes en vigueur en ce domaine (il fait la bise aux lycéennes). Il joue, en tant que « bon fils » et en tant que « bon Arabe », un rôle d'intermédiaire entre les sexes, arrange les rendez-vous entre Sabri, Djamel et leurs copines. Les filles du quartier lui font confiance parce qu'elles le savent correct. Il peut rendre de menus services, mais qui comptent sur la scène locale ; il est médiateur entre les sexes, à la fois marieur et intermédiaire de produits interdits pour les filles. Par exemple, lors de cet après-midi passé sur le banc de la place du quartier, Nassim se lève d'un coup sans mot dire et se dirige vers une fille qui se cache derrière le café et qui, de loin, lui a fait signe. Après une courte discussion, celle-ci lui remet une somme d'argent pour qu'il achète pour elle un paquet de Marlboro et deux Orangina au bureau de tabac. En retour, elle lui offre une cigarette que Nassim donne immédiatement à Kamel, un jeune rmiste qui, depuis quelque temps déjà, cherchait à s'en procurer une. Il m'explique que cette fille ne pouvait pas y aller seule car son frère était au café : « Tu comprends, elle en a peur. »

Épilogue

Huit mois plus tard, en mars 1994, je revois Nassim, Sabri et Djamel à Granvelle à l'occasion de la grève des lycéens contre le CIP (contrat d'insertion professionnelle, c'est-à-dire le « smic jeunes »). Depuis le mois de septembre 1993, Nassim a obtenu un poste de surveillant dans un collège situé à soixante kilomètres de chez lui et poursuit ses études à la fac. Sabri, qui redouble sa première année d'AES, est dérouté : il n'obtient pas de meilleures notes que l'an dernier, comme si le redoublement ne donnait rien (« C'est une drôle de fac, je ne comprends pas, ceux qui travaillent n'ont pas de bonnes notes et ceux qui ne font rien, eux, ils ont des bonnes notes »). Parallèlement, il participe à l'aide aux devoirs dans le quartier, chaque soir de la semaine scolaire, de 16 h 30 à 18 heures. Il continue de percevoir sa bourse du gouvernement marocain. Djamel a arrêté ses études à la suite du refus de sa demande de triplement de sa première année de DEUG. Dorénavant il travaille à mi-temps au « Mac Do » et accompagne Sabri à l'association de soutien scolaire. Après son échec à l'université, il a officialisé la relation qu'il entretenait depuis plus d'un an avec sa « copine » (une jeune fille d'origine marocaine, alors élève en deuxième année de BEP). Il s'est fiancé et compte se marier cet été, au Maroc, dans sa belle-famille[3]. Ce qui me frappe alors, c'est l'impression de soulagement qu'il semble éprouver d'avoir quitté la fac (« De toute façon, j'en avais marre des études »), comme s'il était libéré de ne plus avoir à se mentir à lui-même, à mener cette vie de « faux étudiant ». Au cours de ces deux années, il a mesuré l'ampleur de ce qui le séparait des exigences universitaires. À Granvelle, il se « retrouve » et redécouvre dans le regard des autres les aspects positifs de sa personnalité. D'un côté, il devient une sorte d'animateur, proche des enfants, et, de l'autre, un « bon » fils ou un « bon » gendre. Il est celui dont les parents attendaient beaucoup et qui, n'ayant pas réussi ses études, se « rabat » en quelque sorte sur sa belle-famille. Nassim me parle de lui avec une certaine gêne et presque avec compassion. Le cas de Djamel lui trace un de ses avenirs possibles, même si Nassim, en obtenant un poste de pion, a stabilisé son horizon pour au moins trois ans. Dans sa famille, parmi ses frères qui ont deux à quatre ans de plus que lui, il a le sentiment d'être le mieux loti : l'un de ses frères qui habite avec lui chez sa mère est au chômage depuis six mois alors qu'auparavant il parvenait à enchaîner sans difficulté des missions d'intérim. Son frère le plus proche passe, à vingt-trois ans, un bac professionnel d'électrotechnique.

Je n'ai pas l'impression que Nassim et Sabri se sentent particulièrement concernés par la grève des lycéens contre le CIP. Ils ne sont pas allés à la manifestation lycéenne qui avait lieu à

3. Nassim lui reproche « d'être tout le temps dans sa belle-famille », ce qui, à ses yeux, est le signe de sa « faiblesse » d'homme qui ne fait pas respecter son nom et sa famille, son honneur.

Montbéliard. À les entendre, j'ai l'impression que ce n'est qu'un « truc » de plus contre eux. En fait, si tous deux sont allés manifester à Besançon, c'est avant tout pour défendre « leur fac » (de Belfort) qui manque d'argent[4]. Lorsque notre discussion s'élargit et aborde les futures élections municipales et nationales, tous avouent leur scepticisme et leur manque de convictions politiques, si ce n'est leur opposition viscérale à Le Pen et au Front national. À un moment donné dans la discussion, Nassim s'adresse à moi et, d'un ton sérieux, me dit : « Mais, toi, t'es vraiment de gauche... » À travers cette remarque pointe le regret qu'il a, lui comme beaucoup de jeunes étudiants du quartier, de ne pouvoir se situer aisément dans un camp politique. Il peut difficilement imaginer que l'opinion publique obéisse à des principes politiques, moraux, éthiques, et qu'elle soit ainsi stabilisée. Parce que, de son côté, il « navigue » toujours entre différentes positions et ne sait pas encore véritablement se situer positivement. Certes, il regarde les informations télévisées, suit ce qui se passe dans le journal (il lit chaque jour *L'Est* au café), il est « au courant de la politique », comme il dit. Par exemple, il n'aime pas Pasqua, alors ministre de l'Intérieur (« Il a que de la gueule, celui-là ! »), car il le perçoit comme résolument hostile aux immigrés. Mais son point de vue politique n'est pas thématisé et ne fait pas système. En fait, son rapport à la politique est entièrement pris dans son rapport à la culture. Ayant conservé un mode de vie et des goûts que l'on dira populaires – pêle-mêle le jeu de cartes et le tiercé au café, les sorties en boîte, le foot à la télé, la vie avec les copains du quartier, ne lisant jamais des essais ou des fictions, regardant souvent la télévision –, il n'ose pas déclarer ouvertement une opinion politique : ce serait « prétentieux », surtout face à moi, le « professeur ». Je sais depuis longtemps qu'il aime bien Tapie qui le séduit par son franc-parler, sa réussite professionnelle et sportive, mais aussi qui lui est sympathique par sa figure de victime, par l'acharnement qu'on a mis à le détruire. Il reste qu'il a du mal à penser la différence entre gauche et droite, si ce n'est qu'il exprime une méfiance atavique contre tout ce qui se rapproche de l'extrême droite, et qu'il n'a pas encore voté et n'a pas sa carte d'électeur (comme beaucoup de jeunes de Granvelle).

---

4. Ils ont bloqué la gare de Belfort, ont obtenu une grosse réduction sur le tarif (15 F au lieu de 150 F) pour aller protester à Besançon contre les restrictions budgétaires.

Lors de cette reprise de contact, je suis surpris par leur « bon moral » par rapport à l'an dernier. Je comprends ces jours-ci, en les voyant tous les trois sur les lieux du soutien scolaire, qu'ils disposent de « ressources locales » que leur procure leur proximité au milieu associatif (à dominante immigrée) de Granvelle et qui sont liées à la perception que les intermédiaires culturels du quartier se font d'eux : celle d'« étudiants », de « bons » jeunes, sur lesquels « on peut compter ». C'est-à-dire la figure opposée de celle des « jeunes des quartiers » qui traînent et qui contribuent, par leurs actions et leur visibilité dans l'espace public, à « salir », comme Nassim ne cesse de dire, la réputation du quartier[5]. Le quartier de Granvelle offre à chacun d'entre eux des ressources, une forme d'estime de soi collective et individuelle, et constitue un lieu où peuvent se manifester des formes de solidarité et de « protection rapprochée ».

Finalement, ils se situent à un niveau intermédiaire dans l'espace des jeunes du quartier. En haut, on trouve ceux (surtout des filles) qui partent en fac à Besançon, Strasbourg ou Dijon avec l'envie, pas toujours exprimée ouvertement, de fuir le quartier et la stigmatisation sociale qui lui est associée. Pour eux, cet éloignement va de pair avec une acculturation accélérée à la vie estudiantine. Certains reviennent le week-end, s'occupent d'activités culturelles, animent des émissions à la radio locale. En bas, ceux qui « traînent » (presque exclusivement des garçons), qui, au mieux, accumulent les stages et, au pire, sont pris dans des petits trafics et des logiques délinquantes. Dans la zone intermédiaire, il y a donc ceux qui, comme Nassim, Sabri et Djamel, ont suffisamment de capital scolaire (le bac en poche) pour sortir du quartier mais qui y restent pour des raisons complexes : d'une part, pour des raisons familiales (c'est le cas de Nassim qui aide matériellement sa mère depuis qu'il est surveillant et de Sabri qui tient à s'occuper de la scolarité de ses frères cadets) ; d'autre part, non pas vraiment d'une manière « militante », mais par une espèce de solidarité muette et de complicité avec leurs anciens copains, et peut-être aussi par peur d'affronter, à leur âge, le monde extérieur au quartier.

5. Dans un contexte où les jeunes délinquants font de plus en plus parler d'eux dans la presse locale et où il est de plus en plus important de se démarquer d'eux lorsqu'on est un jeune de Granvelle, Nassim « se range » peu à peu. Sous l'influence de ses copains, il a tendance à s'éloigner du café et s'est mis à les rejoindre au soutien scolaire, même s'il n'y va pas assidûment (lui n'est que bénévole).

On peut aussi voir ces trois étudiants comme des « ambassadeurs » de Granvelle ; une mission leur est impartie : ils se doivent de « bien » représenter leur quartier à l'intérieur comme à l'extérieur. Eux ne veulent pas abandonner le quartier et n'ont que dédain pour ceux qui « fuient » en ayant d'autres prétentions et en reniant le passé (ceux qui « se la jouent »). Une sorte de rêve les hante : « sauver » l'image du quartier, ou à tout le moins proposer une contre-image où un des enjeux est la construction d'une sorte d'« arabité » exemplaire. D'où, face à moi, la minimisation des problèmes du quartier. Il est significatif que ce n'est que très tardivement que Nassim m'a parlé un peu sérieusement des problèmes de la drogue, du vol, de la violence comme si, par une espèce de complicité « originaire », il n'avait pas voulu m'en parler et ne pas éveiller ma curiosité sur un sujet qui risquait de ternir davantage l'image de Granvelle.

D'un étudiant à l'autre

On pourrait opposer, presque trait pour trait, les idéaux-types de l'étudiant d'origine populaire des années 1960 et ceux de l'étudiant des années 1990, le « miraculé scolaire », qui a conquis ses premiers titres de noblesse culturelle au lycée (non sans déchirement et renoncement), et a été pris de boulimie culturelle en entrant à l'université et en quittant le domicile familial, goûtant les avantages de la sociabilité étudiante, fréquentant avec plus ou moins d'avidité les œuvres de la culture légitime, l'étudiant de quartier HLM des années 1990, ancien lycéen « moyen », a accédé à l'université par défaut, continuant de vivre chez ses parents (et ici dans « son » quartier), sans aspiration intellectuelle et rebuté par la culture légitime, impuissant face aux examens, coupé entièrement de toute sociabilité étudiante et rêvant avant tout d'un « boulot » stable. L'étude ethnographique des manières d'étudier de ce petit groupe de jeunes de Granvelle a mis en évidence les effets préjudiciables de l'absence d'encadrement pédagogique en faculté et de la proximité entre celle-ci et le quartier. Les dispositions inculquées au cours de leur enfance et de leur adolescence dans le quartier continuent de structurer leur personnalité sociale.

Si l'on se place d'un point de vue de politique universitaire, on peut légitimement s'interroger sur le coût social de la décentralisation des universités, dont la logique obéit essentiellement aux enjeux et aux luttes politiques au niveau local – avoir, dans « sa » ville, « son » université de manière à l'inscrire au crédit du bilan d'exercice d'un mandat de maire ou de député – et laisse bien évidemment de côté la question des conditions sociales de la réussite des études. L'enquête ethnographique montre, dans le cas présent, que les facultés de « proximité », loin de toujours favoriser les études supérieures des enfants des classes populaires, privent notamment les étudiants de « cité » d'une immersion dans un « milieu » étudiant dont on sait pourtant qu'elle fonctionne très fréquemment, dans les grands centres régionaux, comme une instance de socialisation universitaire. En supprimant les obstacles, notamment économiques, à la poursuite d'études des étudiants d'origine populaire, les antennes universitaires serviraient l'objectif de démocratisation de l'enseignement supérieur. L'enquête de terrain montre que ces étudiants, qui continuent à résider dans leur quartier, se trouvent pris dans le piège de la facilité de la vie d'étudiant « à domicile » : l'acculturation à la vie d'étudiant ne se fait pas, la distance avec le monde des livres se maintient, si bien que beaucoup replongent dans les « histoires » du quartier. Ces « pseudo-facs », pour reprendre l'expression d'un autre enquêté (issu, lui, d'une famille de classe moyenne), ne contribuent pas à élargir l'horizon géographique des étudiants d'origine populaire. S'il n'existe pas un fort militantisme de la part des enseignants et un volontarisme institutionnel pour contrecarrer les lois de la reproduction scolaire et sociale, il y a de fortes chances pour qu'elles enferment ces étudiants de cité dans leurs anciens réseaux d'appartenance. Les antennes universitaires risquent bien d'être de fausses bonnes solutions. Aujourd'hui, ce dont ont grand besoin les enfants de classes populaires qui entrent en première année de DEUG, ce sont avant tout de meilleures conditions d'apprentissage au travail universitaire : un encadrement plus proche et suivi de la part des enseignants, des bibliothèques dignes de ce nom, des locaux pour travailler, des lieux de sociabilité universitaire qui favorisent la création de groupes de pairs et permettent de lutter contre l'anomie du DEUG. La politique de création d'antennes universitaires, dispendieuse, contribue à empêcher la réalisation de ces objectifs et, à ce titre, est inefficace pour assurer la démocratisation de l'enseignement supérieur.

III

Les incertitudes de la transition professionnelle

Le groupe éclaté

En suivant dans sa durée l'entrée dans la vie active du groupe d'étudiants et de lycéens auprès desquels j'avais enquêté dans les années 1990-1994, j'espérais pouvoir valider une série de résultats tirés de ma recherche sur le processus d'acculturation scolaire d'enfants d'ouvriers. Ce projet n'a été que partiellement réalisé parce que j'ai été beaucoup moins présent sur le terrain et que les étudiants se sont peu à peu dispersés, qu'ils sont passés par des moments difficiles, pris dans les incertitudes de leur statut. De juin 1994 à mai 1996, nos rapports se sont quelque peu distendus, j'étais pris dans le travail universitaire, obligé de m'isoler du terrain pour rédiger, tandis qu'eux continuaient cahin-caha leur bonhomme de chemin. Je m'étais toutefois efforcé de garder des « contacts » (cartes, lettres, téléphone ou brèves entrevues) même s'il était de plus en plus difficile de les joindre[1]. J'avais de temps en temps des nouvelles d'eux par d'autres connaissances de Gercourt. J'ai su par

1. Comme tous habitaient encore chez leurs parents et qu'ils n'y étaient pas souvent, il m'était difficile de les avoir au téléphone et de me faire rappeler. En même temps, je ne voulais surtout pas paraître insistant ou faire preuve à leur égard d'une curiosité qui pouvait être jugée déplacée. J'ai donc laissé passer du temps. Le moment d'une reprise de contact plus formel a eu lieu à la fin de l'année 1996 alors que je commençais une enquête sur l'insertion professionnelle des jeunes diplômés. D'une certaine manière, le sociologue de terrain fait toujours l'hypothèse que les enquêtés veulent ou ont intérêt à lui parler. Il vient, au mieux, recueillir un témoignage, offrir une écoute, donner la parole. Que se passe-t-il lorsque l'enquêté se dérobe face à l'enquêteur et/ou refuse (de la manière la plus polie qui soit) de prendre cette offre de parole ? Ne faut-il pas s'interroger, à titre de préalable « méthodologique » (mais on voit bien que cela engage largement plus que la méthode) sur la signification de ce refus de (ou de cette réticence à) parler au sociologue ?

exemple que Fehrat avait enfin été naturalisé et que, grâce à cela, il avait pu obtenir lui aussi un poste de surveillant, que Nassim avait pu se rapprocher de chez lui en devenant surveillant au collège de Granvelle. Sabri avait également demandé les « papiers français » pour obtenir cet emploi de surveillant et ce statut de fonctionnaire en pointillé. Je savais aussi que leurs études piétinaient, notamment celles de Nassim qui n'arrivait pas à franchir le cap de la deuxième année de DEUG. J'ai surtout appris que les relations s'étaient distendues entre eux, que leur solide amitié n'avait pas entièrement survécu à ces « années bizarres de fac » (pour reprendre l'expression de Sabri).

Si j'ai voulu poursuivre cette recherche, en tâchant d'effectuer un suivi de leurs trajectoires au moment où ils entraient dans une phase de transition professionnelle, c'est parce que leurs cas me paraissaient exemplaires pour comprendre la situation d'une fraction nombreuse de lycéens-étudiants d'origine populaire : distance à la culture scolaire, désarroi face au savoir universitaire, incertitude du rapport à l'avenir, hantise de finir chômeur ou « rmiste », etc. Je pensais alors m'appuyer sur ce réseau, déjà constitué, pour réaliser cette nouvelle enquête. Lors du retour sur le terrain, en septembre 1996, je m'aperçois que le « groupe de copains » a éclaté. Sabri et Fehrat, aux plus grandes ressources scolaires et paraissant moins dépendants à l'égard du quartier, ont continué vaille que vaille leur cursus universitaire : à vingt-quatre ans, ils sont inscrits en licence d'AES et ont rompu avec leurs anciens copains. Djamel et Nassim, moins acculturés scolairement et participant davantage à la sociabilité du quartier, connaissent la précarité. Le premier, après son échec à l'université, a tenu bon deux ans en alternant un travail à mi-temps au McDonald's et une activité de soutien scolaire à Granvelle. Depuis lors il est passé par une longue période de « déprime ». Quant à Nassim, il n'a pu franchir l'obstacle de la deuxième année d'AES et a, au cours de cette période, continué ses études, comme il dit, « en touriste ». En juin 1996, il a décidé de les arrêter pour chercher un travail – « n'importe lequel, j'ai plus le choix maintenant » –, las de devoir jouer sans cesse ce rôle de « faux étudiant ».

Paradoxalement ce qui semblait être un atout pour l'enquête – l'établissement de liens étroits avec eux, notamment avec Nassim – semble se transformer en handicap. C'est bien parce que je les connais « trop bien », que je connais par le détail les différents éléments de leur histoire personnelle et collective, dans laquelle j'ai été impliqué, que le processus qui conduit à leur déclassement actuel (qui risque d'être durable) doit, à leurs yeux, rester hors du champ de l'enquête. D'une certaine manière, mon retour sur le terrain trois ans plus tard et ma présence sur place deviennent, pour eux, « gênants » parce qu'ils n'ont pas tenu les promesses qu'ils se faisaient à eux-mêmes. Le regard que je porte sur eux est nécessairement intrusif car, même s'il se veut compréhensif (je n'hésite pas à leur livrer des explications sur le sens de mon travail), il enferme objectivement une part de violence. À travers le magnétophone, je leur tends un miroir dans lequel ils ne veulent plus se voir. Les images d'eux-mêmes du passé et du présent ne coïncident plus. Désormais je n'enquête plus sur un processus par définition ouvert – celui de leur scolarisation, qui était alors en cours, entre 1990 et 1995 –, mais sur son point d'aboutissement. L'entretien les invite, on devrait même dire les condamne à effectuer avec moi un retour sur le passé, à lire et à analyser rétrospectivement la pente de leur trajectoire. Ce qui implique nécessairement pour eux de dresser l'inventaire de toutes leurs erreurs et de toutes leurs lacunes. Comment parler de soi lorsqu'on est objectivement dans une impasse, face à un mur ? Comment *a fortiori*, le faire face à quelqu'un qui a partiellement été le témoin de leur histoire personnelle, alors en devenir, qui a cheminé temporairement à leurs côtés, qui a entrevu, comme eux, les diverses issues potentielles de leur cheminement scolaire ? C'est-à-dire avant le point de non-retour, la bifurcation essentielle prise par leurs trajectoires scolaires et universitaires. Comment éviter que le témoin de ces événements et, en pointillé, de leurs trajectoires se transforme en témoin à charge contre eux et leur impéritie scolaire ? Lorsqu'ils étaient lycéens ou même étudiants, ils étaient forts de leurs succès (ayant échappé au LEP puis obtenu le bac pour ensuite devenir « étudiant ») et porteurs d'espérances, non seulement pour eux-mêmes mais aussi pour leurs familles. Au terme de leur échec universitaire, ils doivent tout à la fois accomplir le douloureux travail du deuil des espoirs qu'ils incarnaient, retrouver une « place » au sein de leur famille, gérer leur échec dans le cadre domestique et dans le quartier. Bref, ils doivent mener un travail de réajustement de leur identité sociale.

À partir de 1999, à la faveur de retours plus fréquents sur le terrain, je vois souvent Nassim et Fehrat, tous deux « emplois-jeunes », et décide de continuer avec eux le travail commencé sept ans plus tôt, en leur expliquant le sens de cette entreprise. Djamel, dont j'ai des nouvelles par Nassim, est devenu « agent SNCF » et travaille à cent kilomètres de Gercourt. Il s'est installé en ville avec sa femme et ses deux enfants. Sabri, toujours surveillant, s'est marié en juillet 2000 avec une étudiante d'origine marocaine, titulaire d'une maîtrise d'AES, qui prépare les concours de l'enseignement. Tous deux habitent l'appartement des parents de Sabri qui sont retournés au Maroc. Sabri veut « se mettre à son compte » et agir, dit-il, « pour le bien du quartier ».

7

Le rêve de devenir fonctionnaire

Fehrat, surveillant à plein temps depuis la rentrée universitaire 1995-1996, obtient la licence d'AES en juin 1996 puis s'inscrit en maîtrise, option « gestion des entreprises ». Mais les avantages de son statut – un bon salaire (6 400 F net), la « liberté » inhérente à la fac – le font petit à petit « décrocher » de ses études. Au moment où je renoue durablement le contact avec lui, en mai 1998, il tente de passer les concours de l'Éducation nationale [1] : conseiller d'éducation, CAPET de gestion. Fehrat est alors le seul de la « bande des quatre » à vouloir entretenir la relation d'enquête avec moi. On se voit souvent, on est devenus, si l'on peut dire, « amis », il aime discuter avec moi des concours et de l'actualité (il lit de temps en temps *Le Monde*). Je suis, à ses yeux, un passeur possible vers le monde professionnel auquel il aspire : celui de l'Éducation nationale. Déjà, en 1993, en première année de DEUG, il m'avait avoué son rêve : devenir, comme il disait, « fonctionnaire prof » ou « fonctionnaire flic ». Le doublet était alors très significatif. Choisir la fonction publique, c'était, pour lui, échapper durablement à l'insécurité économique qu'il observait tous les jours dans la vie de son père, ouvrier d'usine, et dans le quartier. Mais pourquoi l'enseignement ou la police ? Le premier pour l'attrait de son mode de vie (les vacances, le temps libre), de ses conditions de travail et du prestige social de cette profession, encore élevé pour un enfant d'immigrés ; la seconde, entre

1. En 1995, il a acquis par naturalisation la nationalité française, ce qui lui permet de se présenter aux concours de la fonction publique.

autres, pour ne plus être victime des contrôles d'identité « au faciès » qu'il subissait régulièrement en tant que « jeune de Gercourt ».

L'histoire de Fehrat est exemplaire du destin des « enfants de la démocratisation » qui ont poursuivi leur carrière universitaire et se trouvent, au moment des concours, brutalement confrontés à la question de leur valeur scolaire. L'échec aux premiers concours qu'il a passés est un choc qui lui fait mesurer l'intensité de la compétition pour les postes, qui avait été, tout au long de ses années de fac, masquée par le cloisonnement et l'égalité apparente des filières universitaires et par la facilité avec laquelle on peut franchir les étapes menant à la licence.

« Piétinement » dans les études supérieures et tâtonnement professionnel

Lorsque je reprends durablement contact avec lui, en mai-juin 1998, Fehrat redouble, à vingt-six ans, son année de maîtrise d'AES. En abordant de manière informelle la question de sa situation universitaire, je le place immanquablement en situation d'examen scolaire si bien qu'il esquive la question et s'en sort par une pirouette : « Disons qu'il y a des hauts et des bas », reconnaît-il en riant. Il m'apprend qu'il a « oublié » de s'inscrire à l'examen de juin. Même si cet « oubli » s'explique par des complications administratives – puisque désormais il ne suffit plus d'être inscrit en maîtrise pour pouvoir passer les sessions de juin et de septembre –, il a tous les traits d'un acte manqué. En fait, depuis que Fehrat a passé le cap de la licence qui lui permet de s'inscrire aux concours de l'enseignement, il a beaucoup de mal à se relancer dans ses études universitaires. Lors de l'entretien-bilan que j'effectue alors avec lui, je reviens sur le piétinement de son cursus universitaire depuis l'obtention de sa licence d'AES.

> En fait, j'ai pas compris. Moi, j'estime que quand tu t'inscris, tu paies je sais pas combien, 800 F, j'estime que quand même t'as le droit de passer des examens. Je savais pas qu'il fallait remplir ultérieurement des fiches d'inscription. […] En maîtrise, il me restait quatre modules à passer… Quatre sur cinq… L'année d'avant, j'ai fait une connerie, j'aurais pu avoir trois modules parce que j'étais juste. […] Mais, tu sais, quand on est feignant, on est

feignant. (*Rires.*) J'ai pas été [sérieux] (*Silence.*) Non, je m'en veux quand même un peu pour ça. Ouais, je m'en veux parce que c'était quand même une année de foutue en l'air…

En fait, depuis qu'il doit faire des choix décisifs pour son avenir, comme celui de préparer un concours, la mécanique scolaire s'est en quelque sorte enrayée. Il semble tétanisé face aux épreuves qui l'attendent, devant cet Everest que constituent les concours de la fonction publique et adopte malgré lui un comportement de fuite. C'est sa manière à lui de retarder ce qui lui apparaît comme un moment de vérité qui décidera de la pertinence ou non de toutes ses années d'études.

Franchement, je vais te dire, ça fait deux ans que j'ai rien foutu. (*Rires.*) Franchement, hein ! Je vais pas te mentir… Ça fait deux ans que je me suis pas intéressé à ça. Mais disons que, à l'époque… (*Réfléchissant.*) En première année [de DEUG] on était un peu en train de rêver, j'ai l'impression… Je voulais faire plein de trucs. Maintenant je me sens un peu plus mûr. Je cible un peu plus quand même… Je sais à peu près qu'on peut pas se faire d'illusions…

Pour comprendre son piétinement universitaire, il faut prendre en compte ce qui se passe sur la scène de la fac mais aussi au sein de sa famille et de son quartier. Depuis qu'il est « pion » à plein temps, il ne va presque plus aux cours, n'a plus d'amis parmi les étudiants de son année et se trouve durablement à l'écart de la vie universitaire. Il se vit alors comme un « vieil » étudiant, rejoint par de nouvelles générations dont il se sent de plus en plus éloigné. Ce qui lui fait désormais percevoir son poste de surveillant comme une sorte de piège qui est en train de se refermer sur lui, ce qu'il appellera plus tard un « cadeau empoisonné ».

Au début de ses années universitaires, il visait des emplois susceptibles de « rapporter gros », des métiers prestigieux. Avec le recul, il s'aperçoit que la soif de réussite matérielle qui était la sienne était liée directement à son origine immigrée : la transmission de l'expérience familiale de la pauvreté en Turquie, le besoin de venger le destin social de ses parents, etc. Au moment où je le retrouve, il ne dissimule plus le fait qu'il en est progressivement venu à limiter ses ambitions : « Je ne rêve pas trop parce que, comme ça, si je me plante, je ne serai pas trop déçu, je ne tomberai pas de trop haut. » C'est cette expression, formulée lors d'une conversation dans la cour du lycée où il travaille, que je lui rappelle deux jours plus tard lors de l'entretien enregistré.

– La dernière fois qu'on s'est vus, tu m'as dit et ça m'a frappé : « Je veux pas trop rêver parce que je ne veux pas tomber de trop haut... »

– (*Détachant nettement les deux syllabes.*) Voi-là ! Ouais, c'est ça... exactement... Non mais... maintenant... tu sais... Avant, chez nous... (*Hésitant.*) Chez nous [dans sa famille], comme on se voit en bas de l'échelle sociale, on donne beaucoup d'importance au matériel... On dit il faut avoir, et puis c'est une coutume aussi... Bon, y avait pas de retraite à l'époque pour mes parents... Il faut accumuler pour être tranquille quand ils sont vieux. Cette mentalité-là, j'ai l'impression qu'on l'a héritée un peu. Ils nous font faire comme si c'était pour eux... (*Silence.*) Donc, moi, j'ai un petit peu cette mentalité, je voulais tout le temps la réussite : la réussite professionnelle, avoir beaucoup d'argent, être tranquille... Mais maintenant je ne vois plus ça, j'ai davantage la mentalité française... De « Français moyen »... (*Rires.*) Du moment que t'es tranquille, que t'as ta télé à ouvrir, de quoi manger, t'as ce qu'il faut, c'est bon... C'est ce que je vais faire... Maintenant c'est plus comme ça. » (Juin 1998.)

Face à cette situation d'incertitude par rapport à l'avenir, Fehrat se met à prospecter plusieurs pistes [2]. Le fait de posséder une licence lui permet de se présenter à une série de concours de l'Éducation nationale, comme celui de conseiller principal d'éducation (CPE) ou le CAPET de gestion. Son métier de surveillant lui a ouvert les yeux sur le monde du travail et lui a permis de passer de l'autre côté de la barrière, c'est-à-dire du côté des professeurs. Au lycée, loin des préjugés (négatifs) sur les « profs » largement diffusés dans le quartier, il découvre les aspects intéressants – notamment le « côté relationnel » – du métier d'enseignant. Il se rend compte aussi, sur place, que c'est un univers professionnel relativement pacifié où les rapports hiérarchiques sont moins durs que dans d'autres univers professionnels. (« L'Éducation nationale, c'est pas seulement pour les vacances, c'est un cadre que j'aime bien... C'est

2. Comme la voie des concours est très aléatoire, il a le souci de diversifier ses compétences et ses possibilités d'emploi. Par exemple, il est devenu sauveteur à la piscine et envisage un moment d'aller travailler deux mois l'été dans une piscine à New York pour améliorer son anglais.

vraiment bien. ») Il rencontre de jeunes enseignants, avec lesquels il discute, qui lui manifestent de l'attention et du respect. En tant que « pion », il s'est senti intégré dans un collectif de travail. En comparaison avec l'Éducation nationale, l'usine lui apparaît plus que jamais comme un univers social saturé de contraintes : de temps, d'exigences de rentabilité, de rapports hiérarchiques qui lui apparaissent terriblement figés et pesants. Progressivement, il en vient à mesurer tous les petits avantages qui, à ses yeux, rendent particulièrement attrayante la condition enseignante, au sens large du terme.

Le milieu de l'enseignement l'attire également parce que le contact permanent avec les nouvelles générations permet de rester jeune soi-même. Cette perception du métier dans l'Éducation nationale se construit là aussi en opposition avec ce qu'il perçoit de l'usine où les salariés vieillissent tous ensemble. Choisir un environnement « jeune », c'est entrer en douceur sur le marché du travail, atténuer la confrontation directe avec des adultes ou des « vieux » sur le lieu de travail, ne pas subir les valeurs empesées du milieu professionnel et ne pas avoir à renoncer à ses propres valeurs, issues de sa socialisation dans le quartier. Bref, préserver une espèce d'« innocence » sociale. Il pressent même que, dans l'institution scolaire, il peut faire jouer avec profit des dispositions et des qualités qu'il a acquises chemin faisant au cours de son enfance et de son adolescence dans son quartier. Par exemple, il se rend compte dans son travail qu'il sait « spontanément » parler aux « gamins » et faire preuve à bon escient d'autorité.

Il découvre également, au contact des professeurs de son lycée, l'importance qu'il y a à posséder une culture générale pour préparer les concours. « Il faut lire des bouquins, tout ça », pour espérer rivaliser avec les autres…

> Maintenant que j'ai été surveillant, je préfère quand même rester là-dedans, dans l'Éducation nationale… Même s'il y a des rapports qui ne sont pas toujours faciles mais, avec les élèves, c'est pas pareil… Si tu réussis à être malin, je dirais ça comme ça, même si ce n'est pas le terme, tu peux rester jeune, tu peux faire plein de trucs parce que c'est dans un milieu jeune… Ce sera toujours des gosses, ce sera toujours à un niveau d'âge où il y aura toujours un contact. Alors que, si tu rentres dans une entreprise, tu évolues avec les mêmes collègues et, à la fin, tu te retrouves avec plein de personnes qui ont le même âge, les mêmes façons de faire. Nous, les jeunes, on va les traiter de vieux cons… (*Rires.*) Comme je t'ai dit,

le matériel, maintenant, ça m'intéresse pas tellement, ça ne rend pas heureux... On peut tout avoir et puis être malheureux... Bon, je vais te prendre l'exemple de mon frère, il a son magasin, il est là-dedans quinze heures par jour ! Moi, je me vois pas faire un truc comme ça, t'as plus de loisirs, t'as plus de vie... Il reste toute la journée dans le magasin et après il retourne chez lui. Le lendemain, c'est pareil, quoi ! Y a aucun changement... Moi, je dis l'Éducation nationale, c'est pas seulement pour les vacances, même si ça joue, c'est un cadre de vie que j'aime bien... On a des rapports intéressants. Bon, avec les profs, on discute, on est tranquille, on est avec eux... Il y a beaucoup de jeunes [profs] quand même... Le fait de discuter, ça t'apprend des trucs. J'ai vu qu'il y avait des difficultés avec des élèves, le manque d'autorité. Bon, c'est pas le manque d'autorité, mais quand t'as trente personnes devant toi et qu'il faut sortir un cours qui puisse intéresser tout le monde. C'est de ça dont on parle de temps en temps. Ça fait prendre conscience, tu te dis : « Est-ce que je pourrais faire, moi, un boulot de prof ? » Et quand tu les vois déprimés et que t'entends une prof te dire : « Merde, je vais voir encore ma classe de je sais pas quoi, ah non, ils sont chiants ! » Tu te dis : ouais ? (Juin 1998.)

Face aux concours de la fonction publique, une autodidaxie sur le tard...

Le moment de la préparation des concours est un moment décisif dans la scolarité des étudiants qui ont un profil similaire à celui de Fehrat. Le concours est national, il rassemble des étudiants d'origines et de disciplines différentes, qui ont de ce fait des cursus scolaires très différenciés. Les étudiants sous-sélectionnés des filières les plus « faciles » de l'université partent au départ avec un gros handicap, qu'ils ne peuvent que combler progressivement (certains réussissent les concours après plusieurs années de préparation). Ils manquent d'entraînement à l'écrit, ont perdu l'habitude de réviser ou de mémoriser rapidement une masse de connaissances. C'est le moment où le « glandage » à la fac – travailler le minimum pour passer dans l'année supérieure – « se paie » comptant. Pour Fehrat, préparer les concours de l'enseignement, c'est affronter les autres, se mesurer objectivement à eux, subir une évaluation anonyme qui s'avère l'épreuve de vérité du cursus universitaire. Mais, pour tenter l'épreuve, il faut être entraîné, avoir un minimum de confiance en soi. Muni de sa licence d'AES mais peu entraîné,

Fehrat sait qu'il a peu de chances de réussir du premier coup les concours de la fonction publique.

– Le concours de CPE, cette année [1998], Je l'ai passé. Mais tu sais, je l'ai pas préparé… C'est pour ça que je suis dégoûté… En fait je m'y suis mal pris cette année. Dès le début de la rentrée, je m'étais dit : je vais prendre une chambre à la fac, je vais m'isoler, je vais faire mon travail, et puis je vais le préparer sérieusement. En fait (*sur un ton plus bas*), j'ai rien fait, quoi. Et à chaque fois, c'est pareil (*rires*), je prévois un truc et puis je le fais pas…

– Mais comment tu analyses le fait que tu te donnes un objectif et que tu en dérives vite ?

– Ben… Moi, en général, j'agis… (*Hésitant.*) J'agis toujours sur le coup, tu vois… Par exemple, tu me branches, je ne sais pas, tu me dis dans quinze jours on va en Espagne ou en Amérique, je te dirai : « Ouais d'accord. » Alors ce jour-là arrive et je ne serai pas prêt. Mais si on dit, on part tout de suite, je prépare mes affaires et même si j'oublie la moitié de mes affaires, je pars… Je sais pas, c'est comme ça… Sur des coups de tête, j'y vais. Mais quand c'est prévu depuis je sais pas combien de temps, j'y pense (*ton dégagé*) et après je me dis : « Merde ! Est-ce que c'est bien, qu'est-ce que je vais faire là-bas, ça craint », des trucs comme ça, donc j'abandonne.

– Là, tu prends des exemples de voyage, mais là tu passes un concours pour un emploi…

– Ben voilà !… J'ai l'impression que le poste de pionnicat, je vais parler pour moi, c'est comme si c'était un cadeau empoisonné. Parce que t'as un poste, tu gagnes bien ta vie. Franchement, j'ai jamais eu autant d'argent. Et t'as tendance à t'endormir sur tes lauriers… Bon, tu te dis de toute façon j'ai 6 000 balles par mois tout le temps, je suis tranquille… Tu te dis, je suis bien comme ça pour l'instant, donc tu te cherches pas… Tu vois pas l'utilité d'aller travailler, quoi ! Tu te dis : « J'ai pas travaillé… Bon, c'est rien, je travaillerai l'année prochaine… » (*Rires.*) C'est pour ça que je dis que c'est un cadeau empoisonné, qu'il faut savoir le gérer, ça dure pas longtemps en fait. Quelques années, c'est tout… Y en a plein qui… Et ça, ça m'a fait réfléchir quand même. Déjà, rien que cette année, au lycée, y en a eu trois de pions qui sont partis parce qu'ils n'avaient pas eu leur diplôme, ils étaient en fin de droits… Et ça, ça fait peur, quoi ! Tu te dis, moi ça va m'arriver aussi un jour, je vais arriver fin de poste, fin de contrat… Et puis je vais me retrouver au chômage, quoi ! Et là… (*Moue dubitative, long silence.*) Parce que l'année prochaine, c'est ma dernière année [de pion], il faut que j'arrive à avoir la maîtrise coûte que coûte… » (Juin 1998.)

En fait, comme beaucoup d'étudiants demi-acculturés et relégués dans des filières moins exigeantes de l'université (comme le montre par exemple le fait qu'il ait eu une excellente note en comptabilité sans avoir rien révisé), il donne l'impression, face aux concours, de partir battu d'avance. Le chiffre terrible des 5 % de réussite au concours de CPE, qu'il cite souvent pour en souligner la difficulté, est à la fois un épouvantail et une excuse *a priori*, celle qui explique(ra) son échec, si prévisible. Plus fondamentalement, pour expliquer sa réticence à affronter les concours, il faut prendre en compte les effets durables de la sous-sélection scolaire dont il est le produit. Le « blocage » de Fehrat par rapport aux concours de la fonction publique renvoie au rapport qu'il entretient à la culture, notamment à l'écrit. À mesure que les échéances du concours se rapprochent, il est paralysé par la difficulté qu'il éprouve à « écrire correctement ». Les discussions que nous avons pu avoir ont souvent tourné autour de cette question, autour de ce qu'il perçoit comme un mystère : sa difficulté à « bien » écrire, à se conformer aux normes universitaires, à progresser en ce domaine, à améliorer son style [3].

– Le droit, c'est pas mon point fort... En fait, c'est même pas une question de point fort ou quoi que ce soit... Mais, moi, il me manque des mots, tu vois. C'est (*réfléchissant*)... J'ai tendance à utiliser les mêmes mots quand je parle que quand j'écris, alors qu'il faut pas faire ça. De toute façon, je vois comment on parle dans le quartier, c'est plutôt l'argot, des mots qu'on invente pratiquement. Et j'ai tendance à marquer comme ça. Tu sais, je m'efforce de faire mieux et j'ai l'impression que je me coule, tu vois... Je me coule tout seul parce qu'il y a des termes par exemple, peut-être que tu peux pas les utiliser dans une phrase. Alors je mets, je sais pas, par exemple... Prenons un mot comme utopie... Bon, utopie... je sais ce que c'est maintenant, mais avant ça devait paraître un peu plus dur. Je sais pas, je devais le mettre n'importe comment dans une phrase qui n'avait rien à voir là-dedans. C'était des trucs comme ça... et puis j'avais un point d'interrogation dans la marge, ou « style »... Que de ça... Et ça, j'arrive pas à m'en débarrasser.

---

3. Déjà, lors de sa première année de faculté, il m'avait confié ses problèmes à l'écrit et les remarques de ses professeurs de français durant toute sa scolarité au lycée : « [Les remarques sur les copies] C'est toujours : style ! style ! style ! C'était tout le temps comme ça... (*En souriant.*) "Style" (*l'air songeur*)... C'était tout le temps "style"... J'en ai eu partout, dans tous mes devoirs, que ce soit en histoire, partout, c'était le "style", quoi ! »

– En fac, tu n'as pas l'impression d'avoir progressé dans l'écriture, dans le style ?...

– Je... (*Hésitant longuement.*) Je sais même pas... Parce que j'ai l'impression d'avoir même perdu depuis le bac. J'ai l'impression de savoir moins faire de choses que quand j'étais au bac. Parce que, en fait, quand je venais d'avoir mon bac, on me présentait un devoir de maths, j'arrivais à le faire parce que j'avais fait l'aide aux devoirs à Gercourt, tu sais, et puis j'arrivais à leur expliquer. Mais maintenant, même ça j'arrive plus à le faire...

– Mais au niveau des dissertations, tu as aussi l'impression d'avoir perdu ?

– Ben je vais te dire franchement, je pense pas que j'ai perdu parce que j'étais nul, déjà... (*Rires.*) Normalement je devrais être meilleur qu'avant. Parce que, là... Moi je t'ai dit, quand j'étais en terminale, je pensais... j'essayais de faire bien mais j'y arrivais pas... jusqu'au jour... enfin, c'était pas un jour... on avait un prof d'éco qui avait du charisme, qui faisait bien son cours... Et ça, ça m'a intéressé, je me suis un peu adonné à cette matière. Et je peux dire grâce à lui parce que, c'est vrai, je commençais à faire des plans. Et depuis je fais toujours ce que j'ai appris avec ce prof. Ce que j'ai appris en terminale, je l'utilise même maintenant... Les dissertations, on en a tout le temps fait mais, je sais pas, j'y arrivais pas. Ou j'avais trop d'idées et j'arrivais pas à exprimer mes idées dans un plan. Je crois que c'est toujours ça mon problème. J'ai beaucoup d'idées et je les mélange toutes d'un coup, tu vois, dans la même phrase, je passe du coq à l'âne, d'un coup. J'arrive pas à structurer, à aller du général au particulier ou du particulier au général, j'arrive pas... (Juin 1998.)

À l'approche des concours, il a pris conscience qu'il était devenu urgent pour lui d'essayer de rattraper au plus vite le temps perdu en la matière. Il sait que son handicap à l'écrit ne date pas d'aujourd'hui. En classe de troisième, il avait voulu faire un bac technologique mais ses copains de classe l'avaient alors incité à suivre la « voie normale ». Dix ans plus tard, il ne cesse de regretter ce choix et reste tenaillé par un fort sentiment d'illégitimité qu'il exprime à diverses reprises en entretien : « Je suis plus technique qu'intellectuel », « Je sais réparer des choses mais je ne sais pas écrire comme il faut », etc.

Alors qu'il semblait assez indifférent aux effets d'imposition culturelle qui s'exercent dans le milieu universitaire – même s'ils sont très atténués dans les filières les moins prestigieuses de l'université de masse –, il a appris à mesurer sa distance à la culture légitime en côtoyant les profs de son lycée. À leur contact régulier, notamment celui d'une amie proche (enseignante de lettres), il s'est peu à peu aperçu de l'étendue de son « ignorance » dans nombre de domaines culturels. Par exemple, il me dira sous la forme d'un aveu : « Moi, je ne connais rien à l'art, tout ça. » D'où ses efforts pour se rapprocher de la culture lettrée : séances de lecture de temps en temps à la bibliothèque municipale (*Le Monde*, notamment pour suivre les événements qui se déroulent en Turquie), prise de notes sur des sujets susceptibles de « tomber » aux concours (tout ce qui tourne autour des « sujets de société »), par exemple lorsqu'il écoute la radio. Il est devenu au fil du temps une sorte de graphomane qui cherche à capter de façon quasi maniaque l'air du temps, à adopter la pose de ce qu'il perçoit du « vrai » étudiant. La prise de conscience de ses lacunes culturelles tantôt lui sert d'aiguillon, si bien qu'il se met à vouloir rattraper ce retard, et tantôt l'empêche de se mettre vraiment au travail quand son handicap lui apparaît insurmontable. Les entretiens révèlent le désarroi qu'il éprouve face à la culture scolaire et, tout particulièrement, son incapacité à écrire dans une forme académique. Entre le langage du quartier (« de l'argot, des mots qu'on invente ») et le langage autorisé, il y a un abîme qu'il désespère de pouvoir un jour combler. Ce constat ne cesse de le « travailler » parce qu'il est un obstacle à ce qu'il aimerait être (un CPE ou un prof). Avant d'être surveillant, il n'en souffrait pas véritablement mais à mesure qu'il pénètre des milieux sociaux où l'on juge les personnes en fonction des manières d'être et de parler, il apprend dans l'échange ce que c'est d'être pratiquement un « non-manuel » et en vient à vivre son manque en matière culturelle comme une sorte d'infirmité.

Ce qu'il dit de son rapport à la culture exprime la tension entre, d'une part, une définition objective de lui comme étudiant, telle qu'elle est conférée par son niveau d'études (maîtrise) et aussi par le regard porté sur lui par les membres de sa famille, et, d'autre part, l'impossible appropriation subjective de cette condition. Il voit bien qu'il reste éloigné de la culture lettrée, à la fois parce qu'il n'a pas l'habitude de lire (ou, en tout cas, pas les œuvres légitimes comme les ouvrages de littérature) et parce qu'il n'écrit pas de manière conforme au modèle universitaire. Par exemple, il a du mal à se rappeler l'intitulé de la question de culture générale du concours de CPE et se souvient surtout de sa difficulté à écrire le jour du concours (« J'avais du mal à écrire, c'est toujours pareil », m'avoue-t-il pour expliquer son échec[4]).

Mais Fehrat a évolué : il commence alors à développer des pratiques d'autodidaxie, à se poser la question de l'amélioration de ses compétences langagières et scripturaires. Même s'il reste discret sur ce point, parce qu'il ne veut pas apparaître trop en retard, il donne une série d'indices qui le montrent en plein travail pour domestiquer la langue et l'écriture, l'« expression », comme il dit. Il déclare ainsi avoir pris l'habitude, au cours de ces derniers mois, de faire régulièrement des mots croisés (« ça améliore mon langage »). Il achète de temps en temps la presse d'actualité qui, dit-il, peut lui servir pour ses études.

– Pour moi, maintenant, c'est les concours... Mais tu vois, déjà, il faudrait que je réussisse à... (*Hésitant longuement.*) En fait, moi j'ai des difficultés en français... Je sais que j'ai des difficultés d'expression, je vais dire ça carrément comme ça... Parce que, tu vois, j'y arrive pas... Le problème de style, il faut vraiment que je réussisse à m'exprimer correctement... (*Silence.*)

– Mais, par exemple, quand tu lis un bouquin, est-ce que tu prends des notes ?

– Ouais, je prends des notes. (*Silence.*) Je prends des notes pour n'importe quoi, maintenant... même quand j'écoute la radio (*rires*), c'est fou ! (*Devant ma mine étonnée.*) Ouais, je te jure... [Je lui demande s'il a un carnet.] Non, j'ai pas un carnet mais j'ai une feuille à côté de moi. (*Rires.*) J'ai toujours un stylo et un crayon, une feuille et je note n'importe quoi. J'écoute les informations, ils disent : « Voilà, Chirac est parti » alors je note. (*Rires.*) Bon, je prends pas tout en notes mais je prends les trucs qui sont importants...

– Mais comment tu choisis ?

– Ben, tiens, hier, qu'est-ce que j'ai pris ? J'ai écouté la télé... Et qu'est-ce que j'ai pris ? (*Silence.*) Je sais même plus ce que j'ai noté, tiens ! En plus je note ça pour retenir... Je note ce qui se passe. Par exemple la croissance en Allemagne... Ben, tiens, j'ai noté le CNPF allemand qui s'appelle je sais pas quoi, le Gerhard Schröder qui a été interviewé parce qu'il y a des élections en Allemagne... J'espère que ça va servir à quelque chose... (*Rires.*) Enfin, j'ai l'impression que je prends n'importe quoi... (*Rires.*) Enfin, c'est pas n'importe quoi, mais c'est une habitude... Moi j'écoute France-Info et là aussi je prends de temps en temps des notes...

4. Malgré les années passées à la fac, il reprend les mêmes expressions qu'il utilisait quatre ans plus tôt pour dire sa distance à la culture écrite.

– Et quand tu prends des notes, tu recopies des phrases ou tu fais de temps en temps des phrases à toi ?

– Non, je recopie les phrases et, de temps en temps, je résume vraiment. Je mets un paragraphe, je dis, je sais pas… Ils parlent de la délinquance, alors je dis : « La délinquance augmente voilà… » Alors je mets une petite phrase, c'est pas vraiment un résumé… Ce que j'ai compris, je le note. En fait, c'est pas que j'aime pas trop écrire… j'aime bien écrire, mais… moi j'ai l'impression que je suis plus doué peut-être du point de vue technique que littéraire… Je suis plus un technique qu'un littéraire… J'ai plus l'impression… parce que, tu vois, comme je te disais, quand il y a un problème technique ou mécanique, j'arrive à voir d'où ça vient, je répare, tout ça, mais quand c'est théorique comme ça… Maintenant, je pourrais te dire comment ça marche, mais je pourrais pas te l'écrire… Je pourrais pas te dire : voilà quand tu appuies sur « play », il y a ça qui se déclenche. Et, ça, dans ma tête, c'est clair que…

– C'est la mise en mots comme tu disais tout à l'heure…

– Voilà, la mise en mots, j'y arrive pas…

– Mais tu sais que tu peux progresser…

– J'ai toujours des encouragements, mais tu vois, je veux dire… Ouais… non, je sais aussi qu'il faut que je lise, que je me rattrape du point de vue des bouquins… sur l'art, machin, tout ça… j'ai pas lu beaucoup… (Juin 1998.)

Cette forme d'autodidaxie est un effort permanent sur lui-même, dont il ne faut pas minimiser le coût. Elle est la seule manière qu'il ait trouvée, en « bricolant », pour suppléer aux carences de sa formation. Des études poursuivies en pointillé, un très fort utilitarisme qui le conduisait à travailler ponctuellement, à l'occasion des examens, ne suffisent pas à le doter de ressources suffisantes. Il prend alors conscience des effets sociaux liés à son lieu de résidence. Le fait d'habiter le quartier ne favorise pas ses progrès en matière de langage car, dit-il, « ici c'est le langage de la rue » et il lui est difficile de s'y soustraire. En effet, il a gardé nombre de relations dans son quartier. Pour illustrer la manière dont elles le « tiennent », il donne l'exemple d'un de ses copains, voisin d'immeuble, qui, pour le rappeler à l'ordre du quartier, lui reproche son langage policé lors d'une conversation au bas des blocs : « Il m'a fait la remarque : tu te mets à parler comme un Français ! »

Les attaches du quartier et la gestion de la pression familiale

Depuis qu'il est à la faculté, il habite à titre principal chez ses parents, à Granvelle. Au moment de sa première année de maîtrise, il s'est décidé à louer une chambre à Besançon pour mieux préparer le concours de CPE. Mais il n'y a jamais vraiment habité, ne s'est jamais senti chez lui dans cette ville étudiante et, six mois plus tard, il a décidé de regagner le domicile familial. Même s'il reconnaît qu'il ne peut imputer son manque de travail à son activité de surveillant, il aimerait néanmoins me faire comprendre qu'il est aussi prisonnier de certaines obligations familiales. Chez lui, il est loin de disposer d'une totale liberté ; il est toujours pris dans une série de petites contraintes – aider à la maison, réparer la voiture du père ou les pannes des différents appareils électroménagers, effectuer les démarches administratives pour les uns et pour les autres, etc. – qui, mises bout à bout, lui prennent du temps et l'empêchent de travailler dans la durée. Il ne peut donc jamais se consacrer entièrement à son travail scolaire parce qu'il est toujours requis par d'autres tâches plus urgentes. Ce sont aussi les obligations inhérentes à son statut de diplômé qui le place au sein de sa famille dans la position de l'« aîné » au sens social du terme, devant ses deux frères (l'un commerçant, l'autre ouvrier intérimaire), pourtant plus âgés que lui. Ce qui le conduit sans cesse à arbitrer inconsciemment entre la « faculté » et la « maison » (pour reprendre les deux expressions qu'il emploie le plus souvent), c'est-à-dire entre le temps de travail universitaire et le temps de travail domestique.

Mais s'il reconnaît sans peine s'être laissé happer par l'engrenage de la maison en n'osant pas refuser les nombreuses sollicitations qui proviennent des différents membres du groupe domestique, il se rend compte qu'il s'agit bien de sa part d'un « choix », qu'il regrette tout en ayant du mal à l'expliquer. En fait, il s'agit plus d'une question d'attitude mentale face aux études. Si son arbitrage se fait en faveur de la maison et au détriment de la fac, c'est qu'il s'estime plus compétent dans le domaine technique que dans le domaine intellectuel : il y réussit sans peine, y prend même un certain plaisir, obtenant des résultats tangibles alors que, dans le domaine des études, il est toujours mal à l'aise, car toujours très incertain de lui-même quant à sa valeur scolaire. Plus on évoque la question de son avenir et le problème de son absence de mobilisation pour passer et réussir ses examens, plus il se rend compte que les diverses explications qu'il donne ne « tiennent » pas véritablement mais qu'elles s'apparentent davantage à des rationalisations, si bien qu'il en vient parfois à s'accuser lui-même de son piétinement à l'université : « Quand on est feignant, on est feignant... »

En même temps, il est hanté par son avenir, par la peur de « rechuter » en revenant à l'usine, en « retombant » au niveau ouvrier. D'une part, il a déjà goûté aux charmes sociaux de la vie de fonctionnaire et, d'autre part, il décevrait énormément les attentes très fortes de sa famille. Celles-ci n'émanent pas uniquement de ses parents et de sa fratrie, mais aussi de l'ensemble de ses oncles et tantes, de ses cousins, qui suivent depuis longtemps ses « exploits » scolaires. Depuis qu'il est entré à l'université, il a toujours craint de les décevoir un jour, regrettant, malgré ses dénégations (qui sont prises pour des marques de modestie de sa part), d'avoir toujours été donné en exemple dans sa famille élargie, d'avoir été érigé en modèle. Il appartient au groupe de ceux qui doivent porter seuls la promesse de réussite sociale qu'ils incarnent aux yeux de leurs parents. Cette « promesse », qui a longtemps constitué pour eux une sorte d'aiguillon scolaire, s'est transformée en fardeau au fur et à mesure que les voies de la réussite se brouillaient et que les perspectives d'avenir s'obscurcissaient. Fehrat se retrouve ainsi, comme d'autres, pris au piège de la fac. Dans sa famille, il est resté tout au long de ses études universitaires comme auréolé de ses titres scolaires et de son statut d'aspirant enseignant : il travaillait au lycée, percevait un salaire et faisait peu ou prou partie de la communauté enseignante, ce qui lui conférait une forme de prestige intellectuel dans la famille.

– À la maison, tu es celui qui a l'autorité ?

– Enfin... (*Mimique de relative désapprobation.*)

– Je veux dire l'autorité intellectuelle...

– Voilà... Ils pensent comme ça. Mais, moi, je ne pense pas comme ça. (*Rires.*) Comme j'ai fait plus d'études, ils disent : « Ouais, lui, il va comprendre... » (*Rires.*) C'est comme mon père, il a des tracts de l'usine, tu vois, des trucs des syndicats, n'importe quoi, il me les ramène de l'usine pour me les donner... Et il me dit : « Tiens, voilà, ça peut t'intéresser... » Non, mais moi je m'en fous, tu vois (*rires*), je regarde mais...

– C'est peut-être aussi pour en discuter avec toi ?

– Non, c'est pas ça… Il me demande après ce qu'il y a, ce qui se passe. Et moi je lui résume… C'est vraiment un résumé, quoi ! Bon, ils vont virer 4 000 personnes, on va dire comme ça… De toute façon, c'est toujours la même chose, leurs tracts… Mais, chaque fois, c'est pareil, il me ramène des tracts (*imitant la voix impérieuse du père*) : « Tiens ! »

– C'est des tracts des syndicats ou des notes de la direction, c'est pas pareil ?

– Y a les deux… Y a de tout… Y a les notes de la direction, y a aussi les tracts CGT, CLS, moi j'ai appris tout ça là-dedans… FO (*rire*)… des conneries…

– Et toi, tu ne fais pas la distinction ?

– Oh si ! Bon, FO, il se rapproche plus d'un certain parti. L'autre, CGT, c'est communiste… CLS ?… SCL ?… [Il ne se rappelle pas bien le nom du sigle, je lui précise CSL.] Ouais, on dit que c'est le syndicat des patrons… Moi, j'ai eu du mal à lui expliquer que c'était pas… Enfin, d'après moi, c'est pas le syndicat des patrons quand même. C'est un syndicat qui cherche un compromis, c'est pas la même chose, mais bon, pour leur dire ça… Alors que mon père, il dit que la CSL, c'est le syndicat des patrons, lui (*en riant*)… Direct, quoi ! (Juin 1998.)

Du fait des études, Fehrat est donc devenu pour son père l'interlocuteur légitime parmi ses enfants pour parler de l'usine. Il lui rapporte régulièrement de la documentation provenant de l'atelier (journaux d'entreprise, tracts des divers syndicats), certes pour information (il sait que son fils fait des études qui ont un certain rapport avec la vie dans l'entreprise), mais aussi parce qu'il en est, à ses yeux, le destinataire naturel dans la famille. De la part du père, c'est certainement une manière d'essayer de faire le lien avec son fils, en le mettant en position de l'éclairer. Mais on sent bien à travers les propos de Fehrat sur son père, sur un ton mi-sérieux, mi-amusé, qu'il existe entre eux un énorme malentendu autour de l'usine. Malentendu qui exprime à sa façon le fossé culturel qui s'est progressivement creusé entre le père, ouvrier, et le fils, étudiant. Le père a une vision de l'usine qui ne fait que refléter la nature des rapports sociaux qui se nouent (qui se sont noués de longue date) dans les ateliers d'OS. Même s'il ne maîtrise pas entièrement le français écrit, il en sait assez sur l'usine, depuis vingt-cinq ans qu'il y travaille, pour pouvoir dire de tel syndicat que c'est le « syndicat des patrons ». C'est une « évidence » dans l'atelier, elle n'est pas contestable et pas contestée, y compris de la part des ouvriers qui en font partie. Fehrat, lui, qui n'a jamais travaillé dans l'usine de son père, en a une vision qui est à la fois extérieure et universitaire, c'est-à-dire dérivée des cours de la fac, notamment un cours de licence appelé « ressources humaines [5] ». Son statut d'étudiant frotté de culture économique et sociologique le fait se « retourner » contre son père et adopter un point de vue d'en haut sur l'usine, un point de vue de « gestion des ressources humaines », pourrait-on dire, qui tend à négliger voire à disqualifier les savoirs pratiques et sociaux des ouvriers de base. Ainsi il conteste, sur un mode très assuré, l'interprétation paternelle de la CSL comme « syndicat des patrons ». Pour tout dire, c'est même une position qui lui apparaît typique d'une certaine forme d'archaïsme ouvrier et qui semble correspondre à l'archaïsme de son père – qu'il perçoit de plus en plus comme un *pater familias* dont l'autorité formelle lui est de plus en plus difficile à supporter. Par la manière dont il rend compte des propos de son père relatifs à la vie de l'usine, le fils donne l'impression que son père, « ouvrier de base » (comme la quasi-totalité des OS immigrés de l'usine), n'ayant connu ni promotion ni possibilité de formation, se laisserait enfermer dans la vision binaire et caricaturale du monde de l'entreprise que les syndicats contestataires proposent depuis longtemps. De sa formation en gestion des entreprises, Fehrat a retenu qu'il convient de restituer la complexité des relations sociales dans l'entreprise, de traiter avec équité tous les « partenaires sociaux ». Les propos de son père ne peuvent donc lui apparaître que comme outranciers et nécessairement déformés. Le fait qu'il les rapporte avec une sorte de distance presque amusée est aussi un indice du discrédit social dans lequel est tombée, à ses yeux, la parole syndicale de type contestataire. Le mot « direct » pour qualifier le jugement du père sur la CSL (qui traduit le point de vue des OS, observant au quotidien l'étroitesse des relations que les délégués de la CSL ont avec les « chefs ») est réinterprété par Fehrat comme une manière sommaire, réductrice et, pour tout dire, ouvrière de voir les choses.

C'est bien parce que la prolongation d'études prend, pour Fehrat, une forme inachevée et très peu maîtrisée en termes d'acquisition d'une culture universitaire qu'elle le conduit à

5. Cours qui peuvent être faits par des DRH d'entreprise, professeurs associés à l'université. C'est ainsi que l'ouverture de l'université sur le monde du travail signifie aussi acculturation aux normes de l'entreprise…

rompre si brutalement avec le monde de l'usine. Du haut de ses certitudes scolaires et de sa petite promotion universitaire, il n'accorde guère de crédit aux témoignages de « simples ouvriers », forcément suspects de partialité ou d'étroitesse d'esprit. Le cas limite des enfants d'immigrés est particulièrement intéressant parce qu'il opère ici comme un miroir grossissant des relations entre générations ouvrières. Faute d'une culture historique et d'une maîtrise des enjeux de la politique sociale, beaucoup d'étudiants comme lui ont tendance à s'en remettre aux oracles scolaires ou universitaires, qui ne leur proposent pourtant qu'un savoir désincarné, pour trancher sur la réalité de la condition ouvrière d'aujourd'hui. Leurs propos peuvent parfois paraître conservateurs ou libéraux (« réacs ») : ils montrent en tout cas l'ignorance dans laquelle ils veulent rester des rapports conflictuels au travail.

Même s'il reste toujours relativement discret sur ces questions, Fehrat entre de plus en plus souvent en opposition avec son père. Celui-ci attend de son fils une attitude traditionnelle, notamment en matière d'argent. Or Fehrat refuse de lui donner systématiquement une somme fixe ; il participe à l'effort financier, mais à sa guise, sans introduire de régularité (mensuelle par exemple), synonyme pour lui de dépendance vis-à-vis de son père. De façon plus générale, il prend de plus en plus de distance avec les normes sociales du pays d'origine : que ce soit celles du rapport entre les sexes ou celles de la forme d'allégeance que les immigrés doivent à leur patrie. Par exemple, il se félicite que sa petite sœur (bac littéraire la même année que lui, un emploi dans une association pour immigrés), qui vient d'obtenir un emploi-jeune, se soit mariée à vingt-quatre ans avec un de ses amis (ouvrier), échappant ainsi à ce qui est la hantise de nombreuses filles d'immigrés de la région : un mariage « arrangé » avec le fils d'un des amis du père. Il reproche à son autre frère, ouvrier intérimaire, de mal se conduire avec son amie (comme un « macho »). Enfin, il cherche dorénavant à espacer ses retours en Turquie (« J'en ai marre d'y aller chaque été ») et envisage chaque année de partir deux mois aux États-Unis. Bref, il a enfin envie de vivre un peu pour lui, sans devoir toujours se soucier des siens.

L'échec aux concours administratifs et la peur du déclassement

Au cours des deux années qui suivent (1999 et 2000), Fehrat a préparé le concours de CPE et de professeur de technologie. En 1999, il est admis à la préparation de l'IUFM pour préparer le CAPET de technologie et se retrouve ainsi dans une ambiance de travail : les cours de préparation sont sérieux, les professeurs consciencieux, les étudiants motivés (l'un d'entre eux, devenu un ami, est un ancien ingénieur du secteur privé qui veut se reconvertir dans l'enseignement), et il est requinqué par cette ambiance de travail et par son insertion dans un groupe qui partage les mêmes objectifs. Lorsque je le revois longuement en avril-mai 2000, il vient d'apprendre qu'il a échoué pour la deuxième année consécutive au CAPET de technologie. Profondément découragé par cet échec, il cherche à comprendre ce qui lui arrive et accepte bien volontiers de faire un entretien avec moi, pour la première fois chez lui, c'est-à-dire chez ses parents, dans leur appartement de Granvelle. Cet entretien sera l'occasion pour lui de revenir plus longuement sur son parcours d'étudiant.

Dès mon entrée, évitant le salon, il me guide directement dans le couloir qui mène aux chambres. Nous croisons son père qui sort de sa chambre et nous salue furtivement (nous nous serrons la main sans mot dire), puis Fehrat m'entraîne dans son antre. Il occupe seul cette chambre, privilège d'aîné au domicile familial. C'est la première fois que j'y pénètre. L'espace est encombré : un petit lit, un bureau contre le mur sur lequel est installé un ordinateur PC qu'il a acheté cette année, un siège de bureau en cuir avec un dossier très haut (« Je l'ai acheté exprès pour préparer mon concours », me dira-t-il) ; à côté du bureau, un meuble rectangulaire recouvert d'une longue nappe, qui se révélera être le congélateur familial, installé ici faute de place ailleurs. Lors de l'entretien, Fehrat est assis ou à demi allongé sur son lit et moi dans son large siège, le magnétophone sur les genoux. De temps en temps, sa belle-mère et sa petite sœur viendront, sans mot dire, prendre des choses dans le meuble recouvert d'une nappe. Après plusieurs allées et venues dans la chambre, je comprends que la prolongation de l'entretien commence à gêner : le repas familial de midi se prépare et ma présence en perturbe la préparation…

Plusieurs fois, lorsque les intrusions de la famille dans sa chambre se feront plus insistantes, il m'engagera à ne pas y faire attention et à continuer (« là, j'ai tout mon temps »), goûtant le plaisir de s'expliquer sur « sa vie ». Par rapport à nos relations précédentes, ce moment marque un changement d'attitude. Non pas que Fehrat ait refusé auparavant le jeu de l'enquête, mais je sentais qu'il préférait avoir avec moi des conversations informelles dans des lieux publics, au café, dans la cour de récréation du lycée, etc., plutôt que de se plier au cérémonial de l'entretien enregistré au magnétophone qui l'obligeait peut-être à adopter une posture de candidat à un examen oral. Les réticences venaient aussi de ma part car, le sachant dans une période de transition et d'incertitude, je ne voulais pas le brusquer par des entretiens « officiels ». Ce que je m'efforçais surtout de faire, c'était de maintenir le contact avec lui, attendant des moments plus propices pour l'amener à entamer avec moi un travail plus en profondeur, sur lui-même et sur son histoire (ce qui passe toujours par la réalisation de longs entretiens enregistrés). Nous n'avions jamais discuté au fond de toutes ces questions d'enquête, de ce que nous y mettions l'un et l'autre. Différents domaines se trouvaient exclus *a priori* de la convention d'enquête telle qu'elle avait été définie au début, notamment ce qui avait trait à la vie en dehors de l'école (les sorties, la vie nocturne, le rapport aux filles). Je pense qu'en partie inconsciemment j'ai poursuivi le rapport d'enquête qui s'était noué au moment des séances intensives de révision de son examen de fac, me cantonnant un peu malgré moi dans le même registre et surtout n'osant pas franchir avec lui (et avec eux) les limites déterminées par cette première enquête. Or, au fil du temps, il devenait clair que cette posture ne suffisait pas ; en tout cas, elle ne permettait plus d'accéder à d'autres pratiques sociales qu'il était pourtant indispensable d'appréhender pour poursuivre l'analyse. En même temps, j'avais bien conscience de la fragilité sociale qui était la sienne dans cette période de transition de sa biographie : ni vrai étudiant ni vrai salarié, « pion » à durée de vie limitée, sans avenir assuré, avec au contraire une très forte indétermination professionnelle. Il était difficile pour moi de lui dire ou de lui faire comprendre que c'était l'ensemble de sa personnalité sociale qui m'intéressait.

Ce jour-là, s'il souhaite se raconter plus longuement, c'est parce qu'il s'est mis à réfléchir sur lui-même, notamment pour comprendre les causes de la dégradation de sa position personnelle : échec au CAPET, fin de son contrat de surveillant, inscription à l'ANPE et, sur le plan de sa vie privée, rupture avec son « amie », enseignante de lettres (avec laquelle il n'habitait pas). Le nouveau contexte local de reprise économique qui, depuis 1998-1999, offre des possibilités croissantes d'emploi à des jeunes peu ou non diplômés écartés jusque-là du marché du travail, contribue également à déclasser relativement la stratégie de poursuite d'études de jeunes comme Fehrat. En fait, il se trouve à un tournant de sa vie. « À vingt-huit ans » est, dans cet entretien, une des expressions qui commencent ou ponctuent le plus souvent ses phrases. Il ressent douloureusement son deuxième échec au CAPET alors qu'il a fourni un travail intense lors de la préparation de l'IUFM. Il se retrouve à nouveau « bloqué » devant l'obstacle des concours qu'il ne parvient décidément pas à réussir. Cet échec aux concours de la fonction publique l'incite à réfléchir à son parcours antérieur et notamment à la formation qu'il a reçue à l'université. Il est objectivement sur une pente descendante, comme le prouve sans ambiguïté sa situation matérielle[6]. Il ressent le besoin de faire le point sur sa vie, sur ses projets professionnels, mais aussi sur des questions existentielles comme le mariage mixte, la religion et le sens de la vie... Je le sens taraudé par ces questions alors qu'il m'est toujours apparu comme un bon vivant, aimant sortir, « draguer », faire du sport, et, comme il dit, « profiter de la vie ». S'il ne cesse de revenir sur cette question d'âge, c'est parce qu'elle exprime le mieux ses incertitudes et ses ratés. À vingt-huit ans, il n'est toujours pas établi, ni sur le plan professionnel ni sur le plan matrimonial. Il se retrouve comme un oiseau sur la branche et prend presque soudainement conscience de la fragilité de la situation qui est la sienne. Ce n'est pas un hasard s'il déclare alors, certes sur le mode de la boutade, vouloir se marier avec une « fille du pays », « si ça continue ». D'une certaine manière, il est en train de s'apercevoir qu'il a peut-être raté le « bon wagon » et surtout qu'il est en train de se faire rattraper par d'autres qui avaient, il y a quelques années, considérablement moins d'atouts que lui. Il cite plusieurs fois le cas d'amis du quartier qui, après avoir raté le bac, fouettés par cet échec, ont été contraints d'entrer tôt sur

---

6. Il touche les Assedic depuis un an (environ 4 000 F par mois), ne possède plus de voiture neuve et doit désormais réapprendre à se restreindre matériellement.

le marché du travail. Il s'aperçoit alors qu'ils ont su se ressaisir à temps pour construire leur vie professionnelle. Trois de ses amis sont ainsi devenus « éducateurs » (dont deux dans le quartier de Granvelle). Et ceux qui ont fait des études professionnelles se retrouvent aujourd'hui, pour la plupart, avec des emplois stables d'ouvrier, relativement bien payés pour des bacs professionnels. Même ceux qui avaient été de « mauvais élèves », qui avaient fait peu d'études et qui semblaient destinés au chômage de longue durée, aux stages et aux petits boulots, bénéficient tout d'un coup de la reprise économique : ils sont désormais embauchés comme « intérimaires » dans la grande usine ou dans les PME de la région.

Le retournement de conjoncture dévalue brusquement et considérablement la stratégie de poursuite d'études qu'il a entamée huit ans plus tôt dans un tout autre contexte, marqué par la progression inexorable du chômage de masse. À ce moment de sa trajectoire, même s'il ne l'exprime pas de manière directe, il est hanté par la crainte de déchoir, d'être irrémédiablement distancé socialement par ceux qui ont fait six à huit ans plus tôt le choix des études courtes et/ou de l'activité professionnelle précoce. Il lui faut impérativement redescendre des cimes un moment atteintes dans sa carrière d'étudiant-pion pour réussir un « atterrissage » social en douceur. Pour ce faire, il lui reste finalement peu de temps, deux ans, puisqu'il s'est fixé comme date butoir l'âge de trente ans, qui lui paraît l'âge limite au-delà duquel son échec sera à ses yeux irrémédiable. D'où son obsession : s'établir vite sur le plan professionnel, réussir un concours pour décrocher à tout prix un emploi de fonctionnaire et ainsi sauver l'essentiel...

Les deux pièges de la fac et du « pionnicat »

À la faveur de ces divers entretiens, Fehrat opère un retour réflexif sur son histoire, sur ses années d'étudiant et de surveillant (le « pionnicat », comme il dit). C'est dans l'après-coup, après ses échecs aux concours, qu'il commence à pouvoir dire des choses qu'il tendait à dissimuler aux autres et à lui-même lorsqu'il était pris, ou plutôt englué, dans le temps étiré et indéfini de ses études universitaires. Il découvre alors, à la lumière de ses échecs successifs aux concours, que ce qu'il a vécu sur le moment d'une façon souvent heureuse – ces années de fac à profiter du grand confort matériel de la vie de pion – lui apparaît comme porteur d'autant de « pièges » qui se sont, à un moment donné, brutalement refermés sur lui : le piège du « pionnicat », le piège de la fac, le piège de l'absence de projet professionnel.

Bien sûr, d'un point de vue extérieur, on peut se dire qu'il ne fait finalement que « solder » son insouciance passée, son imprévoyance. Le point de vue ethnographique, qui tente de restituer de l'intérieur la logique des conduites des agents sociaux, permet néanmoins d'entrevoir les raisons, objectives et subjectives, qui l'ont conduit à se laisser progressivement enfermer dans ces pièges. Bien sûr (se dit-il maintenant) qu'il aurait dû réagir plus tôt, qu'il aurait dû faire ceci et cela – anticiper les événements, se donner un objectif précis, adapter les moyens aux fins, etc. Si le conditionnel passé est de mise durant l'entretien, c'est parce qu'il exprime le regard de celui qui se retourne pour imaginer un autre parcours que le sien, refabriquer un itinéraire de réussite, prendre cette fois les bons tournants aux bons moments. Mais ce qu'il fait particulièrement bien comprendre dans cet entretien, c'est la manière dont une série de mécanismes sociaux, sur lesquels il n'avait pas prise, l'ont en quelque sorte anesthésié en le maintenant dans un état de douce euphorie sociale auquel il n'a pas su résister.

En fait, des étudiants comme Fehrat, lorsqu'ils décrochent un emploi de surveillant, ont tendance à vivre l'accès à ce statut comme une première consécration sociale tant il présente d'attraits pour des enfants d'origine ouvrière. La fonction dans l'ensemble est peu éprouvante, même occupée à temps plein[7], le salaire est somme toute relativement élevé (6 200 F net par mois), les vacances scolaires sont payées ; bref, un statut qui offre les possibilités d'une vie normale de salarié. Comment alors imaginer que cette « belle vie » puisse être provisoire ? Comment ne pas se laisser griser par ce nouveau statut[8] ? Fehrat, comme beaucoup d'autres jeunes dans sa situation, a fini par oublier le travail à fournir à l'université même s'il savait que cet emploi n'aurait qu'un temps – une durée ne pouvant excéder sept ans. Sur le moment, il n'a pas voulu y penser,

7. Deux jours et demi de travail par semaine pour un maître d'internat comme lui.

8. D'autant que, en général, les rectorats gèrent ce personnel de manière très bureaucratique et que les rappels à l'ordre, pour ramener à la raison scolaire les surveillants tentés par le dilettantisme, sont bien timides.

il a voulu, comme il dit, « profiter de la vie ». Or la vie de « pion », c'était déjà un peu la vie telle qu'il l'avait rêvée, enfant ou adolescent, lorsqu'il ne partait pas en vacances, qu'il avait peu d'argent de poche, qu'il effectuait toutes sortes de travaux d'été (ouvrier dans des usines de nettoyage ou de fonderie, petit commerçant chez son frère). Être pion à temps plein, ce n'est pas seulement l'eldorado sur le plan matériel, c'est aussi une période de forte socialisation professionnelle qui donne des espoirs sinon des droits pour travailler dans l'Éducation nationale.

Piège aussi de la fac qui délivre des diplômes sans donner en même temps toutes les armes pour affronter le marché du travail. Le drame, au sens fort du terme, c'est que les espoirs qu'a fait naître en lui son travail de pion n'ont pas pu être réalisés. Le concours de CPE lui est apparu assez rapidement inaccessible compte tenu du très faible taux de réussite[9]. Alors qu'il a plutôt une formation spécialisée en gestion, il évite le CAPET de gestion qu'il estime un concours trop dur (selon le critère du taux apparent de réussite qu'il privilégie toujours) et choisit de préparer le CAPET de technologie du fait du taux élevé de réussite au concours. Ce concours comprend trois épreuves – une en gestion, mais deux en mécanique et électronique – qui sont à l'opposé de sa formation généraliste. Mais en 1998, au moment où il fait le choix de préparer ce CAPET, le nombre de postes au concours est élevé (400) et le nombre de candidats présentés faible (selon lui, 500 ou 700). Les renseignements qu'il a pu glaner à l'IUFM l'ont convaincu qu'il avait trouvé, comme il dit, le « bon filon ». Hélas, pour les sessions de 1999 et 2000, les deux années où il s'est présenté, le nombre de postes mis au concours a diminué et la nature des épreuves a changé (les trois épreuves sont à égalité), ce qui le désavantage.

Pour les « enfants de la démocratisation », le piège de la fac d'aujourd'hui est le suivant : si elle les laisse poursuivre leur bonhomme de chemin jusqu'à la licence ou la maîtrise, elle ne les a pas pour autant munis des rudiments d'une culture lettrée dont la possession est indispensable pour espérer réussir les concours. La fac, très libérale dans ses conditions d'entrée, ne délivre pas pour autant un passeport de sortie. Or, aux yeux de Fehrat, les diplômes existent bel et bien, ne serait-ce que sous

9. Mais il ne sait pas alors que ce chiffre ne signifie pas grand-chose puisque beaucoup de candidats se présentent sans le préparer sérieusement.

forme de titres scolaires dûment estampillés, « tamponnés » : la preuve en est, sur le mur face à son bureau, son diplôme de DEUG encadré avec, glissées sous le verre, deux photos de Fehrat à l'âge de vingt ans et de vingt-trois ans

Pour comprendre ses échecs au concours du CAPET, il faut revenir sur le rapport qu'il entretient à la culture. Malgré son passage par la fac, sa fréquentation d'amis enseignants (au lycée et au-dehors) et son compagnonnage de plus de deux ans avec son amie prof, il semble qu'il n'ait pas totalement opéré sa mue culturelle. Quelque chose résiste en lui. Tout se passe comme s'il restait durablement marqué par les traces de son passé scolaire, notamment tout ce qui a trait à l'écrit. Son rapport au langage indique aussi qu'il n'est pas entièrement passé, comme le dit très bien Richard Hoggart pour les boursiers, du côté de la culture légitime, qu'il ne maîtrise pas entièrement les deux codes culturels, qu'il ne peut pas passer facilement d'un registre de langage à l'autre. Par exemple, il fait encore quelques fautes d'accord ou utilise certains termes du langage universitaire de manière impropre (comme lorsqu'il parle de « biographies » du concours pour évoquer les « bibliographies », ou de *numerosus clausus* pour *numerus clausus*).

La préparation du concours – les exigences d'apprentissage, de mémorisation, la difficulté des exercices et de la rédaction – et la comparaison qu'il est amené à faire avec les méthodes de travail de ses camarades (notamment un ingénieur qui travaille vite et bien) lui ont fait découvrir l'importance du retard accumulé au cours de qu'il appelle ses « années sabbatiques » à la fac. Lors de ces deux années de préparation au CAPET, il lui a fallu réapprendre à travailler, c'est-à-dire surtout reprendre les « méthodes », celles en particulier qui exigent un entraînement régulier, continu, journalier même. Il a tenté de rompre avec ses (mauvaises) habitudes de fac qui le voyaient alterner le temps long et étiré de l'année universitaire et le travail intensif court de l'avant-examen. S'il a échoué aux concours, ce n'est pas faute de bonne volonté – il a beaucoup travaillé, quoique de manière désordonnée et dans l'angoisse (« Des fois, tu sais, je travaillais jour et nuit… ») –, mais parce que, à ce stade du cursus universitaire, les lacunes de sa formation se cumulent et deviennent difficiles à combler. Il a alors découvert la difficulté de passer de la théorie – manières de réviser, programme de travail, agenda – à la pratique : l'accomplissement du programme de travail, le respect des échéances et la planification de la révision. Ce dont il a le plus de mal à se défaire, c'est d'une série de petites habitudes, tissées au cours du temps. En partageant partiellement la vie d'une enseignante de lycée, il a également mesuré l'importance du travail régulier. Son amie lui a donné des conseils mais ses mauvaises habitudes reviennent toujours, en particulier celle qui consiste à ne pas savoir doser son effort, planifier son travail de révision pour se conformer aux exigences de l'examen. Ce sont tous ces petits handicaps, accumulés au cours des années universitaires sans l'empêcher de décrocher des diplômes, qui s'additionnent désormais et se manifestent au grand jour lors de la préparation aux concours. Son témoignage ne fait qu'exprimer au plus juste la vérité d'un nombre croissant d'étudiants qui passent aujourd'hui les concours de la fonction publique, formellement ouverts à tous les bacs + 3. On observe chez lui une grande détermination morale, une énorme bonne volonté, une sorte de frénésie au travail en même temps que le caractère désordonné de ses efforts, le sentiment de désarroi qui le saisit devant l'ampleur de la tâche. Comme si les six années passées comme étudiant à mi-temps avaient laissé en lui des traces indélébiles que sa seule volonté ne peut effacer.

Le rêve déçu des « enfants de la démocratisation »

Son rêve de rejoindre l'Éducation nationale semble pour le moment hors d'atteinte. À défaut de pouvoir patienter, il lui faut se rabattre sur d'autres concours et d'autres métiers de la fonction publique. Son témoignage a vocation à dépasser le cadre de sa simple expérience personnelle, comme l'indique le « nous » qu'il emploie spontanément pour désigner les « enfants de la démocratisation » qui, comme lui, ont été embarqués un peu malgré eux par la grande vague des études longues, et dont beaucoup sont en train d'être rejetés sur le rivage. Lui a, bien sûr, cru dans les potentialités et dans la réalité de cette démocratisation. D'abord parce que l'école était le seul moyen d'échapper à l'usine (celle de son père, de son oncle et d'un de ses frères aînés). L'obtention du bac n'a pas été pour lui une simple formalité : elle a, au contraire, représenté une étape fondamentale dans sa carrière scolaire, l'aboutissement d'un rêve longuement caressé : accéder à une certaine forme d'égalité et rejoindre les autres, les enfants de bourgeois.

De fait, l'entrée à l'université a été pour lui un signe de distinction sociale [10]. Il a donc pris pour argent comptant les diplômes délivrés. D'où sa déception et une forme de ressentiment mais aussi, surtout, le regret de ne pas avoir pu entrer dans des facs « sélectives », des institutions universitaires qui accompagnent véritablement le parcours des étudiants, qui les aident à bien travailler, leur mettent le pied à l'étrier et leur délivrent de vrais diplômes qui sont autant de gages sur l'avenir, et non pas ces assignats scolaires, non seulement dévalués sur le marché du travail, mais qui ne donnent pas même accès à ce pour quoi ils sont faits : la préparation aux concours administratifs.

Fehrat fait ainsi apparaître, en creux, à quel point les processus de l'insertion professionnelle sont étroitement entrelacés à d'autres processus opérant dans différentes sphères de la vie sociale, en particulier le logement et la famille. Ce qui se passe dans sa famille est sans cesse en arrière-plan de ses propos. Il faut d'abord dire que c'est là qu'il a, un temps, brillé de mille feux et qu'il a pu rentabiliser à plein chacun de ses diplômes universitaires, promesses virtuelles sur le marché du travail, mais qui, dans la sphère domestique, ont gardé toute leur valeur. Bref, il a pu tout au long de ses années d'étudiant toucher, dans le cadre familial où il résidait, les profits symboliques maximaux de sa poursuite d'études. En outre, lors de sa période de pionnicat, il acquiert, aux yeux de ses frères et sœurs cadets et de ses jeunes voisins du bloc, une figure de privilégié. Il incarne matériellement les bénéfices de la réussite scolaire : une bonne paie, une belle voiture neuve, une allure de « col blanc » (ni bleu de travail, ni traces de souillures ou de saletés industrielles), des horaires réguliers d'employé de bureau (en « horaire normal » comme disent les gens de la région), de longues vacances payées d'enseignant. Bref, il s'agit là d'une condition sociale en tout point opposée à celle des ouvriers de la région : c'est par conséquent la marque tangible d'une certaine promotion sociale, le passage du côté des « cols blancs » et la rupture avec la condition de l'immigration de travail. La réussite du fils d'immigrés turcs pouvait alors s'afficher et presque s'exhiber : elle était en quelque sorte palpable pour ses proches. Elle le plaçait même au sommet de la hiérarchie familiale, au-dessus de son frère aîné – qui a réussi à s'arracher lui

10. En Turquie, l'université est fortement valorisée et respectée.

aussi à la condition ouvrière même s'il n'est que petit commerçant (« lui, il fait beaucoup d'heures ») – et de son deuxième frère, ouvrier intérimaire. Mais Ferhrat n'a pas alors prolongé la trajectoire ascendante, il a voulu « profiter » comme il dit, faire une halte dans le parcours d'obstacles qui a été le sien depuis son enfance, parcours aux difficultés accrues par le décès prématuré de sa mère lorsqu'il avait douze ans. En même temps, tout au long de ses années de vrai salarié de l'Éducation nationale et de faux étudiant, il vit sa carrière universitaire dans le mensonge, parvenant tant bien que mal à donner le change tant qu'il peut se prévaloir de sa prospérité matérielle, censée sanctionner, pour ses proches, sa réussite aux examens. D'où aussi cette quête du statut de professeur qui est respecté dans le pays d'origine et dont la nouvelle pourra être rapportée fièrement.

En même temps, une des grandes énigmes de son histoire personnelle – à laquelle il ne sait pas comment répondre lorsqu'on lui pose directement la question – est qu'il soit resté au domicile familial tout au long de ces années de fac. Certes, il retirait de cette situation des avantages, notamment matériels : sa liberté n'était pas entravée (« Moi, je faisais ce que je voulais »), son niveau de ressources était sensiblement amélioré (il participait au coup par coup aux dépenses collectives et non de manière automatique), mais, surtout, il était libéré des tâches domestiques comme la cuisine et la vaisselle. Lors de la seule période où il a tenté l'expérience de prendre une chambre universitaire en ville, il s'est rendu compte qu'il ne pouvait pas vivre seul : « Je crois que j'ai jamais voulu prendre vraiment l'indépendance. Moi, c'était tout ce qui était la cuisine, tout ça, je disais ah c'est chiant, faire la vaisselle, après. » En privant les garçons de toute initiation au travail domestique, les privilèges qui leur sont accordés dans leur enfance et leur adolescence peuvent se retourner contre eux : ils contribuent à produire une sorte d'infirmité sociale qui peut les handicaper durablement pour assumer matériellement leur indépendance. Dans le cas de Fehrat, le « choix » du maintien au domicile familial est une solution de facilité dont il entrevoit, sur le tard, le coût social (« À un moment donné, il faut savoir partir de la maison »). Ce choix peut avoir d'autres explications, liées au rapport au quartier et à la place qu'il a fini par occuper dans sa famille. Si l'on prend l'exemple de ceux qu'on appelle les

« jeunes de cité [11] », on sait désormais que ce qui handicape nombre d'entre eux sur le marché du travail, ce sont d'abord les discriminations à l'embauche et le « racisme » qu'ils subissent de la part des employeurs, mais c'est aussi l'impossibilité que beaucoup d'entre eux ont d'affronter des situations sociales hors de leur contexte habituel, hors de la protection qu'offre l'interconnaissance de la « cité ».

La force de rappel du quartier

Fehrat a assez tôt – dès le lycée – fait le choix de prendre ses distances avec le quartier, non d'y échapper totalement, mais de s'en défaire mentalement. C'était un projet délibéré dans la perspective d'une ascension sociale. Il a compris en regardant autour de lui que son espoir de promotion passait autant par le travail à l'école (l'obtention du bac) que par le choix d'amitiés, de « fréquentations » comme il dit, qui lui permettraient d'échapper aux affiliations les plus compromettantes du quartier. La vision négative qu'il a progressivement eue du quartier et qui s'est consolidée au moment du lycée est aussi le produit de son histoire résidentielle. Sa famille habite dans les « bons blocs », le « Beverley Hills » de Granvelle comme il désigne avec humour son secteur d'habitation, rénovés à la fin des années 1980. Des familles algériennes, marocaines et portugaises y côtoient quelques familles françaises. À Granvelle, les jeunes qui « traînent », les « petits voyous » servent objectivement de repoussoir pour les familles respectables, françaises comme immigrées, dont les enfants ont tôt intégré les règles de la bonne éducation. Se démarquer au plus vite des « perturbateurs », c'est avoir une chance de s'en « sortir », de ne pas être marqué personnellement par le stigmate collectif qui est porté sur le quartier. Il s'agit donc d'éviter le café du centre commercial (café d'immigrés où l'on joue aux cartes), les caves, les groupes de mauvaise réputation, de respecter les horaires des repas familiaux, de choisir copains et copines hors de la sphère d'influence du quartier pour ceux qui entrent au lycée. La perception qu'il a de Granvelle est aussi en partie héritée de sa position d'observateur dans le magasin de son frère. Il connaît

11. Appellation qui renvoie, dans notre acception, à des jeunes peu ou non diplômés qui ont été socialisés, entièrement ou largement, dans la même cité.

bien les familles, les jeunes, les histoires de ceux passés par la délinquance.

Dans ce contexte où il a vu « s'enfoncer » année après année son quartier, Fehrat exprimait souvent le désir de le fuir, mais ce qui le retenait, outre le confort de la « maison », c'est la série de gratifications symboliques dont il pouvait bénéficier en restant sur place, comme il l'explique ici.

> Ici, on avait pratiquement une vie. Bon, on avait notre statut d'étudiant, c'était gratifiant déjà, on était étudiant quand même, hein ! On n'était pas comme les copains qu'on rencontre à Gercourt. La plupart ont arrêté avec le CAP, le BEP, et la plupart n'ont rien. Tu les vois, tu discutes, c'était des copains, hein ! Tu leur dis salut, tout ça. Et lui, déjà, il te regarde différemment parce que t'es étudiant... « Il est étudiant, il est pas bête... » Ça, c'était déjà gratifiant... Des fois, je pensais : « Mais s'il savait ce que je sais faire, il se foutrait de ma gueule... » Parce que, pour moi, je ne savais rien faire, en fait. Lui, il avait une vie, il avait peut-être un métier et moi je ne savais rien faire... à part la parlote (*rires*). Ouais, à part la parlote... Et encore, hein ! Ça dépend des sujets... C'est vrai, quoi, on n'a rien d'autre... Et en plus il y en avait qui n'avaient pas réalisé que c'était n'importe quoi la parlote... (Avril 2000.)

Mais, parallèlement, le quartier a continué de se dégrader, la fraction des jeunes du quartier la moins diplômée et la plus privée d'avenir professionnel s'est en quelque sorte radicalisée. Un nombre croissant d'entre eux a sombré dans des formes variées de délinquance, et surtout des formes de révolte sociale ont surgi dans le quartier : attaque collective du bus qui relie le quartier à la ville, pillages organisés, destructions de biens publics, etc. Tout se passe comme si, à Granvelle comme dans beaucoup d'autres « quartiers sensibles », l'expression de la violence était montée d'un cran depuis le début des années 1990. Les jeunes étudiants ou ceux qui ont bien réussi leur insertion professionnelle ont voulu prendre de la distance avec le quartier et se sont installés à quelques kilomètres de là. D'autres, inquiets du sort de leurs cadets et soucieux de l'évolution du quartier, ont au contraire voulu faire « quelque chose ». Certains sont devenus des militants politiques laïques, d'autres sont devenus des militants « islamistes » (comme d'autres jeunes de son âge, Fehrat les appelle les « barbus », mais sans inimitié car ce sont souvent des copains de quartier) et ont à cœur de sauver les jeunes (leurs frères, parfois) de la déréliction collective dans laquelle ils se laissent entraîner. Fehrat a pour certains d'entre eux – ceux qui, comme il dit, sont « éduqués » – une forme de respect ou d'admiration, liée au fait qu'ils ont fait des bonnes études. C'est le cas notamment de Nabil, un ami d'enfance qui, après avoir fait des études scientifiques (bac C, maths sup et spé, école d'ingénieurs), s'est tourné vers le professorat de mathématiques et se consacre aujourd'hui à sa religion.

Ce qui est le plus frappant dans l'itinéraire de Fehrat, c'est la progressive emprise de ceux qu'il appelle les « barbus » sur son jugement et sur ses choix. Jusqu'alors, il était apparu comme assez différent du « gars de Granvelle », se choisissant des amis à l'extérieur, ne traînant pas dans le quartier, ne se faisant pas d'illusion sur le retour au pays, attiré par des filles « françaises » (même s'il ne le dit pas en ces termes), ayant aussi des envies de grand large. Aux abords de la trentaine, il change : il prend plaisir à discuter dans le quartier avec les jeunes de son âge qui ont fait un retour vers la religion, Nabil en particulier, car ce sont, à ses yeux, des « gens intelligents », à la différence des « têtes brûlées » qui sèment le désordre dans le quartier. Les conversations plus régulières qu'il a désormais avec eux ont une tenue différente de celles qui ont lieu « sur la place », avec les jeunes laissés-pour-compte. Si Fehrat n'a jamais refusé le dialogue avec eux, il donne à présent l'impression de les écouter davantage, de chercher à travers eux des personnes de référence pouvant le guider en partie dans la conduite de sa vie. Il n'ignore plus leur jugement, comme le montre de manière exemplaire le récit qu'il fait de sa rupture avec son amie « française » et l'analyse qu'il en tire sur le mariage mixte.

– C'est toi qui as pris l'initiative de la rupture ou c'est elle ?

– Écoute… (*Silence.*) Je sais pas… En fait, moi je ne savais pas ce que je voulais. Je l'aimais bien cette fille. Et puis je pensais au futur. Et je me demandais : « Est-ce que c'est compatible ? » Tu sais, le choc des cultures, je crois que c'est important aussi de le dire. Par exemple, toutes les personnes que j'ai connues qui ont eu un couple mixte, ça a marché au début et après ça marchait pas… Mais, bon, elle, elle était très ouverte. Pour elle, y avait pas de problème. Pour moi aussi y avait pas de problème au début, mais, après, je me disais, je sais pas, sur un coup de tête, qu'est-ce qui peut se passer ? Qu'est-ce qui peut arriver ? Ça me faisait trop réfléchir. Et en plus, c'est vrai, je pensais plus qu'au concours ! C'est vrai que je l'ai délaissée… Je lui ai dit : « Écoute, il y a des priorités dans la vie… Cette année, la priorité, c'est le CAPET ! Il faut que je le réussisse. C'est vrai que je ne faisais que ça, je m'occupais pratiquement pas d'elle. Et, pour en revenir à la personne qui a décidé la rupture, je crois que, inconsciemment, c'est moi… Je dis bien inconsciemment… Parce que, moi, je voulais être (*avec force*) tranquille pour préparer le concours… Je voulais vraiment être tranquille… je m'occupais plus de la voir ou de l'appeler. C'est ça, je voulais plus d'elle. Et je crois qu'elle l'a ressenti, hein ! Elle s'est dit : « Maintenant il s'en fiche, il ne me calcule pas, il ne m'appelle plus… » Donc c'était pas une rupture comme ça, clac, ben écoute casse-toi, on ne se parle plus. Non, y a pas eu de dispute. Mais elle a compris. Mais tu sais quoi, je crois que ce qui est à l'origine de tout, c'est que, un jour, je discutais ici avec les copains, tout ça, et puis ils m'ont dit… Y avait surtout les barbus-là. Ils m'ont influencé aussi un petit peu… Ils m'ont dit : « Écoute, c'est pas possible, regarde tous les couples mixtes qui divorcent, ils n'y arrivent pas, c'est toujours la même chose. Soit elle accepte ta culture, soit c'est toi qui dois accepter sa culture… Le juste milieu, ça n'existe pas… » Enfin, des trucs comme ça et ça m'a vraiment fait réfléchir… Ils m'ont pris la tête, quoi ! C'était des anciens copains, hein ! Et puis aussi je suis pas bête, je regarde à droite, à gauche et je vois bien ce qui se passe, tous les couples qui se cassent…

Dans cette période de sa vie pleine de doutes et d'incertitudes, il peut trouver quelque réassurance dans le fait de pouvoir se rattacher à une forme de tradition (qu'il baptise du terme de culture) qui donne les grandes directions et qui inspire des « conduites de vie », pour reprendre l'expression de Max Weber. Depuis sa prise de conscience de la fragilité de sa situation, il se trouve en quelque sorte réaspiré par des formes de « domination traditionnelle » qui lui permettent de dénouer les contradictions liées à sa poursuite d'études. Son nouveau compagnonnage avec les religieux du quartier peut être interprété comme une sorte de retour aux sources. Celui-ci ne s'opère pas sous les auspices d'un rattachement à la figure du père qui, à ses yeux, est sensiblement dévalorisée (« maintenant, nous, on ne l'écoute même plus »), mais sous celle du groupe des copains du quartier qui sont peu ou prou passés du côté des « barbus ».

Par les vertus notamment ascétiques qu'ils incarnent – ni boisson, ni filles, pas d'excès, une vie pure de type contemplatif –, les jeunes musulmans prosélytes du voisinage, groupe lui-même composite, l'empêchent de franchir la ligne jaune qui le ferait se séparer du quartier, d'un passé collectif et de fidélités communes, bref de passer entièrement du côté des « Français ». Il sait bien qu'il peut encore basculer d'un côté comme de l'autre, sa relation avec les barbus peut elle aussi se comprendre comme une façon d'expier à moindres frais ses péchés d'antan, de se racheter une conduite. Mais si Fehrat en est réduit à cette éventualité, c'est parce qu'il a senti le sol se dérober sous ses pieds après son échec aux concours. Au fur et à mesure qu'il s'est enfoncé dans les méandres du second cycle universitaire, qu'il s'est mis à douter de son avenir et qu'il a louvoyé entre différents possibles (CPE, puis prof, puis éducateur), il a tendu une oreille plus attentive aux propos des « barbus » parce qu'ils en sont progressivement venus à donner un sens à ses propres incertitudes. Ils lui ont permis de prendre de la hauteur face aux difficultés immédiates de son existence, lui ont aussi fait percevoir l'inanité de sa quête du bonheur matériel. Tout s'est passé comme si cette offre de parole de type religieux avait rencontré son attente de salut et comme si cette rencontre avait accompagné en douceur son atterrissage social tout en le légitimant : une fois envolés ses rêves de grande ascension sociale, il a trouvé dans la sagesse des propos de ses copains barbus un moyen de borner ses ambitions et de s'accepter tel qu'en lui-même.

À mesure qu'il croyait avancer et s'insérer dans la société, il n'a pu que constater qu'il faisait du surplace. Il est certes différent de ceux qui ont brûlé leur jeunesse dans les cafés, le shit et l'alcool et qui viennent trouver un apaisement et une rédemption dans la religion, ceux-là mêmes qui produisent à l'intention de leurs pairs des récits exemplaires de conversion. Mais les barbus de Granvelle lui fournissent un repère et lui indiquent une voie, qu'il n'a peut-être pas la force de suivre entièrement. Mais de cette offre existentielle, faute de mieux, il veut bien considérer, voire emprunter, certains aspects, notamment ceux qui satisfont sa demande de sens. Parce qu'en fait il flotte, il est sans attaches professionnelles, sans ancrage historique. Il remet toujours à plus tard ses engagements : matrimoniaux, parentaux, politiques, et, face à cette indétermination qui le mine, la proximité des barbus opère comme un pôle de stabilité, un univers de référence qui l'apaise. Il n'est pas insensible à leurs sirènes, celle par exemple qui lui susurre que le bonheur ne peut être terrestre... D'autant plus à l'écoute qu'il échoue à réaliser son rêve. Tout s'est passé comme si, au fur et à mesure qu'il peinait à construire sa propre vie professionnelle et sentimentale, il ressentait le besoin de réfléchir sur sa condition d'homme, avec un mélange de fatalité pour expliquer les conduites humaines – le destin (« c'est écrit »), la jalousie (« c'est la nature humaine »), la fidélité amoureuse (« de toute façon, l'homme est un chasseur »).

Épilogue

En avril-juin 2000, il diversifie les concours qu'il passe : non seulement ceux de l'enseignement comme le CAPET de technologie – auquel il échoue une nouvelle fois –, mais aussi le concours d'éducateur spécialisé parce qu'il a appris de ses copains éducateurs de Granvelle qu'il allait y avoir un concours « exceptionnel » (une centaine de postes en plus) en juin 2000. Il s'y présente assez en confiance : nouvel échec et nouvelle déception pour lui : « Je suis déçu, vraiment déçu », et, sur un ton qui laisse percer une certaine lassitude, il ajoute : « Je vais arrêter de passer les concours administratifs. » Mais une demi-heure plus tard, il change d'avis et me dit qu'il ne désespère pas de passer le concours du CAPET de technologie. Sa déception sera toutefois atténuée parce qu'il a pu obtenir, en juillet 2000, un « emploi-jeune » dans un service de la DASS [12]. Il y est chargé de s'occuper des familles en difficulté et des jeunes délinquants, de monter des expositions itinérantes dans les collèges de la région. Je le revois après deux semaines de travail : il semble très satisfait (horaires « cool », ambiance décontractée et « bien », un directeur « très sympa », pas de « vrais » chefs, etc.). Ce monde du travail, qui lui apparaît privilégié, ancre plus que jamais chez lui la volonté de passer des concours administratifs : « Là, j'ai pas l'impression de mériter mon salaire alors que quand je travaillais dans mon usine de fonderie, là, je méritais mon salaire. »

Six mois plus tard, il passe à nouveau le CAPET de technologie qu'il a préparé en candidat libre, parallèlement à son emploi-jeune, passant des week-ends entiers sur des travaux

12. Pour préparer le concours, il avait effectué diverses démarches pour se renseigner sur le contenu et l'approche des épreuves écrites. Il avait, à cette occasion, rencontré un responsable départemental. Au moment de l'entretien oral pour le poste d'emploi-jeune, ce dernier l'a reconnu et a vu en lui un candidat « motivé ».

pratiques de mécanique. Il échoue une nouvelle fois. Il me dit sur un ton navré : « J'ai encore raté... Je suis vraiment nul. » Il ne me donne pas ses notes mais elles semblent très mauvaises... « Je vais aller voir un psychologue. » Il oscille alors entre résignation – je l'aurai jamais ce CAPET – et espoir d'entrer à l'Éducation nationale *via* l'ouverture des postes d'enseignants vacataires dans l'académie de Créteil. Il me confie alors : « De toute façon, moi j'entrerai un jour dans l'Éducation nationale. Par la petite porte ou par la grande porte, mais j'y entrerai. » Mais son travail d'apprenti éducateur dans le cadre de son emploi-jeune va l'intéresser et le mobiliser tout entier. Son directeur, qui l'apprécie tout particulièrement, l'incite à repasser le concours « exceptionnel » d'éducateur en juin 2001. Cette fois, il réussit à l'écrit, est admissible, vient passer l'oral à Paris. Mais il échoue aux portes du concours : « Je ne sais pas ce qui s'est passé, j'ai été nul à l'oral, en fait j'ai été super-intimidé... J'ai rien pu dire... » Il recommence une nouvelle année d'emploi-jeune en espérant décrocher cette année ce fameux concours car, dit-il, « moi je veux un vrai boulot... un vrai statut... je suis trop vieux pour un emploi-jeune ». Si, un jour, il a le concours, il sera comblé et se déclare prêt à partir n'importe où, « même à Wallis et Futuna » conclut-il en riant.

8

L'échec à la fac et la précipitation dans le mariage

Au mois de juin 1996, je rencontre Nassim dans le bureau des surveillants du collège de Granvelle [1]. On discute sur le pas de la porte, il me dit qu'il va abandonner ses études à la fin de cette année universitaire (sa deuxième « deuxième année » de DEUG d'AES) puis conclut : « Ah ! Stéphane, j'ai jeté l'éponge », avec une mimique de dégoût. Cette expression imagée, qu'il répète deux fois avec un brin de grandiloquence, paraît résumer son état d'esprit : un mélange de lassitude et de fatalisme. Cette métaphore sportive pour dire l'abandon d'études par exténuation morale (plus que physique) mérite d'être analysée. Si elle laisse entendre que sa décision intervient, comme dans un combat de boxe, après une lutte longue et opiniâtre contre un adversaire plus fort que lui – en l'occurrence, le régime des études universitaires, les profs –, on peut aussi la comprendre comme l'expression d'un combat obscur mené autant contre lui-même : contre ses tendances velléitaires, contre sa très grande difficulté à se plier à l'ascèse du travail universitaire. Au fond, malgré les apparences de son personnage (un côté « je-m'en-foutiste » et « feignant ») qui font que les témoignages à charge s'accumulent contre lui, on peut aussi voir dans son expérience étudiante un « combat » qui l'a usé et fragilisé. En effet, tout au long de ses années de fac, il a dû faire

1. Je venais de faire un compte rendu de ma recherche sur la scolarisation des enfants d'ouvriers devant le principal et les professeurs intéressés par ce sujet. Je n'avais pas revu Nassim depuis plus d'un an ; je ne savais pas qu'il travaillait depuis cette année 1995-1996 dans ce collège, ni quelle était sa situation à l'université.

semblant d'être étudiant et il s'est retrouvé sans cesse confronté à ses lacunes et à ses insuffisances. Plusieurs fois au cours de nos rencontres, il m'aura avoué, au détour de la conversation, son extrême difficulté à se concentrer, à s'isoler, à lire, c'est-à-dire à s'extraire de l'univers matériel et mental dans lequel il a toujours vécu : sa famille (« trop de problèmes... trop de problèmes », me dit-il souvent pour l'évoquer) et son quartier. Cette fois, s'il déclare forfait, c'est qu'il est véritablement « à bout », qu'il ne veut plus jouer ce double jeu et continuer de faire semblant. S'il a tenu quatre ans, c'est principalement pour conserver son poste de surveillant qui offre de multiples avantages : outre un statut, il lui procure un salaire tout au long de l'année.

Trois mois plus tard, début octobre 1996, Nassim m'apprend qu'il a échoué, comme c'était prévisible, aux examens de la session de juin et qu'il n'a pas présenté ceux de la session de septembre. Ayant redoublé sa première et sa deuxième année de DEUG, il ne peut plus être reconduit dans la fonction de surveillant[2]. La dérogation qu'il a demandée au rectorat pour bénéficier d'une nouvelle année de « pion » lui a été refusée. Ce jour-là, il a mauvaise mine : le teint pâle, mal rasé, son début de calvitie (qui l'inquiétait déjà quelques années auparavant) s'est accentué ; si bien qu'il fait soudain plus vieux que son âge. Je sens bien qu'il accepte l'entretien pour me faire plaisir, mais qu'il n'a pas vraiment envie de parler (avant, il était toujours disponible, plein d'allant, presque avide de parler devant le magnétophone).

À ce moment de sa vie, il a, dans sa tête, définitivement rompu avec le monde étudiant[3] et souhaite avant tout tourner la page. Cette fois, il se libère de la censure qui pesait sur lui et ne mâche plus ses mots. S'étant auto-exclu de la compétition scolaire, il n'a plus à donner le change face à moi et exprime – avec une colère qui, longtemps retenue, éclate à cette occasion – sa révolte contre l'institution scolaire et universitaire ou, plus précisément, contre la manière dont elle l'a, lui comme ses copains, berné : « Ah ! Les études, c'est fini !... (*Secouant la tête.*) Et puis je regrette pas parce que... (Silence.) C'est une

2. Il faut réussir son DEUG en trois ans pour bénéficier d'un prolongement du contrat de travail de surveillant.

3. Il s'est aussi progressivement séparé de ses copains Sabri et Djamel ; ou, plus exactement, ceux-ci l'ont tenu à l'écart pour ne pas compromettre leurs chances de réussite. Il y aura entre eux de petites brouilles que personne ne voudra plus tard éclaircir.

mauvaise section, AES… C'est de la merde ! C'est du (*hésitant*)… AES, c'est quoi ? C'est les concours… les concours… Et après ? (*Silence.*) Non là, moi, j'attends pour un boulot à l'usine où bosse mon frère. »

En fait, personne ne leur a véritablement dit qu'il n'y avait pas de débouchés après le DEUG et que, pour s'en sortir, il fallait passer et réussir les concours de la fonction publique. Dans ce jugement rétrospectif et sans nuance sur la fac (« C'est de la merde »), se dit, bien sûr, sa déception née de l'échec, mais aussi se retrouve l'écho de l'espèce de tromperie que constitue pour des étudiants comme lui ce type d'offre universitaire. Il n'a pas les mots politiques pour le dire mais sa critique, lapidaire, signifie : « On nous a mentis… » Ce qui était déjà en filigrane dans les précédents entretiens avec lui « ressort » à cette occasion. Nassim ne cherche plus à faire bonne figure face à moi et largue les amarres avec l'école. Sa liberté de parole retrouvée lui permet de rejeter en bloc tout ce qui est associé à l'école, en particulier la lecture. Il n'ose pas encore dire tout le mal qu'il pense de certains profs parce qu'il me sait lié à eux (il connaît mon amie qui est enseignante), mais il ne cherche plus à dissimuler ses lacunes et son côté a-scolaire. Il est même conduit à retourner le stigmate en déclarant, par exemple, haut et fort qu'il n'a jamais aimé lire.

> Mais moi, j'ai jamais lu un livre. Je me rappelle quand j'étais en fac, en début d'année on nous donnait des livres à lire, tu vois ! J'en ai jamais lu… (*Avec une fierté retrouvée.*) Jamais ! Le Code civil, tout ça, je savais même pas le manipuler… Rien que le jour de l'examen, j'ai cherché comment faire… (*Silence.*) Ah non, lire, jamais !… J'ai horreur de ça, moi ! Les bouquins, tout ça, j'ai horreur de tout ça… (*Secouant la tête.*) Ttt… ttt… ttt… [Je lui fais remarquer qu'il lit la presse.] Oui, je lis la presse… Mais tout ce qui est bouquin, c'est trop gros, là… c'est trop long, là… Ça, j'aime pas… j'aime pas… je sais pas… (*mimique agacée*)… je sais pas comment dire…

Son échec à la fac lui a fait prendre conscience qu'il n'était pas fait pour les études universitaires (en tout cas, telles qu'elles sont organisées aujourd'hui), que trop de choses le rattachent à son milieu d'origine, notamment tous ces liens invisibles et impossibles à briser qui le relient au quartier, tout ce qui, depuis l'enfance, l'a tout à la fois construit et handicapé. C'est, par exemple, le besoin irrépressible d'être avec les autres, la hantise d'être ou de rester seul, ce qui fait de lui un archétype de l'étudiant « séculier ». D'où sa très grande distance avec ces personnes qui, constate-t-il avec admiration, peuvent travailler seules, se concentrer dans la durée, et ne sont pas, comme lui, sans cesse attirées par l'extérieur. Je sens bien, même s'il n'ose pas me le dire, que son échec à la fac l'a meurtri et fragilisé, qu'il a besoin de se reconstruire, de se ressourcer. C'est ce qu'il va faire en s'engageant sur le terrain matrimonial.

Tourner la page de la fac : la précipitation dans le mariage...

Lors de l'été 1996 qui coïncide avec l'effondrement de ses rêves universitaires, Nassim part deux mois en Algérie où il n'était pas retourné depuis huit ans. Il y retrouve une jeune fille, Halima, qu'il avait déjà rencontrée à Gercourt un an plus tôt lors d'un court séjour de celle-ci (chez son père, commerçant, qui habite dans la région). Elle a dix-sept ans, a arrêté ses études à quatorze ans pour faire de la « broderie-couture ». Le mariage se négocie vite, les deux familles sont d'accord pour une union dans les règles : les fiançailles cet été en Algérie, puis le mariage au village l'été suivant. L'annonce qu'il me fait de son futur mariage me surprend, compte tenu de sa situation professionnelle, si bien que je lui demande un peu brutalement pourquoi il a « précipité les choses ».

> C'est pas que je me suis précipité, c'est que la fille, ça faisait deux ans que je la connaissais... L'année prochaine, ça fera trois ans... Y en a assez !... Au bout de trois ans, on connaît une femme, non ? On va pas attendre dix ans pour faire quelque chose. Non, non... Et puis même, je te dis, moi, maintenant, j'ai envie de faire ma vie... J'ai envie d'avoir ma situation... J'ai envie d'avoir mon chez moi... J'ai envie d'être tranquille, tu vois...

Dans sa décision de se marier, il y a le besoin de forcer le destin et, comme il dit, de « faire sa vie ». On peut voir dans ce mariage précipité une sorte de substitut à la réussite scolaire ou universitaire [4]. Le mariage est pour lui comme un

4. Ce mariage serait en quelque sorte homologue à la stratégie des femmes jeunes sans diplôme qui vont chercher leur conjoint pour « se caser ». *Cf.* O. SCHWARTZ, « La

« accoucheur de position sociale » (selon l'expression de M. Bozon). Le mariage peut être ce qui va le stabiliser, lui donner la force de quitter la maison, le jeter directement dans la vie adulte et active. C'est à la fois une manière de rompre définitivement et avec éclat avec son passé d'étudiant et une manière de revenir dans le giron familial, de proclamer sa fidélité au groupe. On ne peut exclure qu'il soit une sorte de « rachat » par lequel Nassim tente de se faire « pardonner » le fait de ne pas avoir tenu les promesses dont il a été longtemps le porteur dans le groupe familial (son baccalauréat avait donné lieu à une grande fête de famille). Cette solution semble s'imposer à lui comme une évidence : la solution « en cas d'échec » qu'il a toujours un peu envisagée.

Sa nouvelle situation matrimoniale explique la soudaine impatience qu'il manifeste à trouver du travail[5]. Fort de cet engagement, Nassim s'inscrit dès son retour de vacances en Algérie à l'ANPE et se met à la recherche d'un travail (un « taf » comme il se met à dire). « Faire sa vie », c'est alors pour lui enterrer sa vie d'éternel étudiant, cesser de différer le moment des choix, forcer le destin, quitte à accepter un travail d'ouvrier. En tout cas, c'est d'abord et avant tout rompre avec cette situation d'incertitude qui, tout au long des années de fac, l'a miné de l'intérieur. Il ne veut plus regarder derrière lui, mais cherche, au contraire, à se projeter dans la « vraie » vie, parlant constamment sur un mode impératif et prescriptif.

– J'ai été voir mon frère, celui qui travaille à Morville, et j'ai été dans le bureau du gars, là... (*Se reprenant.*) Du chef d'entreprise... J'ai parlé avec lui, je lui ai donné mon CV. Il m'a dit : « Moi, je vais jouer le jeu, je vais essayer de te trouver une bonne place... » Mais je lui ai bien précisé que, moi, j'acceptais tout ! Que ce soit

---

précipitation dans le mariage », *in Le Monde privé des ouvriers*, PUF, Paris, 1991, et M. Bozon, « L'écart d'âge entre conjoints », *Population*, 1994.

5. Le jour de cet entretien, il attend avec fébrilité des nouvelles de sa demande d'embauche à l'usine où travaillent ses frères. Le reste n'a pour lui aucune importance. Il n'est pas véritablement concerné par l'entretien (qu'il n'a pas osé me refuser...) et n'a d'ailleurs pas la disponibilité d'esprit pour se prêter au jeu : distrait, le plus souvent « ailleurs », il regarde derrière la vitre, comme s'il guettait dehors un visage familier qui pourrait subitement le renseigner sur sa recherche d'emploi. De plus, je ne peux rien lui proposer de concret en échange : aucune piste de travail, aucune « enfile » comme il dit. Je n'ai pas entièrement perdu mon (petit) prestige à ses yeux mais, à ce moment particulier de sa vie, concrètement je ne lui sers à rien et lui suis même désespérément inutile. Pis, je lui rappelle son ancien statut d'étudiant et les promesses dont il était porteur alors qu'il apparaît face à moi rongé par l'anxiété, prêt à prendre le premier boulot qui se présentera à lui.

la machine ou bien n'importe quoi ! Je lui ai dit : « Moi, j'ai pas le choix... Voilà, je me suis marié, l'année prochaine j'emmène ma femme et, au mois de mars, il faut que j'aie mon appartement, il faut que je me meuble... L'année prochaine j'ai un mariage à faire... Moi, j'ai besoin de travail. » Mon frère m'a dit que, le gars, je lui ai frappé dans l'œil, il lui a dit : « Votre frère, il est instruit. » C'est vrai, on a eu un bon [échange]... Je me suis bien comporté lors de mon entretien, on a bien parlé, hein ! On parlé un peu de tout, on a parlé un peu du travail, on a parlé de la conjoncture, tout ça... Mais, pour l'instant j'attends toujours, hein ! Je m'impatiente... je m'impatiente... Parce que, là, ça fait dix jours que je suis là (*en se frappant sur les cuisses*), je suis en train de péter les plombs, là ! Toute la journée, je fais rien... [Il évoque ensuite une possible formation par l'ANPE.]

– Mais au niveau du boulot, tu préfères être commercial ou travailler en usine ?

– N'importe ! Moi, j'ai déjà travaillé en usine. Nettoyage, tout ça... Non, mais là, si mon frère m'appelle et en même temps que j'ai ma formation ANPE, je vais avec mon frère... Ah oui, je préfère travailler en usine, intérimaire en plus [primes de précarité en plus]. Ensuite, après c'est à mes risques et périls ! Si je bosse bien, je risque d'être embauché et tout ça. Et puis c'est une entreprise où il y a beaucoup de monde, de la famille, tu vois, je peux être [pistonné]... J'ai le fils de mon oncle, il a été pistonné par mon frère, en intérim, il faisait 7 500, 8 000 balles de paie ! Ah ouais, t'imagines, s'il me prend là, comme ça, en intérim ! Et, puis moi, tu sais, je n'ai pas le choix. Bon, je me suis inscrit le 24 septembre à l'ANPE et, pour l'instant, je n'ai rien, là... pas de rentrée d'argent... Rien... Rien... C'est la merde actuellement [On parle ensuite de la manière dont il occupe ses journées.] Là, je suis avec un copain, comme hier soir, j'étais avec un copain. Non, on se fait chier tout l'après-midi... On n'a rien à faire. L'après-midi, je fais rien... Je rôde... Je rôde... Je rôde... Je vais à la maison, je reviens, je vais à la maison... Y a rien à faire. J'attends une réponse... J'attends qu'ils m'appellent. Tous les jours je prie... Je prie pour qu'ils m'appellent, pour l'instant ils ne m'ont pas encore appelé, ça fait bien une semaine que j'ai eu mon entretien avec le gars, là, et que je lui amené mes CV. [Il m'explique qu'il est allé les faire taper au collège par une secrétaire « très gentille ».]

– Au niveau des études, tu as mis quoi sur ton CV ?

– Niveau DEUG... Niveau DEUG, AES... J'ai bluffé, j'ai dit que j'ai fait un an de BTS commerce international alors que j'ai fait qu'un mois... Ouais, j'ai bluffé un peu. Mais, bon, pour tout ce qui est connaissances particulières, j'ai pas bluffé. J'ai pas dit que j'avais une connaissance en informatique ou quoi que ce soit. J'ai dit connaissance de l'anglais, de l'allemand, c'est tout. [...] De toute façon, s'ils me proposent un truc, je suis sûr qu'ils vont me proposer quelque chose dans une machine… un truc comme ça… Parce que, où bosse mon frère, c'est un boulot cool, c'est une machine, tu suis le programme et puis c'est tout. Non, c'est pas un boulot difficile, c'est pas la chaîne, c'est du boulot tranquille. […] Mais, bon, là, j'attends… Je garde patience… (*Long silence.*) Bon, c'est la vie… C'est la vie qui tourne…

On voit Nassim basculer dans un autre monde, celui du marché du travail[6], de la « vie active », au sens que cette expression a pris depuis quinze ans pour les enfants d'immigrés de Gercourt : c'est elle en effet qui est utilisée dans les bulletins scolaires pour désigner le renvoi de l'école et l'épuisement des chances scolaires d'un élève. C'est aussi une expression redoutée par les élèves de cité, qui signe sinon un arrêt de mort sociale, du moins la fin du rêve de sortie de la condition de leurs parents qu'ils ont caressé tout au long de leur scolarité. Le plus frappant dans l'attitude de Nassim, c'est sa résolution. Dès son retour d'Algérie, il s'est mis dans la peau du chercheur d'emploi, comme dopé par le challenge qu'il s'est donné : réussir son installation matrimoniale, être à la hauteur de l'engagement qu'il a pris. D'ailleurs, Nassim n'emploie jamais le terme de « chômeur » pour désigner sa situation. Il se présente, au contraire, comme un « valeureux » qui n'hésite pas à mettre entièrement sa force de travail à la disposition des entreprises, en rupture avec l'étudiant velléitaire qu'il était. « J'ai pas le choix », me dit-il plusieurs fois au cours de l'entretien, pour montrer que mes questions en termes de formation/emploi, bon métier/mauvais métier sont superflues, dépassées par la situation présente et qu'elles renvoient à un stade antérieur de la relation que nous avions nouée, à un moment où elles pouvaient l'aider à construire son personnage d'étudiant.

Pour le « jeune fiancé » qu'il est désormais, le temps presse d'autant plus que la situation de chômage qu'il vit depuis dix jours lui est déjà insupportable : non seulement elle est source d'un sentiment de vacuité effrayant, un temps libre impossible

6. En octobre 1996, la région est encore durement frappée par la crise et par le chômage. Les perspectives sont sombres. Seul l'intérim embauche, pour des travaux non qualifiés dans des PME qui ne font pas de cadeaux à leurs salariés. On commence à voir de arriver de plus en plus de jeunes diplômés comme Nassim, des bac + 1, bac + 2, qui se replient sur le marché du travail après avoir échoué à l'université.

à combler, livré au pur ennui[7], mais aussi elle objective de la manière la plus crue son déclassement social en le faisant « retomber » du côté de tous les exclus et jeunes chômeurs de Granvelle, qui traînent dans le quartier, qu'il regardait un peu « de haut » lorsqu'il était étudiant (il me décrivait certains d'entre eux comme des « pauvres types » qui ne cherchaient pas de boulot). C'est en partie pour se démarquer d'eux qu'il tient tant à se présenter comme un « vrai » chercheur d'emploi, qui ne rechigne pas à la tâche et ne va pas aller « faire le mendiant », comme il dit, dans les différentes institutions. Pour éviter les petites humiliations liées à la recherche d'emploi, il mise tout sur le « piston » familial : son père était aussi salarié dans la petite entreprise de mécanique où travaillent ses deux frères. S'il prospecte directement du côté des emplois d'ouvrier sans s'aventurer « plus haut », comme le font ceux qui passent des concours ou tentent leur chance dans le secteur tertiaire, c'est parce qu'il refuse désormais de telles échappatoires, qu'il veut au contraire se colleter au monde de l'usine, comme pour s'endurcir. La menace de l'usine qui n'avait cessé de planer au-dessus de sa tête pendant toute sa scolarité prend subitement forme et corps. En même temps, il ne souhaite pas descendre « trop bas » et évite de « faire les agences » (d'intérim), comme disent les jeunes locaux, pour trouver un emploi non qualifié dans les PME[8].

À travers le récit qu'il fait de sa rencontre avec le patron, on entrevoit les effets liés tant à sa socialisation gercourtoise qu'à son passage par les études longues. D'une part, il retrouve des réflexes qu'on peut appeler – pour faire vite – de « jeune de cité », qu'il a déjà mobilisés lors de ses études, et qui consistent par exemple à implorer la clémence de ses examinateurs, à rechercher un peu de compassion, à jouer un peu de son statut de « victime ». D'autre part, il cultive avec son interlocuteur des

7. En effet, dans son quartier, ses anciens copains de lycée sont encore à la fac, si bien qu'il est isolé, contraint de « rôder », comme il dit, à la recherche d'une occupation.

8. Habitant Gercourt, il ne se faisait pas d'illusions sur le marché du travail et s'attendait dans une certaine mesure à ce qui allait lui arriver. Mais une chose est de le savoir par ouï-dire et expérience sociale interposée, une autre est d'expérimenter soi-même, d'être confronté directement et pratiquement à la situation : rencontrer les personnels des agences d'intérim, de l'ANPE et s'y faire plus ou moins bien recevoir, déposer un CV, voir ses semblables, jeunes chômeurs comme lui, sillonner la ville avec leur petite chemise cartonnée sous le bras et faire le tour des agences d'intérim pour entendre toujours le même refrain : « On vous appellera. » Autant d'expériences qui, répétées jour après jour, donnent la « rage »…

petits signes de connivence, en se servant du vernis culturel qu'il a acquis à l'école, en parlant, par exemple, de la « conjoncture économique ». Mais il se présente comme celui qui veut démarrer au plus bas, « en fabrication », « sur la machine », dit-il en utilisant une expression qui montre bien son étrangeté au monde des ateliers dc production (rappelons qu'il est un ancien élève de lycée général). Au patron qui essaie de lui trouver une « bonne place », il répond qu'il est prêt à « accepter tout ». Sans se soucier de ses diplômes, de son niveau de formation, comme si le retard pris dans son insertion professionnelle et dans son installation matrimoniale lui commandait de mettre les bouchées doubles et d'être sans aucune exigence sur le type de travail effectué. En fait, Nassim est brutalement sorti du monde émollient et déréalisant de la fac et de cette situation de relative apesanteur sociale propre au statut d'étudiant. Dorénavant, après ces années à « glander », il lui faut « atterrir ».

Le retour vers l'Algérie, « patrie imaginaire »...

C'est au moment où il « plonge » dans la réalité du travail ouvrier que Nassim effectue une sorte de retour à l'« algérianité », même si c'est là quelque chose qui était déjà en germe chez lui. Parmi les quatre copains étudiants, il était celui qui défendait le plus ardemment son pays d'origine[9]. Défense qui n'allait pas de soi puisque, né en France, il n'est allé que deux fois en Algérie : en 1986 (à treize ans) et en 1996. Il connaît son pays d'origine par des intermédiaires, par sa famille, ses amis, et la « parabole » comme il dit. Mais il porte sur lui un regard fortement teinté de nostalgie et avec toujours le souci de le défendre vis-à-vis des « Français ». Il est significatif qu'il minimise les conflits et la situation de guerre civile qui y règnent depuis 1992. À son retour de l'été 1996, il me déclare comme si c'était quelque chose d'incontestable : « C'est tranquille chez moi, c'est la Suisse là-bas », en opposant ce qui se passe dans les grandes villes et la situation dans les villages, indemnes de toute trace de terrorisme. Il semble ainsi

9. Au moment des révisions, on l'a vu distraire le groupe avec ses histoires sur l'Algérie même si Fehrat, agacé par cette poésie du souvenir, le remettait de temps en temps en place : « T'as qu'à y retourner en Algérie si c'est si bien ! »

s'être fabriqué une sorte de monde idéal : absence de contraintes et de soucis matériels (« tu vis avec rien là-bas »), intense sociabilité, entraide et solidarité entre les villageois. Sa description de l'Algérie contemporaine, dont sont soigneusement gommés les aspects les plus noirs, dessine la figure inversée de la société française marquée par la compétition scolaire, l'intensité du travail, l'individualisme, le *struggle for life*.

On perçoit bien ce retour à l'algérianité dans son rapport à la musique. Lors des années 1990-1993, je l'ai connu grand amateur de raï. Mais, en 1996, ses goûts musicaux ont changé : il tend à délaisser le raï au profit de musiques plus traditionnelles, comme le sétifien (musique de la région de Sétif dont ses parents sont originaires) qu'il a beaucoup écouté lors de son récent séjour. Par là, il entend marquer sa différence avec ceux de ses « compatriotes » qui, désormais trop occidentalisés, se délectent du raï, devenu à ses yeux une musique corrompue. Nassim semble avoir accumulé une telle rancœur contre le pays où il est né (la France) qu'il semble prêt à tout pour effacer toute trace de « francité ».

En fait, depuis que je le connais, je l'ai beaucoup entendu parler de l'Algérie – notamment en comparaison avec le Maroc, rivalité historique qui se retraduisait, mimée et mise en scène, dans le couple d'amis que Sabri et lui formaient au temps du lycée et de la fac –, mais je me suis aperçu après coup que je savais peu de chose de ses séjours en Algérie, excepté le fait qu'il y retournait très rarement, faute de moyens. Trois ans plus tard, dans un long entretien chez lui, je l'invite à me raconter les divers séjours qu'il a effectués là-bas, dans la région de ses parents, près de Sétif.

La première fois où j'y suis allé en Algérie c'était en 1986, j'avais treize ans… J'étais petit, je m'en rappelle pas très bien… Je peux pas te dire quel effet ça m'a fait. J'étais content d'y aller, ça oui… En plus de ça, j'ai un frère là-bas, un demi-frère du côté de mon père… Et il y a mon père qui est enterré là-bas… Donc c'est quand même une raison pour aller en Algérie… Voir la tombe de mon père… Bon, et puis j'ai connu ma femme en 1995… Ensuite, à partir des années 1990, si j'y suis pas allé alors que je voulais, c'était à cause du problème de l'armée… Bon, l'Algérie, ça reste pour moi mon pays d'origine… (*Hésitant longuement.*) Je me sens algérien… (*Sur un ton plus assuré.*) Je suis algérien… Je vis en France… Je suis algérien, bien que je sois, de nationalité, français et algérien. Bon, je parle algérien, je parle arabe parce que la

> plupart des personnes que je connais parlent arabe aussi. Tout à l'heure, quand je parlais au téléphone, c'était une personne qui est venue d'Algérie il y a cinq ans, elle parle le français bien mais elle, instantanément, elle parle algérien, donc je l'ai suivie. [...] Dans ma famille, ils ne sont pas très attachés à l'Algérie... Le plus attaché dans la famille, c'est moi... Celui qui téléphone le plus souvent à mon frère, qui regarde la parabole, c'est moi... Mais, bon, pourquoi je dis « mon pays d'origine », parce que, en fait, mes parents sont nés là-bas, la plupart de mes frères et sœurs sont nés là-bas... Donc, mes parents sont algériens... (*Silence.*) Donc je suis algérien... C'est ce que je dis, c'est pour ça que je dis que je suis algérien. Mais c'est vrai que j'ai vécu en France, je suis né en France, j'ai passé beaucoup plus de temps en France qu'en Algérie...

En fait, dans son rapport à l'Algérie, il n'en est nullement au stade du recul ou de l'analyse critique. Pour moi, il ne s'agit pas d'aller le chatouiller sur cette question-là ! Non qu'il soit soupçonneux, mais si cette entreprise de réflexion commune qu'est souvent un entretien tourne court, c'est parce qu'il s'est construit comme il a pu, au cours du temps, une carapace mentale, une identité de repli dans laquelle l'Algérie joue un rôle majeur, fournissant les ressources pour la mise en scène de ce que que l'on appelle une « ethnicité symbolique ». Encore que Nassim, à la différence d'autres jeunes de Gercourt, semble n'être jamais allé trop loin et, au fil du temps, en avoir plutôt rabattu en ce domaine : ni bijou (Coran en pendentif), ni raï écouté au volume sonore maximum dans une voiture roulant les fenêtres grandes ouvertes, moins systématiquement le salut la main sur le cœur comme il faisait du temps où il était lycéen. L'interroger sur son rapport à l'Algérie, c'est fouiller un des aspects peut-être le plus douloureux de sa vie. Si l'on voit bien qu'il s'est construit une image mythique de l'Algérie, il a du mal à s'en expliquer, à mettre en mots l'attachement si profond qu'il ressent envers ce pays. C'est d'ailleurs le seul de sa famille qui voit l'Algérie avec les yeux de Chimène. Il m'apprendra plus tard, au moment de la période du jeûne, que ses frères aînés ne font pas le ramadan alors que lui le respecte scrupuleusement « depuis toujours ». Son rapport à l'Algérie est intimement lié à la mort du père (dont la tombe est au village), un père qu'il a très peu connu (Nassim avait quatre ans lorsqu'il est décédé) et dont il m'a très peu parlé. Présence aussi de celui qu'il appelle son « frère », plus précisément son demi-frère, âgé de cinquante ans, issu d'un précédent mariage du père. On peut ainsi remarquer que les figures paternelles de Nassim se trouvent, depuis qu'il est petit, en Algérie : tombe du père, présence du « demi-frère ». Par son mariage sur place, il semble renouer avec cet héritage paternel et masculin. En même temps, l'Algérie dont il parle est une sorte d'Algérie immuable, rêvée, qui semble imperméable aux événements sociaux et politiques qui s'y déroulent. Un lieu plus qu'une histoire. Une Algérie en quelque sorte intemporelle qu'il tend à se représenter comme l'envers stable de sa position en France, éminemment fragile, incertaine et changeante.

Son rapport à l'Algérie prend aussi sens dans la transformation de son quartier qui n'est plus la « petite Algérie » qu'il a connue, enfant, au temps de sa « splendeur » et de sa vitalité démographique, durant les années 1970-1984. Les Maghrébins (Algériens, plus anciens dans l'immigration, et Marocains venus au début des années 1970) avaient fini par donner le ton au quartier. Le café de la place était fréquenté quasi exclusivement par eux, l'espace public était monopolisé par les garçons du quartier, le marché du mercredi, avec ses étals d'épices et de légumes « du pays », de viande hallal, et ses prix modiques, attirait de nombreux Maghrébins de toute la région. Petit à petit, et surtout à partir de 1984-1985 (cette date correspond en fait au départ de familles maghrébines dans le cadre du « retour au pays » et au début de la fermeture de certains « blocs »), le Granvelle qu'il a connu s'est défait sous ses yeux, perdant plus de deux mille habitants : des blocs ont été vidés un à un de leurs derniers habitants, puis rasés, si bien que des secteurs entiers du quartier ont disparu, laissant place à des friches urbaines. Puis, à partir de la seconde moitié des années 1990, de plus en plus de familles immigrées ont enfin accédé, notamment grâce à l'aide des enfants devenus salariés, au rêve du pavillon individuel dans le « bas de Gercourt » ou dans des lotissements proches. Bref, la « petite Algérie » qu'il avait connue, ruche active et fière d'entretenir les tradition du pays d'origine, s'est en partie décomposée sous l'impact des transformations socio-démographiques du quartier. S'étant souvent défini face à moi comme un « pur Gercourtois », on peut alors comprendre qu'il a été affecté de ne plus retrouver son ancien quartier, qu'il s'est senti comme orphelin de ce terreau social dans lequel il avait « poussé », en compagnie de ses voisins de bloc. C'est sans doute aussi la perte de cette ressource territoriale qui l'a conduit à transférer son besoin de « patrie imaginaire » vers la « vraie » Algérie, la « grande Algérie ».

Enfin, son rapport à l'Algérie ne peut non plus se comprendre indépendamment de l'histoire collective des enfants d'immigrés de sa génération. L'Algérie restera pour Nassim, quoi qu'il en soit, « son » pays, c'est-à-dire celui où jamais personne ne pourra lui contester le droit d'habiter, où il est « naturellement » (et juridiquement) « chez lui ». Cette revendication d'appartenance à l'Algérie prend corps dans la France des années 1986-1995 au cours desquelles ont sévi la xénophobie affichée et revendiquée de J.-M. Le Pen, la politique anti-immigrés de C. Pasqua, un racisme diffus et un racisme de plus en plus affiché dont ont fait les frais des jeunes comme Nassim[10]. Ce sont des années pendant lesquelles, on le voit bien en 2001 avec le recul, les enfants d'immigrés maghrébins, visés en premier par la réforme du Code de la nationalité, ont senti qu'ils étaient devenus en quelque sorte indésirables sur le sol français, qu'ils étaient tout juste tolérés. C'étaient aussi des années où ceux qui, nés en France de parents algériens et ayant donc la nationalité française, ont dû apprendre à se considérer, à leur corps défendant, comme des « Français de papier ». Le résultat principal des changements du Code de la nationalité (lois Méhaignerie de 1993 préparées par le travail de la Commission des sages de 1987-1988) aura été de produire le soupçon, difficile à vivre et à effacer dans la têtes des premiers intéressés, que les enfants d'immigrés maghrébins n'étaient guère « assimilables », peu « intégrables », sauf à leur demander solennellement une adhésion libre et réfléchie, sinon enthousiaste, à la citoyenneté française.

On comprend mieux, dans ces conditions, comment a pu se construire, chez Nassim comme chez bien d'autres jeunes de sa génération[11], une vision mythique du pays d'origine comme envers de la France, comme terre d'asile symbolique, parée de toutes les vertus. Souvent inconnu de ces jeunes, le pays est peu à peu devenu un recours possible, un antidote nécessaire et disponible, face à l'intense rejet qu'ils ont ressenti en France. Dans son village en Algérie, presque tout le monde est « pauvre »,

10. Il me racontera, après coup, l'interdiction d'entrée dans les boîtes de nuit de la région, l'obligation pour eux, lorsqu'ils sortaient le samedi soir, d'aller à cinquante ou soixante kilomètres pour échapper à cette discrimination au faciès...

11. Dont le cas le plus tragiquement exemplaire est celui de Khaled Kelkal et de ses copains de Vaux-en-Velin.

dit-il, pour célébrer l'égalité des conditions qui y règne, ce qui lui apparaît comme le contraire de ce qu'il voit en France où le fossé ne cesse de se creuser entre les « quartiers » et le reste de la société, entre les « bourges » et les « banlieusards », pour reprendre deux de ses expressions.

Le mariage « au bled » et, deux ans après, le divorce

Nassim et Halima se marient l'été 1997 en Algérie, dans le bourg où vivent leurs familles. À leur retour en France, les jeunes mariés s'installent dans un appartement d'un quartier HLM voisin de celui de Gercourt. Nassim, grâce à l'épargne constituée tout au long de ses trois ans de pionnicat, a payé tous les frais d'installation du couple : meubles du salon-salle à manger, literie, télévision, magnétoscope, etc. À l'époque, il est intérimaire en usine (avant d'obtenir un poste d'aide-éducateur). Lors des premiers mois de leur mariage, leur vie de jeune couple s'est, selon lui, bien passée [12]. Ils ont fréquenté le cercle de ses différents amis de Gercourt et de la région. Sa jeune épouse, rapidement enceinte, accouche un an après leur mariage, en 1998, d'une petite fille prénommée Naïma. Sa naissance va bouleverser la vie du couple dans la mesure où, quinze jours avant l'accouchement, la belle-mère de Nassim, qui avait toujours habité en Algérie, vient s'installer à Gercourt pour se rapprocher de sa fille et l'aider dans les premiers moments de sa maternité. À partir de ce moment, les relations dans le couple se détériorent, Nassim reprochant à sa belle-mère d'être trop présente chez lui, de vouloir « remettre la main » sur sa fille, de ne pas accorder suffisamment d'autonomie à leur vie de couple. En fait, Nassim reproche à sa femme non pas tant un manque d'attention qu'une incapacité à vivre de manière autonome, à se dégager de l'emprise de sa mère et de sa famille. Il s'aperçoit que sa femme est « perdue » dans la société française. Parlant mal la langue, connaissant peu de monde, n'ayant pas de travail et n'en cherchant pas, elle est sans possibilités de socialisation extérieures à la famille : « Son seul loisir, reconnaît-il *a posteriori*, c'était d'aller de chez elle à chez sa mère. » Elle se

12. Nous n'avons ici que le point de vue de Nassim sur leur vie de couple, donc partiel et partial.

retrouve en France, d'une certaine manière, comme les femmes d'immigrés maghrébins des années 1950-1960, isolées dans leur appartement, recluses malgré elles à leur domicile, alors que Nassim, né et élevé en France, est bien inséré dans la vie sociale locale [13]. L'isolement de sa femme apparaît à Nassim comme un signe d'étroitesse d'esprit, d'un manque de caractère, et confine, à ses yeux, à une forme de réclusion volontaire. En fait, il ne perçoit pas que l'autonomie, qu'il souhaite pour sa femme et qu'il appelle de ses vœux en tant que mari « moderne » – « Moi, je voulais pas avoir le dessus sur ma femme parce que je suis pas un banlieusard... Moi, je partais pas du principe "Ouais c'est moi qui commande", et tout », dit-il, en imitant la voix du jeune macho et pour mieux se démarquer d'autres jeunes qui sont « allés chercher leur femme au bled » – ne se décrète pas mais requiert des conditions particulières : une certaine maîtrise de la langue, une forme de sociabilité, des aspirations à une forme d'émancipation, etc.

C'est seulement trois ans plus tard, une fois la séparation effective, que Nassim se rend compte qu'un fossé les séparait, qu'il s'est cruellement trompé en croyant opérer à sa manière un « retour au pays » en se mariant avec une fille élevée au village, en Algérie. Or la faire venir en France, c'était immanquablement courir le risque de voir installer dans son couple des habitudes sociales d'Algérie ; c'était aussi oublier la dimension communautaire de la famille là-bas, que peut-être il ne voulait pas voir. Autrement dit, ce n'est pas seulement sa femme qu'il a épousée mais toute sa belle-famille. Il va mesurer progressivement l'énorme décalage culturel – au sens anthropologique du terme « culture » – qui le sépare d'Halima et qui les fait vivre côte à côte mais presque jamais ensemble. Il va ainsi, sans pouvoir toujours se l'avouer, prendre conscience de son « erreur », qui a consisté à sous-estimer le poids du passé de chacun et des socialisations différentes dans leur vie de couple.

Pendant l'année qui suit la naissance de la « petite », Nassim décrit la guerre sourde qui les a opposés sur un peu tous les sujets. Soucieux de préserver la durée de vie de son couple (« pour la petite »), il dit n'avoir eu de cesse de chercher des

13. Dans *Mémoires d'immigrés*, le film documentaire de Yamina Benguigui, on trouve de très beaux portraits de femmes racontant le désarroi de cette vie de recluses. L'une elles, dont le mari est mineur dans le Nord, raconte comment l'écoute régulière de la radio française lui a permis d'entrer en contact avec la société française, notamment avec sa langue qu'elle a progressivement apprise par cet intermédiaire.

solutions pour rendre vivable la situation. Il cherche un travail à sa femme, tente de l'associer à son milieu de copains. Dans l'espèce de plaidoyer *pro domo* que seront les entretiens effectués au moment de son divorce, il se décrit comme un père présent et aimant, acceptant de plus en plus de compromis avec sa belle-famille pour éviter d'envenimer les relations, etc. Rien n'y fera. Sa femme lui échappe et, pire encore, le bébé est, à ses yeux, pris en otage par sa belle-famille. Les « scènes » dans le couple se multiplient et deviennent plus violentes. Il se met progressivement à développer une sorte de haine envers sa belle-mère qu'il accuse de vouloir « récupérer » sa fille et sa petite-fille. Comme sa propre mère, âgée et usée, n'ose pas intervenir auprès de la famille de sa belle-fille, il affronte seul cette situation. Son désarroi le conduit à demander conseil à certains de ses collègues hommes à l'école. Il fait même fait appel à la psychologue scolaire qui propose de rencontrer le couple. Le jour du rendez-vous, il est présent mais sa femme, au dernier moment, n'a pas voulu venir. Il ne sait plus comment se dépêtrer de cette situation de laquelle il se sent prisonnier. Les relations entre eux s'enveniment jusqu'au jour où Nassim, excédé par la fuite de sa femme, psychologiquement à bout, lève la main sur elle.

> Moi, je voulais aussi qu'on se concerte par rapport à tout, surtout par rapport à cette enfant… (*Reprenant face à moi les termes d'un dialogue qu'il a dû souvent avoir avec sa femme.*) On l'a faite, on l'a voulue, on l'a conçue ensemble… Tu vas chez tes parents, d'accord ! Mais qu'on empiète comme ça dans ma vie privée, qu'on me prenne ma gamine, que je ne voie pas ma gamine le soir comme ça… (*sur un ton de colère crescendo*) une fois… deux fois… trois fois… quatre fois… cinq fois… six fois… dix fois, vingt fois… Là-dessus, je me suis disputé avec ma belle-mère, je lui ai dit d'arrêter ça… Ma femme aussi, elle le savait très bien… Jusqu'au jour où je lui ai collé deux claques… Et ça, c'est une faute… C'est une grosse faute que j'ai faite… que je regrette toute ma vie… C'est une faute que je reconnais, que j'assume… D'ailleurs, j'ai vu une psychologue au boulot, j'ai bien discuté avec elle, j'ai voulu savoir…

C'est alors un point de non-retour dans le couple : sa femme se réfugie avec la « petite » chez sa mère et fait immédiatement constater par le médecin les blessures reçues (le certificat médical lui accorde un arrêt de travail de huit jours). La belle-famille fait savoir à Nassim la rupture des relations et entame une procédure de divorce pour faute. Les diverses médiations que ce dernier tente désespérément – par sa mère et ses frères, par ses amis de Gercourt – échouent. La « bataille » se jouera donc au niveau judiciaire et devant le tribunal ; elle va pendant près de deux ans mobiliser Nassim qui, aidé d'une avocate, veut obtenir la garde conjointe de la « petite ». Dans cette bataille, il va engager beaucoup de lui-même, se multiplier pour obtenir gain de cause, quitte à négliger un peu son travail (ce qui lui sera reproché) et s'endetter durablement pour couvrir les frais importants de sa défense.

L'analyse rétrospective de sa vie de couple

Je retrouve Nassim en 1999, au moment de la phase la plus conflictuelle de la procédure de divorce. Il est tout entier dans son procès et a besoin de soutien pour l'aider à gagner son procès. Il a « potassé » sérieusement le droit du divorce, connaît ses droits, utilise dans ses phrases de nombreux sigles juridiques. Il parle de manière passionnée comme s'il était encore sous le coup de la colère engendrée par la quasi-certitude d'avoir perdu toute chance de « récupérer » sa fille. Notre nouvelle rencontre semble être pour lui l'occasion de défendre sa position de justiciable, mieux qu'il n'avait pu le faire devant le juge. Je suis celui qui est là pour entendre ses doléances, écouter son plaidoyer et, de temps en temps, celui qu'il consulte pour améliorer son système de défense.

L'entretien commence par l'évocation de la scène qui a tout déclenché et qui l'a mis dans les griffes de la justice : les deux gifles appuyées qu'il a, à bout de nerfs, données à sa femme. Face à moi, il ne tergiverse pas, reconnaissant son geste et son erreur. Il sait que ce « mauvais geste » a toutes les chances de lui coûter la garde de sa fille [14], mais le contexte dans lequel il a eu lieu devrait, tout au moins à ses yeux, lui valoir des circonstances atténuantes : la nature des relations avec sa femme, avec sa belle-mère et, plus largement, avec sa belle-famille. Face à moi, il veut au moins essayer de sauver

14. Avec cet acte de violence physique, il part dans la procédure avec un handicap qui est bien trop lourd pour espérer, face à la justice, lui, « jeune immigré de Gercourt », obtenir gain de cause.

l'honneur, ou en tout cas me montrer que les choses ne sont pas si simples ou si manichéennes que le pense la « justice française » (comme il dit avec beaucoup de suspicion dans la voix), qui lui semble expéditive dans ce type d'affaires. Il cherche ainsi à dire qu'il faudrait aussi, dans cette affaire, pouvoir écouter l'autre « son de cloche », ne pas se limiter au seul point de vue de la victime, passer si possible par-delà la brutalité de l'acte. D'où le ton parfois vociférant qu'il prend dans l'entretien où il se présente à la fois comme victime et comme accusateur, oscillant entre exaltation et abattement.

Il s'efforcera donc, tout au long de l'entretien, de me montrer que, même s'il est à bon droit accusé d'être le « mari violent » (ce qu'il ne nie pas, mais ce qu'il regrette aussi), un simple déplacement de perspective peut le faire apparaître sous un autre jour, comme une sorte de victime : ce qu'on pourrait appeler une victime structurelle du cocktail socialement explosif qu'il a en partie fabriqué : la rencontre entre, d'une part, le « pur Gercourtois » comme il aimait à se définir, enfant de France et, qu'il le veuille ou non, enfant de l'éducation à la française, ayant assimilé malgré lui des valeurs individualistes et progressistes, et, d'autre part, sa femme, « fille du bled », élevée dans des valeurs traditionnelles, sans diplôme et déracinée. Ce « cocktail » est aussi produit par toute une histoire collective à laquelle son histoire individuelle est liée d'une manière inextricable : l'histoire de sa famille, celle de son quartier, celle de l'immigration algérienne, celle aussi des relations Français/immigrés depuis l'exploitation politique de la question de l'immigration par le Front national. Il cherche donc, dans ce plaidoyer *pro domo*, à apparaître comme différent de l'image publique qui a été donnée de lui à l'occasion de ce conflit avec sa femme, celle d'un homme brutal, violent, misogyne, etc. : « Tu me connais, je ne suis pas un violent... » Ce que je découvre aussi, lors de cet entretien, c'est sa vie rabougrie d'alors : submergé par des problèmes d'argent, il se retrouve dans une situation où, compte tenu de l'ampleur de ses dettes, il doit demander des cigarettes à sa sœur (qui, discrètement, lui en donne quelques-unes lorsqu'il passe à la maison) et de l'argent à son vieil ami Sabri qui, même si leurs relations se sont distendues, lui a prêté 3 000 F. Nassim explique aussi que ses difficultés l'ont isolé et en partie coupé de ses anciens copains.

Un an plus tard, en juin 2000, je revois Nassim à Gercourt. Sur le plan professionnel, une sorte de train-train s'est installé dans sa vie : un travail qui ne lui déplaît pas mais qui n'est pas alors au centre de son existence, même si au terme de sa troisième année d'emploi-jeune, la question de sa reconversion commence à se poser de façon sérieuse. Sur le plan matrimonial, le divorce n'a pas encore été prononcé mais les relations avec sa femme et surtout avec sa belle-famille se sont encore détériorées au sujet du droit de visite du père et de la garde de la « petite ». Les parents de sa femme ont, en janvier 2000, quitté la région pour s'installer à Montpellier où un oncle d'Halima habite et tient un commerce. Nassim, qui n'a pas été prévenu, a mis du temps à retrouver leur adresse et s'est trouvé, de fait, privé du droit de voir sa fille. À ses yeux, ses beaux-parents s'efforcent de couper entièrement les ponts avec lui et tiennent leur fille dans leur totale dépendance. Il a alors intenté une série d'actions judiciaires pour obtenir son droit de visite et surtout pour empêcher l'installation de sa fille en Algérie, qui, pour lui, équivaudrait à la perdre (son avocate a demandé une interdiction de sortie du territoire). C'est donc une situation d'une très grande conflictualité. Nassim n'a pas vu sa fille depuis six mois, il est désespéré et cherche de l'aide de toute part. S'il me (re)contacte, c'est pour que j'examine avec lui les conclusions de l'enquête sociale diligentée par la justice pour la garde de l'enfant. Peut-être pourrais-je l'aider dans sa tentative de reconquête de sa fille. Il me raconte les diverses péripéties de son « histoire », le départ de sa fille, le besoin qu'il a de la voir, le souci aussi de se comporter jusqu'au bout comme un « père », de ne pas « lâcher l'affaire » : « Je me battrai jusqu'au bout pour la garde de ma fille. » Il n'a pas voulu attendre la décision du juge pour aller la voir à Montpellier. Il s'y est rendu en voiture, avec un de ses amis, mais en vain : prévenus de son arrivée, ses beaux-parents ont déserté l'endroit. Nassim, qui n'a pu voir sa fille, rentre à Gercourt encore plus désespéré.

Si son mariage se révèle un fiasco, c'est parce qu'il était, à sa manière, un peu « arrangé ». Il n'y a pas eu concertation préalable des familles mais, une fois la rencontre faite, tout a été facilité pour que la « machine » du mariage soit lancée. Il n'a pas eu à faire l'effort de se comporter conformément aux codes de séduction en vigueur dans la société française, il n'a eu qu'à se laisser couler dans le modèle ancestral des relations hommes-femmes dans les sociétés méditerranéennes[15]. J'apprendrai peu à peu que les familles se connaissaient de longue date, qu'elles étaient voisines au village et que Nassim connaissait très bien son futur beau-père qui tient un commerce dans la région. Si les apparences de la libre rencontre sont là, on voit bien ici que ce mariage arrange tout le monde, en tout cas les deux parties concernées : d'un côté, en épousant une « fille du pays », il se conforme à la tradition et peut acquérir à bon compte un brevet d'excellence sociale aux yeux des familles immigrées de Gercourt (un fils d'immigrés qui respecte les traditions) ; de l'autre côté, la famille d'Halima réalise un mariage au moindre coût, qui lui permet de « caser » une de ses filles dans des conditions honorables et de placer un de ses membres en France, pays traditionnel d'émigration, devenu difficile d'accès[16]. Enfin, pour comprendre les tenants et aboutissants de ce mariage, il faut revenir sur sa place dans la famille. Par rapport à ses frères plus âgés de quinze ou vingt ans, qui ont fait des mariages mixtes et ne respectent pas le ramadan, il est « Nounours », le benjamin couvé par sa famille, qui cherche à apparaître comme le « bon fils », le « bon musulman » respectueux du ramadan (non sans une certaine ostentation).

Grâce à l'intervention des juges, Nassim a pu obtenir la garde de sa fille pour tout le mois de juillet (2000), qu'il passe avec elle à Gercourt. Il lui consacre tout son temps : le midi et le soir, ils mangent chez sa mère et il s'en occupe seul le restant de la journée. Il me propose de venir discuter chez lui, en début d'après-midi, pendant la sieste de la « petite ». Je découvre son appartement, un grand deux-pièces sans cloison où le coin lit vient en prolongement du salon-salle à manger, de nombreuses photos de sa femme et de sa fille figurent sur le grand meuble. Nassim vient de faire quelques petites courses pour la petite (lait, yaourts...) qu'on entrepose dans le réfrigérateur vide. Il a alors des gros problèmes d'argent, hésite chaque jour à regarder son courrier : « C'est que des factures, des mauvaises nouvelles. » Sa fille joue avec nous puis nous essayons de la coucher pour la sieste, tentative laborieuse qui finit par aboutir.

15. Abondamment décrites par les recherches en anthropologie sociale. *Cf.*, dans la bibliographie, les travaux de Pierre Bourdieu, Elisabeth Handman, Julian Pitt-Rivers, Abdelmalek Sayad, Bernard Vernier.

16. On sait que la voie du mariage avec un « Français de papier » permet de réalimenter le cycle de l'émigration en France.

Elle dort à côté de nous qui parlons à voix basse pour ne pas la réveiller.

Lors de cet entretien, je veux revenir avec lui sur son « choix » d'épouser trois ans plus tôt une fille d'Algérie. Rassuré par la présence de sa fille, il est un peu mieux placé pour parler de lui-même et de manière intime. Lorsqu'il revient sur ses années d'étudiant et les possibilités qui s'offraient à lui sur ce marché matrimonial actif que constitue le milieu étudiant [17], il reconnaît lui-même ne pas avoir tenté sa chance. Il me confie alors qu'il avait été courtisé puis franchement sollicité par une étudiante d'origine algérienne, élève de maths spé, avec laquelle il faisait depuis six mois le même trajet de bus. Mais il n'a pas osé accepter ses avances. Il l'a perçue comme ayant trop de qualités pour lui : bonne élève (« scolarité impeccable », comme il dit), gentille, simple, etc.

– À la fac, il y avait bien des filles étudiantes qui te plaisaient ?

– Ah ! Ouais… ouais…

– Alors comment tu faisais ?

– Je croyais que tu allais me dire : « Est-ce que tu as connu une fille à la fac et aujourd'hui est-ce que t'as des regrets ? » Ouais, il y en a une… Moi je m'en rappelle… T'as beau dire ce que tu veux, le destin c'est le destin… Bon, j'ai connu ma femme en juillet 1995. Et pendant l'année scolaire [1994-1995], j'étais surveillant à Morville, y avait une fille qui était en maths sup… en deuxième année, là, en maths spé… On se voyait, on se voyait tous les matins dans le bus et puis on était… (*Hésitant à dire le mot.*) Moi, je croyais qu'on avait des relations amicales et puis, fin juin, elle me déclare son… son attachement pour moi. Et puis cette fille-là, elle m'a pas… C'est pas que… Elle était mignonne hein, comme fille… Elle était mignonne, elle était sérieuse, elle était intelligente… Et puis, elle était simple… Plusieurs éléments qui rentrent en ligne de compte, qui sont importants pour une future vie… Et puis, moi, je m'attendais pas à ça… Je pensais que c'était une belle fille, tout ça, et qu'elle méritait vraiment de tomber sur un bon gars… Je me disais que la personne avec laquelle elle allait faire sa vie, il aurait vraiment de la chance… Et voilà que, fin juin, elle déclare son attachement. Moi, j'étais quand même étonné… Jamais j'aurais pensé ça… Alors je lui ai dit : « J'avais pas pensé à ça mais, là, franchement tu me… Je m'attendais pas à ça… Tu me bloques un peu…

---

17. Dans toutes les villes universitaires sont organisées des soirées pour étudiants, qui ont de plus en plus lieu en province le jeudi, avant la grande migration du week-end et le retour au domicile familial.

Tu me scies, quoi... » Et puis après, je lui fais : « Écoute, je peux pas te dire ça maintenant comme ça, il faut que j'y pense, quoi. C'est vrai que tu es une fille bien... une fille gentille... Ton parcours scolaire, vraiment impeccable... » Et puis c'est en juillet que j'ai rencontré ma femme et où j'ai eu le coup de foudre pour elle... Et, là, maintenant, si c'était à refaire, je prendrais l'autre, direct... Je sais que cette année-là, fin juin 1995, cette fille-là allait en deuxième année, maths spé, je sais qu'elle me parlait tout le temps de Toulouse... Elle voulait faire une école à Toulouse... Et là, apparemment, en 1996 elle a dû partir du côté de Toulouse mais, là, depuis 1995, je n'ai plus aucune nouvelle d'elle... Elle était algérienne... C'était une belle fille... gentille... tranquille... simple... Intelligente. [...] Mais je m'attendais pas à ce qu'elle me dise ça... J'avais des sentiments, mais amicaux... Je l'aimais bien mais c'était de l'amitié... Je me disais c'est une bonne copine mais jamais j'aurais pensé qu'elle serait tombée amoureuse de moi ou quoi que ce soit... Et puis, moi, je pensais d'elle que c'était une belle fille, gentille... Plusieurs qualités qu'un homme recherche chez une femme : la gentillesse, la simplicité, l'intelligence, parce que ça joue... Parce que ma femme, elle était jeune. Ma femme aujourd'hui elle n'a même pas vingt ans... Ça, je regrette, je regrette, je l'ai connue, elle avait même pas seize ans...

Cet extrait d'entretien en dit aussi long sur la manière particulière dont fonctionne le marché matrimonial pour ces enfants d'immigrés de la région[18] et notamment pour ceux et celles qui, après le bac, sont engagé(e)s dans des études supérieures. Le large segment des étudiants « français » (là, on peut dire « non musulmans ») étant fermé aux filles qui, pour la plupart, acceptent cet interdit, il leur faut le plus souvent se rabattre sur les candidats autorisés au mariage ou à une fréquentation jugée légitime, c'est-à-dire des jeunes d'origine immigrée. Nassim, qui appartient à cette catégorie et qui sait aussi qu'il peut être courtisé pour cette raison, a certainement été repéré par cette fille pour ses qualités (« sympa », « pas trop macho », « gentil », et plutôt « joli garçon ») qui en font un bon candidat au mariage... Ce qui est frappant aussi, c'est la manière codifiée, cérémonielle et directe, dont l'approche se déroule. Ici, il semble y avoir peu de place pour les jeux subtils de la séduction « à la française », encore moins pour la « drague » : c'est sous la forme d'une négociation directe que les choses se passent.

18. Dans les grandes agglomérations, les possibilités d'échapper au contrôle social et de mener une vie amoureuse clandestine sont plus nombreuses.

Les travaux d'approche comme la demande officielle se font par nécessité dans le même lieu, le bus, qui est ici l'équivalent de la boîte de nuit sur le marché matrimonial « libre », rare lieu de rencontre licite pour des garçons et des filles « respectueux ». Tout se joue dans la même unité de lieu dont l'usage habituel, le transport, est détourné, subverti, pour remplir un autre usage prématrimonial.

Cette fille, qui avait pris son courage à deux mains et avait fondé des grands espoirs en Nassim, avait passé outre l'écart de leur condition étudiante (elle en maths spé, préparant des études d'ingénieur, lui en redoublement d'AES et pion) en négligeant la divergence très probable de leurs futures carrières professionnelles. Du côté de la fille, le choix assumé d'une hypogamie sociale peut être compensé par les bénéfices liés au relatif choix amoureux et à la connaissance minimale des qualités de son conjoint. Du côté de Nassim, au-delà de la crainte que lui inspire cette transgression des règles ordinaires de la transaction amoureuse – c'est la fille qui planifie, qui décide, qui s'annonce et qui le met, lui, en situation de « répondant », de fille à qui on fait une offre, bref un renversement de l'ordre des choses –, le jugement qu'il porte sur la candidate exprime ses propres catégories de jugement matrimonial. S'il demande à réfléchir, s'il ne saute pas sur l'occasion (alors que, objectivement, c'est un « beau parti » qui s'offre à lui), c'est parce qu'il doute de lui, qu'il ne s'estime pas à la hauteur, qu'il craint de ne pouvoir faire face à cette situation d'inégalité objective entre les deux conjoints potentiels. Rien ne dit mieux sa dévalorisation sociale que cette manière qu'il a de partir battu sur le marché matrimonial. Le choix de sa jeune épouse s'éclaire alors, rétrospectivement et comparativement, comme celui qui lui permet de contrôler toute la situation, de ne pas devoir subir de concurrence sociale à l'intérieur de son couple. En choisissant socialement bien « plus bas », en termes d'attributs scolaires et d'âge, il prend une sorte d'assurance tous risques qui, en bonne logique, aurait dû lui garantir une emprise forte et durable sur sa femme. Il fait le pari d'une certaine sécurité morale et affective et refuse cette forme d'aventure sociale que représentait pour lui le compagnonnage avec cette future ingénieur, dans le cadre duquel il aurait peut-être dû endosser de nouveaux rôles sociaux, se hisser à la hauteur de sa femme, se défaire peu ou prou de sa peau de « pur Gercourtois ». Tandis que, là, avec sa jeune épouse, il va se couler, pense-t-il, harmonieusement dans le moule de la tradition. Et surtout il satisfait tout le monde : sa mère, son épouse, sa belle-famille. On voit bien que c'est sur fond de dévalorisation sociale que se construit cette utopie du mariage au pays qui viendrait en quelque sorte résoudre magiquement les tensions et les contradictions sociales liées à sa scolarisation et à l'immigration.

Vue de l'extérieur, l'histoire du couple de Nassim était prévisible, inscrite en quelque sorte dans l'ordre des choses. Seuls les acteurs de cette histoire, ses principaux protagonistes, ont cru, chacun on imagine pour des raisons différentes (on n'a ici que le point de vue du mari), à leurs raisons d'agir, se laissant bercer, l'un et l'autre, par leurs illusions. Mais l'histoire de Nassim et Halima n'est pas isolée. À Granvelle, de plus en plus de jeunes garçons semblent avoir connu ce type de parcours matrimonial. Fin novembre 2000, la presse locale relate par exemple un jugement qui ressemble étrangement au cas de Nassim. L'histoire se passe aussi à Gercourt : un jeune homme de vingt-sept ans, d'origine marocaine, est accusé d'avoir commis de graves violences conjugales à l'encontre de sa femme. Ce jeune, titulaire d'un bac D, a commencé des études scientifiques à l'université (DEUG de sciences), mais y a échoué. Opérateur (OS) dans une usine, il a vécu plusieurs années avec sa « copine » française puis l'a quittée pour se marier rapidement, « au bled », avec une Marocaine plus jeune que lui. Le couple a rapidement connu des déboires, le mari accusant sa femme de le tromper. Il comparaît en justice pour l'avoir violemment frappée. L'histoire est si semblable à celle de Nassim que, le surlendemain de sa parution, j'évoque avec lui cet article qu'il a lu aussi. Il connaît bien ce jeune dont la famille habite dans la cage d'escalier voisine du « bloc » de sa mère, mais cherche immédiatement à s'en distinguer : « Attention, lui, c'est un violent », dit-il en le décrivant comme un jeune capable de se mettre dans des colères terribles, comme quelqu'un de renfermé, peu bavard, taciturne, qui n'a pas pour habitude de parler. « Justement, commente-t-il, c'est ces gars-là les plus dangereux. » Nassim prend ainsi soin de se démarquer de lui, notamment sous le rapport de leur tempérament : « C'est pas comme moi, moi je suis plutôt grande gueule mais, au fond, je suis plutôt gentil. » La similitude de ces histoires interroge. Elle désigne un processus dans lequel sont pris beaucoup de fils d'immigrés du quartier qui ont tenté leur chance à l'université et qui y ont échoué. Pourquoi ces revirements amoureux ? Ces retournements d'alliance ? Ces retours vers le pays d'origine qui passent tous par la quête d'une femme sur place ? Comme si, pour se caser et se mettre en règle, il fallait se soumettre à la raison matrimoniale [19]. Le caractère tragique des destins amoureux de ces jeunes garçons de Gercourt est en soi un révélateur de leur désarroi, de la violence qu'ils portent en eux, violence liée au fait d'avoir grandi dans ces cités, d'être passés par les études longues puis d'avoir échoué à l'université avant de « retomber » en usine. Cet échec est pour eux une grande blessure qu'ils tentent de soigner par la fuite dans le mariage. Ces formes plus ou moins graves de violence conjugale révèlent une violence sociale que beaucoup de jeunes de Gercourt portent en eux, violence intériorisée et qui parvient à être canalisée dans divers types d'investissements sociaux (les études, le sport, la musique), mais qui peut soudainement éclater en se retournant contre plus faibles qu'eux, c'est-à-dire les filles « du bled » placées en France.

19. *Cf.* H. Abdelhafid, *Le Mariage des enfants d'immigrés*, PUL, Lyon, 1994 ; N. Guenif, *Des Beurettes aux descendants d'immigrés nord-africains*, Grasset, Paris, 2000.

9

Emploi-jeune à vie ?

Depuis nos « retrouvailles », au printemps 1999, j'ai vu Nassim tout entier absorbé par l'affaire de son divorce et par le souci d'obtenir la garde de sa fille. Tout ce qui relève de son travail (d'aide-éducateur) semble, à ses yeux, secondaire. Il est, comme il dit, « dans les problèmes » : en butte à de graves difficultés matérielles (liées au coût prohibitif de la procédure judiciaire), déprimé par l'échec de son mariage, hanté par l'idée de devoir « abandonner » sa fille. Un an plus tard, en juin-juillet 2000, sa situation personnelle, à défaut de s'améliorer, s'est éclaircie : comme sa femme et sa fille habitent Montpellier, Nassim sait qu'il n'obtiendra pas la garde de sa fille (qu'il ne peut désormais voir qu'au moment des vacances scolaires où il lui rend visite), si bien qu'il se résout progressivement, la mort dans l'âme, à être un père à distance. Dans son travail, il vit au jour le jour, sans véritable perspective d'avenir. Je l'encourage, de mon côté, à construire son avenir professionnel. Il entame sa troisième année d'aide-éducateur, ce qui lui laisse deux ans pour trouver une porte de sortie et se stabiliser professionnellement.

Malgré les critiques que l'on peut faire au dispositif des emplois-jeunes, on verra, dans le cas particulier de Nassim, que son travail d'aide-éducateur a été un facteur indéniable de stabilisation sociale. L'organisation réglée de son emploi du temps journalier, les tâches matérielles à effectuer et la sociabilité entre collègues de l'école ont contribué à sa progressive remoralisation, évitant qu'il ne sombre entièrement dans une dépression chronique.

L'emploi-jeune : une planche de salut...

Entre la fin de son contrat de surveillant (fin août 1996) et le début de son travail d'aide-éducateur (mars 1998), Nassim connaît une période de chômage et de petits contrats d'intérim dans l'industrie. Sur ce sujet, il se livre peu et reste évasif, comme s'il voulait oublier cet épisode. De son expérience à l'usine, il cherche avant tout à me signifier qu'il n'a été qu'un ouvrier de passage, mû par la pure nécessité : « Après le poste de pion, Je me suis dit : maintenant, il faut un travail pour assurer ensuite mon rôle de mari. » Il était ouvrier non qualifié dans une PME sous-traitante de Peugeot et a commencé par travailler le week-end pendant trois semaines. Il bataillait avec sa machine qui tombait régulièrement en panne, ce qui le contraignait à appeler fréquemment l'ouvrier d'entretien d'astreinte le week-end. Mais il parvenait à faire sa production et à « tenir » moralement grâce aux avantages du travail le week-end. Il a arrêté au moment où on lui a proposé de travailler en semaine, « de tournée ».

> J'ai dit non parce que, en fait, j'en avais marre... Je me disais : « C'est pas ton boulot ça »... Le pire (*voix dégoûtée*), c'était le bruit... En plus, j'étais debout, tu sais que je peux pas rester debout [problèmes de genoux]... L'ambiance générale, je passais déjà douze heures par jour à l'usine... C'était vraiment du travail de... (*Silence.*) C'était pas un boulot que je faisais avec passion, il fallait que je gagne de l'argent... On était une équipe de SD [samedi dimanche], y avait pas de chef, c'était bien, c'était cool, mais, bon, c'était quand même l'usine... le travail, le bruit, la saleté... Bon, j'étais prêt à essayer de tenir le coup deux jours par semaine mais cinq jours, c'était impossible, j'ai dit non... Je me suis dit : « Je pourrais pas tenir. » [...] Si j'ai décidé de démissionner, c'est que je crois que ça n'aurait pas pu marcher... Parce que j'avais pas le (*cherchant le bon terme*)... J'avais peut-être pas le physique... (*Se reprenant.*) En fait, j'avais pas le physique et (*élevant la voix*) le moral pour travailler dans l'usine... Déjà le physique, c'est très dur... Et puis moralement, je me suis dit : « Merde, c'est pas ta place, quoi ! » Bien que j'aie pas un super niveau [scolaire]... Mais, bon, je me suis dit, j'ai pas fait quand même ça pour en arriver là... Bon, en plus de ça, j'étais pas très compétent et les responsables l'avaient remarqué... Y a eu des cas où c'est eux qui m'ont vidé, quoi ! Ils sont venus me dire gentiment... calmement... que « bon, votre contrat »... En plus de ça, c'était des contrats d'une semaine... « Votre contrat, à partir d'une semaine, ne sera

pas renouvelé, merci… » Ce qui veut dire « à la porte », quoi ! (Juillet 2000.)

L'usine n'est pas faite pour lui parce qu'il n'a pas les prérequis du travail manuel ni le goût de la technique ou des choses matérielles (par exemple, il n'a jamais bricolé et reconnaît qu'il n'est pas « adroit » de ses mains) et qu'il ressent un déclassement en devenant ouvrier (« toi, t'es pas à ta place »), comme si le niveau d'aspiration qu'il avait atteint grâce à ses diplômes exerçait un effet de non-retour ou, comme le disent les économistes, un « effet de cliquet » qui fixe un niveau en deçà duquel on ne peut pas descendre. En même temps, il lui faut bien reconnaître qu'il s'est arrêté en chemin dans ses études, qu'il ne peut pas prétendre à des positions élevées, qu'il est donc obligé de composer avec cette situation. L'usine est un univers qu'il a toujours abhorré et qu'il a toujours voulu fuir : « Je serai jamais esclave chez Peugeot », m'avait-t-il souvent dit comme beaucoup de ses copains de Gercourt. De fait, il a réussi à ne jamais se laisser enfermer dans la situation d'ouvrier. La possession du bac, c'est-à-dire la possibilité de passer les concours administratifs, a maintenu ouvert son horizon d'attente professionnelle et a exercé un effet d'assignation statutaire : être à la hauteur de son niveau bac + 1, ne pas dilapider ce petit capital scolaire difficilement accumulé. De la possession de son niveau d'études, Nassim tire une force sociale qui lui a permis de vivre cette expérience d'usine comme une parenthèse, « en attendant » comme beaucoup d'ouvriers bacheliers disent…

On comprend, dans ce contexte, pourquoi l'offre des « emplois-jeunes » lui est apparue miraculeuse. L'été 1997, alors qu'il est en Algérie, il apprend la création de cette mesure en regardant, dit-il, les informations françaises à la télévision. Dès son retour à Gercourt en septembre, il dépose un dossier de candidature pour devenir « agent de médiation » ou « aide-éducateur ». Il « décroche » trois entretiens en école primaire et en collège qui ne débouchent sur aucune embauche. Il se retrouve chômeur pendant trois mois, connaît une période de doute et une dégradation de sa situation matérielle : l'épargne qu'il avait pris soin de constituer lors de ses années de pionnicat (« J'ai eu jusqu'à 80 000 F sur mon compte ») s'amenuise rapidement. L'espoir renaît lorsqu'il est convoqué pour un entretien, en février 1998, pour un poste d'aide-éducateur dans une école primaire du Plateau, un « quartier sensible » du Territoire de Belfort, à dix kilomètres de chez lui. Pour cet entretien de la dernière chance, il se prépare sérieusement, comme pour un examen, révise à la bibliothèque municipale (consultant des guides de recherche d'emploi), se renseigne sur le profil du poste et parvient à savoir qu'ils recherchent un « sportif » pour s'occuper des récréations et de l'éducation physique. Afin de mettre le plus de chances de son côté, il se rend au rendez-vous en tenue de sport (tennis et survêtement). Lors de l'entretien devant le jury – un principal de collège, le directeur de l'école et un enseignant –, il met en avant son passé de sportif (football, tennis, cross, etc.) et passe sous silence ses problèmes de genoux (qui lui ont permis de se faire réformer de l'armée algérienne). Il réussit son examen de passage et obtient cet emploi-jeune qui est une véritable planche de salut, lui offrant à la fois sécurité matérielle (le smic) et stabilité professionnelle relative (contrat de cinq ans), la quasi-certitude de voir s'éloigner durablement le spectre de « retomber » un jour à l'état d'ouvrier.

La socialisation professionnelle d'un aide-éducateur

Dans l'école primaire, située au cœur d'une « cité » et classée en ZEP, Nassim, qui travaille avec trois aides-éducatrices, est chargé à titre principal de la surveillance de la cour des « grands » (CM1, CM2), des entrées-sorties de l'école, ainsi que de l'organisation des jeux sportifs [1]. Sa présence doit aider à faire baisser la tension, diminuer le nombre d'incidents et de bagarres, canaliser la violence des enfants. Il surveille les récréations, fait des remarques aux gosses turbulents qui courent trop vite ou qui se chamaillent, n'hésitant pas à élever la voix. Sous le regard des parents qui attendent derrière la barrière, les aides-éducateurs font gentiment respecter l'ordre par la parole (« un tel, calme-toi un peu ») ou par des gestes, en prenant par le bras un élève plus agité. À chaque fois qu'une classe sort, Nassim me montre quelques gamins (des garçons) en me disant sur le ton de la confidence : « Ah, lui, c'est un terrible… » Ce mot, il l'emploie gentiment, pour désigner un

1. Lors de l'année scolaire, je viens souvent le voir au moment des récréations mais aussi, au fil du temps, je m'installe plus longuement dans la BCD qui est un peu le fief des emplois-jeunes. Notamment parce qu'il y a l'ordinateur…

élève « agité », mais il s'empresse d'éclairer son comportement à l'école par le contexte de la famille (une mère seule et sans ressources, des parents en instance de divorce, une famille qui vient de débarquer d'Algérie, des parents « paumés », un père qui sort de prison, etc.). Il fait aussi des commentaires à mon intention sur tel ou tel « instit' », notamment celui, jeune stagiaire de l'IUFM, qui n'arrive pas à « tenir sa classe » : « Lui, il est trop gentil », dit-il à la fois pour l'excuser et pour me faire comprendre qu'avec ces élèves il faut plus d'autorité et de poigne. Il parle parfois aux enfants sur un ton sévère, pour faire montre d'autorité, mais il sait aussi trouver le ton juste pour leur faire des remarques, jamais d'une manière violente ou méprisante qui pourrait les braquer contre lui. Les enfants l'appellent par son prénom (comme tous les emplois-jeunes) et semblent particulièrement l'apprécier, y compris les plus turbulents. Tout comme certains parents d'élèves de l'école des Peupliers. Un père, immigré marocain, délégué FCPE, qui a ses deux enfants à l'école, me confie : « C'est vrai que, Nassim, les enfants l'aiment bien... Il passe bien auprès des gosses. »

D'une certaine manière, Nassim se reconnaît dans ces « gamins des quartiers » à travers lesquels il retrouve un peu de ce qu'a été son enfance à Gercourt : une certaine forme d'insouciance, de spontanéité, d'exubérance et de gaieté qui va de pair avec une sensibilité à fleur de peau (en lien direct avec l'expérience du dénuement matériel), une propension à la bagarre « pour un rien ». Ce sont ces traits de comportement qui font de ces enfants – aujourd'hui peut-être plus qu'hier car vingt ans de crise sociale sont passés par là – des « gamins », comme il dit, à la fois attachants et difficiles. Il cherche d'ailleurs à donner d'eux une vision différente de celle qui est souvent présentée de l'extérieur (celle des « sauvages ») : « Ils sont pas méchants », dit-il souvent des plus turbulents, comme s'il cherchait à atténuer le stigmate social qui colle à la peau de ces enfants de « cité ».

Dans sa fonction d'aide-éducateur, il se retrouve, cette fois, de l'autre côté de la barrière professeur/élèves. Même si, au début, il n'était pas très sûr de lui dans le travail de soutien qu'il doit effectuer, il va se prendre au jeu, s'initier à la pédagogie, notamment l'aide à l'apprentissage de la lecture, goûtant au plaisir du travail avec les enfants « en difficulté » dont il parle toujours avec tendresse et affection. Lorsqu'il me parle de son travail de façon informelle[2], il prend souvent comme exemple la « classe d'intégration scolaire (« la CLIS » dans le jargon de l'école) avec laquelle il aime bien travailler. Il découvre là des enfants – des « pauvres gosses » comme il dit – qui sont en grande difficulté scolaire mais qui peuvent progresser s'ils sont aidés et (re)mis en confiance, se rendant compte concrètement que l'échec scolaire n'est pas une fatalité, qu'il peut être combattu par du soutien. En fait, dans le quotidien de son travail, il ne cesse de mesurer l'influence du milieu familial sur le travail scolaire et les attitudes des enfants. Ce qui le conduit d'ailleurs à relire sa propre trajectoire scolaire à la lumière de son expérience professionnelle actuelle. Pour expliquer son échec final à l'université, il insiste désormais sur des points qu'il avait auparavant volontairement laissés dans l'ombre : sa famille de onze enfants, sa mère veuve, le manque constant d'argent, le bruit dans l'appartement, l'impossibilité de s'isoler… comme s'il réalisait, dans l'après-coup, le rôle de ces facteurs dans son destin scolaire et professionnel.

Même si Nassim a fait sa place dans l'école et s'y sent bien (« c'est une super-école », « y a une bonne ambiance[3] »), il n'empêche que de petits conflits surviennent, surtout avec la directrice. À la différence de ses collègues « filles » qui ont, d'après lui tendance à tout accepter, Nassim n'hésite pas à prendre la parole, à « ouvrir sa gueule » comme il dit, quand il estime être dans son droit. Il a lu attentivement son contrat de travail, connaît très bien les tâches qu'il doit effectuer et n'entend pas faire de zèle. Lorsque sa direction lui demande d'effecteur des heures de travail qui ne sont pas inscrites dans le contrat de travail, il est le seul à protester. Ses collègues filles lui reconnaissent ce courage et cette force (« Lui, il n'hésite pas à s'opposer à la directrice »). Les tensions avec cette dernière

2. Pendant cette période d'enquête, j'ai fait très peu d'entretiens enregistrés avec lui mais j'ai eu de très fréquentes discussions informelles : sur son lieu de travail (avec ses collègues aussi), en voiture, au café, lors de repas dans des restaurants, chez lui où il m'a souvent invité…

3. Il faut dire que la majorité des instituteurs(trices) sont chevronné(e)s dans cette école et que les emplois-jeunes ont été bien accueillis par l'équipe pédagogique. D'une part, les « syndicalistes » ont fait du travail auprès d'eux : ils veillent à ce que leurs droits soient garantis et font très attention à ce qu'on ne les traite pas comme une main-d'œuvre au rabais. D'autre part, les aides-éducateurs sont associés à la sociabilité entretenue par les jeunes « professeurs des écoles », justes sortis de l'IUFM ou stagiaires dans l'établissement. Les « jeunes » font des « bouffes au resto » à chaque fin de demi-trimestre, les quatre emplois-jeunes sont invités ; de même pour certains repas sandwiches dans la salle des profs le vendredi midi…

sont aussi liées aux « problèmes » dans lesquels Nassim se débat (le couple qui bat de l'aile, puis le début de la longue procédure judiciaire contre lui). Par exemple, il lui est reproché de passer du temps au téléphone sur ses heures de travail, de demander fréquemment des heures de congé, ou même de s'absenter trop souvent (il allait voir son avocat).

Enfin, Nassim est aussi chargé de mettre de l'huile dans les rouages et parfois de déminer le terrain quand un enfant est trop turbulent ou lorsque les parents sont « agressifs »... Cette situation le place parfois en porte-à-faux, car il n'est pas toujours à l'aise dans ce travail de médiation qui lui est assigné en tant qu'enfant d'immigré. Or sa proximité avec des parents du quartier peut lui être reprochée par sa hiérarchie qui suspecte parfois son incapacité à se tenir à bonne distance des familles. Un jour, parce qu'il a fait entrer un père d'élève dans la salle des profs sans en avoir informé la directrice, il a reçu un « avertissement ». À cette occasion, les militants syndicaux l'ont efficacement défendu, organisant le soir même une réunion avec la directrice pour stopper la procédure. L'avertissement a été retiré sous la pression des enseignants, unanimes à reconnaître que la « relation avec les parents » figure dans le contrat de travail comme une des tâches professionnelles des aides-éducateurs. À travers cet épisode, Nassim découvre que l'école est aussi un lieu de conflits professionnels, qu'une directrice a un faible poids hiérarchique (à la différence d'un « chef » à l'usine), que les instituteurs peuvent avoir une forte capacité collective de résistance[4]. C'est-à-dire qu'on peut faire reculer les « chefs » si une résistance bien construite leur est opposée. Parce que, dans les autres domaines de la vie sociale qu'il connaît, dans les milieux professionnels et sociaux qu'il a fréquentés, les « puissants » lui sont toujours apparus comme ayant toujours *in fine* gain de cause : que ce soit dans le quartier (les organismes logeurs qui font la pluie et le beau temps avec les locataires), le lycée ou la fac (« tu sais, les profs, ils ont toujours raison ») ou que ce soit à l'usine (« l'esclavage ») ou en Algérie (où le pouvoir, l'armée règnent en maîtres). À l'occasion de ce conflit, il a fait l'expérience, inédite pour lui, que la mobilisation collective, la « lutte », pouvait faire reculer le

4. Quelques mois plus tard, il apprendra qu'elle peut être aussi le lieu de conflits entre l'équipe pédagogique et l'inspecteur. Celui-ci se verra contraint à la mutation à la suite de pétitions et de grève des enseignants contre son arbitraire.

pouvoir. Plus généralement, depuis qu'il est dans cette école, il fait l'apprentissage au quotidien de ce qu'on peut appeler un contre-pouvoir. Au fil du temps, il se pique au jeu de la vie sociale de l'école, prend pour habitude de lire les tracts syndicaux qu'on lui donne ou qui traînent dans la salle, regarde le panneau syndical, participe à des réunions avec les collègues. Par sa présence et sa curiosité, il s'est fait apprécier de certains de ses collègues, a su se faire une place dans la salle des profs. En outre, il se frotte dans cette école à des personnes qui sont socialement très éloignées de lui, comme cette institutrice, conseillère municipale (« elle est de droite, dit-il, mais très gentille ») et apprend les « contacts mixtes ».

Un *outsider* dans le milieu enseignant

Mais malgré l'intérêt qu'il porte à son travail et les preuves qu'il fait œuvre utile à l'école, il reste un *outsider* dans le milieu enseignant. À la différence de ses collègues qui visent le concours d'éducatrice spécialisé (comme Karine) ou d'institutrice ou de directrice de centre de loisirs (comme Leïla[5]), il ne s'est pas converti aux valeurs et aux goûts de ses collègues de travail, toujours réfractaire aux discussions ou aux injonctions culturelles du milieu. Il lit très peu, excepté sa « prière du matin » qu'est le journal local et sa lecture des nouvelles sur Internet (« Depuis qu'il s'y est mis, c'est sa passion », disent sur un mode amusé les aides-éducatrices). Dans le milieu des jeunes enseignants et des aspirants au monde socio-éducatif que sont les aides-éducatrices, Nassim incarne à sa manière l'entrée du monde des « cités » dans l'institution scolaire. D'abord, par son apparence et sa manière de s'habiller (bonnet noir vissé sur la tête quand il fait froid, chaussures de sport, parka) ; ensuite, par sa manière de parler et ses sujets de discussion. Dans la

5. Si l'on compare la manière dont Nassim est entré dans le métier à celle dont sa jeune collègue Leïla (23 ans) a décroché un an plus tard le même emploi, la différence est frappante. Alors que le contrat d'aide-éducateur a permis à Nassim d'éviter de « retomber » en usine, il a été positivement choisi par Leïla. Celle-ci, élève en deuxième année de DEUG de sciences économiques, un peu lassée par ces études (« trop loin de la réalité ») et par le manque d'argent et d'autonomie, n'a pas voulu demander un poste de pion (« c'est pas un vrai métier, ça ») et a postulé à un emploi-jeune pour acquérir une expérience professionnelle dans le monde de l'enseignement. Expérience qui, espère-t-elle, consolidera son projet professionnel de directrice de centre de loisirs (fonction qu'elle occupe depuis quelques années dans les périodes de vacances).

salle des profs ou dans les moments de sociabilité hors école, il a pour habitude de faire rire son monde, de « mettre l'ambiance », avec toujours un bon mot à la bouche. Les jeunes instits, qui ont son âge, semblent apprécier sa truculence, sa « tchatche », sa manière particulière d'importer dans l'espace scolaire les expressions les plus récentes du langage de la rue comme s'il introduisait dans ce « sanctuaire » qu'est l'école une part d'exotisme social [6].

En fait, Nassim est un « personnage » qui détonne par rapport à l'ensemble de ses collègues, y compris la plupart des aides-éducateurs, notamment par son mode de vie. Il revient souvent manger chez sa mère à midi ; après l'école, il aime bien de temps en temps s'arrêter au palais de justice (à quinze minutes de l'école, sur sa route du retour) pour assister à des audiences. Depuis qu'il est séparé de sa femme, il a retrouvé un nouveau chez-lui à l'Amicale des Algériens. Par ailleurs, il est devenu un supporter fervent du FC Sochaux, qui joue alors la remontée en première division. Lors des week-ends ou des vacances, il s'adonne à une de ses passions : le tiercé. Il consulte souvent la presse turfiste (il achète *Paris-Turf* et consulte sur le Net le site turf.fr, surnom que lui donnent de temps en temps ses collègues aides-éducatrices). Nassim m'explique qu'il joue depuis son adolescence, qu'il a commencé à jouer à quatorze ans au rami puis, assez vite, au tiercé. Même si c'est *haram* (péché), il continue aujourd'hui de jouer (« je peux pas m'arrêter ») et, depuis qu'il a des ennuis d'argent, il joue presque tous les jours. Lors de la semaine de vacances de février (2001), faute d'occupations, il joue toute la journée au tiercé avec des amis : il parie entre 100 et 150 F par jour, gagne parfois, perd souvent. Au PMU, il retrouve une sociabilité masculine, un monde dans lequel il se sent bien. Il rencontre là « toutes sortes de gens », aussi bien des jeunes de son âge que des vieux, des ouvriers. Il y croise aussi régulièrement des joueurs du FC Sochaux. Bref, il retrouve là ce qu'il a perdu en quittant Gercourt, à savoir une confrérie d'individus qui partagent une même passion, celle du jeu, et qui sont, en ce lieu, autant d'égaux. Le PMU est un petit théâtre social où chacun joue sa partition sans être jugé et où

6. Il n'est ni dans l'hypercorrection linguistique ni dans la pose du langage « caillera », mais il a comme caractéristique d'absorber, telle une éponge, les expressions les plus à la mode dans le quartier (« [un tel], je l'ai remis sur cale » « je suis blindé », etc.) et de les diffuser auprès de ceux qu'il estime pouvoir goûter ces nouvelles expressions (bien sûr, le sociologue, mais aussi les jeunes enseignants).

tout le monde peut réussir sans que le passé pèse sur les épaules des joueurs. Le PMU inverse aussi l'école où tout, pour lui, paraît joué d'avance et sur laquelle il a comme misé à fonds perdus sans pouvoir jamais rattraper le retard qui est le sien. On pourrait dire qu'il a d'autant plus tendance à s'en remettre au hasard qu'il éprouve dans sa vie un sentiment d'impuissance sociale, comme dans cette nouvelle période d'indétermination (son emploi-jeune va-t-il être prolongé ?) où les dettes ne cessent de s'accumuler.

Ses pratiques sociales font apparaître la distance qui est la sienne vis-à-vis de la culture légitime et qui le sépare de ses collègues qui en sont imprégnés : il se tient à l'écart des discussions, ne lit pas de romans ou d'essais, n'est inscrit dans aucune bibliothèque. À ce titre, il apparaît comme une sorte d'oiseau rare dans le monde de l'Éducation nationale, milieu social dont les valeurs et les comportements restent fortement marqués par la légitimité culturelle. Ce maintien à distance de la culture légitime peut être compris comme une forme de protection, qu'il s'est forgée pour neutraliser ou filtrer les influences culturelles extérieures, qui fonctionne comme une carapace à l'intérieur de laquelle il s'est pelotonné, à l'abri des sources de déstabilisation de son moi social. Un instituteur qui le connaît bien (tout le monde l'appelle Jacquot), qui l'a beaucoup soutenu pendant son divorce, me brosse de lui un portrait très juste. Il l'estime beaucoup, notamment pour sa « gentillesse » et son côté « très sympa », mais est intrigué par ce qu'il appelle son « côté lisse », comme si toute l'entreprise d'éducation scolaire (et celle d'incitation culturelle qui lui est associée) avait glissé sur lui, sans le modifier en quoi que ce soit. Jacquot, qui est introduit dans le milieu des arts et de la culture de l'aire urbaine, a essayé en vain de l'ouvrir à la musique et à la peinture. Il a surtout observé que Nassim fuit les lieux de la culture légitime qui l'intimident profondément : « Je me souviens, quand il est venu chez moi et qu'il a vu le mur couvert de livres, ça lui a fait un sacré choc… »

Si Nassim a de l'admiration pour les « grosses têtes (« Lui, c'est une boule », dit-il, pour désigner quelqu'un qui a fait des études d'ingénieur), il n'est pas fasciné par le modèle culturel proposé par les enseignants. Jacquot représente pour lui le type même de l'« intello », certes « très sympa », mais qui lui apparaît comme un personnage bizarre et lunaire, qui ne peut pas être un modèle d'identification. En fait, il garde une part de quant-à-soi, c'est-à-dire qu'il n'est pas entièrement pris dans la domination culturelle, privilégiant d'autres moments et d'autres lieux. C'est d'ailleurs ce qu'il aime particulièrement dans les matchs de foot au FC Sochaux : l'ambiance des « populaires » (les tribunes du stade les moins chères, derrière les buts, envahies par les vrais supporters), la chaleur du groupe des gosses des cités, une façon de pouvoir vivre avec eux ces grands moments d'effervescence collective.

Je m'aperçois que, dans la relation d'enquête avec Nassim, j'ai peut-être trop vite renoncé à mon rôle possible d'intermédiaire culturel comme si j'avais considéré trop tôt qu'il s'agissait là d'une mission impossible. Un soir de février 2001, après quinze jours sur le terrain, je passe chez Nassim voir un match de foot. Comme je voulais lui apporter quelque chose, pour la première fois, je lui offre un roman (*La Route* de Jack London). Je lui explique le sens de ce petit cadeau, en lui disant que je ne lui ai jamais offert de roman, que celui-ci peut lui plaire. Il déplie lentement le papier cadeau, cherche les mots pour me remercier, puis, avant même de connaître le contenu du livre, se lance : « Je te promets, Steph, que je vais essayer de lire jusqu'au bout... » Puis il lit, lentement et à haute voix, la quatrième de couverture. Après sa lecture, il me demande avec un sourire gêné : « Tu me l'as choisi parce que tu crois que je suis un vagabond ? » Je suis surpris et moi aussi un peu gêné, je n'avais pas imaginé ce type de réaction. Je m'explique alors sur mon choix (le style du roman, la personnalité de Jack London, son histoire d'autodidacte, etc). Il me demande aussi si ce n'est pas un livre « pour adolescents », puis me promet à nouveau qu'il le lira en entier. Il me précise qu'après il le passera « aux filles » (ses collègues aides-éducatrices) et qu'il le déposera à la BCD des élèves. L'idée même de le garder chez lui, pour lui, ne semble pas l'effleurer (il n'y a d'ailleurs aucun livre visible ou mis en évidence dans son appartement). La relation d'enquête est, dans ce domaine du rapport à la culture, délicate à gérer. D'un côté, si je ne joue pas mon rôle d'intermédiaire culturel, j'ai l'impression de faillir à mes devoirs (parce que je suis pour lui, comme pour d'autres, plus qu'un enquêteur). D'un autre côté, je sais qu'en l'entraînant du côté de la culture légitime je prends le risque de le mettre en porte-à-faux. En l'occurrence, je m'étais dit qu'après trois ans de travail à l'école primaire, je pouvais une nouvelle fois faire une tentative d'incitation à l'effort culturel.

L'éloignement du quartier

Depuis le départ de sa femme, Nassim occupe l'appartement où ils ont vécu ensemble dans un quartier HLM proche de Granvelle mais c'est surtout pour lui un pied-à-terre. Les jours de semaine, il y revient tard pour y coucher et, le week-end, il retourne chez sa mère, prêtant l'appartement à un de ses frères. Il a quitté Gercourt en septembre 1997 et trois ans et demi plus tard il m'en parle encore avec nostalgie. Son quartier a changé, il connaît moins bien les nouvelles générations, et surtout les anciens copains de son âge, avec qui il était au lycée ou à la fac, se sont dispersés et ont fait leur vie ailleurs : « Tu sais, j'ai plus vraiment de copains là-bas… Ceux que j'avais, ils sont tous mariés, ils ont des gosses… » Il fait alors le tour de ses copains de fac : Sabri s'est marié en juillet 2000[7] et a pris ses distances avec lui, Djamel (marié, un enfant) est pris par sa vie de famille et son travail en Alsace ; Momo, lui, est parti à Perpignan et ne donne pas de nouvelles (il ne sait pas ce qu'il fait) ; Nabil est devenu « religieux » : « Lui, commente Nassim, il est à fond dedans, il part en Inde, au Pakistan… » Nassim respecte son choix mais s'en tient à l'écart. Mais ce qui contribue surtout à l'éloigner durablement de Gercourt, c'est le commérage négatif des familles arabes du quartier, plus ou moins « proches » de sa mère, à son égard. « Là-bas, me dit-il sur un ton rageur, ça parle… Ça parle sur moi… Ça parle sur moi et ma famille. » Au marché, des mères de famille demandent à sa mère ou à sa sœur comment il va, ce qu'il devient alors que, s'emporte-t-il, « elles le savent très bien ». « C'est juste pour faire souffrir ma mère », dit-il, et prendre ainsi une revanche sur les prétentions sociales que le fils étudiant a pu un moment nourrir et qui ont alors « grandi » sa famille. Pour rompre avec cette logique du commérage et lassé par cette « hypocrisie » des familles arabes du quartier, il préfère l'éviter le plus possible. Ainsi, il ne va plus au marché du mercredi (alors qu'avant il s'enorgueillissait devant moi de ne pas en rater un seul, s'en faisant à chaque fois une fête), ne fait que passer chez sa mère ou sur la place du quartier où il a passé naguère tant d'heures. Il cherche avant tout à se soustraire au commérage (positif et négatif) auquel il a beaucoup participé autrefois car dorénavant

7. Nassim n'a pas pu aller à son mariage car il n'avait pas d'argent pour honorer convenablement les mariés.

celui-ci se retourne contre lui. Il est désormais perçu comme celui qui a joué et perdu sur différents « marchés » : le marché matrimonial élargi de Granvelle (divorce et éloignement de sa fille) et le marché du travail où il est retombé presque au même niveau que beaucoup d'enfants du quartier. Ce qui renforce chez lui le rapport de répulsion qu'il peut avoir vis-à-vis de son quartier : « Si y avait pas ma mère, je serais parti depuis longtemps ! » Par moments, on pourrait dire par bouffées, il a ainsi des envies de « partir », de fuir la région pour ne plus avoir à subir à distance le regard méprisant de certaines familles arabes qui donnent le ton du commérage.

De ce fait, il cherche refuge ailleurs. De nouveau célibataire, il a pris pour habitude de se rendre, à la sortie de son travail, à l'Amicale des Algériens : « C'est mon nouveau squat », confie-t-il en riant. C'est un endroit où il se sent bien, où il retrouve une compagnie, différente de celle des jeunes de son âge, qui sont désormais tous plus ou moins mariés et en charge de famille. Il y rencontre d'autres Algériens, plus âgés que lui, qui vivent souvent en foyer ou qui sont, comme lui, célibataires ou vivant dans une semi-clandestinité. Il y joue au rami et au tiercé, retrouvant en quelque sorte l'ambiance du café qu'il a assidûment fréquenté lors de ses années lycéennes et étudiantes. À l'Amicale, il trouve un second « chez lui », un entre-soi formé majoritairement d'Algériens immigrés : il se retrouve, en l'an 2000, trois ou quatre décennies après l'arrivée des immigrés maghrébins dans cette région industrielle, à se comporter comme les immigrés de la première génération, si bien décrits par A. Sayad[8], qui, face à l'inconnu social, se réunissaient pour parler la même langue, échanger des souvenirs, s'entraider. Pourtant, Nassim, lui, est né en France, a été socialisé toute sa vie dans les différentes institutions de ce pays, notamment à l'école et à l'université. Mais, faute de détenir les ressources nécessaires à la fréquentation des lieux mixtes socialement (cafés, lieux de spectacle, etc.) où il ne se sent pas à sa place[9], Nassim fréquente quasi exclusivement les lieux

---

8. A. SAYAD, *L'Immigration ou les paradoxes de l'altérité*, De Boeck, Bruxelles, 1999.

9. On peut prendre pour exemple le malaise qu'il a un jour ressenti – malaise que j'ai sur le moment bien perçu mais dont il ne me parlera pas une seule fois – lors d'un repas au restaurant où Jacquot nous avait tous deux invités et où Nassim s'est trouvé confronté à deux de ses anciens profs d'AES. Ce jour-là, lui d'habitude si prolixe, ne pipera mot, écoutant sagement les propos des invités, se gardant bien d'intervenir dans la conversation. Après coup, il me fera la remarque qu'il n'avait eu qu'une peur : celle

fréquentés par des proches, immigrés ou enfants d'immigrés (l'Amicale des Algériens, le café proche de son appartement, les « doner » turcs où il va souvent manger, le domicile de sa mère, son « bloc »).

Depuis son divorce, il ne songe pas à refaire sa vie. À certains moments, il lui arrive de penser, de rêver plutôt, qu'il lui sera un jour possible de tout effacer du passé et de revivre avec sa femme, si celle-ci parvient se dégager de la tutelle de ses parents : « Si elle me propose de revenir, je crois bien que j'accepterai. » Cet espoir l'empêche d'envisager d'autres aventures : il ne sort pas en boîte, ne « drague » pas, à la fois parce qu'il n'a pas le cœur à ça et parce qu'il craint d'échouer une nouvelle fois. Une de ses collègues l'attire (« Elle est mignonne, hein ? », me dit-il en souriant), mais il n'a rien voulu ou osé tenter et, par moments, le regrette : « Maintenant, c'est trop tard, je crois qu'elle a un copain. » À peine énoncé ce regret, il se reprend et confesse que, « de toute façon, elle est trop bien : tu as vu, elle est calme, jolie (*il cherche en vain le mot juste pour dire « pondérée »*) et moi je suis trop nerveux ». Il reste, on le voit, encore marqué par son échec scolaire et conjugal, toujours pris dans une logique de dépréciation de lui-même. Il se juge comme « pas assez réfléchi », trop emporté, ne pouvant séduire une fille qui lui apparaît en même temps comme un modèle.

L'avenir : emploi-jeune à vie ?

Alors qu'il est conscient de la précarité de son statut d'aide-éducateur, Nassim a manifesté peu d'empressement au cours de ces trois premières années dans sa recherche de formation. Il ne va pas aux réunions des « emplois-jeunes » organisées par le rectorat, ni aux sessions de formation dont il pourrait bénéficier. Il s'est laissé durant ces trois années porter par les événements, sans se donner de prises sur son avenir. À un moment donné, en juin 1999, il a envisagé de saisir la perche que le rectorat lui tendait (la possibilité, dans le cadre d'un partenariat Éducation

---

d'être reconnu par ses anciens profs. L'un d'entre eux était un de ses anciens chargés de TD, qui (selon ses dires) arrivait toujours avec un quart d'heure de retard et avec qui il avait eu une violente « prise de bec », Nassim lui reprochant de ne pas « bien expliquer » dans ses cours.

nationale/entreprises, d'un poste d'éducateur spécialisé chargé de suivre des travailleurs handicapés dans une usine d'équipements automobiles), mais, à la rentrée, il n'a pas donné suite à ce projet. On a l'impression que, sur le plan professionnel, tout, pour lui, vient trop tard, comme s'il acceptait d'avance la perspective d'un emploi subalterne, renonçant à jamais à rentabiliser son bac. L'enseignant, qui s'est pris d'affection pour Nassim ne cesse de le titiller sur ce point et de l'encourager à « se bouger » pour ne pas se faire piéger dans un statut de « temporaire à vie », à se débarrasser peu à peu de ce qu'il perçoit comme une mentalité d'« assisté ».

Lorsqu'on discute ensemble, avec les autres aides-éducateurs, la question de la pérennisation de leur statut revient souvent sur le tapis. Nassim, grand lecteur de la presse quotidienne, est toujours à l'affût d'informations sur ce sujet. Leïla exprime souvent son pessimisme sur cette question (« ils vont pérenniser les postes mais, après, ils vont nous virer »), alors que Nassim a tendance à voir les choses de manière plus positive, comme pour conjurer le destin, en se raccrochant à la manne providentielle de l'État (« ils ne vont pas nous laisser tomber, ils vont nous proposer autre chose »). En fait, il se sait bloqué dans son évolution de carrière par le niveau d'études (bac + 1). Faute de posséder un niveau bac + 3 (une licence universitaire), il ne peut prétendre passer les concours de l'Éducation nationale (instituteur, éducateur, rééducateur, psy scolaire) qui, par moments, semblent l'intéresser. En même temps, lorsque je tente d'évoquer avec lui sa future formation sur un mode un peu sérieux, je sens son embarras et sa grande réticence à envisager une reprise d'études supérieures. Son échec à l'université l'a profondément marqué : il se souvient en particulier de la manière dont il a « sombré » au cours de ces années où il a mesuré la distance culturelle et découvert que les dés étaient jetés d'avance. Ce qui peut expliquer sa peur d'être confronté à nouveau à l'épreuve des examens. Il semble avoir définitivement remisé les gommes et les crayons au rayon des accessoires. En attendant, il préfère éluder la question de son avenir professionnel même si, entre aides-éducateurs, elle ne cesse de revenir dans la discussion.

Leïla hésite à passer le concours de professeur des écoles : elle aime beaucoup son travail d'éducatrice, est très appréciée des élèves et des instituteurs qui la poussent à entrer dans le métier mais, comme elle a interrompu ses études d'économie en deuxième année de DEUG (« ça m'intéressait plus, c'était trop abstrait »), il lui faudrait reprendre des études à la fac. Je lui parle d'une possible formation, pour elle, en sociologie qui lui permettrait de décrocher une licence. Nassim se montre un peu « piqué » que je ne lui ai pas parlé avant de cette possibilité. En faisant cette offre à Leïla sans évoquer cette hypothèse pour lui – car j'ai moi-même intériorisé son allergie aux études supérieures –, j'accorde d'une certaine manière à celle-ci une valeur supérieure. Si bien que, peu après dans la conversation, Nassim décide d'entrer dans le jeu et me demande comment faire pour reprendre lui aussi des études, mais il le fait sur un ton mi-sérieux, mi-blagueur, comme pour jouer de l'ambivalence qu'il entretient dans son rapport aux études. Confortablement installé dans un fauteuil de lecture de la BCD, il lance à la cantonade : « Dis donc, Steph, c'est quoi le DEUG le plus facile ? » L'après-midi, lorsqu'il me ramène en voiture, il évoque plus sérieusement cette question de la formation et me confie secrètement le rêve d'obtenir un « bac + 3 » (« tu sais, j'aimerais bien avoir une licence... ») pour viser plus haut qu'emploi-jeune et ne pas « stationner, comme il dit, à un niveau bas de la fonction publique ». Lorsque je lui fais la liste des différents DEUG qu'il pourrait reprendre (histoire, AES, sociologie...), tout en ne lui cachant pas ce que cela représente en termes de travail, de lecture, de petits sacrifices, il se montre embarrassé, à nouveau effrayé à l'idée de « replonger là-dedans : il me répond par une moue et un long silence, la conversation sur ce thème s'interrompant d'elle-même. En fait, il « rêve » d'acquérir un niveau de formation comme la licence qui lui permettrait de s'arracher à la condition sociale de petit employé au salaire modique. Mais, en pratique, il est « plombé » par son échec universitaire, par les traces profondes et indélébiles que cet échec a laissées « dans sa tête ». Au fil de l'année scolaire, cette question de son avenir professionnel va occuper de plus en plus de place dans nos discussions. Il participe aux réunions des « emplois-jeunes » au niveau local pour mener la lutte de la pérennisation de leur poste.

Par ailleurs, il se pose la question de savoir comment contourner cet obstacle du diplôme plancher pour passer les concours (de niveau catégorie B de la fonction publique). Lors d'un repas de fin de demi-trimestre (février 2001), il demande de nouveau à Jacquot, toujours sur le mode de la rigolade, s'il ne pourrait pas l'aider dans sa démarche (« Dis, tu pourrais pas me pistonner auprès de tes copains de l'IUT ? ») pour lui faire obtenir un niveau de deuxième année de DEUG. Il revient alors sur son échec en deuxième année de DEUG d'AES et s'en prend une fois encore (comme pour rendre publique l'injustice dont il aurait été victime) au « prof » qui l'a empêché d'avoir son année (« Il m'aurait mis 6 au lieu de 3, je l'avais mon année »… « Pourtant, j'avais travaillé à fond cette matière »). Je lui explique la manière dont fonctionnent les jurys de fac [10] pour lui montrer la manière dont on limite l'arbitraire de la notation. Cette croyance est profondément ancrée en lui que seul le « piston » peut en dernier ressort marcher, que les efforts individuels ne servent à rien, qu'une sorte de vaste complot existe contre des personnes comme lui. C'est là comme un effet durable de sa socialisation résidentielle à Gercourt. Ceux qui comme lui n'ont aucun héritage au départ, aucun capital, partent avec un handicap qui lui est apparu, au fil du temps et de ses échecs, comme insurmontable. Pour lui, Jacquot et moi sommes des gens bien introduits dans les milieux universitaires, les plus haut placés dans son entourage proche. D'une certaine manière, il ne veut pas croire que nous ne puissions rien faire pour lui…

En fait, tant dans son travail que dans d'autres domaines de sa vie, Nassim subit les événements. Pour expliquer ses actes, il s'en remet toujours au destin ou à l'infortune des temps, signe de la faible maîtrise de son destin professionnel et social et de sa tentation récurrente de s'abandonner à la fatalité : « C'est la poisse, qu'est-ce que tu veux ce que je te dise ! » C'est dans ces moments-là, que l'on mesure le mieux à quel point sa personnalité sociale reste fragile. Tout semble s'être passé comme si son long passage par les études n'avait pas réussi à « mordre » sur le socle de socialisation (fabriqué par sa petite enfance et sa vie dans le quartier de Granvelle), comme si la socialisation scolaire avait laissé presque intact le noyau dur de sa socialisation familiale et résidentielle qui continue de structurer en profondeur sa vision du monde et ses croyances. C'est là que l'on mesure la puissance des déterminismes sociaux tels qu'ils s'exercent dans la vie du quartier et de la famille, et que l'on comprend les grandes difficultés qu'il éprouve pour échapper à cette vision du monde, caractéristique des fractions les plus

10. Les délibérations, les points de jury pour rattraper les candidats très proches de la moyenne générale, etc.

dominées de l'espace social. D'un côté, il n'a pas beaucoup de prise sur son avenir professionnel faute d'avoir pu engager une formation et, de l'autre, il se retrouve en quelque sorte piégé par des aspirations nourries jour après jour par l'accomplissement de son travail. Seule solution pour échapper aux contradictions qui le minent : le refuge dans le rêve de devenir un emploi-jeune « à vie », sans avoir besoin de passer par une formation, des examens, et des entretiens. Bref, une titularisation dans la fonction publique en quelque sorte « pour services rendus », ce qui lui permettrait de régler définitivement la question de son avenir – qui ne cesse de le tarauder. Ainsi se contenterait-il d'occuper cette sorte de strapontin dans la vie active qui lui garantirait, à défaut d'un bon salaire, un statut protecteur et un métier somme toute honorable.

En attendant, comme Fehrat, il subit, du fait de la reprise économique, un déclassement social caractéristique de cette génération des « enfants de la démocratisation ». Il rencontre des jeunes de Granvelle, de vingt ans, qui perçoivent désormais à l'usine un salaire sensiblement plus élevé que le sien. Il est sincèrement content de voir que les jeunes non diplômés, qui autrefois « zonaient », « s'en sortent » aujourd'hui grâce à l'intérim. En même temps, il ne peut pas ne pas ressentir de l'amertume en se voyant distancé par eux et en constatant, par comparaison, à quel point il fait du « surplace ». Il me cite plusieurs fois le cas d'un jeune de Gercourt, un de ses anciens voisins de « bloc », qu'il définit comme un ancien « délinquant » (« il faisait pas trop de choses légales », me dit-il par euphémisme), qui est depuis devenu ouvrier intérimaire à l'usine, en fonderie, un des secteurs les plus « durs » de l'usine de Sochaux. À chaque fois que ce dernier croise Nassim dans le quartier, il lui lance, hilare, une formule magique qui fait mouche : « Eh Nassim ! Deux samedis, une patate ! » avec geste à l'appui, majeur et index levés. Nassim éclaire pour moi le sens de cette phrase, au premier abord relativement énigmatique [11] : en travaillant deux samedis par mois en volontariat,

11. Au début, M. Pialoux, qui était avec moi ce jour-là, et moi avions compris que ce jeune était un dealer du quartier et qu'il réussissait en deux samedis par mois à se faire une « patate » dans le mois. Ce qui renvoyait Nassim au rang des petits salariés qui se faisaient avoir par le système. L'enquête menée alors à la ZUP ne cessait de faire apparaître ce thème du trafic de drogue et de l'arbitrage que faisaient certains jeunes entre un « boulot d'esclave » payé 6 000 F par mois et le statut privilégié du dealer, gagnant bien sa vie et se pavanant en BMW ou Mercedes neuves dans « les quartiers ».

payés donc en heures supplémentaires, ce jeune intérimaire gagne dix mille francs dans le mois, soit presque le double du salaire d'un emploi-jeune. Cette formule, Nassim la répétera plusieurs fois à mon intention parce qu'elle résume très bien, à ses yeux, le retournement de la conjoncture économique et le bouleversement de la hiérarchie sociale parmi les jeunes des quartiers. La pénurie naissante sur le marché du travail favorise les jeunes ouvriers, même non qualifiés, qui deviennent très demandés et opèrent peu à peu un rattrapage salarial et patrimonial. La reprise économique, même si elle est fragile, profite à plein aux « cols bleus » et à ceux qui ont choisi la voie des études professionnelles ; elle rend par là même plus visible et manifeste le déclassement des enfants de la démocratisation scolaire comme Nassim.

Pour illustrer ce point, il suffit de comparer les voitures qu'ils possèdent : d'un côté, la Super 5 Renault de Nassim, usée (plus de 200 000 kilomètres au compteur), rouillée et un peu cabossée de partout (« on prend ma BM », me dit-il par dérision à chaque fois qu'on monte dans sa voiture) et, de l'autre, les voitures flambant neuves – des BMW, Mercedes, 406, 306 HDI, ou des cabriolets (BMW, 206, etc.) que beaucoup de jeunes intérimaires des quartiers s'achètent avec leurs premières paies. En comparant son salaire de « smicard » à celui de quasi-millionnaire (en anciens francs) d'un ouvrier intérimaire, ancien exclu du système scolaire, Nassim mesure, à travers la froideur des chiffres, la dépréciation de sa valeur sociale, voire l'espèce de non-sens qu'a constitué sa carrière scolaire. Depuis peu, le fossé s'est ainsi creusé entre sa propre génération, en quelque sorte condamnée aux études longues par le chômage de masse, et celle des « vingt-vingt-deux ans » (pour reprendre la fourchette d'âge qu'il utilise) qui a la chance de pouvoir accéder tôt à l'emploi et aux biens de consommation… Qui eût cru, deux ou trois ans plus tôt, à un tel retournement de situation, qui eût imaginé cette ironie de l'histoire qui voit ceux qui ont été « orientés » en LEP prendre une douce revanche sur ceux qui ont été un moment admis dans la voie des études longues, « élus » scolaires qui avaient alors tendance à regarder « de haut » les « lépards ». On ne sent chez Nassim nulle pointe d'envie ou de jalousie : il y a même dans le ton de sa voix une sincère satisfaction de voir se rétablir, de façon presque miraculeuse, des jeunes du quartier qui paraissaient mal partis dans la vie.

Des bacheliers à l'usine

Pour élargir l'enquête et fabriquer une sorte de « population témoin » du petit groupe d'étudiants de « cité », j'ai procédé dans le même bassin d'emploi à une enquête par entretiens entre juillet 1997 et juillet 1998 sur l'insertion professionnelle de jeunes [1]. Les jeunes interviewés, âgés de vingt-deux à vingt-cinq ans, de niveau bac + 1, bac + 2, se retrouvaient alors, après leur échec à l'université, dans des situations précaires : ouvriers et ouvrières intérimaires, serveuses, caissières ou vendeuses, en CDD ou en temps partiel, chômeurs. Les entretiens révèlent le même rapport désarmé aux études universitaires et le même sentiment d'avoir été « perdus » à la fac où ils estiment avoir souffert d'un manque d'encadrement et de contrôle du travail. Ils expriment toutefois plus fortement le regret de s'être engagés dans cette voie sans avenir. Ils ont vécu cette poursuite d'études comme un engrenage dans lequel ils ont été pris. S'ils ont su assez tôt qu'ils allaient échouer à la fac, il leur a néanmoins fallu « faire semblant » pour répondre partiellement aux attentes des parents, entretenir l'espoir de la réussite, faire bonne figure face à leur entourage. Au bout de cette poursuite d'études qui s'est arrêtée au milieu du gué, au niveau du

1. J'ai réalisé vingt-cinq entretiens approfondis à partir d'un échantillon du fichier de la mission locale (environ 350 « bacheliers » inscrits). Les interviewés, habitant dans des pavillons, peu insérés dans un tissu associatif, dispersés et isolés socialement, étaient ceux qui étaient en dehors du champ de l'enquête ethnographique. Ils appartiennent majoritairement à des familles ouvrières pavillonnaires qui ont quitté les HLM dans les années 1980 pour s'installer dans des lotissements. *Cf.* S. BEAUD, *Jeunes diplômés et petits boulots dans une région ouvrière. Dire et gérer le déclassement*, Rapport de recherche pour la DARES (ministère du Travail), mars 1999, 262 p.

DEUG, ils apparaissent moins déçus et amers que soulagés d'en avoir terminé avec les études. Sans oser le dire ouvertement, tant s'impose aujourd'hui la légitimité de la poursuite d'études, certains vivent leur sortie du système d'enseignement comme une forme de délivrance. Ils aspirent surtout à se retrouver, à faire la paix avec eux-mêmes, à réunifier les différents éléments de leur personnalité sociale[2]. Mais, s'ils vont parfois critiquer le « système » (« on a été mal informés », « on n'a pas été bien orientés »), ils sont surtout dans une logique de culpabilisation, se reprochant de n'avoir pas su ou voulu travailler ou interprétant leur échec en termes psychologiques (« j'étais pas mûr », « pas assez grand », « moi, il faut me pousser », etc.). Le plus frappant est que, dans leur recherche d'emploi, ils semblent passer par pertes et profits leurs diplômes, refouler entièrement leur passé scolaire qui leur paraît, d'un bloc, comme nul et non avenu, comme s'ils n'avaient en leur possession aucun *background* scolaire et partaient dorénavant à égalité avec les jeunes non ou peu diplômés, n'espérant retirer aucune plus-value de ce passé scolaire.

Après leur échec à la fac, ils ont d'abord cherché un travail correspondant à leur formation en appliquant à la lettre les consignes de la recherche d'emploi (CV, lettre manuscrite de motivation, envoi de candidatures spontanées). Au bout de quelques mois, commençant à « douter », ils sont allés faire examiner leur CV par des spécialistes, demander conseil à leurs amis ou à des professionnels de l'insertion. Ils ont mis un certain temps pour faire le deuil d'une insertion professionnelle qui rentabilise *a minima* l'investissement éducatif consenti par la famille avant d'accepter d'« en rabattre », d'« élargir le cercle » (comme disent les professionnels de l'insertion) en ne se focalisant plus sur des emplois de niveau bac + 2 ou même bac. Il leur a fallu se résigner à « faire les agences » (d'intérim), accepter des « missions » d'une semaine ou quinze jours pour occuper un emploi non qualifié et précaire, « en attendant » (comme ils disent). Tout en travaillant dur, ils continuent d'avoir un œil sur le marché du travail, à la recherche de l'emploi correspondant à leur formation. Mais le souvenir de

2. Certains n'hésitent pas à regretter explicitement leur choix : « Ah ! Si on avait su... », – cette phrase, on l'a souvent entendue dans les entretiens lorsqu'ils retraçaient leurs carrières scolaires. « S'ils avaient su », ils ne se seraient jamais lancés dans cette entreprise périlleuse et hasardeuse des études longues, ils auraient visé plus bas et entrepris des études professionnelles.

l'échec universitaire pèse de telle manière sur eux que beaucoup arrivent, un peu penauds, sur le marché du travail. Pour sauver la face aux yeux de leurs proches (notamment de leurs parents) et ne pas tomber dans la trappe (morale) du chômage, ils semblent alors prêts à payer de leur personne pour s'imposer sur le marché du travail, pour y faire valoir des qualités sociales – dévouement, ardeur au travail, sérieux, conscience professionnelle – qui ne sont pas monnayables dans l'univers scolaire. Tout se passe comme s'ils se sentaient obligés d'expier leur « faute », celle de ne pas avoir su profiter de la chance qui leur était offerte de poursuivre leurs études, comme s'ils devaient à tout prix, par leur conduite, « se racheter » dans leur nouvel univers de travail. Si ceux d'entre eux – une majorité –, qui occupent des postes non qualifiés (ouvrier, ouvrière à l'usine, serveuse de restaurant...), acceptent, souvent avec un terrible fatalisme, leurs nouvelles conditions de travail, c'est, semble-t-il, parce qu'ils sont pris dans cette logique du rachat, qu'ils cherchent à travers leur comportement exemplaire au travail à « se relancer », à reconstruire leur estime de soi qui apparaît dès lors comme le moteur principal de leurs conduites dans leur univers professionnel.

Peut-être parce qu'ils ont été durablement protégés face à l'extérieur tout au long de leur enfance et adolescence, ils apparaissent particulièrement désarmés, presque « perdus » face aux épreuves qu'ils traversent. La recherche d'un emploi, après une interruption d'études non programmée, est d'une certaine manière la première grosse embûche de leur vie. Il est frappant de voir à quel point certains d'entre eux éprouvent, à ce moment-là, le besoin d'être aidés. Au moment où ils se retrouvent « demandeurs d'emploi » – ils n'emploient pratiquement jamais le terme de chômeur – et où ils éprouvent soudainement un sentiment de gouffre face à l'avenir, certains, alors qu'ils sont encore hébergés chez leurs parents, vont contacter une assistante sociale de leur mairie pour qu'elle les aide à « trouver quelque chose ». Ils apparaissent à ce titre moins endurcis que les étudiants de « cité » qui voient depuis longtemps leur entrée sur le marché du travail comme un combat de plus à mener. Titulaires d'un petit bac, ils sont embauchés comme « opérateurs » (OS), certains d'entre eux seront vite promus « moniteurs ». Ces jeunes, qui ont connu des semi-échecs au lycée tout en y gagnant une sorte de mépris pour le travail manuel, lorsqu'ils sont embauchés en usine acceptent souvent d'entrer dans la logique d'implication qui leur est proposée dans l'entreprise.

Si l'on compare ces ouvriers bacheliers à Fehrat ou Nassim (et d'autres enfants d'immigrés de Granvelle), on s'aperçoit que la singularité de ces derniers consiste avant tout dans l'opiniâtreté de la résistance qu'ils ont opposée aux différentes formes d'exploitation économique. Leur obsession : ne pas devenir ouvrier, ne pas « retomber » à l'usine, mais retarder le plus tard possible cette échéance qui symbolise l'échec total de leur entreprise de scolarisation. Il y a, chez eux, le refus viscéral, chevillé au corps, de faire un « boulot d'esclave », pour reprendre une expression qu'ils utilisent fréquemment[3]. Ce que le passage par l'école leur a apporté de plus substantiel, c'est la construction d'une image relativement positive d'eux-mêmes, qui les empêche d'accepter n'importe quoi dans leur lutte pour préserver cette image de soi telle qu'elle a été façonnée par leur parcours scolaire. Ce souci de rester un minimum à la hauteur du titre scolaire provoque un « effet de cliquet » en deçà duquel ils ne descendront pas pour trouver un « boulot ». Par exemple, si Fehrat affiche le diplôme de DEUG d'AES dans sa chambre, c'est bien parce que ce titre scolaire n'est pas, à ses yeux, un assignat appelé à rapide dévalorisation, mais bel et bien un diplôme qu'il a obtenu à la force du poignet, par une multitude de petites privations, un certificat garanti par l'État qui authentifie sa longue marche scolaire. La possession du bac, à défaut de procurer nécessairement un « niveau », continue de constituer une petite « barrière » qui donne à ceux qui l'ont franchie, si petites soient-elles, des ressources comme le fait de devenir emploi-jeune. Mais, pour ceux qui sont peu ou pas diplômés, prédomine l'impression d'un barrage qui leur est opposé pour « entrer » dans la société, tout particulièrement pour les garçons : comme le dit l'un d'entre eux, « les filles, elles "passent", nous, non »...

3. C'est aussi le terme qui est employé par les jeunes Noirs du ghetto, tels qu'ils sont décrits par Loïc Wacquant dans *Corps et âme*, Éditions Agone, 2001. De même qu'il l'était aussi par les jeunes ouvriers français des années 1970.

Conclusion générale

L'enquête présentée ici traite d'un cas particulier : celui de lycéens-étudiants de « cité », enfants d'immigrés pour la plupart, ayant grandi dans une région ouvrière. S'il y a bien un risque à vouloir généraliser sans précaution les résultats obtenus à partir de l'enquête ethnographique, le pari du travail de terrain consiste toutefois à faire émerger d'une situation locale, particulière, des résultats d'enquête à prétention plus générale, à produire ce qu'on peut appeler un « effet de totalisation [1] ». Le suivi sur longue durée de trajectoires fait apercevoir des processus sociaux structurels en ce sens qu'ils ont de fortes chances de se retrouver dans d'autres contextes géographiques et culturels. Ce que cette méthode apprend peut-être de plus précieux, c'est la manière dont les destins sociaux sont fabriqués, dont les histoires (familiale, scolaire, résidentielle, matrimoniale, etc.) de chaque individu révèlent que le champ des possibles scolaires et sociaux est étroitement délimité.

Le poids des déterminismes sociaux

Aujourd'hui, lorsqu'on parle des problèmes de violence et d'insécurité dans les quartiers populaires et/ou des attitudes des jeunes de « cité » (majoritairement issus de l'immigration), il semble être à la mode, chez les responsables politiques, de

1. Voir sur ce sujet les réflexions de Florence Weber « Settings, interactions and things : a plea for multi-integrative ethnography », *Ethnography*, II, 4, 2001.

dénoncer comme « irréalistes » toutes les formes de discours qui viseraient à expliquer ces attitudes, à les situer dans un contexte économique et social, à évoquer leur genèse sociale[2]. Cette posture intellectuelle – « compréhensive », pour le dire vite –, qui a constitué longtemps l'apanage de la pensée de gauche et dont l'ordonnance de 1945 sur les mineurs est imprégnée, est de plus en plus assimilée à de l'angélisme ou à un progressisme de façade qui se montrerait sourd aux réalités du terrain et aux exaspérations légitimes des citoyens devant la montée des « violences urbaines » et autres « incivilités ». Le chercheur en sciences sociales, en exposant objectivement les faits et en se souciant de rendre compte de la complexité de la réalité sociale, est suspecté, presque *a priori*, d'apporter un « alibi sociologique » aux conduites déviantes des jeunes, de dénier la violence subie par les habitants des quartiers, de minimiser l'étendue des pratiques délictueuses, et surtout d'« excuser » les jeunes fauteurs de troubles.

L'enquête ethnographique, de longue durée, a pour vertu de montrer en actes les multiples contraintes – matérielles, morales, symboliques – qui ne cessent de peser sur les individus appartenant aux classes populaires, de dénouer aussi les fils invisibles qui, tissés étroitement dans le temps, fabriquent jour après jour les destins scolaires et professionnels de chacun. Elle rappelle à sa manière l'existence de « lois sociologiques » (établies d'une autre manière par des données statistiques) telles que, par exemple, la profonde inégalité des chances d'accès au savoir, à l'emploi, aux positions sociales. Contre les discours qui célèbrent abstraitement la République et en appellent à un retour à l'autorité, l'analyse attentive des conditions d'existence, des scolarités, du mode d'insertion professionnelle des jeunes de milieu populaire déplace le regard en attirant l'attention sur la manière dont le passé de la « crise » des années 1980-1990 – c'est-à-dire concrètement déstabilisation du fordisme et de la société salariale, précarisation des emplois, éviction des moins qualifiés, recul du syndicalisme et des modes de représentation des classes populaires, etc. – ne cesse de peser de manière multiforme sur le présent et « imprègne » de part en part les comportements de la plupart d'entre eux. L'enquête de

2. C'est l'objet d'une recherche en cours menée avec M. Pialoux sur la genèse sociale d'une émeute urbaine. *Cf.*, pour un premier compte rendu, S. Beaud et M. Pialoux, « Émeutes urbaines, violences sociales », *Le Monde diplomatique*, juillet 2001.

terrain donne à voir ce que signifie concrètement d'avoir grandi dans une « cité » dans ces « années noires » : connaître tôt les privations matérielles et l'angoisse des lendemains (qui ne chantent plus), fréquenter les écoles et collèges de ZEP qui résistent plus ou moins à l'anomie environnante, avoir un horizon géographique qui s'est de plus en plus limité au seul quartier, assister à la plongée ou à la déchéance des frères aînés ou des voisins, éprouver le racisme et/ou diverses formes de discrimination. C'est ce passé – ce que le sociologue appelle « socialisation » – qui, en se déposant et en se cristallisant dans le corps et la tête des jeunes, finit par constituer un handicap de départ considérable dans la compétition scolaire et dans la course à l'emploi stable.

Avant de porter des jugements à l'emporte-pièce sur les « jeunes de banlieue », il faut d'abord insister sur la forte hétérogénéité de cette population : il y a ceux qui s'en sortent très bien par des réussites scolaires « miraculeuses » ou des carrières artistiques (musique, théâtre), ceux qui plongent (dans le désarroi, la drogue ou la délinquance) et, entre les deux, les jeunes que l'on a étudiés. Il faut ensuite dessiner la toile de fond structurelle des conduites de certains d'entre eux : insécurité économique et grande vulnérabilité des familles, précarisation des conditions de vie, ségrégation spatiale croissante, assombrissement de l'avenir objectif, détérioration des services publics, crise des organismes de loisirs collectifs, enfermement progressif dans la cité, domination et attrait de la « culture de rue », essor de l'économie souterraine, pression du groupe des pairs, violence des rapports entre les sexes, voire misère affective et sexuelle, absence de représentation politique des jeunes de cité[3]. Rappelons toutefois que cette enquête a été en partie menée au début des années 1990. Depuis, d'autres enquêtes montrent la dégradation de la vie quotidienne dans les quartiers. L'étau se resserre donc sur les enfants de cité, le sauve-qui-peut des quartiers, la fuite des parents « respectables », les difficultés croissantes des institutions[4]...

---

3. Dans de telles conditions, il faut aujourd'hui une série de circonstances pour espérer s'en « sortir » par l'école ou par la rébellion retraduite dans la créativité artistique (rap, danse hip-hop, etc.) : une volonté des parents de couper la famille du quartier et de la rue, l'aide d'une « personne ressource » (comme on dit aujourd'hui), quelques professeurs militants, une association efficace, etc.

4. *Cf.*, dans la bibliographie, les travaux de H. Lagrange, G. Mauger, L. Mucchielli.

Les effets ambivalents de la politique des « 80 % au bac »

Aujourd'hui, quinze ans après le démarrage de la politique des « 80 % au bac », les premiers comptes scolaires peuvent être établis et un certain nombre d'illusions sont en train de se dissiper, comme le montre la diminution tendancielle du taux de bacheliers [5]. Tout au long des années de chômage de masse, un espoir subsistait dans les familles populaires : celui d'une promotion scolaire et professionnelle des enfants grâce à l'ouverture de l'horizon scolaire. Or le niveau bac + 1, bac + 2 ne protège plus autant du chômage. Au regard des divers bilans critiques sur la démocratisation scolaire (qu'ils soient statistiques ou ethnographiques), on est bien sûr frappé par le consensus politique qui s'est établi autour de l'objectif des 80 % au bac et dont on peut craindre qu'il ne se soit fait sur fond d'hypocrisie et de mauvaise foi collectives. Tout se passe comme si le fonctionnement effectif du nouveau système scolaire était ignoré ou occulté, saisi d'« en haut » et abstraitement au travers de chiffres apparaissant comme « satisfaisants ». Or l'enquête de terrain, qui vise à saisir les pratiques sociales concrètes, apporte un éclairage plus nuancé et dresse un bilan plus « gris », en donnant à voir en particulier la manière dont l'ensemble du système d'enseignement a été profondément déstabilisé par l'entreprise de massification, menée à marche forcée, sans autre perspective claire que celle de « faire du chiffre » et de contribuer à la diminution du chômage déclaré des jeunes [6]. L'homogénéisation des carrières scolaires, l'abaissement des barrières à franchir, l'allongement de l'espérance de vie scolaire ont permis le développement d'un état d'esprit de négociation-contestation des notes et ont dévalorisé l'ascèse scolaire nécessaire à la réussite [7]. Les effets durables de la

5. Pour la session du bac 2000, ce taux est de 65 % dont, pour moitié, les bacs technologiques et professionnels.

6. L'enquête qui reste à faire consisterait à analyser la manière dont le monde enseignant a été pris à revers par cette massification, à décrire aussi son désarroi, amplifié par le sentiment d'avoir été injustement agressé par Claude Allègre (dont l'attitude était faite de mépris et de condescendance à l'égard des « petits profs »).

7. En ce domaine, la parole des enseignants de collège et de lycée est pleine de sens si l'on veut se donner la peine de l'écouter et non de la disqualifier *a priori* comme simple déploration : elle dit bien la difficulté à faire travailler les élèves, à les mobiliser, à leur donner le goût de l'effort scolaire. Transformation qui doit être analysée à de multiples niveaux et qui n'est pas qu'un seul effet des « 80 % au bac »...

sous-sélection scolaire des élèves et des étudiants – perte du sens de l'effort, utilitarisme scolaire, formes larvées de contestation de la culture légitime – heurtent de plein fouet l'*ethos* professsionnel des professeurs qui ont été produits par un état antérieur du système scolaire. Ceux, d'origine populaire, ayant connu des processus d'hypersélection scolaire, sont attachés à un certain nombre de valeurs qui leur ont justement permis de réussir à l'école (travail et dévouement des enseignants, respect des décisions des conseils de classe, valorisation des efforts des élèves, en bref, croyance dans une méritocratie scolaire) et qu'ils voient sous leurs yeux disparaître peu à peu. L'enjeu de la réforme du recrutement à l'IUFM pourrait bien être celui de la production d'enseignants qui soient « adaptés » aux nouveaux publics du lycée de masse.

Les effets sociaux de la poursuite d'études dans les milieux populaires ne sont pas immédiatement visibles, mais se retrouvent au cœur de la fabrication de la génération sociale des « enfants de la démocratisation ». Ces derniers se caractérisent par la semi-conscience qu'ils ne sont pas entièrement à leur place dans ce système, qu'ils ont un peu usurpé cette place, mais avec la complicité tacite de l'institution. Le passage par l'université produit chez eux des effets contrastés et ambivalents. Pour certains, davantage les filles que les garçons, il subsiste la satisfaction d'être allés « à la fac » et d'avoir participé à cette expérience sociale de la fac (au nom quasi « magique ») . connaître les « amphis », voir des « profs qui font des sacrés cours », participer à des soirées étudiantes. En devenant étudiants, ils rejoignent ce qui est progressivement devenu une norme pour une fraction de plus en plus grande de la jeunesse populaire. D'autres, au contraire, ont dû assez vite déchanter et admettre qu'ils n'étaient pas prêts à affronter l'anomie du monde universitaire, l'abstraction des cours et le flou des perspectives d'avenir. Lorsqu'ils se livrent à un bilan final de leur expérience étudiante, un sentiment d'amertume prédomine, lié à la conscience qu'ils ont de ne pas avoir su saisir la chance qu'on leur offrait sur le papier. Il ne faut pas oublier que ces « enfants de la démocratisation » sont le produit d'une histoire sociale particulière marquée, au cours des années 1975-1995 (les « vingt piteuses », pour reprendre une expression journalistique), par la dégradation des conditions de vie des classes populaires et plus particulièrement des quartiers d'habitat social. C'est dans cette conjoncture particulière qu'ils se sont lancés dans une course aux diplômes qui a bien souvent pris pour eux la forme d'une fuite en avant. Ils ont effectué des scolarités en demi-teinte au cours desquelles certains ont tenté de résister, avec leurs armes, aux différentes entreprises d'acculturation culturelle. En ce sens, leurs personnalités et leur rapport à la culture diffèrent fortement de ceux des anciens « transfuges sociaux » d'origine populaire qui, grâce à leur réussite scolaire, s'étaient convertis à des pratiques culturelles légitimes en se coupant plus ou moins de leur milieu d'origine [8]. Aujourd'hui, ces « enfants de la démocratisation » sont, tant sur le plan scolaire que sur le plan professionnel, dans un entre-deux : ni dans la réussite ni dans l'échec complet [9].

Ce qui est souvent occulté dans leur cas, c'est la fragilisation psychologique et morale provoquée par leur plongée dans le monde des études supérieures. La poursuite désarmée des études place les étudiants par défaut dans une situation d'incertitude et de désarroi qui, lorsqu'elle se prolonge, risque d'entraîner un rejet de l'école et des apprentissages formels du savoir. Pour ces lycéens ou étudiants qu'Olivier Schwartz appelle des « dominés aux études longues », la scolarité – et, par extension, la culture, le livre – n'est plus une chance à saisir, mais une sorte de contrainte. Certains disent après coup qu'ils auraient voulu travailler plus tôt et ne pas s'être engagés dans cette voie hasardeuse des études longues, au cours de laquelle ils ont éprouvé l'impression de ne pas être à la hauteur. Sur fond d'amertume, voire d'aigreur, liée à leur échec scolaire qui ne se manifeste que progressivement, ces « malgré nous » de l'école peuvent développer une certaine forme d'anti-intellectualisme et, par extension, un refus des idées progressistes incarnées par les « profs ». C'est peut-être là une des conséquences sociales inattendues, ou en tout cas peu signalées, de ce que Pierre Bourdieu appelle un « mode de domination à composante scolaire » : le refus du « diktat » culturel de l'école.

Les enfants de la démocratisation scolaire ici rencontrés, promus par le prolongement de leurs études, sont en quelque sorte passés de l'« autre côté » de la barrière et considèrent

8. J.-P. Terrail, *Destins ouvriers*, PUF, Paris, 1990, et les premiers livres d'A. Ernaux.

9. Après avoir longuement côtoyé Nassim, Fehrat et nombre de leurs copains de quartier, on ne peut s'empêcher de voir dans leur parcours une forme de gâchis social. Ces garçons avaient (et ont) des qualités qui n'ont pas été exploitées mais plutôt laissées en jachère par l'institution scolaire et surtout universitaire.

souvent que l'héritage politique des pères ouvriers ne les concerne pas véritablement. Non parce qu'ils le renient – certains y voient de la « grandeur », mais parce qu'ils le trouvent inadapté à leur situation : c'est un héritage dont ils ne veulent pas parce qu'il leur semble d'un autre âge et trop éloigné de leur condition sociale. Les outils de résistance syndicale et politique ne leur semblent pas ajustés à la situation et certains cours de fac sur le syndicalisme pouvant leur faire apparaître celui-ci comme une institution conservatrice, voire archaïque. Loin de leur donner des armes et de la force pour contester, tout se passe comme si le passage prolongé par le système scolaire avait pour effet de développer une sorte de mauvaise foi structurelle, de renforcer une tendance à la soumission et à l'obéissance à l'ordre dominant. Dépossédés d'outils scolaires, ils ont comme porte de sortie ce « positionnement » prudent, neutre, qui ne fait qu'exprimer leur impuissance sociale et leur peur de la contestation, de l'affrontement, de la confrontation d'idées [10] : « [Au travail], je m'engueule pas, je me tais », comme dit une interviewée, fille d'un ouvrier CGT et d'une aide-soignante, titulaire d'une première année de DEUG d'histoire, devenue serveuse de restaurant. On mesure là combien la poursuite d'études a pu creuser l'écart entre générations dans les milieux populaires, notamment du fait du report de l'installation des enfants d'ouvriers engagés dans des études incertaines. Subjectivement, ce décalage produit des différences importantes dans les dispositions mentales des uns et des autres. L'inscription précoce dans le monde adulte et l'obligation de se confronter jeune aux « difficultés » de la vie (le travail à l'usine, les responsabilités familiales) avaient pour effet d'endurcir les parents. Aujourd'hui, leurs enfants, formés dans le régime des études longues, semblent au contraire fragilisés, presque infantilisés, par la situation de double dépendance, matérielle et intellectuelle, dans laquelle ils se trouvent.

Les parents, qui veulent aussi croire que leurs enfants sont de « vrais » étudiants, voient ceux-ci devenir sous leurs yeux – et bien souvent sous le même toit – des espèces d'hybrides

10. Bien sûr, cette situation doit aussi beaucoup au contexte géographique, mais elle vaut pour beaucoup de provinces françaises. Elle est certainement différente là où la jonction peut se faire entre milieux intellectuels et artistes et ces jeunes de milieux populaires – le cas emblématique étant ce qui s'est passé à Toulouse autour de la liste « Motivés », mais qui peut aussi exister dans des grandes villes comme Lyon, Marseille ou Nantes.

sociaux, ni « prolos » ni « intellos », éprouvant de grandes difficultés à s'installer professionnellement et socialement [11]. Le contraste est frappant entre les enfants en quête d'une insertion professionnelle stable et leurs parents ouvriers. Ces derniers avaient des armes symboliques, une force de contestation aujourd'hui déclinante mais que l'on retrouve sous des formes moins directement politiques, comme l'ironie à l'égard des « dominants », et l'autodérision [12]. De l'autre, leurs enfants, bac + 1 ou 2, « précarisés », souvent « surexploités », semblent atomisés, dispersés, sans force sociale. Ils apparaissent surtout comme terriblement résignés, ne voulant plus reprendre les mots utilisés par leurs parents pour « lutter » ou penser leur condition, car ces mots leur semblent rouillés, de telle sorte qu'ils leur préfèrent souvent ceux tirés de la nouvelle rhétorique managériale (« bouger », « s'adapter », etc.). On peut aussi se demander si ces jeunes diplômés, passés par les filières déclassées de l'université, ne paient pas au prix fort, au moment de leur insertion professionnelle, les différentes formes de sous-sélection qui ont accompagné ce qu'on appelle la « démocratisation » du système d'enseignement. N'ayant pas acquis de compétences scolaires et culturelles suffisantes pour affronter les concours, ils se retrouvent sur les segments du marché du travail où sont utilisées de manière stratégique les qualités sociales de la jeunesse [13].

Les contradictions du système d'enseignement supérieur

Ces « enfants de la démocratisation » qui ont cru dans l'école ne se privent pas, après coup, de mettre la fac au banc des accusés, sans avoir pour autant conscience que la situation actuelle du premier cycle universitaire (DEUG) est le produit d'une histoire sociale qui le place au bas de la hiérarchie des filières de l'enseignement post-bac. À son sommet, le système très sélectif et à forte intensité de travail des classes préparatoires attire plus que jamais les meilleurs lycéens et remplit parfaitement sa fonction sociale de reproduction des classes

11. Par exemple, un père, ouvrier d'usine, votant PS depuis des lustres, a deux fils : l'un est proche de ses idées, l'autre est tenté par l'extrême droite.

12. Ce que montre bien, par exemple, le film *Paroles de Bibs* sur les ouvriers Michelin (novembre 2001).

13. Voir sur ce point l'ensemble des travaux de G. Balazs et J.-P. Faguer.

supérieures [14]. À un rang plus bas, les filières sélectives post-bac – les IUT et certains BTS (dont la création est devenue un enjeu politique dans le cadre d'une offre locale de filières post-bac) – sont plébiscitées par les bacheliers détenteurs d'un « bon » dossier scolaire parce qu'il y seront encadrés, suivis et incités au travail. Les IUT ont été progressivement détournés de leur fonction première, qui consistait à accueillir les bacheliers technologiques et des jeunes de milieux populaires, pour devenir un moyen de rejoindre le deuxième cycle universitaire en contournant le DEUG. Au bas de la hiérarchie, le DEUG, sauf dans les rares disciplines protégées de la concurrence des IUT et BTS, occupe le dernier rang dans les choix d'orientation des bacheliers : « Tout sauf la fac », entend-on souvent dans la bouche des élèves de terminale (certains ajoutant même, instruits par l'expérience de leurs camarades de quartier : « On n'est pas assez tenu, il faut savoir travailler seul »), si bien que le premier cycle universitaire accueille de plus en plus d'étudiants « par défaut », mal armés scolairement, sans autonomie personnelle et sans « motivation », donc peu préparés aux exigences universitaires [15]. L'écart ne cesse donc de se creuser depuis le début des années 1980 entre le premier cycle universitaire et les autres segments de l'enseignement supérieur. L'accroissement des places dans les filières post-bac « sélectives » (IUT, classes prépas, classes de BTS) a accéléré la paupérisation relative du premier cycle universitaire et provoqué la démoralisation des étudiants d'origine populaire qui tendent à se penser comme des « refusés » des autres filières et qui, coincés en DEUG, se vivent souvent comme des victimes [16].

---

14. Les enquêtes statistiques montrent que les grandes écoles recrutent de plus en plus des enfants issus des classes supérieures, mettant aussi en évidence le rôle décisif des mères dans la réussite scolaire. *Cf.* notamment M. EURIAT et C. THELOT, « Le recrutement social de l'élite scolaire en France », *Revue française de sociologie*, vol. 36, n° 3, juillet-septembre 1995.

15. Ce point est développé dans le livre collectif de l'ARESER, *Diagnostics et remèdes urgents pour une Université en péril*, Seuil, « Raisons d'agir », Paris, 1997. Voir aussi l'article d'A. COMPAGNON qui en est le commentaire : « Pourquoi la France n'a pas d'Université ? », *Critique*, avril 1998.

16. On peut prendre comme exemple de cette attitude défaitiste et morose des étudiants la réaction d'une étudiante de première année de DEUG de sociologie à Nantes : refusée en classe de BTS et venue à la fac, comme elle dit, « en attendant », invitée à donner par écrit son point de vue sur le cours de sociologie de l'éducation (première année), elle termine son évaluation écrite (et anonyme) par cette phrase très symptomatique de l'état d'esprit de ces « enfants de la démocratisation » : « Finalement, la fac, c'est moins pire que je croyais ! » Malgré des cours qu'elle juge « intéressants », des

En fait, en poussant le raisonnement à la limite, on peut dire que la mise en œuvre de la politique des 80 % au bac a, dans un premier temps, « profité » à tous les acteurs du système. D'abord, aux étudiants de DEUG qui peuvent avoir moins de travail scolaire qu'au lycée[17] et qui bénéficient pendant cette période de transition d'une grande liberté (il s'agit, bien sûr, d'une « fausse liberté » qui se retourne par la suite contre eux) ; ensuite, aux gestionnaires de l'université qui ont vu les effectifs augmenter et le nombre de postes s'accroître (les professeurs ont pu, grâce aux postes dégagés par la vague de la démocratisation, placer moins difficilement leurs thésards) ; enfin, au pouvoir politique, encore marqué par l'épisode de 1986 (réforme Devaquet), qui cherche, dans ce domaine ultra-sensible de l'université, à ne surtout pas faire de vagues et semble ainsi se satisfaire d'un DEUG « parking » qui permet de gérer en douceur la période de transition allongée entre l'école et la vie active où les étudiants les plus mal partis dans la compétition scolaire apprennent à gérer et à anticiper leur déclassement programmé.

La démocratisation scolaire, plus quantitative que qualitative, s'est donc accompagnée d'un dualisme croissant des filières dans l'enseignement supérieur. Les classes prépas et les grandes écoles, réservées aux élèves des classes favorisées, constituent plus que jamais le vivier de recrutement des classes dirigeantes. La culture de l'urgence scolaire et le surtravail imposé aux élèves qui prévalent dans les « prépas » des lycées prestigieux, le culte de la performance et l'individualisme attachés de manière consubstantielle à ces filières hypersélectives sont sans doute des ressources précieuses dans la socialisation au travail de cadres et dans la réussite professionnelle ; en même temps, ces armes risquent fort de se transformer en autant d'obstacles objectifs au travail en équipe et à la considération des

---

enseignants qui ne sont pas trop distants ou arrogants, etc., elle n'envisageait pas de poursuivre mais voulait retrouver à tout prix un BTS.

17. Certes, les étudiants boursiers font souvent des « petits boulots », mais ce qui est présenté comme une contrainte – « je dois travailler pour me payer mes études » – fait parfois l'objet d'un choix semi-conscient et d'un arbitrage. Le « petit boulot » peut être d'autant plus recherché qu'il sert alors de justification au non-investissement scolaire et au futur échec. En tant qu'enseignant de DEUG de sociologie, j'ai souvent constaté ce processus et m'efforçais de mettre en garde mes étudiants contre ce faux calcul qui se retournait contre eux.

« subordonnés » qui n'auront pas été adoubés par ces concours [18]. À leur côté, l'université de masse, pôle de plus en plus dominé de l'enseignement supérieur, joue objectivement un rôle de sas de décompression, voire de gare de triage, tout particulièrement lors des années de DEUG et dans les facultés de lettres. Ce dualisme croissant des filières post-bac qui, s'inscrivant dans une histoire longue du système d'enseignement français, semble appartenir à l'ordre des choses. L'université est toujours le parent pauvre de l'Éducation nationale, la pénurie y est structurelle. En accueillant dorénavant en DEUG des étudiants d'origine populaire sous-sélectionnés scolairement, elle produit un échec de masse qui devrait être considéré comme intolérable à ceux qui se réclament d'une « école républicaine ». On ne peut pas non plus nier que l'institution universitaire a aussi sa part de responsabilité dans la désaffection croissante dont font preuve les bacheliers à son égard [19] : d'une part, en matière d'organisation pédagogique et, d'autre part, par sa politique de décentralisation. Si des étudiants de l'université de masse reconnaissent avoir souvent régressé à la fac, c'est faute d'un véritable entraînement aux exercices scolaires (écrits et oraux) et d'une incitation au travail, deux phénomènes qu'il convient de mettre en rapport avec la baisse du taux d'encadrement pédagogique et la diminution des exigences des épreuves écrites. Dans certains DEUG, la durée des épreuves a été réduite pour diminuer le temps de correction par copie (de 4 à 2 heures), les interrogations orales à l'examen ont disparu. Les cours de DEUG sont fréquemment délaissés par les professeurs chevronnés et réservés aux enseignants en début de carrière, voire à des vacataires. Alors que les classes préparatoires et les IUT offrent des enseignements divers qui permettent aux étudiants de tester leur goût pour telle ou telle matière, le DEUG reste largement centré sur une seule discipline [20],

18. Sans compter le rôle majeur que joue le système des grandes écoles, apanage des hommes, dans la différenciation des carrières masculines et féminines.

19. Comme en témoignent les nombreuses doléances des étudiants (mais aussi celles des enseignants, notamment les jeunes entrés dans le métier comme les ATER ou les chargés de cours). Il n'est pas rare d'entendre des responsables d'UFR dire, usés par leur surcroît de travail et par leur isolement, mais aussi écœurés par le système : « Dès que je suis en retraite, j'écris un livre sur l'université. »

20. La réforme Bayrou impose de manière inadaptée une ouverture disciplinaire lors du premier semestre du DEUG : des centaines d'étudiants entassés dans des amphis pour écouter un cours de « découverte » (d'autres disciplines). Devant l'énormité de la tâche, difficile de trouver des volontaires chez les enseignants (peu d'heures, beaucoup de copies à corriger). Parfois, des équipes tournantes de professeurs sont instituées pour

enfermant les étudiants dans des choix très restreints. À cela on peut ajouter la pénurie, la désorganisation matérielle, la rentrée tardive (dans les facs de lettres), la coexistence difficile à gérer dans les cours entre le groupe minoritaire des étudiants motivés et le groupe majoritaire de ceux qui sont « en attente », en quelque sorte en transit dans la fac. Ce sombre tableau du DEUG actuel ne fait qu'exprimer en condensé la faiblesse institutionnelle de l'université [21].

À cette crise structurelle du premier cycle universitaire s'ajoutent les méfaits de la décentralisation universitaire. Les étudiants d'origine populaire sont attirés par cette nouvelle offre d'enseignement supérieur qui est proche de chez eux, moins coûteuse (économie de frais de résidence et de déplacement). Les bâtiments, neufs et spacieux, contrastent avec ceux, dégradés, des « facs » surchargées. Le traumatisme du départ du domicile familial est évité, les amitiés lycéennes ou de quartier maintenues, les activités extrascolaires locales poursuivies. L'enquête de terrain, qui prend pour objet les conditions concrètes de la socialisation universitaire, a fait apparaître le revers de la médaille : le défaut de socialisation universitaire, l'absence de travail scolaire, le rétrécissement de la mobilité géographique. Beaucoup de ces élèves d'origine populaire, qui continuent à résider dans leur quartier, se trouvent ainsi pris dans le piège de la facilité de la vie d'étudiant « à domicile » : l'acculturation universitaire ne se fait pas, la distance avec le monde de la culture légitime se maintient ou s'accentue. Lorsqu'ils se retrouvent en échec à l'issue du premier cycle, à vingt-deux-vingt-trois ans (ce qui est un cas fréquent) et se mettent à la recherche d'un emploi, on constate que cette forme de localisme risque fort de fonctionner comme une nasse sur le marché de l'emploi. Aujourd'hui, ce dont ont besoin les enfants de classes populaires qui entrent en première année de DEUG, ce sont avant tout de meilleures conditions d'apprentissage au travail universitaire, à savoir un encadrement continu et suivi de la part des enseignants, des bibliothèques dignes de ce nom, des locaux pour travailler, des lieux de sociabilité universitaire pour faciliter la création de groupes de pairs et lutter contre l'anomie

---

gérer ce fardeau. Difficile dans ces conditions de donner le goût d'une autre discipline que sa « majeure »…

21. Il y a, bien sûr, des DEUG beaucoup plus structurés, où tout se passe bien, mais ils sont minoritaires.

du DEUG, une incitation à découvrir les arts et la culture (le théâtre, la lecture, etc.). La multiplication d'antennes universitaires dans les villes moyennes, en empêchant la réalisation de ces objectifs, paraît inefficace pour assurer la démocratisation de l'enseignement supérieur.

« Démocratisation scolaire » et mutations du système productif

Le pari de l'enquête réalisée avec Michel Pialoux sur le terrain de Sochaux-Montbéliard était de ne pas dissocier l'analyse des scolarités de celle des conditions de travail et des transformations sur le marché de l'emploi. La comparaison internationale (*cf.* M. Duru-Bellat et A. Kieffer, dans la bibliographie) aide à comprendre la singularité de la voie française de ces années de crise qui a consisté, pour le dire vite, dans la coexistence d'un chômage de masse des jeunes – qui est lui-même le produit des politiques de main-d'œuvre des entreprises françaises – et d'une très forte poussée des études longues, conçue comme antidote à la fermeture du marché du travail. En même temps, il faut bien voir que la « solution » des 80 % au bac se situe dans le prolongement de l'histoire de l'école en France qui accorde à celle-ci une place centrale dans la promotion sociale. En ce sens, elle peut être analysée sur la longue durée comme la retraduction institutionnelle dans le champ scolaire de la faiblesse du statut ouvrier dans la société française (*cf.* travaux du LEST, A. Prost).

La massification du lycée et de l'université a produit des effets de brouillage. La création des lycées polyvalents, l'habillage sémantique des filières dominées de l'institution scolaire (les noms de « seconde BEP », « terminale bac pro », « bac pro ») ont pu faire croire à une égalisation progressive des cursus scolaires et des conditions lycéennes. En fait, les hiérarchies sont restées les mêmes, les processus de sélection ont tout simplement fonctionné de manière différée : les anciens « exclus de l'intérieur » du lycée de masse sont devenus des étudiants par défaut qui ont échoué en DEUG et se sont retrouvés à l'ANPE. Ils constituent un réservoir de main-d'œuvre sur les marchés du travail dits « transitionnels ». Une fois au travail, ces « opérateurs bacheliers » mettent en œuvre de multiples stratégies pour échapper au déclassement et s'efforcer de rester à la hauteur du titre scolaire conquis sinon de haute lutte, du moins à force d'abnégation. Le retour à l'usine est vécu douloureusement parce qu'il leur fait craindre une régression « intellectuelle » et l'enfermement dans une condition sociale qui leur est longtemps parue « méprisable ». En même temps, il y a chez eux la tendance à accepter ce travail comme une chance, presque comme une aubaine, qui ne se comprend qu'en référence à leur objectif de se voir « occupés », de « faire quelque chose ». Au travail, même s'il s'agit d'une « mission » de quinze jours, d'un CDD sans avenir ou d'un « travail à la chaîne », il est significatif qu'ils fassent tous les efforts pour donner satisfaction et se comporter comme des ouvriers modèles, ponctuels, sérieux, valeureux, qui ne « manquent » jamais (ni maladie ni « bon de sortie »...) et s'efforçant d'entretenir de bonnes relations avec tout le monde dans l'atelier, non seulement avec les autres ouvriers mais aussi avec les « chefs ». Ainsi, ils apparaissent particulièrement disponibles, pleins de bonne volonté, dociles. Trop heureux d'avoir, en bout de course, trouvé un « boulot », même si celui-ci est aux antipodes de l'emploi escompté. Progressivement, ils se sont laissé gagner par le jeu de l'entreprise, devenant à leur insu de plus en plus « ouvriers » dans leur tête même s'ils gardent toujours en eux le secret espoir qu'ils n'en resteront pas là. Ils aspirent vite à « monter », à se faire remarquer par la hiérarchie pour passer du côté du petit encadrement d'atelier ou rejoindre les « bureaux », le monde social auquel ils se sont longtemps crus destinés.

On peut donc se demander si, d'un point de vue fonctionnel, l'arrivée sur le marché du travail des « bac + 1 ou bac + 2 » ne constitue pas une manne pour les entreprises qui ont là, à leur disposition, une réserve de main-d'œuvre régulièrement alimentée et extrêmement diversifiée. Le titre scolaire fonctionne comme un brevet de sérieux et d'adaptation. Les agences d'intérim engagent de manière prioritaire des diplômés qui sont fiables et rapidement opérationnels. Les jeunes surdiplômés (par rapport au poste de travail), du fait du déclassement qu'ils subissent, se révèlent avoir toutes les qualités pour « bien » travailler. Ces jeunes diplômés, par l'ensemble de leurs dispositions, font subir aux jeunes moins diplômés une forme de concurrence à l'embauche et au travail. En effet, cette concurrence est moins fondée sur des compétences professionnelles particulières (ces « bac + 1 ou 2 » sont des novices en matière de travail industriel) que sur des attributs proprement sociaux, notamment incorporés, comme le rapport au langage et le rapport au corps. Même s'il ne se sont pas entièrement convertis au modèle de l'étudiant « estudianisé », ils ont tout de même été marqués par leur passage par l'école (maîtrise de soi, esprit de classement voire de compétition pour ceux qui sont passés par les filières scientifiques, souci de comprendre, non-hostilité *a priori* à la « théorie »). Dans leur apparence physique, ils ont largement emprunté au style des « vrais » étudiants (les lunettes, la démarche décontractée, « cool »...) et adopté un certain nombre de leurs manières (une certaine diction, l'air réfléchi, une attitude révérencieuse par rapport au savoir, l'intériorisation de l'ordre des compétences *via* celui des diplômes). À cet égard, ils sont véritablement à l'opposé des « jeunes de cité » qui, du fait de cette concurrence, se trouvent rejetés en arrière dans la file d'attente des demandeurs d'emploi. Ces derniers sont desservis dans la lutte pour l'emploi par tout ce qui, dans leurs manières d'être et de parler, les désigne comme « rebelles » : c'est d'abord l'agence d'intérim, au niveau de l'accueil, qui fait un premier tri et exclut ceux qui ne « présentent pas bien » ; ce peuvent être ensuite les nouvelles PME dont la gestion « à l'américaine » (tutoiement obligatoire, culte du « sympa » dans les rapports interpersonnels, culture du consensus, investissement dans le travail et dans le produit fabriqué, etc.) les exclut objectivement. La précarisation des emplois, combinée à l'exacerbation de la concurrence entre jeunes diplômés et non diplômés sur le marché du travail, contribue à priver d'avenir ceux qui cumulent les handicaps (scolaires, sociaux et, si l'on peut dire, résidentiels) et à les enfermer dans une essence sociale négative. C'est ainsi que, d'une certaine manière, se ferme la boucle de la démocratisation scolaire. Au lycée comme plus tard à l'université, elle a vu naître des « exclus de l'intérieur » au sein de ceux qui pouvaient apparaître comme les bénéficiaires de cette politique. Lorsqu'une partie d'entre eux, maigrement dotés scolairement (le bac ou un niveau bac + 1 ou bac + 2), apparaissent sur le marché du travail, ils se transforment en rivaux des non-diplômés qu'ils contribuent objectivement à « exclure » du marché du travail. À ce titre, ces déclassés scolaires semblent bien constituer une nouvelle armée de réserve dans laquelle les employeurs puisent à volonté, y sélectionnant le petit nombre de personnes qu'ils veulent promouvoir. On voit ainsi l'espèce d'ajustement qui s'effectue entre l'offre d'emploi de la part des entreprises de type PME – des emplois non qualifiés de production, emplois jetables, déclarés plus ou moins explicitement sans avenir – et la demande d'emploi de ces jeunes diplômés qui, dans un premier temps, sont en quête de positions professionnelles de transition qu'ils prennent « en attendant ».

Les effets en cascade sur les enfants de « cité »

Ce que l'enquête montre aussi, c'est que les victimes toutes désignées de l'échec universitaire sont les enfants de « cité » dont on a vu les difficultés qu'ils éprouvent pour rompre les très fortes attaches qui les lient au quartier et à leur famille. La plupart d'entre eux sont des enfants d'immigrés [22], notamment maghrébins, recrutés durant la surchauffe économique des années 1960-1975 par les grandes entreprises française. L'école a constitué pour eux un formidable espoir au moment même où ceux-ci se sont vus, tout au long de ces vingt dernières années (au cours desquelles les faiseurs d'opinion ont parlé *ad nauseam* des « problèmes de l'immigration »), assignés à une place de perpétuels *outsiders*, toujours suspectés de ne pas donner assez de gages pour entrer dans la communauté nationale. La déception liée à la poursuite d'études et à l'absence de débouchés professionnels produit des effets en cascade dans les familles immigrées. Les aînés qui ont pu réussir grâce à l'école, à un moment où les conditions dans les cités ne s'étaient pas si nettement dégradées, voient arriver avec inquiétude la nouvelle génération.

En juillet 1998, Malik, trente ans, aîné d'une famille de six enfants (son père, aujourd'hui en retraite, a été trente ans ouvrier dans une usine de textile), enfant de Gercourt, exprime le désarroi des « jeunes des quartiers » de la région (enfants d'immigrés maghrébins pour la plupart). Dans sa famille, il est celui qui a, pour l'instant, le mieux réussi scolairement (titulaire

---

22. Nul n'a mieux analysé la position intenable des enfants d'immigrés dans la société française d'aujourd'hui que A. Sayad : « "Mauvais" produits sans doute de la société française, aux yeux de certains, mais produits quand même de cette société. Sortes d'agents troubles, équivoques, ils brouillent les frontières de l'ordre national et, par conséquent, la valeur symbolique et la pertinence des critères qui fondent la hiérarchie de ces groupes et de leur classement. » (A. SAYAD, *La Double Absence. Des illusions de l'émigré aux souffrances de l'immigré*, Seuil, Paris, 1999, p. 410.)

d'une maîtrise d'AES) et professionnellement (cadre moyen de la fonction territoriale). Il s'est fortement engagé dans un travail de mobilisation politique pour faire entendre la voix de la seconde génération[23]. Il s'exprime en tant que porte-parole, dénonçant les situations d'exclusion et de discrimination multiforme que subissent aujourd'hui les enfants des « cités » qui ne cessent de lui dire dans les réunions publiques qu'il organise : « On est mis à l'écart », « On ne nous fait pas de place », « On subit », etc. Malik est porté à traduire cette situation de marginalité sociale dans un registre politique, en appelant à la lutte contre les discriminations à l'emploi, au logement, à la nationalité, qui touchent cette catégorie de jeunes.

Mais il fait aussi le constat de l'écart entre le discours politique et la réalité, la minimisation de l'importance des problèmes qu'il voit se développer sous ses yeux dans les quartiers et l'« hypocrisie » (terme qu'il utilise souvent) avec laquelle ces questions sont traitées par l'ensemble des responsables politiques nationaux. L'espèce d'incapacité du pouvoir politique à s'attaquer réellement aux problèmes des « cités » contraste, à ses yeux, avec le sentiment de l'urgence à agir face à la dégradation de la situation actuelle qui combine difficultés d'accès au marché du travail pour ces jeunes Arabes (« On nous juge sur l'apparence »), détérioration de leur avenir objectif, usure physique et morale de leurs parents (dont les répercussions se font sentir dans les familles nombreuses), débouchant ainsi sur la forte montée de la délinquance des plus jeunes dont la révolte prend parfois la forme de l'émeute[24]. Ce qui sourd de cet entretien, c'est le sentiment d'impuissance de militants associatifs qui ont, comme Malik, tenté de maintenir la chaîne des générations en gardant le contact avec cette nouvelle « classe dangereuse » en formation (dont certains membres peuvent appartenir à leur famille proche). Malik voit ainsi se développer dans la nouvelle génération cette spirale de violence qui s'alimente de la haine de soi et de la haine des autres. S'il se montre particulièrement inquiet, c'est parce qu'il pressent que

23. Les conditions de cette mobilisation diffèrent de celles de la Marche des Beurs de 1983-1984. Les années de crise sont passées dans les cités : pauvreté matérielle des familles, usure physique et morale des pères, sentiment de relégation spatiale et sociale, disqualification des traits visibles de leur culture d'origine, échec scolaire et professionnel des frères, basculement dans la délinquance d'une fraction de cette jeunesse.

24. *Cf.* S. Beaud et M. Pialoux, « Émeutes urbaines, violence sociale », *Le Monde diplomatique*, juillet 2001.

cette violence multiforme menace tout le travail antérieur de promotion et de respectabilisation mené par les aînés.

L'intérêt de son témoignage réside dans l'articulation systématique qu'il établit entre, d'une part, les attitudes déviantes de ces jeunes et, d'autre part, les structures objectives du marché du travail et le dispositif de contrôle de la population immigrée. C'est ainsi qu'il met toujours au premier rang de la chaîne causale des conduites des « jeunes » les types de barrage que les diverses sphères de la société française opposent à l'installation professionnelle et sociale des jeunes Arabes. Le cas le plus symptomatique à ses yeux est celui des plus diplômés d'entre eux qui se retrouvent soit au chômage, soit barrés dans leur promotion professionnelle, comme par exemple ceux qui, dans la fonction publique territoriale, sont relégués au « rez-de-chaussée », comme il dit, des institutions locales. Ces jeunes déclassés, privés d'avenir et fortement déçus dans leurs aspirations, forment, selon lui, une armée de réserve idéale pour les « entrepreneurs d'identité » arabo-musulmane qui n'ont plus alors qu'à recueillir ce qu'il appelle le « fruit mûr », celui nourri par la désespérance sociale. C'est à ce titre qu'ils constituent des « bombes à retardement » : « Des Khaled Kelkal en puissance, il y en a encore », prévient-il. Si l'on devine, dans ce propos alarmiste, un travail proprement politique de mise en cohérence et de dramatisation des situations qu'il observe quotidiennement, on peut difficilement nier la réalité du substrat social qui en est le fondement.

En fait, un véritable fossé s'est creusé au cours de ces quinze dernières années entre les enfants d'immigrés qui se sont politisés dans les luttes des années 1970-1980 et les forces politiques traditionnelles. Il semble désormais loin le temps de la « Marche des Beurs » de 1984 menée par cette génération des enfants d'immigrés qui avait puisé dans les combats de la gauche des années 1970 des instruments symboliques de résistance, qui avaient alors fait l'apprentissage du combat politique, goûtant notamment aux plaisirs de l'effervescence collective. Quinze ans plus tard, la rupture semble consommée entre la gauche et les enfants d'immigrés [25] : trop de désillusions, trop d'espérances déçues, trop de « discours » (comme ils disent) et pas assez d'actes (« Tout ça, c'est du concret », ne cesse de dire

25. Sauf peut-être dans quelques villes de la banlieue rouge où le passage de relais s'est partiellement effectué.

Malik pour opposer la réalité quotidienne du terrain à l'abstraction des discours politiques). Et surtout le sentiment, chez les plus anciens militants d'avoir été « instrumentalisés » par les partis politiques, notamment le Parti socialiste et ses associations satellites (SOS Racisme). La forte désillusion engendrée par cette utilisation des « Beurs » par les forces de gauche et le coût social de leur inexistence politique les amènent à tirer une leçon essentielle : la nécessité de construire un mouvement autonome qui représente clairement les « Français d'origine maghrébine » et qui soit à l'écart des partis politiques. Ayant longtemps lutté pour conquérir leur place dans la société, voyant tarder le bénéfice de cette lutte, ces « jeunes Arabes », notamment les plus armés politiquement, tendent à se tourner vers l'histoire de leurs parents. Ils s'intéressent vivement à la « mémoire immigrée » actuellement en voie de fabrication (*cf.* les films documentaires *Mémoires d'immigrés* de Yamina Benguigui et *Vivre au paradis* de Bourlem Guerdjou). La découverte des conditions d'émigration de leurs pères et de leur surexploitation en France leur fait brutalement mesurer l'absence de reconnaissance de la contribution des immigrés à la reconstruction de la France. Malik, en tant qu'enfant d'immigrés, héritier de cette histoire, n'accepte plus les devoirs qui semblaient nécessairement imposés par la situation d'immigration. Lui comme d'autres se sentent désormais en droit de réclamer, pour leurs parents, le règlement de la dette que la France a contractée à leur égard. Cette inversion par les enfants de l'ordre symbolique (l'immigré n'est-il pas par définition celui qui doit en permanence prêter allégeance au « pays d'accueil » ?) lui permet d'enchaîner les autres thèmes étroitement entrelacés qui constituent comme l'arrière-plan historique de la situation des jeunes d'aujourd'hui : la souffrance au travail du père, la honte du fils de sous-prolétaire, la conscience du poids de l'histoire de la colonisation, le mépris de l'ancien colonisateur pour ses ex-colonisés. C'est-à-dire toutes les traces de ce « passé [colonial et néocolonial] qui ne passe pas » ou ne passe plus chez les petits-enfants, aujourd'hui rebelles, de la colonisation française.

Postface à l'édition de 2003

Un an et demi après la publication de ce livre, il peut être utile de revenir aussi bien sur le projet qui était le mien en l'écrivant que sur les ambiguïtés de sa réception. Lorsqu'il a été écrit (2001), peu de personnes imaginaient le séisme politique du 21 avril 2002 et le changement de majorité parlementaire de juin 2002. La politique scolaire suivait tranquillement son cours, Jack Lang tentait de déminer le terrain de l'Éducation nationale, méthodiquement dévasté par Claude Allègre (et ses propos d'une brutalité sociale assez inouïe). Il y avait une sorte de consensus mou autour de la politique éducative, consensus que Jean-Luc Mélenchon a tenté de rompre en mettant en garde contre les illusions de la poursuite d'études générales et en prônant un « lycée des métiers » susceptible d'attirer des élèves se sentant mis à l'écart dans l'enseignement général. Débat qui n'a pas fait long feu... Avant qu'il ne rebondisse avec l'arrivée au ministère en juin 2002 de Luc Ferry, « ministre philosophe » choisi dans la société civile par le promoteur-représentant de la « France d'en bas », ainsi que son adjoint Xavier Darcos, ancien inspecteur général et professeur de lettres au lycée Louis Le Grand.

Une « fâcheuse coïncidence »

Très peu de temps après ses prises de fonction, Xavier Darcos remet en cause l'objectif des 80 % au bac, évoque une « démocratisation en panne ». Par la suite, Luc Ferry s'attaque au collège unique (un fameux sondage auprès des enseignants montre que ces derniers y seraient devenus hostiles) et opte pour une orientation précoce des élèves. C'est dans ce cadre que *80 % au bac... et après ?* est parfois cité à titre de « preuve » de l'échec de la politique des « 80 % au bac ». Or, pour établir un diagnostic quantitatif sérieux sur cette question, il faudrait pouvoir établir des statistiques sérieuses, de type longitudinal. On attend avec impatience les résultats des enquêtes du panel de la DPD qui permettront de suivre les parcours des élèves de la sixième à l'après-terminale. On connaîtra alors en détail le destin des « enfants de la démocratisation ».

L'objectif de ce présent travail de terrain était plus modeste. Il visait surtout à éclairer les ambivalences, les contradictions de cette poursuite d'études, en se plaçant du point de vue des élèves. Suivre de près leurs scolarités au lycée et surtout à la fac permettait de donner à voir l'ensemble des contraintes matérielles et morales qui pesait sur le déroulement de leur scolarité. L'analyse est centrée sur les garçons qui ont grandi dans une cité, qui y ont noué des relations sociales très denses et très affectives avec leurs amis. Passer du lycée à l'université, c'est, pour eux, progressivement apprendre à faire le deuil de la vie de cité – ces amitiés indéfectibles, ces discussions interminables, le primat aussi de l'oral. À travers cette enquête, j'ai aussi voulu obliger à regarder ce que personne ne semble vouloir voir, à savoir l'échec massif en DEUG à l'université qui touche d'abord et avant tout les enfants de milieu populaire. Échec invisible et indolore, qui ne semble pas émouvoir grand monde. C'est en voyant les dégâts moraux et psychologiques que cet échec causait chez les jeunes enquêtés que j'ai voulu réagir contre le pesant silence qui l'entourait. Je ne cache pas que cela a été l'une des motivations les plus puissantes dans l'écriture de ce livre.

On peut aussi retirer de la comparaison des deux lycées étudiés (chapitre 2) l'idée qu'il existait une marge de manœuvre dans la mise en œuvre de la démocratisation scolaire. Celle-ci n'était pas vouée à l'échec, comme le prétendent les conservateurs de l'école républicaine, nostalgiques des générations à 20 % de bacheliers. Il n'empêche que cette démocratisation a été menée à marche forcée, tambour battant, sans donner les moyens pédagogiques d'accueillir ces « nouveaux lycéens ». Le rapport à la culture écrite[1] est un enjeu essentiel de la réussite scolaire, c'est même la clé de tout. Or il faut des conditions spécifiques pour faire entrer dans le monde de la culture légitime des jeunes qui en sont, au départ, très éloignés. Certains établissements scolaires ont pris le problème à bras le corps en réfléchissant aux moyens institutionnels de faciliter la transition entre le collège et le lycée notamment. Mais d'autres ont laissé jouer les mécanismes de la « démocratisation ségrégative » (pour reprendre l'expression de Pierre Merle).

Ce qui manque cruellement dans le livre, c'est bien évidemment la parole des enseignants. J'aurais dû y consacrer un chapitre[2]. Lors d'un débat en juin 2002, avec des responsables du Syndicat national des enseignements de second degré (SNES), animé par Gisèle Jean, cosecrétaire général, autour du livre, qui réunissait une soixantaine d'enseignants (de différentes régions de France), pour l'essentiel chevronnés, j'ai été frappé par la force des témoignages de ces professeurs, surtout des femmes ayant vingt-cinq à trente ans de métier qui n'hésitaient pas à prendre la parole, comme pour exprimer de la manière la plus solennelle la voix de la « base » enseignante, celle qui a été confrontée au premier chef à la politique de démocratisation. La grande majorité d'entre elles surenchérissait sur les propos que j'avais tenus lors de ma présentation orale, insistant sur l'absence de travail des lycéens, la culture de la flânerie scolaire, mobilisant souvent leurs histoires personnelles de « miraculées scolaires » qui, elles, avaient dû beaucoup travailler pour « réussir ». On sentait aussi poindre pas mal d'amertume dans ces propos d'enseignantes, en quelque sorte démobilisées par les attitudes de laisser-aller de l'institution mais profitant de l'occasion de cette rencontre « officielle » pour faire entendre leur plainte professionnelle auprès des responsables du SNES.

1. Sur ce point, pour des recherches récentes, voir l'ensemble des travaux de Bernard Lahire et le nouvel ouvrage de Jean-Pierre TERRAIL, *De l'inégalité scolaire*, La Dispute, Paris, 2002.

2. D'autant plus que j'avais mené avec Florence Weber, dans le cadre de l'association *Critiques sociales*, un travail sur cette question des professeurs face à la démocratisation. Voir Stéphane BEAUD et Florence WEBER, « Les professeurs et leurs métiers face à la démocratisation des lycées », *Critiques sociales*, n° 3-4, décembre 1992, p. 55-111.

Sociologie de l'école et sociologie du monde ouvrier[3]

Je souhaite aussi rappeler que cette recherche sur la scolarisation des enfants d'ouvriers ne doit pas être autonomisée. Au départ, elle s'inscrit dans le cadre d'une recherche, menée avec Michel Pialoux, sur les transformations du groupe ouvrier depuis la fin des années 1980[4], c'est-à-dire à un moment où, pour une série de raisons, on commence à ne plus parler des ouvriers et où ils tendent à disparaître dans l'espace public. Nous avons étudié ce processus de déstructuration du monde ouvrier dans ses différentes dimensions : au travail, à l'école, dans les familles et dans les quartiers d'habitat social. L'école occupait une place centrale dans cette analyse : d'abord, parce que, dans les entretiens menés avec les ouvrier(e)s de l'usine, l'école apparaissait comme une véritable voie de salut pour leurs enfants. Le thème omniprésent dans les entretiens est le refus extrêmement fort de l'usine par les parents et les enfants, refus de ce qu'elle est devenue à partir du milieu des années 1980 : de nouveau un lieu de surexploitation de la force de travail, de division ouvrière, de zizanies et de jalousies entre ouvriers mis systématiquement en concurrence par la hiérarchie, parallèlement à l'affaiblissement des formes de résistance collective et de solidarité qui existaient dans les ateliers. Certes, l'usine a rarement été choisie par les ouvriers et ouvrières. Toujours contraints et forcés d'y aller, ils ont longtemps pu cependant y trouver soit des formes d'accommodement soit des formes d'investissement : au travail, dans le groupe informel de travail et/ou dans l'action syndicale. Depuis quinze ans, l'usine apparaît de plus en plus comme un lieu de répulsion, notamment du fait de la dégradation continue du niveau de vie ouvrier. D'où le souci d'échapper à la condition ouvrière qui passe par l'école : viser un BTS, un bac + 2, pour sauter le « gap » qui existe désormais dans les ateliers entre un monde ouvrier de plus en plus indifférencié et le petit encadrement[5].

3. Je reprends ici des éléments de deux entretiens parus dans l'*US MAG*, n° 570, 2002, et dans *Nouveaux regards*, la revue de l'institut de la FSU, n° 16, printemps 2002.

4. Voir Stéphane Beaud et Michel Pialoux, *Retour sur la condition ouvrière*, Fayard, Paris, 1999.

5. Dans le film *Rêve d'usine*, de Luc Decaster, qui raconte le long licenciement programmé d'environ trois cents ouvriers, des ouvrières, toutes non qualifiées, ayant commencé à travailler jeunes, se retrouvent licenciées à quarante-quarante-cinq ans. La direction leur fait des offres de reclassement dans le groupe industriel. Elles regardent

Notre point de vue consistait donc à analyser l'école à la lumière des transformations du marché de l'emploi et du monde du travail de manière à mettre au jour son rôle dans la rupture entre les générations ouvrières. Seule la prise en compte de ce qui se passe alors à l'usine et sur le marché du travail permet de bien comprendre ce que j'appelle une « réinterprétation » de l'objectif des « 80 % au bac » par les familles populaires, en tout cas lors de cette période de notre enquête (1988-1996). Permettre aux enfants de « continuer » au lycée, d'avoir le bac, était perçu par beaucoup de parents comme un moyen d'échapper au destin de « précaires » et de s'arracher à la condition ouvrière. D'où l'évitement à tout prix du lycée professionnel[6]. L'enquête statistique réalisée auprès des élèves de troisième en 1992 montrait que les études longues ont été d'autant plus perçues comme une voie de salut social que ces élèves appartenaient à des familles d'ouvriers non qualifiés, à des familles immigrées, d'Algérie et du Maroc notamment, habitant dans les cités HLM. Entrer au lycée, c'était obtenir un brevet de citoyenneté. Pour les enfants d'ouvriers qualifiés dont le père avait passé un CAP en apprentissage ou au CET (collège d'enseignement technique), il existait une petite force de rappel qui ne leur faisait pas rejeter aussi massivement le lycée professionnel (ce sont les mêmes familles qui aujourd'hui destinent leurs enfants « pas doués à l'école », comme elles disent, à l'apprentissage).

Aujourd'hui, une déception, une amertume liée au fait que les promesses de salut par l'école n'ont pas été tenues, semble évidente : beaucoup de ces enfants d'ouvriers se sont retrouvés relégués en douceur dans les sections les moins nobles des lycées et de l'université de masse (ils ont été refusés en IUT ou en BTS où ils veulent presque tous aller). Ce sont eux qui forment les gros bataillons des échecs en DEUG et des déclassés sociaux qui se retrouvent ensuite au pire dans des petits boulots

---

sur un tableau (dans leur atelier) les offres qui leur sont proposées sur le papier. Partout elles voient inscrite, au bas de la feuille, la mention « bac + 2 », qu'elles lisent à haute voix, avec un mélange de dépit et de fatalisme. Ce mot résonne pour elles comme un verdict de « mort professionnelle ».

6. Ce résultat d'enquête n'est pas généralisable à la France entière. Il vaut pour les régions industrielles frappées par la crise ou pour les banlieues des grandes villes. Les travaux de Gilles Moreau sur la région des Pays de Loire montrent la bonne résistance de l'enseignement professionnel. Voir Gilles MOREAU, « Un nouvel âge pour l'apprentissage », *in* Gilles MOREAU (dir.), *Les Patrons, les jeunes et la formation*, La Dispute, Paris, 2002 et *Mondes apprentis*, La Dispute, Paris, 2003

ou à l'usine et au mieux dans des emplois-jeunes qui ont été une véritable planche de salut pour eux.

Et les filles ?

Le livre raconte principalement le parcours de garçons du quartier Gercourt. Les filles y sont relativement peu présentes. C'est une critique que l'on m'a souvent adressée, dans des comptes rendus écrits ou dans des débats. Il y a plusieurs façons d'y répondre.

La première, qui est aussi la plus « facile », consiste à dire que la situation d'enquête ne s'y prêtait pas. Autant pouvais-je côtoyer librement les garçons, autant la fréquentation des filles du quartier était plus difficile. D'ailleurs, les entretiens avec elles ont tous eu lieu au domicile familial. Après avoir lu le livre, Sabrina (voir chapitre 1), titulaire d'une maîtrise de sociologie, qui travaille dans le « social », m'a accordé un long entretien au cours duquel elle a évoqué son parcours universitaire : le départ à Besançon (surtout pas Belfort), « la fac, pour moi, c'était l'évasion », le bonheur d'« avoir pu quitter le quartier » et l'atmosphère de surveillance qui y règne pour les filles. Elle compare son destin avec celui de jeunes mères de famille – ses copines qui ont raté l'école et qui se sont mariées bien vite. Lorsque je lui demande si j'aurais pu faire un travail d'enquête équivalent avec elle et ses amies, elle part d'un grand éclat de rire : « Bien sûr que non… À l'époque, c'était hors de question. » Dans des « cités » comme celles de la région de Montbéliard – qui sont devenues des milieux très fermés et de très forte interconnaissance –, il faut redire à quel point les filles subissent un étroit contrôle social, qui semble d'ailleurs s'être renforcé lors de ces dernières années, notamment de la part des garçons « en échec [7] ». Protégées de la « culture de rue », elles ont puissamment intérêt à la poursuite d'études. Leur socialisation en tant que filles (la relative réclusion au domicile familial, la double journée de travail dans les familles nombreuses) leur donne un avantage décisif dans leur scolarité : c'est comme une préparation à l'ascèse scolaire qui est un des gages de la réussite dans les études supérieures.

7. Le film *Samia* de Philippe Faucon montre très bien la surveillance d'une jeune adolescente marseillaise par son grand frère au chômage…

La deuxième raison fait appel d'avantage à l'auto-analyse. En effet, j'aurais pu certainement surmonter cet obstacle d'enquête, en m'introduisant dans des associations (culturelles ou sportives) ou dans des lieux où les filles du quartier de Gercourt étaient largement représentées. Je ne l'ai pas fait. D'une part, parce que, avec le recul, j'avais en tête un modèle de reproduction du groupe ouvrier masculino-centré ; si bien que j'étais un peu « obsédé » par l'idée de comprendre ce que devenaient les fils d'ouvriers (y compris immigrés) ; d'autre part, en tant qu'enquêteur masculin, encore assez jeune (la trentaine), il se peut que j'aie eu aussi envie de me protéger contre des formes de séduction potentiellement inscrites dans toute relation d'enquête prolongée.

Les vertus du courrier électronique

Le sociologue-ethnographe, lorsqu'il rend compte de ses résultats de recherche tirés d'une enquête de terrain dans des articles de revue ou dans des livres, est toujours exposé à des remarques teintées de scepticisme et récurrentes : quelle représentativité a votre enquête ? Quelles possibilités avez-vous de généraliser vos résultats ? Quels sont les divers biais d'enquête liés aux conditions de recueil du matériau ethnographique ? Etc. Même si l'enquête de terrain a conquis depuis peu davantage de crédit scientifique, sinon ses lettres de noblesse, dans la communauté des sociologues français [8], elle suscite toujours des formes de résistance de la part des tenants d'une sociologie reposant avant tout sur une forte assise statistique.

Ce livre, parce qu'il est écrit sans trop de jargon sociologique, qu'il raconte une « histoire », susceptible d'identifications de la part des lecteurs, m'a valu un courrier assez inattendu d'« internautes », plus précisément de « jeunes de cité » (deux garçons et une fille), de diverses régions de France (Montbéliard, région lyonnaise, Seine-Saint-Denis). Ils se sont retrouvés dans ce texte et disent, par *e-mail*, leur surprise de s'être à ce point reconnus dans le parcours de Nassim ou de Fehrat, de voir combien leurs propres histoires individuelles n'étaient pas si singulières que cela, combien ils ressemblaient

8. Voir Florence WEBER, postface à la deuxième édition, *in* Stéphane BEAUD, Florence WEBER, *Guide de l'enquête de terrain*, La Découverte, Paris, 2003.

à bien d'autres « compagnons d'infortune sociale ». C'est ainsi qu'ils ont découvert le pouvoir potentiellement libérateur de l'analyse sociologique, en s'apercevant que leurs doutes et leurs échecs ne renvoyaient pas qu'à leurs difficultés personnelles ou existentielles, vite étiquetées comme « psychologiques », mais pouvaient aussi s'expliquer par une accumulation de contraintes matérielles (le logement, l'absence d'une chambre à soi, le bruit de la « cité », le manque lancinant d'argent) et sociales (la pression permanente du groupe des pairs, l'immense espoir des parents mis dans leurs études, les difficultés des frères et sœurs). Ils découvrent alors que ce gâchis de leurs études supérieures abandonnées ou à moitié réussies (tant qu'elles ne débouchent pas sur des concours de la fonction publique, quasi inaccessibles) ne relève pas entièrement de la volonté individuelle mais bel et bien d'une série d'obstacles objectifs et subjectifs qui se sont sédimentés tout au long de leur propre vie,

Premier courriel reçu le 11 décembre 2003 intitulé « Mille mercis »

Cher Monsieur,

Je me permets de vous écrire pour vous remercier. J'ai terminé votre enquête *80 % au bac*. C'est un livre qui m'a à la fois ému (j'ai souvent eu les larmes aux yeux) et mis en colère (contre moi-même). C'est incroyable à quel point les vies que vous avez décrites ressemblent à la mienne. D'ailleurs je dois dire que la lecture était parfois pénible car c'est dur de se voir dans un miroir. En tout cas, j'ai appris beaucoup sur ma vie et cela va sûrement m'être utile pour mon avenir. Maintenant j'essaie de faire la « pub » de votre livre autour de moi, auprès de mes amis d'enfance du quartier que j'ai quittés, mais c'est dur (trop de préjugés, passivité face aux problèmes...). J'essaie de leur faire comprendre que l'échec relatif dans lequel nous sommes n'est pas dépendant que de nous et que c'est pas non plus que de « leur faute », etc.

Enfin, bref, au fil de la lecture, je me suis beaucoup interrogé en me disant que les jeunes que vous avez étudiés étaient bêtes de ne pas avoir su profiter de votre aide. Mais en fait je crois que j'aurais agi de la même manière qu'eux. En tout cas ces jeunes ont vraiment eu de la chance de rencontrer quelqu'un comme vous. Je pense que beaucoup de profs, de flics et même de citoyens devraient lire votre livre pour ENFIN nous comprendre. Voilà, je voulais simplement témoigner de ma gratitude envers vous... Mille fois merci... Avez-vous des travaux en projet et faites-vous des rencontres par rapport à votre livre ? Merci de me répondre...

Younes Amrani, emploi-jeunes en CDI

P.S. : j'ai fait lire votre livre à ma copine, elle n'a jamais compris pourquoi je m'étais arrêté en deuxième année d'histoire alors que j'avais un bon niveau. Maintenant, elle sait.

Cette lettre m'a profondément touché et aussi, bien sûr, fait plaisir. Par retour de courriel, j'envoie un court message à Younes pour le remercier, en lui précisant que sa lettre « me conforte dans l'idée que la sociologie peut servir à quelque chose ». À partir de ce premier échange, nous allons ensemble entamer une correspondance e-mail quasi quotidienne [9].

Deuxième courriel (non titré) reçu le 21 janvier 2003

Sachant que vous êtes des plus occupé à travers vos diverses recherches je tenais tout de même à vous faire part de mon agréable surprise à la lecture de votre ouvrage *80 % au bac...*

En effet, préparant cette année le concours de CPE, je me suis procuré votre livre car présent sur la bibliographie et tout ce que j'ai pu y lire me rappelle mes années de collège et de lycée sur le pays de Montbéliard (au collège Pierre Brossolette et au lycée Grand Chênois) avant de poursuivre jusqu'en maîtrise AES à la fac de Belfort) que j'ai quittée il y a deux ans maintenant.

De nombreux passages de votre livre me rappellent des moments de ma vie avec toutes ces questions nourries par le doute, la peur de l'échec, la peur de décevoir.

Français d'origine marocaine, de père ouvrier à Peugeot, votre livre m'a même parfois tiré les larmes tant il me rappelait ces moments de galère.

---

9. Voir pour un premier compte rendu de ce travail en cours, Younes AMRANI, Stéphane BEAUD, « La réception de 80 % au bac... et après ? par un lecteur anonyme », *Ville, école, intégration, enjeux*, n° 132, mars 2003.

Je ne peux que vous remercier d'éclairer de nombreuses personnes ignorantes ou se voilant la face sur la difficulté à réussir scolairement quand toutes les conditions ne sont pas réunies.

Merci d'avoir rapporté la vérité telle qu'elle est : nous ne sommes pas égaux devant l'école ni devant la réussite… et qu'on arrête de faire culpabiliser tous ces jeunes en leur faisant croire qu'ils ne sont bons à rien si ce n'est ouvrier.

Merci.

Je lui réponds brièvement et il m'écrit le deuxième courriel suivant :

Cher Monsieur,

Pour répondre à vos questions je passe le concours en mars de cette année, concours que je prépare avec le CNED ce qui demande un fort investissement.

Je suis actuellement dans un IUFM qui ne dispense pas la formation de CPE, ce qui est bien dommage. [Il vous sera donc difficile de venir faire un topo, ce qui est également dommage.]

Néanmoins, j'ai pu terminer la bibliographie du concours de CPE avec la lecture de votre livre qui, j'espère, me servira pour la dissertation car il traite d'un sujet qui me semble des plus intéressants.

Je vous fais part, Monsieur Beaud, de mes salutations et « respect » pour vos constats et analyses, en espérant bientôt lire un de vos prochains livres.

Troisième courriel reçu le 2 juin 2003, intitulé :
« Votre enquête sur 80 % au bac est super »

Monsieur,

Je suis étudiante en première année de sociologie. J'ai eu un parcours scolaire assez particulier comme ces jeunes des cités. En lisant votre enquête, je m'y suis reconnue à travers ces jeunes Beurs bien que, moi, je sois une femme issue de l'immigration. Et, pour cela, n'ai pas exactement vécu les mêmes épreuves. Votre livre m'a permis d'y voir clair alors que je traversais une période difficile d'échecs scolaires. Comme ces jeunes, j'ai beaucoup misé sur les études. Je voulais vous dire que votre livre reflète très bien la réalité sur le terrain. Je suis originaire de Seine-Saint-Denis. Je n'ai certes pas vécu dans une cité mais j'ai connu des personnes autour de moi ayant vécu partiellement les mêmes moments que vos enquêtés. Pour ma part, j'ai vécu dans un petit appartement de cinquante mètres carrés avec une famille ouvrière de dix personnes et ai porté tous mes espoirs dans les études pour faire une sorte d'ascension sociale et vivre mieux que mes parents qui ont subi une double blessure, celle d'immigrés et d'Algériens ayant vécu la guerre d'Algérie.

Malgré que je veuille arrêter mes études de sociologie qui sont pour moi une réelle passion. Mais mon seul souci a été (et est toujours...) mes problèmes de syntaxe et d'orthographe. j'ai aujourd'hui vingt-cinq ans et désire plus que tout au monde avoir un métier au plus rapide en effectuant une formation d'aide-soignante rapidement et qui me plaît. Votre livre, que j'ai adoré, m'a permis d'ouvrir les yeux et de ne pas sombrer dans l'échec à l'université. Car les études universitaires sont longues et demandent beaucoup d'investissement personnel mais aussi d'être doué dans l'écriture, ce que je ne suis pas... Malgré ma passion pour la sociologie que d'ailleurs mes profs ont détectée. Je pense peut-être reprendre à plus tard mais, pour l'instant, je laisse de côté les études générales pour une formation. Je suis d'accord avec vous, des étudiants moyens (comme je le suis) sont souvent mal orientés. Ils sont attirés par les filières généralistes qui leur paraissent prestigieuses pour en fin de compte éventuellement, car ce n'est pas le cas de tout le monde, être en échec.

Bon, j'espère que mon message n'a pas été trop long. Mais la lecture de votre livre m'a énormément apporté et éclairée sur mon parcours scolaire.

BON COURAGE

Latifa

Ces courriels en disent aussi long sur le sentiment de non-reconnaissance et parfois d'abandon moral que connaissent les jeunes [dits] d'origine maghrébine [10]. D'une certaine manière, je crois pouvoir dire que j'ai joué, pour ceux qui se sont embarqués dans cette voie longue, hasardeuse et coûteuse

10. Voir sur ce point, Stéphane BEAUD et Michel PIALOUX, *Violences urbaines, violence sociale. La genèse des nouvelles classes dangereuses*, Fayard, Paris, 2003.

psychologiquement, un rôle d'écrivain public pour dire, à leur place, ce qu'ont été, dans cette aventure sociale, leurs espoirs et leurs souffrances, parfois très intimes.

Paris, le 19 juillet 2003.

Bibliographie

BAUDELOT C. et ESTABLET R. (1999), *Avoir trente ans*, Seuil, Paris.

BAUDELOT C. et MAUGER G. (sous la dir. de) (1995), *Jeunesses en milieux populaires*, L'Harmattan, Paris.

BEAUD S. et PIALOUX M. (1999), *Retour sur la condition ouvrière*, Fayard, Paris.

BEAUD S., WEBER F. (1992), « Des professeurs et leurs métiers face à la démocratisation des lycées », *Critiques sociales*, n° 3-4, p. 59-123.

BEAUD S. (1994), « L'échec au bac : la logique de l'aveu », *Genèses*, n° 14.

BEAUD S. (1997), « Le temps élastique. Étudiants de "cité" et examens universitaires », *Terrain. Carnets du patrimoine ethnologique*, n° 29.

BOURDIEU P. et PASSERON J.-C. (1964), *Les Héritiers*, Minuit, Paris.

BOURDIEU P. (1974), « Avenir de classe et causalité du probable », *Revue française de sociologie*, vol. 15 (1), p. 3-42.

BOURDIEU P. et CHAMPAGNE P. (1992), « Les exclus de l'intérieur », *Actes de la recherche en sciences sociales*, n° 91-92, p. 71-75.

BOURGOIS P. (2001), *En quête de respect. Le crack à New York*, Seuil, Paris.

BRIAND J.-P. et CHAPOULIE J.-M. (1992), *Les Collèges du peuple*, CNRS-INRP, Paris.

BRIAND J.-P. et CHAPOULIE J.-M. (1993), « L'institution scolaire et la scolarisation : une perspective d'ensemble », *Revue française de sociologie*, vol. 34 (1), p. 3-42.

BROCCOLICHI S. (1993), « L'engrenage », « Un paradis perdu », *in* P. BOURDIEU (sous la dir. de), *La Misère du monde*, Seuil, Paris.

BROCCOLICHI S. (1995), « Orientations et ségrégations

nouvelles dans l'enseignement secondaire », *Sociétés contemporaines*, n° 21, p. 15-27.

CACOUAULT M. et ŒUVRARD F. (2001), *Sociologie de l'Éducation*, La Découverte, « Repères », Paris.

CHAMBOREDON J.-C. (1985), « La construction sociale des populations », *in* G. DUBY (sous la dir. de), *L'Histoire de la France urbaine*, t. V, Seuil, Paris.

CHAMBOREDON J.-C. (1991), « Classes scolaires, classes d'âge, classes sociales : les fonctions de scansion temporelle du système de formation », *Enquête*, n° 6.

CHAUVEL L. (1997), *Le Destin des générations*, PUF, Paris.

DUBET F. (1991), *Les Lycéens*, Seuil, Paris.

DUBET F. (2000), « L'égalité et le mérite dans l'école démocratique », *L'Année sociologique*, vol. 50, n° 2.

DURU-BELLAT M. et KIEFFER A. (2000), « La démocratisation de l'enseignement en France : polémiques autour d'une question d'actualité », *Population*, n° 1.

ELIAS N. et SCOTSON J. (1997), *Logiques de l'exclusion*, Fayard, Paris (1re éd. 1965).

FELOUZIS G. (1994), « Le "bon prof" : la construction de l'autorité dans les lycées », *Sociologie du travail*, n° 3, p. 361-376.

FOOTE WHYTE W. (1996), *Street Corner Society*, La Découverte (1re éd. 1944), Paris.

FOSSE-POLIAK C. (1992), *La Vocation des autodidactes*, L'Harmattan, Paris.

FOSSE-POLIAK C. et MAUGER G. (1991), « La politique des bandes », *Politix*, n° 14, p. 27-43.

GRIGNON C. (1968), « L'orientation des élèves d'une école rurale », *Revue française de sociologie*, IX, numéro spécial « Sociologie de l'Éducation », p. 218-226.

GRIGNON C. et PASSERON J.-C. (1989), *Le Savant et le Populaire*, Gallimard-Seuil, Paris.

GRIGNON C. (1992), « De l'école du peuple au lycée de masse », *Critiques sociales*, n° 3-4.

GRIGNON C. et GRUEL L. (1999), *La Vie étudiante*, PUF, Paris.

GRIGNON C. (sous la dir. de) (2000), *Les Conditions de vie des étudiants*, PUF, Paris.

HALBWACHS Maurice (1967), *La Mémoire collective*, PUF, Paris (1re éd. 1950).

HOGGART R. (1991), *33 Newport Street. Autobiographie d'un intellectuel issu des classes populaires*, Gallimard, Paris.

ISAMBERT-JAMATI V. (1990), *Les Savoirs scolaires*, Éditions universitaires, Paris.

LAGRANGE H. (1999), *Les Adolescents, le Sexe, l'Amour*, Syros, Paris.

LAGRANGE H. (2001), *De l'affrontement à l'esquive*, Syros, Paris.

LAHIRE B. (1993), *Culture écrite et inégalités scolaires. Sociologie de l'« échec scolaire » à l'école primaire*, Presses universitaires de Lyon, Lyon.

LAHIRE B. (1995), *Tableaux de familles*, Gallimard-Seuil, Paris.

LAHIRE B. (1997), « Manières d'étudier », *Cahiers de l'Observatoire de la vie étudiante*, n° 3.

LEPOUTRE D. (1997), *Cœur de banlieue*, Odile Jacob, Paris.

MASCLET O. (2001), « Mission impossible. Ethnographie d'un club de jeunes », *Actes de la recherche en sciences sociales*, n° 136-137.

MASCLET O. (2002), « Des parents immigrés pris "au piège" de la cité », *Cultures et conflits*, n° 27.

MASSON P. (1997), « Élèves, parents et agents scolaires dans le processus d'orientation », *Revue française de sociologie*, vol. 38, p. 119-142.

MASSON P. (1999), *Les Coulisses d'un lycée ordinaire. Enquête sur les établissements scolaires des années 1990*, PUF, Paris.

MAUGER G. (1989), « Les héritages du pauvre », *Annales de la recherche urbaine*, n° 41.

MAUGER G. (1991), « Enquêter en milieu populaire », *Genèses*, n° 6, p. 125-143.

MAUGER G. (1998), « La reproduction des milieux populaires en crise », *Ville-École-Intégration*, n° 113.

MAUGER G. (1998), « Bandes et valeurs de virilité », *Regards sur l'actualité*.

MEAR P. et MERLE P. (1992), « 1986-1990 : démocratisation et/ou hiérarchisation scolaire croissante des publics lycéens ? », *Sociétés contemporaines*, n° 11-12, p. 31-52.

MERLE P. (1996), *L'Évaluation des élèves*, PUF, Paris.

MERLE P. (2000), « Le concept de démocratisation scolaire. Une typologie et sa mise à l'épreuve », *Population*, 55 (1), p. 15-50.

MOREAU G. (2001), « Un nouvel âge pour l'apprentissage », *in* Actes du colloque de Nantes sur les « Métamorphoses de la formation professionnelle initiale », La Dispute, Paris, 2002.

MUCCHIELLI L. (2001), *Violence et insécurité. Fantasme et réalités dans le débat français*, La Découverte, Paris.

ŒUVRARD F. (1979), « Démocratisation ou élimination différée ? », *Actes de la recherche en sciences sociales*, n° 30, p. 87-97.

PIALOUX M. (1979), « Jeunes sans avenir et travail intérimaire, *Actes de la recherche en sciences sociales*, n° 27-28.

PROST A. (1981), *Histoire générale de l'enseignement et de l'éducation en France*, t. IV : *L'École et la famille dans une société en mutation*, Nouvelle librairie de France.

PROST A. (1986), *Le Système d'enseignement s'est-il démocratisé ?*, PUF, Paris.

SAYAD A. (1991), *L'Immigration ou les Paradoxes de l'altérité*, De Boeck, Bruxelles.

SAYAD A. (1999), *La Double Absence. Des illusions de l'émigré aux souffrances de l'immigré*, Seuil, Paris.

SCHWARTZ O. (1991), *Le Monde privé des ouvriers*, PUF, Paris.

SOULIE C. (1998), « L'anatomie du goût philosophique », *Actes de la recherche en sciences sociales*, n° 105.

TERRAIL J.-P. (1990), *Destins ouvriers*, PUF, Paris.

TERRAIL J.-P. (1995), *La Dynamique des générations*, L'Harmattan, Paris.

TERRAIL J.-P. (sous la dir. de) (1997), *La Scolarisation de la France. Critique de l'état des lieux*, La Dispute, Paris.

TESTANIERE J. (1967), « Chahut traditionnel et chahut anomique », *Revue française de sociologie*, vol. 8, p. 17-33.

THIN D. (1998), *Quartiers populaires. L'école et les familles*, PUL, Lyon.

VAN ZANTEN A. (2001), *L'École de la périphérie. Scolarité et ségrégation en banlieue*, PUF, Paris.

VERRET M. (1998), *La Culture ouvrière*, L'Harmattan, Paris.

WACQUANT L. (2001), *Âme et corps. Carnets ethnographiques d'un boxeur*, Agone, Marseille.

WEBER F. (1989), *Le Travail à côté*, Éditions EHESS-INRA, Paris.

Table

Dans la même collection

Littérature et voyages

Fadhma Amrouche, *Histoire de ma vie.*

Taos Amrouche, *Le grain magique.*

Ibn Batûtta, *Voyages* (3 tomes).

Louis-Antoine de Bougainville, *Voyage autour du monde.*

René Caillié, *Voyage à Tombouctou* (2 tomes).

Christophe Colomb, *La découverte de l'Amérique. Journal de bord et autres écrits, 1492-1493* (tome 1).

Christophe Colomb, *La découverte de l'Amérique. Relations de voyage et autres écrits, 1494-1505* (tome 2).

James Cook, *Relations de voyage autour du monde.*

Hernan Cortés, *La Conquête du Mexique.*

Bernal Díaz del Castillo, *Histoire véridique de la conquête de la Nouvelle-Espagne* (2 tomes).

Charles Darwin, *Voyage d'un naturaliste autour du monde.*

Charles-Marie de La Condamine, *Voyage sur l'Amazone.*

Homère, *L'Odyssée.*

Jean-François de Lapérouse, *Voyage autour du monde sur* l'Astrolabe *et la* Boussole.

Bartolomé de Las Casas, *Très brève relation de la destruction des Indes.*

Louis-Sébastien Mercier, *L'an 2440, rêve s'il en fut jamais.*

Louis-Sébastien Mercier, *Le tableau de Paris.*

Louise Michel, *La Commune, histoire et souvenirs.*

Martin Nadaud, *Léonard, maçon de la Creuse.*

Paul Nizan, *Aden Arabie.*

Mongo Park, *Voyage dans l'intérieur de l'Afrique.*

Lady M. Montagu, *L'islam au péril des femmes.*

Marco Polo, *Le devisement du monde, le livre des merveilles* (2 tomes).

Mémoires de Géronimo.

Victor Serge, *Les Années sans pardon.*

Victor Serge, *Le Tropique et le Nord.*

Inca Garcilaso de la Vega, *Commentaires royaux sur le Pérou des Incas* (3 tomes).

Essais

Mumia Abu-Jamal, *Condamné au silence.*

Mumia Abu-Jamal, *En direct du couloir de la mort.*

Fadela Amara, *Ni putes ni soumises.*

Michel Authier et Pierre Lévy, *Les arbres de connaissances.*

Étienne Balibar, *L'Europe, l'Amérique, la guerre.*

Louis Barthas, *Les carnets de guerre de Louis Barthas, tonnelier, 1914-1918.*

Nicolas Beau et Jean-Pierre Tuquoi, *Notre ami Ben Ali.*

Michel Beaud, *Le basculement du monde.*

Stéphane Beaud et Younès Amrani, *« Pays de malheur ! ».*

Sophie Bessis, *L'Occident et les autres.*

Paul Blanquart, *Une histoire de la ville.*

Augusto Boal, *Jeux pour acteurs et non-acteurs.*

Augusto Boal, *Théâtre de l'opprimé.*

Lucian Boia, *La fin du monde.*

Philippe Breton, *L'utopie de la communication.*

François Burgat, *L'islamisme en face.*

Ernesto Che Guevara, *Journal de Bolivie.*

François Chobeaux, *Les nomades du vide.*

Denis Clerc, *Déchiffrer l'économie.*

Daniel Cohn-Bendit, *Une envie de politique.*

Sonia Combe, *Archives interdites.*

Georges Corm, *Orient-Occident, La fracture imaginaire.*

La Découverte/Poche

Adam Czerniaków, *Carnets du ghetto de Varsovie.*

Denis Duclos, *Le complexe du loup-garou.*

Les Éconoclastes, *Petit bréviaire des idées reçues en économie.*

Frantz Fanon, *Les damnés de la terre.*

Gustave Folcher, *Les carnets de guerre de Gustave Folcher, paysan languedocien, 1939-1945.*

Daniel Guérin, *Ni Dieu ni Maître* (2 tomes).

Roger-Henri Guerrand, *L'aventure du métropolitain.*

Roger-Henri Guerrand, *Les lieux.*

Jean Guisnel, *Guerres dans le cyberespace.*

Jean Guisnel, Libération, *la biographie.*

Theodor Herzl, *L'État des Juifs.*

Rudolf Hoess, *Le commandant d'Auschwitz parle.*

Alain Joxe, *L'empire du chaos.*

Joseph Klatzmann, *Attention statistiques !*

Paul R. Krugman, *La mondialisation n'est pas coupable.*

Bernard Lahire (dir.), *À quoi sert la sociologie ?*

Pierre Larrouturou, *Pour la semaine de quatre jours.*

Serge Latouche, *L'occidentalisation du monde.*

Christian Laval, *L'école n'est pas une entreprise.*

Jean-Pierre Le Goff, *Les illusions du management.*

Jean-Pierre Le Goff, *Mai 68, l'héritage impossible.*

Pierre Lévy, *L'intelligence collective.*

Pierre Lévy, *Qu'est-ce que le virtuel ?*

Paul Lidsky, *Les écrivains contre la Commune.*

André L'Hénoret, *Le clou qui dépasse.*

Alain Lipietz, *La société en sablier.*

Gilles Manceron, *Marianne et les colonies.*

Ernest Mandel, *La pensée politique de Léon Trotsky.*

Charles-Albert Michalet, *Qu'est-ce que la mondialisation ?*

Alexander S. Neill, *Libres enfants de Summerhill.*

Sven Ortoli et Jean-Pierre Pharabod, *Le cantique des quantiques, le monde existe-t-il ?*

Daya Pawar, *Ma vie d'intouchable.*

Paulette Péju, *Ratonnades à Paris.*

Philippe Pignarre, *Le grand secret de l'industrie pharmaceutique.*

Bernard Poulet, *Le pouvoir du* Monde.

Michel de Pracontal, *L'imposture scientifique en dix leçons.*

Jeremy Rifkin, *L'âge de l'accès.*

Jeremy Rifkin, *La fin du travail.*

Charles Rojzman, *Savoir vivre ensemble.*

Bertrand Schwartz, *Moderniser sans exclure.*

Armartya Sen, *L'économie est une science morale.*

Victor Serge, *L'an I de la révolution russe.*

Victor Serge, *Vie et mort de Léon Trotsky.*

Maryse Souchard, Stéphane Wahnich, Isabelle Cuminal, Virginie Wathier, *Le Pen, les mots.*

Isabelle Stengers, *Sciences et pouvoirs.*

Benjamin Stora, *Imaginaires de guerre.*

Benjamin Stora, *La gangrène et l'oubli.*

Pierre Vermeren, *Le Maroc en transition.*

Pierre Vidal-Naquet, *Algérie : les crimes de l'armée française.*

Pierre Vidal-Naquet, *Les assassins de la mémoire.*

Michel Wieviorka, *Le racisme, une introduction.*

Michel Wieviorka, *Une société fragmentée ?*

Sciences humaines et sociales

Louis Althusser, *Pour Marx.*

Jean-Loup Amselle et Elikia M'Bokolo, *Au cœur de l'ethnie.*

Benedict Anderson, *L'imaginaire national.*

Paul Bairoch, *Mythes et paradoxes de l'histoire économique.*

Étienne Balibar, *L'Europe, l'Amérique, la guerre.*

Étienne Balibar et Immanuel Wallerstein, *Race, nation, classe.*

Stéphane Beaud, *80 % au bac... et après ?*

Miguel Benasayag, *Le mythe de l'individu.*

Jean-Pierre Vernant, *Mythe et société en Grèce ancienne.*

Jean-Pierre Vernant, Pierre Vidal-Naquet, *Mythe et tragédie en Grèce ancienne* (2 tomes).

Pierre Vidal-Naquet, *Le chasseur noir.*

Michel Vovelle, *Les Jacobins.*

Max Weber, *Économie et société dans l'Antiquité.*

Max Weber, *Le savant et le politique.*

William Foote Whyte, *Street Corner Society.*

C. Wright Mills, *L'imagination sociologique.*

État du monde

Rochdy Alili, *Qu'est-ce que l'islam ?*

L'État du monde en 1945.

États-Unis, peuple et culture.

Bertrand Badie (dir.), *Qui a peur du XXIe siècle ?*

Marc Ferro et Marie-Hélène Mandrillon (dir.), *Russie, peuples et civilisations.*

Pierre Gentelle (dir.), *Chine, peuples et civilisation.*

Camille et Yves Lacoste (dir.), *Maghreb, peuples et civilisations.*

Jean-François Sabouret (dir.), *Japon, peuple et civilisation.*

François Sirel, Serge Cordellier *et al.* *Chronologie du monde au 20e siècle.*

La Découverte/Poche

BUSSIÈRE
GROUPE CPI

Composition Facompo, Lisieux
Impression réalisée par Bussière
à Saint-Amand-Montrond (Cher)
Dépôt légal du 1er tirage : octobre 2003.
Suite du 1er tirage (3) : septembre 2005.
N° d'impression : 053210/1.
Imprimé en France